Christian Kuchler
Lernort Auschwitz

Christian Kuchler

Lernort Auschwitz

Geschichte und Rezeption
schulischer Gedenkstättenfahrten
1980–2019

WALLSTEIN VERLAG

Bibliografische Information der Deutschen Nationalbibliothek
Die Deutsche Nationalbibliothek verzeichnet diese Publikation in der
Deutschen Nationalbibliografie; detaillierte bibliografische Daten
sind im Internet über http://dnb.d-nb.de abrufbar.

© Wallstein Verlag, Göttingen 2021
www.wallstein-verlag.de
Vom Verlag gesetzt aus der Adobe Garamond
Umschlag: Susanne Gerhards, Düsseldorf
Umschlagbild: Siehe S. 149 im Band. Quelle: ASEE A14-III-331
Druck und Verarbeitung: Pustet, Regensburg

ISBN 978-3-8353-3897-5

Inhalt

Lernort 7

1 Exkursionsziel Auschwitz 7
2 Fragestellung, Archivsituation und methodisches Vorgehen . . 16
3 Forschungsstand 24

Geschichte 39

1 Vom größten NS-Lager zur internationalen Gedenkstätte . . . 39
2 Erste Gruppenreisen aus Deutschland zum *Staatlichen Museum* 60
3 Vom Nischenangebot zur Routine:
  Schulische Exkursionen nach Auschwitz-Birkenau 75
  3.1 Gedenkstättenbesuche als Teil schulischer Rundreisen
      durch Polen 77
  3.2 Zunehmende Fokussierung auf die Gedenkstätte 91
  3.3 Zentraler Lernort schulischer
      wie außerschulischer Bildungsangebote 101

Rezeption 108

1 Wahrnehmung der Gedenkstätte
  im Rahmen schulischer Polenrundreisen (1980-1991) 112
2 Wahrnehmung der Gedenkstätte
  im Rahmen schulischer Auschwitzfahrten (2010-2019) 127
  2.1 Zwischen Angst und Vorfreude:
      Erwartungen vor der Ankunft in Oświęcim 130
  2.2 Eindrücke unmittelbar nach dem Besuch der Gedenkstätte . . 143
  2.3 Zusammenfassende Bewertung der Schwerpunkte aktueller
      schulischer Besuche der Gedenkstätte Auschwitz-Birkenau . . 176

3 Wahrnehmung schulischer Gedenkstättenfahrten
mit zeitlichem Abstand 194
   3.1 Lernen aus der Geschichte oder Lehren aus der NS-Diktatur . . 198
   3.2 Konsequenzen des Gedenkstättenbesuchs
   für das alltägliche Leben? 204

Virtuelle Realitäten 210

1 Plötzliches Ende schulischer Gedenkstättenfahrten
und Kompensationsmöglichkeiten mittels
Augmented Reality und Virtual Reality 210

2 Mit 360°-Perspektive »*Inside*« *Auschwitz*:
Möglichkeiten und Grenzen des virtuellen Besuchs 221

3 Virtual Reality als Ergänzung und Zukunftsoption 226

Zukunft 231

1 Befunde 231

2 Neue Schwerpunkte für schulische Gedenkstättenexkursionen 234
   Historischer Ort im Mittelpunkt 238
   Es muss nicht immer Auschwitz sein 240
   Ängste vermeiden 242
   Emotionen sinnvoll nutzen,
   Zeit für Wahrnehmung und Austausch gewähren 243
   Internationale Dimension des Gedenkens 244
   Täter nicht vergessen 246
   Gedenkstättenexkursionen als integraler Teil
   des schulischen Geschichtsunterrichts 248

3 Gedenken als bleibende Aufgabe 249

Quellenverzeichnis 252

Literaturverzeichnis 253

Dank 274

Lernort

1 Exkursionsziel Auschwitz

Auschwitz zählt zu den am häufigsten von deutschen Schulen besuchten Exkursionszielen im Ausland. Tausende von Schülerinnen und Schülern reisen alljährlich zur dort eingerichteten Gedenkstätte mit dem offiziellen Titel *Staatliches Museum Auschwitz-Birkenau*.[1] Ziel der Studienfahrten ist es, bei einem Besuch am historischen Ort dessen angebliche authentische Dimension zu erfahren und für das Lernen über die Shoah nutzbar zu machen.[2] Schließlich ist es gerade jene »Aura« des Geschehensortes, der ein hohes Motivationspotenzial für das individuelle historisch-politische Lernen zugeschrieben wird.[3] Wenn also Auschwitz, das in Deutschland lange ein »eigentümlich ortloser Ort«[4] geblieben war, inzwischen alljährlich von Hunderten deutscher Schulgruppen besucht wird, verwandelt sich der Schauplatz des »größten Verbrechens der Geschichte der Menschheit«[5] zunehmend zu einem »Lern-Ort«. Er wird damit absichtsvoll in den Unterricht miteinbezogen und ausschließlich

---

1 Bei ihrer Gründung im Jahr 1947 firmierte die Gedenkstätte im südpolnischen Ort Oświęcim zunächst unter dem Titel *Państwowe Muzeum w Oświęcimiu*, also *Staatliches Museum in Oświęcim* (oder, wenn man eine Übersetzung vornehmen will, *Staatliches Museum in Auschwitz*). Zur Namensänderung in *Państwowe Muzeum Auschwitz-Birkenau* kam es im Jahr 1999. Es sollte klargestellt werden, dass der Lagerkomplex nicht von Polen, sondern von Deutschen eingerichtet worden war. Um dies unzweideutig zu markieren, trägt die Gedenkstätte nunmehr den in den Jahren zwischen 1940 und 1945 gebrauchten deutschsprachigen Namen.
2 Die Erwartungshaltung, in KZ-Gedenkstätten auf »authentische« Orte zu treffen, erfreulich relativierend: Axel Drecoll/Thomas Schaarschmidt/Irmgard Zündorf (Hrsg.), Authentizität als Kapital historischer Orte? Gedenkstätten, Dokumentationszentren und die Sehnsucht nach dem unmittelbaren Erleben von Geschichte, Göttingen 2019.
3 Dezidiert mit Blick auf Auschwitz-Birkenau: Martin Krist, »... und man sieht kein Ende! Es scheint so endlos ... und man selbst ist so klein, so unglaublich winzig!«. Erfahrungen mit Schulexkursionen in die ehemaligen KZ Auschwitz und Auschwitz-Birkenau, in: Till Hilmar (Hrsg.), Ort, Subjekt, Verbrechen. Koordinaten historisch-politischer Bildungsarbeit zum Nationalsozialismus, Wien 2010, S. 264-274.
4 Peter Reichel, Auschwitz, in: Étienne François/Hagen Schulze (Hrsg.), Deutsche Erinnerungsorte, München 2001, S. 600-621, hier S. 600.
5 Primo Levi, Die Untergegangenen und die Geretteten, München 2002, S. 10.

zum Zwecke des Lernens besucht.⁶ Das vormalige Lager wird auf diese Weise zum Gegenstand des schulischen Unterrichtens und die Exkursion ergänzt das zuvor im Klassenzimmer erworbene Wissen über den Nationalsozialismus und die Shoah.

An der Eignung der Gedenkstätte im Süden Polens als Lernort scheint in der Öffentlichkeit keinerlei Zweifel zu bestehen,⁷ zumal mit dem Ortsnamen Auschwitz häufig viel beachtete bildungspolitische Kontroversen verbunden waren und sind.⁸ Um gegen wiedererstarkenden Antisemitismus und Rassismus sowie gegen Vorurteile aller Art vorzugehen, schlagen Politikerinnen und Politiker quer durch alle demokratischen Parteien immer wieder vor, schulische Besuche an Gedenkstätten früherer NS-Lager weiter auszubauen oder sogar verpflichtend in den

---

6 Grundsätzlich zum Begriff »Lernort«: Bernd Feige, Lernorte außerhalb der Schule, in: Karl-Heinz Arnold/Uwe Sandfuchs/Jürgen Wiechmann (Hrsg.), Handbuch Unterricht, Bad Heilbrunn 2006, S. 375-381, hier S. 379; sowie: Christian Salzmann, Lernorte – Lernorttheorie, in: Dietlinde H. Heckt/Uwe Sandfuchs (Hrsg.), Grundschule von A bis Z, Braunschweig 2009, S. 161-163, hier S. 161.

7 Sogar in der wissenschaftlichen Literatur wird das pädagogische Potenzial von Gedenkstätten selten in Abrede gestellt. Stellvertretend für eine solche fundamentale Kritik: Cornelia Siebeck, »The universal is an empty place«. Nachdenken über die (Un-)Möglichkeit demokratischer KZ-Gedenkstätten, in: Imke Hansen/Enrico Heitzer/Katarzyna Nowak (Hrsg.), Ereignis & Gedächtnis. Neue Perspektiven auf die Geschichte der nationalsozialistischen Konzentrationslager, Berlin 2014, S. 217-253.

8 Im Herbst 2017 belegte etwa die besondere gesellschaftliche Beachtung alles dessen, was mit den Themen Bildung und Auschwitz zu tun hat, eine empirische Untersuchung im Auftrag der *Körber-Stiftung*, die zu dem Ergebnis kam, nur 59 Prozent der 14- bis 18-Jährigen könnten zutreffend beantworten, was unter dem Begriff »Auschwitz-Birkenau« zu verstehen sei. Bedingt ist das Ergebnis sicher auch davon, dass Schülerinnen und Schüler im Alter von 14 Jahren im Geschichtsunterricht die NS-Diktatur noch nicht behandelt haben, bei über 17 Jahre alten Befragten lag der Wert deshalb auch signifikant höher. Dennoch erhob sich infolge der Umfrage ein massives mediales Wehklagen, das den Verlust basalen historischen Wissens bedauerte. Beispielsweise titelte die Nachrichtenplattform *Spiegel Online* scheinbar schockiert: »Vier von zehn Schülern wissen nicht, wofür Auschwitz steht«. Die Boulevardmedien spitzten noch weiter zu: »Auschwitz? Vier von zehn Schülern haben keine Ahnung, was das ist«. Siehe: http://m.spiegel.de/lebenundlernen/schule/a-1170423.html (Stand: 10. Juli 2020); sowie: http://mobil.express.de/news/panorama/auschwitz--vier-von-zehn-schuelern-haben-keine-ahnung--was-das-ist-28505332 (Stand: 10. Juli 2020). Zur Erhebung: Forsa-Umfrage zum Geschichtsunterricht im Auftrag der Körber-Stiftung, September 2017, S. 15.

Curricula zu verankern.⁹ Zuletzt hat Wolfgang Benz der seit Jahren in unregelmäßigen Abständen aufflammenden politischen Debatte um Pflichtbesuche eine »erstaunliche Wiedergängerqualität in der deutschen Öffentlichkeit« attestiert und auf die völlig überhöhten Erwartungen hingewiesen.¹⁰ Doch finden derartige Mahnungen aus Geschichtswissenschaft und Gedenkstättenpädagogik in der Öffentlichkeit selten Gehör. Ausweislich einer Umfrage vom Januar 2020 sollen 75 Prozent der Deutschen schulische Pflichtbesuche in ehemaligen NS-Lagern befürworten und damit ausdrücklich einem Schlussstrich unter die Erinnerung an den Nationalsozialismus eine Absage erteilen.¹¹

Die Mehrheit der Deutschen vertraut wohl weiterhin auf die Lerneffekte der Bildungsangebote und pädagogischen Programme in Gedenkstätten.¹² Bei einem Besuch sollten die Gäste überzeugt werden, »durch ihr eigenes Leben zu einer Welt beizutragen, in der ein Schrecken von der Art des erinnerten sich nicht mehr ereignen darf oder kann«.¹³ Der Eindruck entsteht, als wären die ehemaligen Tatorte inzwischen zu Bildungsstätten transformiert.¹⁴ Dabei beschränkt sich das Vertrauen selbst-

---

9   Die im Jahr 2006 bestehenden Regelungen der Bundesländer stellt vergleichend gegenüber: Stefanie Rauch, Verankerung von Gedenkstättenbesuchen im Unterricht gemäß den Rahmenlehrplänen der Länder (Teil 1), in: Gedenkstättenrundbrief (2006), H. 134, S. 14-20; Stefanie Rauch, Verankerung von Gedenkstättenbesuchen im Unterricht gemäß den Rahmenlehrplänen der Länder (Teil 2), in: Gedenkstättenrundbrief (2007), H. 135, S. 9-16.

10 Wolfgang Benz, Gedenkstättenbesuche als Patentrezept der historisch-politischen Bildung?, in: Politische Bildung 8 (2018), H. 3, S. 40-43.

11 Im Rahmen der Erhebung wurden die Befragten ausdrücklich gefragt, ob beispielsweise Besuche in Auschwitz Bestandteil des Schulunterrichts sein sollten, siehe hierzu: https://www.dw.com/de/die-deutschen-wollen-keinen-schlussstrich/a-52094901 (Stand: 10. Juli 2020).

12 Alle anderen Arbeitsfelder moderner Gedenkstätten, wie etwa die Bewahrung der baulichen Überreste der früheren Lager, die Aufrechterhaltung von Trauermöglichkeiten für die dort Verstorbenen, die wissenschaftliche Forschung zur Lagergeschichte oder der Austausch mit Überlebenden treten gegenüber dem Bildungsangebot in den Schatten. Siehe zur Definition des Tätigkeitsbereichs von Gedenkstätten: Habbo Knoch, Gedenkstätten. https://docupedia.de/zg/Knoch_gedenkstaetten_v1_de_2018 (Stand: 10. Juli 2020).

13 Jörn Rüsen, Über den Umgang mit den Orten des Schreckens, in: Detlef Hoffmann (Hrsg.), Das Gedächtnis der Dinge. KZ-Relikte und KZ-Denkmäler 1945-1995, Frankfurt am Main 1998, S. 330-343, hier S. 336.

14 Verena Haug/Gottfried Kößler, Vom Tatort zur Bildungsstätte. Gedenkstätten und Gedenkstättenpädagogik, in: Sabine Horn/Michael Sauer (Hrsg.), Geschichte und Öffentlichkeit. Orte – Medien – Institutionen, Stuttgart 2009, S. 80-88.

redend nicht auf Einrichtungen in Deutschland, sondern schließt – dies vielleicht sogar in noch verstärktem Maße – Gedenkstätten in anderen Ländern ein. Formal verankert ist diese Internationalisierung seit Dezember 2014, als die *Gemeinsame Kultusministerkonferenz der Länder* das Konzept *Erinnern für die Zukunft. Empfehlungen zur Erinnerungskultur als Gegenstand historisch-politischer Bildung in der Schule*[15] verabschiedete. Darin forderten die Ministerinnen und Minister ihre Schulen auf, nicht nur verstärkt historische Exkursionen in den Unterrichtsalltag aufzunehmen, sondern zudem bewusst Ziele im Ausland anzusteuern. Seither reisen Lernende, wenn sie KZ-Gedenkstätten aufsuchen, nicht mehr »nur« zu Stätten innerhalb Deutschlands, wie etwa Bergen-Belsen, Buchenwald, Dachau oder Sachsenhausen, sondern zunehmend auch ins Ausland. Neben Fahrten baden-württembergischer Schulen nach Frankreich in die nahe gelegene Gedenkstätte Natzweiler-Struthof[16] oder bayerischer Gruppen ins österreichische Mauthausen sind dies vor allem Exkursionen nach Oświęcim. Das dortige *Staatliche Museum Auschwitz-Birkenau* wird von der bundesdeutschen Bildungspolitik immer wieder hervorgehoben und seine Bedeutung als Lernort für deutsche Schülerinnen und Schüler unterstrichen.[17] Namentlich scheint man dem Besuch der Überreste des vormals größten Lagers innerhalb des NS-Terrorsystems[18] zuzuschreiben, worüber sich schon Überlebende wie Maurice Goldstein, der langjährige

15 Ständige Kultusministerkonferenz der Länder in der Bundesrepublik, Erinnern für die Zukunft. Empfehlungen zur Erinnerungskultur als Gegenstand historisch-politischer Bildung in der Schule, Berlin 2014, S. 8.
16 In Baden-Württemberg werden Fahrten ins benachbarte Ausland von der Landesregierung finanziell gefördert. Schulische Besuche in der Gedenkstätte Natzweiler-Struthof erhalten eine Unterstützung. Siehe: https://www.gedenkstaetten-bw.de/foerderung_uebersicht.html (Stand: 10. Juli 2020).
17 Beispielsweise besuchten Daniel Günther und Bodo Ramelow, die Ministerpräsidenten von Schleswig-Holstein und Thüringen, im Jahr 2018 gemeinsam das *Staatliche Museum Auschwitz-Birkenau*. Beide betonten dabei ebenso wie die Bildungsministerin Schleswig-Holsteins die Bedeutung der Gedenkstätte als Lernort für bundesdeutsche Lerngruppen. Siehe hierzu: Bericht über die Umsetzung des Landesgedenkstättenkonzeptes der Landesregierung Schleswig-Holstein, 2019, S. 7 ff. http://www.landtag.ltsh.de/infothek/wahl19/drucks/01200/drucksache-19-01252.pdf (Stand: 10. Juli 2020).
18 Die vorliegende Arbeit versucht, sensibel mit sprachlichen Hinterlassenschaften der NS-Herrschaft umzugehen, daher vermeidet sie die üblicherweise gebräuchliche Formulierung »Konzentrations- und Vernichtungslager«, da sie nicht nur dem NS-Jargon entstammt, sondern auch inhaltlich falsch ist. Siehe zur Problematik: Raphael Utz, Die Sprache der Shoah: Verschleierung – Pragmatismus – Euphemismus, in: Jörg Ganzenmüller/Raphael Utz (Hrsg.), Orte der Shoah in Polen. Gedenkstätten zwischen Mahnmal und Museum, Köln 2016, S. 25-48.

Präsident des *Internationalen Auschwitz Komitees*, sicher waren: Besuche in Auschwitz veränderten Menschen – jeden Menschen.[19]

Es ist nicht schwer, auf dem Buchmarkt entsprechende Titel zu finden, die diesen Optimismus weitertragen.[20] Manche Berichte im Nachklang zu Gedenkstättenfahrten spiegeln dieses Bild ebenfalls wider.[21] Zu fragen ist aber, ob es tatsächlich so einfach ist, die inzwischen klassisch gewordene Forderung Theodor W. Adornos aus dem Jahr 1966 zu erfüllen. Kann bereits der einmalige Besuch des ehemals größten NS-Lagers und der dort heute existierenden Gedenkstätte einen grundlegenden Beitrag dazu leisten, »dass Auschwitz nicht noch einmal sei«[22]? Dieser Überlegung will die vorliegende Studie nachgehen, indem sie das Potenzial des Lernortes Auschwitz ausleuchtet und diskutiert.

Wenig strittig dürfte zunächst sein, dass sich in Oświęcim sehr günstige Rahmenbedingungen für schulisches Lernen finden lassen. Die geschichtsdidaktische Forschung hat als Voraussetzungen für einen ertragreichen Einbezug historischer Orte in den schulischen Geschichtsunterricht vier Kriterien formuliert,[23] welche das *Staatliche Museum Auschwitz-Birkenau* zu garantieren scheint. In der Tat haben sich, erstens, auf dem Areal der ehemaligen Lager geschichtlich höchst bedeutsame Ereignisse abgespielt, deren Behandlung zu den kanonischen Themen des Geschichtsunterrichts (nicht nur in Deutschland) gehört. Zweitens lassen sich bei einem Besuch an den heute noch sichtbaren Relikten sowohl in Auschwitz I als auch in Auschwitz II relevante Strukturen der Geschehenszeit ablesen und rekonstruieren. Das Agieren der Täter ebenso wie das Leiden der Opfer kann bestimmten Räumen zugeordnet werden. Daneben wirkt Birkenau auf die Gedenkstättenbesucher durch seine unglaubliche Dimension. Bereits die Größe des früheren Lager-

---

19 Jochen August, »Auschwitz verändert Menschen«. Die Internationale Jugendbegegnungsstätte in Oświęcim, in: Dachauer Hefte. Studien und Dokumente zur Geschichte der nationalsozialistischen Konzentrationslager 6 (1990), S. 73-84, hier S. 73.
20 Klaus Petzold, Das hat mich verändert. Gruppenfahrten in die Gedenkstätte Auschwitz-Birkenau und nach Kraków in den Jahren 1979-2010, Leipzig 2012.
21 Exemplarisch: Archiv Deutsch-Polnisches Jugendwerk, Z-60017-14, hier spricht die Stadt Fulda im Rechenschaftsbericht davon, Jugendliche seien nach ihrem Besuch im *Staatlichen Museum Auschwitz-Birkenau* »verändert nach Fulda zurückgekehrt«.
22 Theodor W. Adorno, Erziehung nach Auschwitz, in: Theodor W. Adorno (Hrsg.), Gesammelte Schriften, Bd. 10.2, Frankfurt am Main 1977, S. 674-690, hier S. 674.
23 Christian Kuchler, Historische Orte im Geschichtsunterricht, Schwalbach/Ts. 2012.

komplexes von mehr als 191 Hektar belegt bei einem Besuch die Unmenschlichkeit der NS-Ideologie. Drittens werden Lernende bei einem Besuch des heutigen *Staatlichen Museums* erkennen, wie stark sich der historische Ort seit 1945 verändert hat. Er entspricht nicht mehr dem zeitgenössischen Zustand am Tag der Befreiung des Lagers. Noch weit weniger ist er deckungsgleich mit den Filmkulissen, die den Lernenden schon vor ihrer Reise an den Geschehensort aus Leinwandproduktionen wie *Schindlers Liste* vertraut sind. Vielmehr waren die zu besuchenden Räume schon in den Jahren zwischen 1940 und 1945 einem ständigen Wandel unterworfen,[24] was sich für die Zeit nach der Befreiung des Lagers durch die *Rote Armee* am 27. Januar 1945 weiter beschleunigt hat. Besonders in der musealen Gestaltung des seit 1947 existierenden *Staatlichen Museums Auschwitz-Birkenau* schlägt sich diese geschichtskulturelle Prägung nieder.[25] Die erinnerungspolitische Nutzung des Ortes bis in die Gegenwart stellt eine vierte Dimension dar, die Lernende bei ihrer Fahrt nach Oświęcim erfahren und ergründen können.

Vielleicht ist es tatsächlich diese fast idealtypische Passung des historischen Ortes zum Geschichtsunterricht, vielleicht zieht viele Gruppen aber nur primär die Prominenz des Namens an: Das *Staatliche Museum Auschwitz-Birkenau* ist inzwischen kein »Geheimtipp« mehr für deutsche Schulen. Besaß der Besuch im Süden Polens bis in die 1990er Jahre noch einen Hauch von Exklusivität,[26] so finden Exkursionen dorthin inzwischen in sehr hoher Zahl statt, wie die vorliegende Arbeit noch ausführlich darstellen wird. Die schulischen Fahrten tragen damit ihren Teil zum enormen Ansturm der Besucherinnen und Besucher bei, dem sich das *Staatliche Museum* seit Jahren gegenübersieht. Lag die Zahl der jährlichen Gesamtgäste noch bis Mitte der 1990er Jahre bei etwa 500.000, so stieg das Interesse danach rasch an und hat sich bis zum Ausbruch der Corona-Pandemie bei über zwei Millionen Gästen eingependelt.[27] Wenn

---

24 Zur Veränderung des Ortes grundlegend: Sybille Steinbacher, »Musterstadt« Auschwitz. Germanisierungspolitik und Judenmord in Ostoberschlesien, München 2000.

25 Zur Entstehungsgeschichte des Lagers: Imke Hansen, »Nie wieder Auschwitz!«. Die Entstehung eines Symbols und der Alltag einer Gedenkstätte 1945-1955, Göttingen 2015.

26 Zusammenfassend zur Pionierarbeit einer Darmstädter Schule und ihrer Besuche am »Bildungsziel Auschwitz«: Wieslawa Kicinska, Erlebte Geschichte. Ein Entdeckungsbericht über 20 Jahre deutsch-polnische Jugendbegegnungen, in: Geschichte Politik und ihre Didaktik 30 (2002), H. 3/4, S. 194-205, hier 196 f.

27 Siehe hierzu Statistiken für das Jahr 2017: http://auschwitz.org/muzeum/aktualnosci/2-1-miliona-odwiedzajacych-w-2017-r-,1957.html (Stand: 10. Juli 2020).

aber etwa zwei Drittel der Gäste Jugendliche sind, demonstriert das das große Interesse von Bildungseinrichtungen an Besuchen in Oświęcim, vor allem von Schulen – nicht nur aus Deutschland.[28] Mit der enormen Nachfrage einher geht eine häufige Überfüllung der Gedenkstätte. Die Menschenmassen, die sich dort vornehmlich in den Hauptreisezeiten des Sommers regelrecht ballen, lassen einen ungehinderten Besuch des historischen Ortes oft kaum mehr zu. Für die *Bundeszentrale für politische Bildung* resultierte aus dieser Situation schon im Jahr 2017 die Notwendigkeit, eine umfangreiche Publikation vorzulegen, die deutschen (Gruppen-)Reisenden bewusst Alternativen zu Besuchen in Oświęcim nahebringen will.[29] Der Band will aufzeigen, dass nicht alle, die einen historischen Ort der Shoah besuchen wollen, ausschließlich zum *Staatlichen Museum Auschwitz-Birkenau* fahren müssen. Weil sich besonders in Osteuropa eine Fülle an Schauplätzen von NS-Gewaltverbrechen nachweisen lässt, sei der gängigen Engführung der Shoah auf den industriell abgewickelten Massenmord in Birkenau entgegenzuwirken. Beispielsweise könnten historische Orte von Massenerschießungen, die in der aktuellen Forschung weit stärker fokussiert werden als die zentralen Lager,[30] besucht werden.[31] Insgesamt sei dementsprechend die Zentrierung auf den Lernort Auschwitz dringend zu überdenken, zumal sich an anderen historischen Orten ebenfalls

---

28 Besonders für Lernende polnischer Schulen im Umkreis von etwa 200 km ist der Besuch des *Staatlichen Museums Auschwitz-Birkenau* verpflichtend, weshalb vor allem polnische Kinder und Jugendliche das Bild der Gäste prägen. Hierzu: Andrzej Kacorzyk, Wege nach Auschwitz: Eine statistische und soziologische Besucheranalyse, in: Boguslaw Dybas/Tomasz Kranz/Irmgard Nöbauer/Heidemarie Uhl (Hrsg.), Gedenkstätten für die Opfer des Nationalsozialismus in Polen und Österreich. Bestandsaufnahme und Entwicklungsperspektiven, Frankfurt am Main 2014, S. 277-293, hier S. 290.
29 Martin Langebach/Hanna Liever (Hrsg.), Im Schatten von Auschwitz. Spurensuche in Polen, Belarus und der Ukraine: begegnen, erinnern, lernen, Bonn 2017.
30 Frank Bajohr, Trends der Holocaustforschung seit den 1990er Jahren. Errungenschaften, Wandel, Probleme und Herausforderungen, in: Geschichte in Wissenschaft und Unterricht 70 (2019), S. 485-496, hier S. 487.
31 Ähnlich argumentierend: Thomas Willms, Auschwitz als Steinbruch. Was von den NS-Verbrechen bleibt, Köln 2016.

pädagogisches Potenzial ausmachen lasse,[32] so der Tenor des Bandes der *Bundeszentrale für politische Bildung.*[33]

Allerdings sagen hohe Besucherzahlen wenig über die spezifische Zielsetzung der Gäste oder einen wie auch immer gearteten Lernerfolg aus,[34] zumal das Streben nach einem reflektierten und demokratischen Geschichtsbewusstsein nicht bei allen Reisenden zwingend vorauszusetzen ist. So zieht besonders der Schauplatz des »schrecklichste[n] Schlachthaus[es] der Menschheitsgeschichte«[35], wie es ein Polen-Reiseführer in DDR-Zeiten einst zugespitzt formulierte, heute Gäste des sogenannten »Dark Tourism« an, die sich am Schrecken des dort Vorgefallenen ergötzen wollen, aber in der Regel kein grundlegendes Bildungsinteresse verfolgen.[36] Daneben ist der Ort des Verbrechens zugleich Erinnerungsort einer internationalen extremen Rechten, die sich gegenüber gedenkstättenpädagogischen Intentionen strikt abgrenzt und ausdrücklich kein Interesse an einer universellen Menschenrechtsbildung oder an Fragen der Antisemitismusprävention zeigt.[37] Doch auch im klassischen Tourismus, der Oświęcim inzwischen vollständig erfasst hat und den Besuch dort zumeist mit einem Aufenthalt in Krakau verbindet, herrscht keineswegs immer ein aus Sicht der Geschichtswissenschaft angemessener Umgang mit den historischen Orten vor.[38] Vielmehr jagen die Besuchermassen einer Fiktion von »Authentizität« hinterher, die sich

---

32 Sophie Schmidt, »Vergessene Orte« als Gegenstand der schulischen historischen Bildung, in: Martin Langebach/Hanna Liever (Hrsg.), Im Schatten von Auschwitz. Spurensuche in Polen, Belarus und der Ukraine: begegnen, erinnern, lernen, Bonn 2017, S. 506-519.
33 Langebach/Liever (Hrsg.), Im Schatten von Auschwitz.
34 Verena Haug, Ortsgebundene Vermittlung. Ein Blick in die Gedenkstättenpädagogik, in: Meike Sophia Baader/Tatjana Freytag (Hrsg.), Erinnerungskulturen. Eine pädagogische und bildungspolitische Herausforderung, Köln 2015, S. 157-168, hier S. 168.
35 Rolf Schneider/Arno Fischer, Polens Hauptstädte. Poznań, Kraków, Warszawa, Ost-Berlin 1975, S. 73.
36 Konzentriert auf die Gedenkstätte Auschwitz-Birkenau: Jörg Skriebeleit, Von Auschwitz nach Austerlitz. Dark Tourism und ehemalige Konzentrationslager, in: Axel Drecoll/Thomas Schaarschmidt/Irmgard Zündorf (Hrsg.), Authentizität als Kapital historischer Orte? Gedenkstätten, Dokumentationszentren und die Sehnsucht nach dem unmittelbaren Erleben von Geschichte, Göttingen 2019, S. 105-122, hier S. 111 f.
37 Martin Langebach/Michael Sturm (Hrsg.), Erinnerungsorte der extremen Rechten, Wiesbaden 2015.
38 Bajohr, Trends der Holocaustforschung seit den 1990er Jahren, 494 f.

Die Überfüllung der Gedenkstätte lässt sich auch in den Fotos der Schulgruppen gut nachweisen, beispielhaft eine Abbildung aus einer Reisedokumentation aus dem Jahr 2014. *Quelle: ASEE A14-III-331*

an den besuchten Orten ohnehin nicht mehr vorfinden lässt.[39] Wenn nun Jugendliche das *Staatliche Museum* in sehr hoher Quantität nicht zuletzt im Rahmen von schulischen Gruppenexkursionen aufsuchen, garantiert das noch nicht, dass die Besuche bei den einzelnen Teilnehmerinnen und Teilnehmern zum Auf- und Ausbau eines reflektierten Geschichtsbewusstseins beitragen.[40]

---

39 Zum Streben nach einer Begegnung mit dem Authentischen historischer Orte im Kontext des modernen Massentourismus, allerdings unter einer inhaltlich nicht nachvollziehbaren Ausklammerung von zunehmend populärer werdenden Reisen zu den Orten nationalsozialistischer Gewaltverbrechen: Valentin Groebner, Retroland. Geschichtstourismus und die Sehnsucht nach dem Authentischen, Frankfurt am Main 2018, S. 17.
40 Weiterhin grundlegend zum Terminus: Karl-Ernst Jeismann, »Geschichtsbewusstsein«. Überlegungen zur zentralen Kategorie des neuen Ansatzes, in: Hans Süssmuth (Hrsg.), Geschichtsdidaktische Positionen. Bestandsaufnahme und Neuorientierung, Paderborn 1980, S. 179-222.

LERNORT

2 Fragestellung, Archivsituation und methodisches Vorgehen

Gegenstand der hier vorliegenden Studie ist indessen nicht der allgemeine (Massen-)Tourismus nach Oświęcim, sondern eine Sonderkohorte unter den Reisenden. Nachfolgend soll es um Lernende deutscher Bildungseinrichtungen gehen, die mit ihren Lehrkräften gemeinsam das *Staatliche Museum Auschwitz-Birkenau* besuchen. Dementsprechend sollen die Fahrten dazu führen – so sehen es die einschlägigen Curricula im Fach Geschichte vor –, bei den Schülerinnen und Schülern jenes reflektierte Geschichtsbewusstsein auf- und auszubauen.[41] Im Zentrum der Studie stehen denn auch die Subjekte und ihr individueller Annäherungsprozess an den besuchten Ort.[42] Es geht darum, ob das reflektierte Geschichtsbewusstsein mithilfe einer Exkursion zum vielleicht exponiertesten historischen Ort, den es für den Geschichtsunterricht an deutschen Schulen gibt, tatsächlich erreicht werden kann. Zugespitzter ließe sich mit Theodor W. Adorno fragen, ob persönliche Erkundungen des vormals größten Lagers innerhalb des NS-Terrorkomplexes tatsächlich dazu beitragen, dass »Auschwitz« sich nicht wiederhole, es also nicht nochmals sei?[43]

Beantwortet werden soll diese Frage in zwei Schritten. Zunächst geht es darum, zu klären, wie aus dem – gerade auch bei Adornos bekanntem Diktum – primär symbolisch verstandenen Ort ein konkreter Lernort hatte werden können. Schließlich war Auschwitz nach 1945 nicht nur von der geografischen Landkarte verschwunden, sondern auch der Ort Oświęcim für die Deutschen in Ost wie in West kein fassbarer Begriff. Wie konnte sich also aus dem verdrängten Raum ein Attraktivitätszentrum für pädagogische Ziele entwickeln, das heute höchst anerkannt ist und in seiner Bedeutung als Lernort nicht in Abrede gestellt wird?

Um dies nachzuzeichnen, gibt der Abschnitt Geschichte zunächst einen kursorischen Blick auf die Geschehensorte Auschwitz und Birkenau in den Jahren 1940 bis 1945, ehe dann die Entstehungsgeschichte der Gedenkstätte skizziert wird. Aufbauend darauf stehen anschließend die

---

41 Ministerium für Schule und Bildung des Landes Nordrhein-Westfalen, Kernlehrplan für die Sekundarstufe I Gymnasium in Nordrhein-Westfalen. Geschichte, Düsseldorf 2014, S. 21.
42 Ähnlich in der Anlage des Forschungsaufbaus: Christoph Kühberger (Hrsg.), Geschichte denken. Zum Umgang mit Geschichte und Vergangenheit von Schüler/innen der Sekundarstufe I am Beispiel »Spielfilm«. Empirische Befunde, diagnostische Tools, methodische Hinweise, Innsbruck 2013, S. 35.
43 Adorno, Erziehung nach Auschwitz, in: Adorno (Hrsg.), Gesammelte Schriften, Bd. 10.2.

ersten, primär politisch motivierten Gruppenreisen aus der Bundesrepublik und der DDR im Mittelpunkt. An ihnen ist zu prüfen, inwieweit etwa die Fahrten der *Sozialistischen Jugend Deutschlands – Die Falken* oder der beiden christlichen Friedensinitiativen *Aktion Sühnezeichen* und *Pax Christi* nachweislich Vorbildcharakter für spätere schulische Exkursionen einnahmen.[44]

Dargestellt werden danach die ersten schulischen Fahrten zum »Lernort« Auschwitz. Es handelte sich dabei primär um umfangreiche, bis zu zwölf Tage umfassende Polenreisen, die zwischen 1980 und 1991 von der *Robert Bosch Stiftung* angeregt und gefördert wurden. Ein inhaltlicher Schwerpunkt lag dabei stets auf der Auseinandersetzung mit der nationalsozialistischen Vergangenheit;[45] nur etwa zehn Prozent der schulischen Rundreisen in die damalige Volksrepublik Polen kamen ohne den fast obligatorischen Besuch einer Gedenkstätte aus. Unter ihnen aber ragt das *Staatliche Museum Auschwitz-Birkenau* eindeutig heraus.[46] Mehr als zwei Drittel aller Fahrten suchten die dortige Gedenkstätte auf.[47]

Bedeutsam ist dies für die vorliegende geschichtswissenschaftliche Analyse, da zu diesen Schulexkursionen eine Vielzahl von Dokumentationen überliefert sind, die von teilnehmenden Schülerinnen und Schülern erstellt wurden. Schon das frühe Beispiel der *Robert Bosch Stiftung* belegt demnach ein singuläres Phänomen für deutsche Gedenkstättenfahrten: Zahlreiche Gruppen dokumentierten den Ertrag ihrer Fahrten

---

44 Um dies zu klären, wurde nicht nur die publizierte Literatur zu den frühen Fahrten nach Oświęcim einbezogen, sondern auch Archivbestände des *Evangelischen Zentralarchivs Berlin* für die *Aktion Sühnezeichen* und des *Bischöflichen Diözesanarchivs Aachen* für *Pax Christi* für die Analyse konsultiert.

45 Martina Becker, Deutsch-polnischer Schüleraustausch in der Erinnerung – nur Versöhnungskitsch?, in: Hans Henning Hahn (Hrsg.), Erinnerungskultur und Versöhnungskitsch, Marburg 2008, S. 271-281, hier S. 275.

46 Albrecht Lempp, Gedenkstättenarbeit, in: Albrecht Lempp (Hrsg.), Initiativen kultureller Zusammenarbeit. Bundesrepublik Deutschland und Volksrepublik Polen 1982-1988, Darmstadt 1989, S. 320-321, hier S. 320.

47 Zu den statistischen Angaben wurden die archivierten Dokumentationen von schulischen Reisegruppen in den Jahren 1980 mit 1991 ausgewertet. Siehe hierzu: ARBS Bestand 2001. Die Angaben differenzieren an dieser Stelle noch nicht, wie lange sich Gruppen in den Gedenkstätten aufhielten. Allerdings überragt die Nachfrage nach dem Besuch des ehemaligen Lagers Auschwitz-Birkenau mit 67,4 Prozent aller bewilligten Reisen die anderen Ziele mit großem Abstand (danach folgen: Stutthof 15,5 %, Majdanek 1,7 % sowie Orte, die nicht zwingend als Gedenkstätten einzuordnen sind: Wolfsschanze 2,8 %, Ghetto Warschau 1,7 %; ohne Besuch einer Gedenkstätte oder eines historischen Ortes: 8,3 %; keine Angaben in den Unterlagen liegen bei weiteren 2,7 % der Reisen vor).

nach Oświęcim in schriftlichen Berichten, die mehr oder weniger auf die Rezeption des Gesehenen durch Lehrende und Lernende eingehen. Ähnliche Berichte sind für keine andere Gedenkstätte in vergleichbarer Quantität und zeitlicher Erstreckung verfügbar. Anders als bei Reisen innerhalb Deutschlands, wo für die Beantragung von Fördermitteln keine abschließende Dokumentation eingefordert wurde und wird, können damit anhand der einschlägigen Akten vertiefte Erkenntnisse zum Ablauf, zur Bewertung und zur Wahrnehmung der Fahrten in das *Staatliche Museum Auschwitz-Birkenau* angestellt werden. In diesem Sinne verwahrt das *Archiv der Robert Bosch Stiftung* einen Schatz für die geschichtsdidaktische, bildungspolitische und bildungsgeschichtliche Forschung, der gleichwohl bislang kaum von der Wissenschaft wahrgenommen worden ist.[48] In der vorliegenden Studie wird er ergänzt um andere, ähnlich gelagerte Bestände. Dabei handelt es sich um Reisedokumentationen von Schülerinnen und Schülern aus den Jahren 1986 bis 1990, die im *Deutschen Polen Institut Darmstadt* verwahrt werden,[49] ebenso wie um Material, das für die Analyse von Exkursionen zwischen 2010 und 2015 in der Registratur des nordrhein-westfälischen Schulministeriums bereitgestellt wurde. Den umfangreichsten Bestand an schulischen Exkursionsdokumentationen zu Fahrten zum *Staatlichen Museum Auschwitz-Birkenau* verwahrt allerdings das Archiv der *Stiftung Erinnern ermöglichen*. Deren Bestände zu Exkursionen nach dem Jahr 2010 erst lassen es zu, die vorliegende Untersuchung bis nahe an die aktuelle Gegenwart heranzuziehen und sie damit nicht nur bildungsgeschichtlich anschlussfähig zu machen, sondern Ergebnisse mit Relevanz für die aktuelle Schulpraxis vorzulegen. Versucht wird daher, die Befunde zu den historischen und den aktuellen Gedenkstättenreisen zu bündeln. Sie sollen nach dem von der Corona-Pandemie ausgelösten Stopp aller schulischer Exkursionen neue Impulse für diese außerschulischen Lernorte vorlegen und damit den künftigen Geschichtsunterricht und seine Exkursionspraxis befruchten. Von der entstehenden Dissertation von Fiona Roll, die sich auf Basis der Archivunterlagen der (Selbst-)Reflexivität in den Narrationen von Lernenden annimmt, sind zudem wichtige Impulse für die geschichtsdidaktische Forschung zu erwarten.

Innerhalb der Überlieferung zu Fahrten deutscher Schulen nach Oświęcim besteht trotz der genannten Breite an Archivmaterial eine nen-

---

48 Wichtigste Ausnahme dieser bisherigen Ausklammerung der Bestände scheint zu sein: Corinna Felsch, Reisen in die Vergangenheit? Westdeutsche Fahrten nach Polen 1970-1990, Berlin 2015.
49 Manfred Mack, Deutsch-polnische Jugendbegegnungen. Ein Erfahrungsbericht, in: Zeitschrift für Kulturaustausch 39 (1989), S. 433-438.

nenswerte Lücke, die sich aus der Dokumentationspraxis des *Deutsch-Polnischen Jugendwerks (DPJW)* ergibt. Zwar unterstützte es seit seiner Gründung im Jahr 1991 bis ins Jahr 2015 ebenfalls mononationale Fahrten deutscher Schulgruppen nach Oświęcim, doch das *DPJW* forderte von den Antragstellenden keine eigenständigen Berichte der Lernenden. Vielmehr begnügte es sich neben einem Finanzbericht mit knappen, sehr formalisierten Fragebogenauskünften, die zudem fast immer von den Lehrkräften abgegeben wurden. Für die hier verfolgte, schülerzentrierte Fragestellung sind die Bestände also wenig aussagekräftig. Ferner werden alle Unterlagen des *Deutsch-Polnischen Jugendwerks* nach fünf Jahren vernichtet. Im Zuge der Arbeiten an der vorliegenden Studie konnten daher nur Anträge aus dem Jahre 2014 eingesehen werden, ehe sie dann geschreddert wurden. Aus ihnen ergaben sich aber keine wesentlichen Impulse, weshalb zur Förderungspolitik des *Deutsch-Polnischen Jugendwerks* vor allem statistische Angaben aus dessen Archiv und den publizierten Jahresberichten herangezogen werden. Sie belegen aber, wie bedeutsam die Rolle des *DPJW* bei der Förderung von Gedenkstättenfahrten nach Auschwitz-Birkenau war, da es die Kontinuität deutscher Schulfahrten zu Gedenkstätten nach Polen zwischen 1991 und 2015 gewährleistete. Damit lassen sich in einer Gesamtschau aus den skizzierten Beständen sehr gut die Kontinuitäten und Wandlungsprozesse in den schulischen Gedenkstättenfahrten zum *Staatlichen Museum Auschwitz-Birkenau* für die zurückliegenden vier Jahrzehnte rekonstruieren.

Als zweiter Arbeitsschritt schließt sich der Abschnitt Rezeption an. Bewusst aufbauend auf den benannten Quellenbeständen und auf den Ergebnissen der vorangestellten diachronen Analyse folgt eine synchrone Untersuchung dessen, was Schülerinnen und Schüler bei ihren Reisen nach Oświęcim erfahren, gelernt und internalisiert haben. Möglich ist diese Schwerpunktsetzung, weil es dem Autor möglich war, das bisher nicht erschlossene Archiv der *Stiftung Erinnern ermöglichen* wissenschaftlich auszuwerten.[50] Darin finden sich, ähnlich den Beständen der *Robert Bosch Stiftung* für die frühen Jahre bis zum Beginn der 1990er Jahre, Hunderte Dokumentationen zu schulischen Exkursionen. Dabei gingen die aus Nordrhein-Westfalen zwischen 2010 und 2015 durchgeführten schulischen Reisen, die von der *Stiftung Erinnern ermöglichen* finanziell unterstützt wurden, vorrangig zu einem früheren Lager in Polen – in fast

---

50 Ergänzt werden die Bestände des Archivs der *Stiftung Erinnern ermöglichen* um Dokumente zur Entstehungsgeschichte der Stiftung, die dem Autor in der Registratur des *Ministeriums für Schule und Weiterbildung* im Sommer 2018 zur Auswertung bereitgestellt wurden.

allen Fällen war dies Auschwitz (98,5 Prozent der bewilligten Anträge).[51] Voraussetzung für die Stiftungsförderung war eine Berichterstattung über die gesammelten Eindrücke durch die Jugendlichen nach ihrer Rückkehr. Diese Darstellungen dienen als zentraler Gegenstand des zweiten Arbeitsschrittes, da mit ihnen Quellen vorliegen, die als aussagekräftig anzusehen sind, gerade weil ihnen keine exakten Vorgaben zur Erstellung zugrunde lagen und sie in ihrer inhaltlichen Ausrichtung, grafischen Gestaltung und detaillierten Beschreibung höchst unterschiedlich ausfallen. So lässt sich auf Basis dessen, was die Jugendlichen schreiben, nachvollziehen, welche spezifischen Eindrücke, welches zusätzliche Wissen und welche Erfahrungen sie bei ihrer Reise erwarben. Die Dokumentationen zeigen auf, welche Schwerpunkte die Jugendlichen setzten, was sie ausklammerten, welche Auswertungen sie vornahmen und welche Eindrücke sie gewannen. Allerdings ist bei der Arbeit mit den Berichten stets zu bedenken, dass die Lernenden ihre Texte nicht intrinsisch motiviert für sich selbst verfassten. Vielmehr erstellten sie sie ganz bewusst für die ihre Reise finanziell maßgeblich fördernde Institution. Ein wesentlicher Grad an sozialer Erwünschtheit ist also bei den schriftlichen Abhandlungen immer mit zu bedenken.[52] Für die Analyse folgt daraus, dass aus den Beständen der *Stiftung Erinnern ermöglichen* vor allem Fahrtdokumentationen herangezogen werden, die spontan und handschriftlich noch während der Reise entstanden. Sie drücken weitgehend ungefiltert die Eindrücke und Gedanken der Jugendlichen aus. Ihre unmittelbaren Reaktionen sind es, die für die Analyse aussagekräftig sind. Allerdings reduziert sich mit diesem Zugriff zugleich die Quantität der Untersuchungsbasis. Aus den mehr als 600 Berichten, die im Archiv der *Stiftung Erinnern ermöglichen* vorliegen, fokussiert sich die vorliegende Arbeit damit auf 52 Berichte, die zumindest teilweise handschriftliche Beiträge enthalten und zwischen 2010 und 2019 entstanden.[53]

51 Nach einer internen Aufstellung der *Stiftung Erinnern ermöglichen* fanden zwischen 2011 und 2015 insgesamt 480 bewilligte Fahrten statt. Lediglich sieben Reisegruppen besuchten nicht das *Staatliche Museum Auschwitz-Birkenau*, sondern andere ehemalige Lager im heutigen Polen.
52 Diese Adressatenorientierung ist nur in wenigen Texten explizit Gegenstand der Darstellung. Dennoch spielt eine Rolle, dass die Schreibenden wussten, dass ihre Berichte an die finanzierende Institution weitergegeben wurden. Als Beispiel, in welchem dezidert der *Stiftung Erinnern ermöglichen* für ihre Unterstützung gedankt wird, kann gelten: ASEE A13-140-331, Exkursionsbericht Von-Fürstenberg-Realschule Paderborn, Mai 2015, S. 20 oder 31.
53 Ergänzt wird dies noch um Material aus dem Archiv des *Heisenberg-Gymnasiums Dortmund*, das nach dem Ende der Förderung durch die Stiftung die Gedenkstättenfahrt nach Polen weiter in seinem Jahresprogramm behielt.

Hingegen spielen die Ergebnisberichte, die erst nach der Rückkehr aus Polen geschrieben wurden, in der Auswertung nur eine untergeordnete Rolle. Der Bestand an aufwändig hergestellten Dokumentationen, die zumeist unter aktiver Mit- und Einwirkung von Lehrkräften entstanden, dient nur vereinzelt als Vergleichsfolie für die weitere Analyse der unmittelbaren Fahrteindrücke. Gänzlich ausgeklammert bleiben dagegen die von den Gruppen produzierten (Dokumentar-)Filme[54] ebenso wie die musealen Präsentationen, die Lernenden im Anschluss an ihre Reisen in der eigenen Schule oder in anderen öffentlichen Räumen ausstellten. Vor allem bei diesen Präsentationsformen, die oftmals erst sechs Monate nach der eigentlichen Fahrt abgeschlossen waren und dem Publikum zugänglich wurden, kann von einer Dokumentation der unmittelbaren Eindrücke am historischen Ort nicht mehr die Rede sein.[55]

Die vielfältigen Archivbestände eröffnen der Forschung zu Gedenkstättenbesuchen eine Fülle von Möglichkeiten, schließlich sind sie im regulären Schulbetrieb entstanden. Als die Schülerinnen und Schüler ihre Texte verfassten, wussten sie nicht, dass diese später zur Grundlage eines Forschungsprojektes werden würden. Vielmehr verorteten sich die Autorinnen und Autoren bei der Abfassung ihrer Texte in ihrem gewohnten schulischen Umfeld, wenngleich im Kontext einer schulischen Exkursion. Umso höher kann der Wert ihrer Aussagen eingestuft werden. Unabhängig davon hebt sich diese Analyse von vergleichbaren Studien dadurch ab, dass nicht die Gedenkstätte als Labor gesehen wurde oder der Gedenkstättenbesuch unter Laborbedingungen stattfand. Vielmehr ermöglicht die Fülle an archivierten Reisedokumentationen einen annähernd repräsentativen Einblick in die gegenwärtige Form der Exkursionsgestaltung sowie in deren Vorbereitung, Durchführung und Nachbereitung.

Gleichwohl ist aus den archivierten Exkursionsberichten nicht abzuleiten, ob die Schulgruppen bei ihrem Besuch im *Staatlichen Museum* tatsächlich Impulse aufnahmen, die sie langfristig prägten. Vor allem die in der vorliegenden Studie besonders thematisierten handschriftlichen Quellen entstanden unter dem unmittelbaren Eindruck des Erlebten. Nicht zu klären ist auf dieser Basis, ob die Ausführungen der Jugend-

---

54 Stellvertretend für eine relativ hohe Zahl an videografierten Fahrteindrücken, die die schriftlichen Darstellungen ergänzen sollen: ASEE A10-004-326, Exkursionsbericht Gymnasium Rheindahlen, September 2010.
55 Als Beispiel für eine umfangreiche (Foto-)Dokumentation einer Ausstellung, die im Februar 2012 eine Studienreise aus dem Juni 2011 innerhalb der Schulräumlichkeiten wiedergibt: ASEE A11-042-326, Exkursionsbericht Evangelisches Gymnasium Werther, Juni 2011.

lichen nur bloße Schlaglichter darstellen oder ob der Besuch im früheren Lager sie langfristig beeinflusst hat. Wenn aber ein nachhaltiger Effekt wahrzunehmen sein sollte, ist zu fragen, welche Impulse es waren, die Jugendliche des 21. Jahrhunderts just am Schauplatz des »größten Verbrechens der Geschichte der Menschheit«[56] aufnahmen. Um dies zu klären, wird im Kapitel Rezeption der klassisch geschichtswissenschaftliche Zugang über Quellen um eigengeneriertes Datenmaterial ergänzt. Bewusst wurde dabei nicht die in vielen quantitativen Studien genutzte Methode, geschlossene Items in Fragebögen abzutesten,[57] herangezogen, sondern das offenere Verfahren der Gruppendiskussion mit leitfadengestützten Interviews eingesetzt.[58] Als Forschungspartnerinnen und Forschungspartner wirkten Lernende mit, die mit ihren Schulen selbst zum *Staatlichen Museum Auschwitz-Birkenau* gereist waren und 10 bis 22 Monate nach ihrer Rückkehr befragt wurden. Die leitfadengestützten Interviews sollen zumindest die Möglichkeit bieten, vertiefte und exemplarische Einblicke in die Rezeptions- und Denkwelten der Lernenden zu erlangen und deren Wahrnehmung und Verständnis der Exkursion zu erhellen. An drei verschiedenen Schulen konnten Jugendliche der Sekundarstufe II befragt werden, die allerdings alle einen Leistungskurs im Fach Geschichte belegt hatten. Die Einschätzungen dieser am Fach sicherlich besonders interessierten Gruppe stehen zwar nicht repräsentativ für alle Schülerinnen und Schüler in Deutschland. Dennoch ergänzen ihre Einschätzungen mit zeitlichem Abstand die zunächst untersuchten schriftlichen Reisedokumentationen. Das gilt umso mehr, als die in Gruppendiskussionen interviewten Personen keine schriftlichen Dokumentationen zu ihren Exkursionen verfasst hatten und deshalb nicht im ersten Teil der Analyse berücksichtigt sind. Beide Zugriffe sollen gemeinsam eine Überprüfung ermöglichen, ob die gesellschaftliche Erwartungshaltung tatsächlich zutrifft, ein Besuch in Auschwitz immunisiere gegen Antisemitismus und Rassismus und fördere zugleich die Ausprägung eines reflektierten Geschichtsbewusstseins sowie einer demokratischen Grundhaltung.

Insgesamt ergibt sich aus der Analyse der umfangreichen Archivbestände sowie der Interviewerhebung eine Tiefenbohrung, die in ähnlicher Weise zur Geschichte und zum Ertrag von Exkursionen deutscher Schulen zu einer Gedenkstätte bislang noch nicht vorgelegt wurde. Ein

---

56 Levi, Die Untergegangenen und die Geretteten, S. 10.
57 Hierzu kritisch: Katharina Kindermann, Die Welt als Klassenzimmer. Subjektive Theorien von Lehrkräften über außerschulisches Lernen, Bielefeld 2017, S. 32.
58 Susanne Vogl, Gruppendiskussion, in: Nina Baur/Jörg Blasius (Hrsg.), Handbuch Methoden der empirischen Sozialforschung, Wiesbaden 2019, S. 695-700.

vergleichbarer Längsschnitt zur Entwicklung von Schulreisen zu einem früheren Lager fehlt bislang ebenso wie eine breit angelegte Untersuchung zur Rezeption solcher Fahrten bis in die Gegenwart. Interessant daran ist vor allem die quantitative Breite der Untersuchungsbasis. Ausgewertet wird nicht nur der Besuch einer Kleingruppe oder einer bestimmten Schule, sondern das Besuchsverhalten der letzten vier Jahrzehnte. Daraus ergibt sich eine besondere Ausweitung in der Perspektive, da Lernende unterschiedlichen Alters (von der 9. Jahrgangsstufe der allgemeinbildenden Schule bis hin zu jungen Erwachsenen an Berufskollegs), aus allen Schulformen (mit deutlichem Schwerpunkt auf den Gymnasien und unter Ausnahme der Grundschule), aller sozialen Schichten und Herkunftskontexten und aller Regionen untersucht wurden.[59] Ähnlich plural sind die Zugangswege der Gruppen zum »Lernort« in Auschwitz-Birkenau. Die skizzierte Bandbreite der Fahrten bildet also eine stabile Basis für eine umfassende Erhebung. Zu fragen wird letztlich sein, ob schulische Exkursionen nach Oświęcim tatsächlich ein »Erinnern ermöglichen«, wie es der ebenso optimistische wie verheißungsvolle Titel der einschlägigen Stiftung verspricht. Fast zeitgleich zum Beginn der Arbeit der Stiftung hatte Volkhard Knigge genau diese Hoffnung zurückgewiesen, da der Erinnerungsbegriff besonders für junge Menschen nicht mehr tauglich erscheine, ohne zugleich eine Schuldzuweisung an die nachwachsende Generation vorzugeben.[60]

Das anschließende Kapitel Virtuelle Realitäten nimmt dann die grundsätzliche Veränderung der schulischen Realität seit der Corona-Pandemie auf, indem es die Frage aufwirft, ob persönliche Besuche an Gedenkstätten zwingend nötig sind oder ob sie nicht durch digitale Formate ersetzt werden können. Erörtert werden soll dabei, ob neue Techniken wie etwa Augmented Reality, Virtual Reality oder 360°-Filme als Ergänzung oder Ersatz klassischer Exkursionen dienen können. Neben einer aktuellen Bestandsaufnahme hinsichtlich der virtuellen Angebote verschiedener Gedenkstätten steht dabei vor allem die schulische Einsatzfähigkeit eines 360°-Films im Zentrum der Betrachtung. Am Beispiel der preisgekrönten Produktion *Inside Auschwitz – Das ehemalige Konzentrationslager in 360°* soll überprüft werden, welchen Lernerfolg Jugendliche erzielen,

---

59 Im Bereich der aktuellsten Fahrten liegt indessen ein Schwerpunkt auf Nordrhein-Westfalen, da die Förderung der *Stiftung Erinnern ermöglichen* sich zunächst auf dieses Bundesland konzentrierte. Allerdings kann gerade dieses Bundesland als repräsentativ für die Bundesrepublik gelten, da es neben zahlreichen urbanen Zentren auch ländliche Räume umfasst.
60 Volkhard Knigge, Zur Zukunft der Erinnerung, in: Aus Politik und Zeitgeschichte (2010), H. 25/26, S. 10-16.

wenn sie mittels der Produktion sich dem historischen Ort nähern. Um die Qualität der Ortserkundung ermessen zu können, arbeitet die Studie mit zwei Probandengruppen, die sich vor allem darin unterscheiden, dass eine von ihnen das *Staatliche Museum Auschwitz-Birkenau* bereits besucht hat, während die anderen Befragten eine solche Exkursion nicht gemacht hatten und auch nicht vor sich hatten. Beide Gruppen wurden mit Fragebögen um ihre Einschätzung gebeten, nachdem sie den Film jeweils einmal gesehen hatten. Aus der Gegenüberstellung soll abgeleitet werden, inwieweit *Inside Auschwitz* sich eignet, um einen ersten Kontakt zum historischen Ort herzustellen oder ob *Inside Auschwitz* nur als Auffrischung der eigenständig in der heutigen Gedenkstätte erworbenen Erfahrungen einsetzbar ist.

Abgerundet wird die Untersuchung schließlich vom Kapitel Zukunft. Während im ersten Abschnitt die bedeutsamsten Ergebnisse der vorgelegten Studie skizziert werden, werden danach aus den Befunden weiterführende Hinweise abgeleitet, die neue Schwerpunktsetzungen für künftige schulische Gedenkstättenfahrten vorlegen. In sieben Kernkriterien zusammengefasst, soll pointiert weitergegeben werden, worauf vor allem Lehrkräfte bei der Planung von künftigen Exkursionen achten sollten, um die Fahrten nicht in den Eindruck eines zunehmend verstaubten Rituals immer gleich ablaufender Besuche zu rücken. Schließlich stehen gerade Schulen immer wieder vor der Frage, die schon Roman Herzog vor einem Vierteljahrhundert als damaliger Bundespräsident erkannt hatte: Das Gedenken an die Verbrechen der NS-Herrschaft und die Trauer über ihre Opfer muss für jede Generation in neue Formen gegossen werden. Wie dies künftig aussehen kann, nachdem gerade in den letzten Jahren Fahrten zum *Staatlichen Museum Auschwitz-Birkenau* von Schulen oft als eine zeitgemäße Form des Gedenkens und Trauerns angesehen wurde, soll mit den abschließenden Vorschlägen im Kapitel Zukunft zur Diskussion gestellt werden.

3 Forschungsstand

Die wissenschaftliche Forschung zum Lernen außerhalb der klassischen Schulumgebung nahm seit den 1970er Jahren deutlich zu. Bestehende Vorbehalte gegenüber informellen Lernanlässen traten zunehmend zurück, weshalb der Terminus »Lernort« rasch an Bedeutung gewann.[61]

---

[61] Jorge Groß, Orte zum Lernen. Ein kritischer Blick auf außerschulische Lehr-/Lernprozesse, in: Kurt Messmer/Raffael von Niederhäusern/Armin Rempfler/

FORSCHUNGSSTAND

Bildungspolitisch vorangetrieben wurde die Entwicklung von der *Bildungskommission des Deutschen Bildungsrates*, die in ihrem Gutachten zur Weiterentwicklung der Sekundarstufe II eine verstärkte Berücksichtigung von Lernorten ausdrücklich einforderte und zugleich eine erste Auswahl an möglichen Orten vorlegte.[62] Innerhalb der bildungswissenschaftlichen Diskussion orientierte man sich anschließend an der Differenzierung zwischen primären und sekundären Lernorten, die Joachim Münch in die Diskussion eingebracht hatte.[63] Inzwischen scheint diese Debatte überwunden. Als allgemeingültiger und fächerübergreifender Terminus hat sich die Rede vom »außerschulischen Lernort« durchgesetzt. Von Schulklassen werde dieser ausdrücklich zum Zwecke des Lernens besucht,[64] um ihn absichtsvoll in den schulischen Unterricht einzubringen, da sich an ihm ein didaktisches Arrangement vorfinden lasse, welches umfangreichen pädagogischen Ertrag verspreche.[65]

Als Vorzüge von außerschulischen Lernorten werden vor allem die angeblich authentische Begegnung vor Ort, das Lernen in größeren Sinnzusammenhängen, ein ganzheitliches und sinnliches Lernerlebnis, ein hoher Grad an Selbsttätigkeit bei den Schülerinnen und Schülern, auch durch kooperative Lernformen, sowie der Einbezug von Expertinnen und Experten genannt.[66] Im Zentrum steht dabei die Andersartigkeit des besuchten Raums, die es ermöglicht, Ergebnisse vorzulegen, die im Klassenzimmer unmöglich seien.[67] Erreicht werde damit, die Lernenden »in die Situation mit hineinzunehmen«[68]. So eröffne sich ein ganzheit-

---

Markus Wilhelm (Hrsg.), Ausserschulische Lernorte. Positionen aus Geographie, Geschichte und Naturwissenschaften, Wien, Berlin 2011, S. 25-49, hier S. 27 f.
62 Deutscher Bildungsrat, Empfehlungen der Bildungskommission. Zur Neuordnung der Sekundarstufe II. 38. Sitzung der Bildungskommission, 13./14. Februar 1974 in Bonn, Stuttgart 1974, 69 ff.
63 Joachim Münch, Lernorte und Lernort-Kombinationen im internationalen Vergleich. Innovationen, Modelle und Realisationen in der Europäischen Gemeinschaft, Berlin 1985, S. 25.
64 Salzmann, Lernorte – Lernorttheorie, in: Heckt/Sandfuchs (Hrsg.), Grundschule von A bis Z, S. 161.
65 Feige, Lernorte außerhalb der Schule, in: Arnold/Sandfuchs/Wiechmann (Hrsg.), Handbuch Unterricht, S. 379.
66 Kindermann, Die Welt als Klassenzimmer, 25 f.
67 Marc Behrendt/Teresa Franklin, A Review of Research on School Field Trips and their Value in Education, in: International Journal of Environmental & Science Education 9 (2014), S. 235-245, hier S. 236.
68 Kindermann, Die Welt als Klassenzimmer, S. 27.

liches Lernen, da viele Sinne angesprochen würden.[69] Nicht zuletzt weist die Bildungswissenschaft darauf hin, dass die Begegnung mit Lernorten jenseits der Schulmauern den klassischen 45-Minuten- oder 60-Minuten-Rhythmus aufbricht, an dessen Stelle längere Arbeitsphasen oder vollständige Projekttage treten, die eine weit intensivere und umfassendere Auseinandersetzung ermöglichen.[70] Zudem wird die Rolle der Expertinnen und Experten betont, auf die Lernende bei ihren Besuchen stoßen.[71] Im konkreten Fall der Exkursionen nach Auschwitz-Birkenau handelt es sich dabei um die Gespräche mit Überlebenden des Lagers, die als Zeitzeugen berichten, was von den Schülerinnen und Schülern immer wieder als absolutes Highlight ihrer Reisen hervorgehoben wird.[72] Obgleich in der didaktischen und bildungswissenschaftlichen Literatur auch potenzielle Probleme diskutiert werden – genannt werden dabei der hohe Organisationsaufwand,[73] eine eventuell zu hohe Komplexität[74] oder ein potenziell unangemessenes Verhalten der Lernenden[75] – steht doch fest: Außerschulische Lernorte genießen hohe Anerkennung und werden als Möglichkeit angesehen, gleichsam die ganze Welt als Klassenzimmer für die schulische Arbeit heranzuziehen.[76] Sie sind damit weit mehr

---

69 Bernd Dühlmeier, Außerschulische Lernorte in der Grundschule, Baltmannsweiler 2008, S. 32.

70 Eva-Maria Lankes, Wir erkunden den Hauptbahnhof. Eine Unterrichtssequenz im Rahmen einer fächerübergreifenden Lernsequenz, in: Uwe Reyher (Hrsg.), Lernen außerhalb des Klassenzimmers. Außerschulische Lernorte mit Erfahrungsberichten und praktischen Tipps, München 1998, S. 53-68.

71 Gesine Hellberg-Rode, Außerschulische Lernorte, in: Astrid Kaiser/Detlef Pech (Hrsg.), Unterrichtsplanung und Methoden, Baltmannsweiler 2012, S. 145-150, hier S. 147.

72 Stellvertretend: ASEE A11-020-525, Exkursionsbericht Anita-Lichtenstein-Gesamtschule Geilenkirchen, Juli 2011, S. 9, 19 oder 27; ähnlich: A13-079-521, Exkursionsbericht Berufskolleg Herzogenrath, S. 20.

73 Dietrich Karpa/Gwendolin Lübbecke/Bastian Adam, Außerschulische Lernorte. Theoretische Grundlagen und praktische Beispiele, in: Schulpädagogik heute 11 (2015), H. 6, S. 1-13, hier S. 4. Mit spezifischer Ausrichtung auf das historische Lernen: Ulrich Mayer, Historische Orte als Lernorte, in: Ulrich Mayer/Hans-Jürgen Pandel/Gerhard Schneider (Hrsg.), Handbuch Methoden im Geschichtsunterricht, Schwalbach/Ts. 2004, S. 389-407, hier S. 402

74 Gudrun Schönknecht, Lehr-Lern-Orte erschließen – Methodenkompetenz fördern, in: Karlheinz Burk/Marcus Rauterberg/Gudrun Schönknecht (Hrsg.), Schule außerhalb der Schule. Lehren und Lernen an außerschulischen Orten, Frankfurt am Main 2008, S. 99-111, hier S. 105.

75 Petra Sauerborn/Thomas Brühne, Didaktik des außerschulischen Lernens, Baltmannsweiler 2012, S. 82.

76 Kindermann, Die Welt als Klassenzimmer.

als eine »Flucht aus der Anstalt«[77]. Gleichwohl beziehen sich bislang die meisten Untersuchungen auf den naturwissenschaftlich-technischen Bereich, während für die geisteswissenschaftlichen Fächer ein deutlicher Forschungsrückstand, vornehmlich in der dezidiert empirisch orientierten Forschung, festgestellt wird.[78] Zielsetzung der vorliegenden Studie ist es dementsprechend, zu klären, ob sich diese vielfältigen, dem Umgang mit außerschulischen Lernorten auch für das historisch-politische Lernen[79] zugeschriebenen Potenziale bei einer schulischen Exkursion zum *Staatlichen Museum Auschwitz-Birkenau* nachweisen lassen. Forschungsmethodisch sollen dabei hermeneutische Quellenarbeit und empirische Erhebungsmethoden kombiniert werden.

Doch bevor der Blick auf den konkreten Untersuchungsgegenstand des Lernortes Auschwitz gerichtet wird, ist zunächst der engere Bereich der domänenspezifischen Forschungsliteratur zu skizzieren. Dabei konzentriert sich der Forschungsüberblick auf den schulischen Umgang mit historischen Orten im Allgemeinen und mit ehemaligen Lagern des nationalsozialistischen Deutschlands im Besonderen. Andere außerschulische Lernorte des Faches – zu denken wäre etwa an Archive, Museen oder Denkmäler – bleiben dementsprechend ausgeklammert. Für den ausgewählten Teilaspekt der geschichtsdidaktischen Literatur zeigt sich, wie zu erwarten ist, dass die domänenspezifische Diskussion zu außerschulischen Lernorten nicht grundsätzlich entkoppelt von der erziehungswissenschaftlichen Debatte blieb. Demgemäß spielten im Fach Geschichte außerschulische Lernorte lange Zeit keine exponierte Rolle. Zwar können erste Forderungen, das direkte Umfeld der jeweiligen Bildungseinrichtungen für das historische Lernen zu nutzen, bis in das 17. Jahrhundert auf Comenius zurückgeführt werden,[80] doch finden sich konkrete Versuche, sein allgemeines Konzept für das historische Lernen zu nutzen, erst wesentlich später. Vor allem im Zeitalter der Reformpä-

---

77 Peter Faulstich, Lernorte – Flucht aus der Anstalt, in: Peter Faulstich/Mechthild Bayer (Hrsg.), Lernorte. Vielfalt von Weiterbildungs- und Lernmöglichkeiten, Hamburg 2009, S. 7-27.
78 Kindermann, Die Welt als Klassenzimmer, 30 f.
79 Paul Ackermann, Einführung: Außerschulische Lernorte – ungenutzte Chancen politischer Bildung, in: Paul Ackermann (Hrsg.), Politisches Lernen vor Ort. Außerschulische Lernorte im Politikunterricht, Stuttgart 1988, S. 8-24, hier S. 15 ff.
80 Johann Amos Comenius, Große Unterrichtslehre. Pädagogische Schriften. Bd. I, Langensalza 1905, S. 134.

dagogik zogen sie erstmals in die schulische Alltagswelt ein.[81] Zumeist blieben Unterrichtsgänge allerdings auf die Primarstufe beschränkt,[82] wo sie bis heute zu den gängigen Formaten des auf die Orts- und Lokalgeschichte bezogenen Unterrichtens zählen.[83] In der Sekundarstufe I und noch verstärkt im Bereich der Sekundarstufe II fand sie hingegen kaum Unterstützung, da Exkursionen in das unmittelbare Umfeld der jeweiligen Schulen bis in die 1970er Jahre das Stigma der Provinzialität anhaftete.[84] Dieses offenkundige Desinteresse spiegelt sich in der einschlägigen Forschungsliteratur wider, wenn beispielsweise die erste Auflage des *Handbuchs der Geschichtsdidaktik* aus dem Jahr 1979 überhaupt keinen ausgewiesenen Beitrag zum Lernen an Stätten bedeutsamer historischer Ereignisse beinhaltete.[85] Lernen an Orten – wenn dieser »Ort« nicht das eigene Klassenzimmer war – fand also lange Zeit im deutschsprachigen Geschichtsunterricht ebenso wie in der geschichtsdidaktischen Literatur nicht statt.[86] Dementsprechend entwickelte sich keine Forschung zur Bedeutung von Lernorten. Ebenso wie in den Bildungswissenschaften entfaltete sich breiteres, wissenschaftliches Interesse erst ab der Mitte der 1970er Jahre, als erste einschlägige theoretische Überlegungen die Frage nach dem Ertrag von Exkursionen zu historischen Orten aufwarfen. Der Landeshistoriker und Geschichtsdidaktiker Walter Ziegler war es beispielsweise, der in einer ersten Abhandlung vorschlug, mit Schulklassen die Schauplätze bedeutsamer historischer Ereignisse zu besuchen und dort mit den Methoden der Geschichtswissenschaft die

---

81 Christian Salzmann, Lehren und Lernen in außerschulischen Lernorten, in: Joachim Kahlert/Maria Fölling-Albers/Margarete Götz/Andreas Hartinger/Dietmar von Reeken/Steffen Wittkowske (Hrsg.), Handbuch Didaktik des Sachunterrichts, Bad Heilbrunn 2007, S. 433-438, hier S. 434 f.
82 August Tecklenburg, Bildender Geschichtsunterricht. Der Geschichtsunterricht in der Grundschule: Erster selbständiger Geschichtsunterricht auf heimatlicher Grundlage in Begründung und Beispiel, Hannover 1921, 67 ff.
83 Dietmar von Reeken, Historisches Lernen im Sachunterricht. Eine Einführung mit Tipps für den Unterricht, Baltmannsweiler 2009, 65 f.
84 Walter Ziegler, Die historische Exkursion, in: Rudolf Hasch (Hrsg.), Landesgeschichte und Exkursion im Geschichtsunterricht, Donauwörth 1977, S. 109-126, hier S. 109.
85 Als einziger Beitrag zu außerschulischen Lernorten lässt sich in der Auflage des Jahres 1979 nachweisen: Detlef Hoffmann, Geschichtsunterricht und Museen, in: Klaus Bergmann/Annette Kuhn/Jörn Rüsen/Gerhard Schneider (Hrsg.), Handbuch der Geschichtsdidaktik, Düsseldorf 1979, S. 67-71.
86 Grundsätzlich zum historisch-politischen Lernen an informellen Orten: Dietrich Karpa/Bernd Overwien/Oliver Plessow (Hrsg.), Außerschulische Lernorte in der politischen und historischen Bildung, Immenhausen 2015.

FORSCHUNGSSTAND

noch vorhandenen Überreste im schulischen Kontext zu befragen.[87] Neben zahlreichen Beispielen aus vormodernen Zeiten rief er ausdrücklich dazu auf, beispielsweise das vormals erste NS-Lager in Dachau zum Ziel einer Exkursion im Geschichtsunterricht zu machen.[88] Schon in seiner Pionierarbeit stellte Ziegler also die Zeitgeschichte und mit ihr die Orte der Gewaltverbrechen der jüngsten Vergangenheit deutlich heraus, was gerade den etwa zeitgleich entstehenden Forschungsbemühungen der lokalen Geschichtswerkstätten entsprach.[89]

Ein breiteres Verständnis von Lernorten im Geschichtsunterricht legte etwa zeitgleich der in Oldenburg lehrende Geschichtsdidaktiker Bernd Hey an den Tag. Er forderte, Archive, Lehrpfade oder Museen ebenfalls als Ziele von Exkursionen anzuerkennen, selbst wenn sie nicht am eigentlichen Geschehensort errichtet worden seien oder der direkte Bezug zum Schauplatz des Ereignisses zum Teil fehle.[90] Hey war es denn auch, dessen wiederholte Plädoyers für einen stärkeren Einbezug von Lernorten außerhalb der angestammten Schulmauern im Fach gehört wurden und ein Umdenken einläuteten.[91] Lernorte außerhalb der Schule hatten das historische Lernen erreicht. In der Folge wuchsen die Forschungsanstrengungen zum historischen Lernen an außerschulischen Lernanlässen deutlich an,[92] sodass sie inzwischen sogar die einschlägigen Handbücher erreicht haben[93] und Bestandteil von Grundlagenwerken zur Geschichtsmethodik geworden sind.[94] Ob damit aber der *Spatial Turn* in der Geschichtsdidaktik an-

87 Ziegler, Die historische Exkursion, in: Hasch (Hrsg.), Landesgeschichte und Exkursion im Geschichtsunterricht.
88 Ebenda, S. 117.
89 Joachim Szodrzynski, Geschichtswerkstätten gestern – heute – morgen. Bewegung! Stillstand. Aufbruch?, München 2004.
90 Bernd Hey, Exkursionen, Lehrpfade, alternative Stadterkundungen, in: Klaus Bergmann/Klaus Fröhlich/Annette Kuhn/Jörn Rüsen/Gerhard Schneider (Hrsg.), Handbuch der Geschichtsdidaktik, Seelze-Velber 1997, S. 727-731.
91 Als zentralste Publikation ist zu nennen: Bernd Hey, Die historische Exkursion. Zur Didaktik und Methodik des Besuchs historischer Stätten, Museen und Archive, Stuttgart 1978.
92 Oliver Plessow, »Außerschulisch«. Zur Bedeutung eines Begriffs aus geschichtsdidaktischer Sicht, in: Dietrich Karpa/Bernd Overwien/Oliver Plessow (Hrsg.), Außerschulische Lernorte in der politischen und historischen Bildung, Immenhausen 2015, S. 17-32, hier S. 25.
93 Berit Pleitner, Außerschulische historische Lernorte, in: Michele Barricelli/Martin Lücke (Hrsg.), Handbuch Praxis des Geschichtsunterrichts, Bd. 2, Schwalbach/Ts. 2012, S. 290-307.
94 Meik Zülsdorf-Kersting, Gedenkstättenarbeit, in: Hilke Günther-Arndt/Saskia Handro (Hrsg.), Geschichts-Methodik. Handbuch für die Sekundarstufe I und II, Berlin 2018, S. 139-144.

gekommen ist, der räumlichen Prägung von Geschichte also gebührender Raum zugestanden wird, worum sich die Geschichtswissenschaft seit mehr als einem Jahrzehnt bemüht,[95] ist keineswegs gesichert. Vielmehr lässt sich wohl weiterhin mit Vadim Oswalt konstatieren, dass für den Geschichtsunterricht ebenso wie für die Geschichtsdidaktik das »Wo« zum »Was« und »Wann« zu häufig fehle.[96]

Wenn der Raum doch in den Blick rückt, findet dies oft am Beispiel spezifischer, zumeist eng umgrenzter Orte statt, denen dann allerdings als »Lernorte« eine besondere Dignität für den Geschichtsunterricht attestiert wird.[97] Ursache für diese Wertschätzung ist zunächst der Umstand, dass Lernende bei Besuchen an historischen Orten sich an die Räume begeben, an denen sich bedeutsame Ereignisse in der Vergangenheit abgespielt haben. Im Sinne eines »ex-currere« aus der angestammten Lernumgebung wird ihnen zugleich ein erhöhtes Motivationspotenzial zugeschrieben.[98] Weit schwieriger ist die Lage bei der »originalen« Begegnung, von der in der erziehungswissenschaftlichen Literatur mit Bezug auf die uneingeschränkt bestehende Authentizität besuchter Lernorte die Rede ist.[99] Gerade für historische Orte ist Authentizität nicht mehr gegeben, eine »reale« oder »originale« Begegnung mit dem historischen (Geschehens-)Ort ist ausdrücklich nicht mehr möglich.[100] Der aufgesuchte Ort besteht schließlich nicht mehr im Zustand des ursprünglichen Ereignisses, sondern hat sich im Verlauf von Jahren oder Jahrhunderten vielfach verändert. Die oft gebrauchte Rede von der Authentizität, die das wichtigste Kapital historischer Orte sei, ist sicherlich nicht zutreffend,[101]

---

95 Stellvertretend: Karl Schlögel, Im Raume lesen wir die Zeit. Über Zivilisationsgeschichte und Geopolitik, München 2003.
96 Vadim Oswalt, Das Wo zum Was und Wann. Der »Spatial Turn« und seine Bedeutung für die Geschichtsdidaktik, in: Geschichte in Wissenschaft und Unterricht 61 (2010), S. 220-233. Mit Blick auf den Bereich der Geschichtskultur argumentiert in eine ähnliche Richtung: Waltraud Schreiber, Raum – vernachlässigte Kategorie der Geschichtskultur, in: Zeitschrift für Geschichtsdidaktik 16 (2017), S. 48-66.
97 Mayer, Historische Orte als Lernorte, in: Mayer/Pandel/Schneider (Hrsg.), Handbuch Methoden im Geschichtsunterricht; Ulrich Baumgärtner, Historische Orte, in: Geschichte lernen 19 (2005), H. 106, S. 12-18.
98 Baumgärtner, Historische Orte.
99 Groß, Orte zum Lernen, in: Messmer/Niederhäusern/Rempfler/Wilhelm (Hrsg.), Ausserschulische Lernorte, S. 31.
100 Mayer, Historische Orte als Lernorte, in: Mayer/Pandel/Schneider (Hrsg.), Handbuch Methoden im Geschichtsunterricht, S. 396 f.
101 Grundlegend hierzu: Drecoll/Schaarschmidt/Zündorf (Hrsg.), Authentizität als Kapital historischer Orte?

gerade für Gedenkstätten ist Authentizität eine ausgesprochen »problematische Kategorie«[102]. Zugleich resultiert aus dieser Veränderbarkeit des historischen Untersuchungsraums das Potenzial, bei Schülerinnen und Schülern ein Bewusstsein für die Historizität von Geschichte allgemein und von historischen Orten im Speziellen aufzubauen.[103] Nicht zuletzt gelingt es an besuchten Orten, den besuchten Raum als Manifestation einer öffentlichen Geschichtskultur zu studieren, da er als derart exponiert angesehen wird, dass dort ein (mehr oder minder umfangreiches) öffentliches Erinnern an ein spezifisches Ereignis stattfindet.

In diesem Sinn zählen ehemalige Lager, ebenso wie andere exponierte Orte des Nationalsozialismus, zur geschichtsdidaktischen Kategorie der historischen Orte – zu denken ist etwa an das ehemalige Reichsparteitagsgelände in Nürnberg, die Stätten der »Euthanasie«, den Obersalzberg als Sitz von Hitlers »Berghof« oder die NS-Ausbildungsstätte Vogelsang in der Eifel. Seit den 1980er Jahren wurden ehemalige Stätten des Nationalsozialismus als Lernorte entdeckt.[104] Gerade die besonders bekannten KZ-Gedenkstätten – Peter Reichel nennt hier für den Osten Deutschlands Buchenwald, Sachsenhausen und Ravensbrück, für den Westen Dachau, Bergen-Belsen und Neuengamme[105] – sind inzwischen kanonische »außerschulische Lernorte« für Schulen[106] und zählen sicher zu den am häufigsten aufgesuchten Exkursionszielen des historischen Lernens an deutschen Schulen.[107] Das gilt besonders für Bayern, wo schon seit

102 Achim Saupe, Historische Authentizität als problematische Kategorie von NS-Gedenkstätten, in: Alexander Kraus/Aleksandar Nedelkovski/Anita Placenti-Grau (Hrsg.), Ein Erinnerungs- und Lernort entsteht. Die Gedenkstätte KZ-Außenlager Laagberg in Wolfsburg, Frankfurt am Main 2018, S. 39-53, hier S. 39.
103 Hans-Jürgen Pandel, Geschichtsunterricht nach PISA. Kompetenzen, Bildungsstandards und Kerncurricula, Schwalbach/Ts. 2005, S. 13 ff.
104 Peter Dudek, »Der Rückblick auf die Vergangenheit wird sich nicht vermeiden lassen«. Zur pädagogischen Verarbeitung des Nationalsozialismus in Deutschland (1945-1990), Opladen 1995, S. 297.
105 Peter Reichel, Politik mit der Erinnerung. Gedächtnisorte im Streit um die nationalsozialistische Vergangenheit, München 1995, S. 127.
106 Renata Kobylarz-Bula, Gedenkstätten als außerschulische Lernorte, in: Enrico Heitzer/Günter Morsch/Robert Traba/Katarzyna Woniak (Hrsg.), Von Mahnstätten über zeithistorische Museen zu Orten des Massentourismus? Gedenkstätten an Orten von NS-Verbrechen in Polen und Deutschland, Berlin 2016, S. 115-125.
107 Eher zu bezweifeln ist die Annahme, wonach schulische Gedenkstättenfahrten weniger oft durchgeführt werden würden, wie dies beispielsweise angenommen wird bei: Christina Brüning, Holocaust Education in der heterogenen Gesellschaft. Eine Studie zum Einsatz videographierter Zeugnisse von Überlebenden der nationalsozialistischen Genozide im Unterricht, Frankfurt am Main 2018, S. 13.

dem Jahr 1964 eine Empfehlung des *Bayerischen Kultusministeriums* besteht, Abschlussklassen aller Schulen sollten die KZ-Gedenkstätten in Dachau oder Flossenbürg besuchen, was aber in den ersten Jahren kaum stattfand. Zwar wuchs die Nachfrage bis in die 1980er Jahre deutlich und für das Jahr 1983 wurden beispielsweise bereits rund 6.000 Schulklassen und Jugendgruppen allein in Dachau verzeichnet,[108] doch blieb und bleibt der Ertrag derartiger Reisen weitgehend im Dunkeln. Selbst wenn die Quantitäten inzwischen nochmals gestiegen sind und die ministeriellen Vorgaben inzwischen verpflichtende Besuche für alle Lernenden weiterführender Schulen vorsehen, zählt die wissenschaftliche Begleitung des Vor- und Nachbereitens sowie der Durchführung derartiger Exkursionen nicht zu den zentralen Gegenständen der geschichtsdidaktischen Forschung.[109] Vielmehr stützt sich selbst das schuladministrative Vorgehen in Bayern mit seinen weitgehend verpflichtenden Gedenkstättenbesuchen bislang auf ein (sicher sehr umfangreiches) Erfahrungswissen von Lehrkräften, wonach die direkte Auseinandersetzung mit den Relikten der Gewalt bei Lernenden großen Eindruck hinterlasse und für das historische Lernen besonderen Ertrag zeitige.[110]

Anders als vielleicht zu erwarten, kann sich die Schulbürokratie bei ihrem Vorgehen jedoch nicht auf eine umfangreiche geschichtsdidaktische Literatur stützen. Zwar liegen zahlreiche Sammelbände oder Tagungspublikationen zum Themenfeld Geschichtsunterricht und Shoah vor,[111] daneben untersuchten vor allem die Bildungswissenschaften das

---

108 Barbara Distel, Gedenkstättenarbeit – Lernen für die Zukunft, in: Hanns-Fred Rathenow/Norbert H. Weber (Hrsg.), Erziehung nach Auschwitz, Pfaffenweiler 1988, S. 145-154, hier S. 147f.
109 Als einschlägige geschichtsdidaktische Einschätzung des Potenzials von Gedenkstättenexkursionen muss weiterhin gelten: Susanne Popp, Gedenkstättenbesuch. Ein Beitrag zur historisch-politischen Bildung (2002). https://sowi-online.de/praxis/methode/gedenkstaettenbesuch_ein_beitrag_zur_historisch_politischen_bildung.html (Stand: 10. Juli 2020).
110 Exemplarisch für die zumeist sehr positiven Einschätzungen von Lehrkräften zu Gedenkstättenfahrten: Angela Schubert, Der Besuch der KZ-Gedenkstätte Dachau mit Schülerinnen und Schülern einer Münchner Mittelschule. Ein Erfahrungsbericht, in: Einsichten und Perspektiven (2018), H. 3, S. 42-49. In ähnliche Richtung argumentierend, aber mehr gedenkstättenpädagogisch profiliert: Robert Sigel, Schulische Bildung und ihre Bedeutung für die Gedenkstättenpädagogik, in: Elke Gryglewski/Verena Haug/Gottfried Kößler/Thomas Lutz/Christa Schikorra (Hrsg.), Gedenkstättenpädagogik. Kontext, Theorie und Praxis der Bildungsarbeit zu NS-Verbrechen, Berlin 2015, S. 44-55.
111 Stellvertretend: Peter Gautschi/Meik Zülsdorf-Kersting/Béatrice Ziegler (Hrsg.), Shoa und Schule. Lehren und Lernen im 21. Jahrhundert, Zürich 2013.

Lernen über, vom und zum Holocaust,[112] jedoch fehlt es bislang an Forschungsarbeiten zur Rezeption von Gedenkstättenbesuchen. Diese Lücke reicht so weit, dass Gedenkstätten sogar in den geschichtsdidaktischen Basispublikationen erst spät als regelmäßige Ziele schulischer Exkursionen behandelt wurden.[113] Unter den dezidierten Forschungsarbeiten zum Thema ragt weiterhin die Dissertationsschrift von Meik Zülsdorf-Kersting heraus, die den Besuch Jugendlicher in der Gedenkstätte Neuengamme begleitet und ausgewertet hat.[114] Daneben sind in den letzten Jahren vor allem kleinere Studien entstanden, die vornehmlich Lernenden auf ihrem Weg durch einzelne Gedenkstätten folgen.[115] Grundlegende Fragen zur Rezeption von Gedenkstättenbesuchen, wie sie methodisch durchaus bereits früh aufgeworfen wurden,[116] blieben bislang weitgehend unbeantwortet, obwohl sich die Geschichtsdidaktik zuletzt durchaus wieder des Potenzials von Emotionen für das historische Lernen angenommen hat.[117]

112 Als vielleicht meist rezipierte Studie aus dem Feld der Bildungswissenschaften kann gelten: Wolfgang Meseth/Matthias Proske/Frank-Olaf Radtke (Hrsg.), Schule und Nationalsozialismus. Anspruch und Grenzen des Geschichtsunterrichts, Frankfurt am Main 2004. Ergänzend kann als neueres Handbuch herangezogen werden: Hanns-Fred Rathenow/Birgit Wenzel/Norbert H. Weber (Hrsg.), Handbuch Nationalsozialismus und Holocaust. Historisch-politisches Lernen in Schule, außerschulischer Bildung und Lehrerbildung, Schwalbach/Ts. 2013.
113 Plessow, »Außerschulisch«, in: Karpa/Overwien/Plessow (Hrsg.), Außerschulische Lernorte in der politischen und historischen Bildung, S. 25.
114 Meik Zülsdorf-Kersting, Sechzig Jahre danach: Jugendliche und Holocaust. Eine Studie zur geschichtskulturellen Sozialisation, Berlin 2007.
115 Christian Mehr, »Dingsda. Schornsteine, das sagt alles, was es ist«. Über die Bedeutung baulicher Überreste in Gedenkstätten als außerschulischen Erfahrungsorten, in: Geschichte in Wissenschaft und Unterricht 67 (2016), S. 323-336; Alexandra Marx/Michael Sauer, Lerneffekte von Gedenkstättenbesuchen im Kontext des Geschichtsunterrichts. Eine quantitative Studie am Beispiel der KZ-Gedenkstätten Buchenwald und Moringen, in: Bert Pampel (Hrsg.), Erschrecken – Mitgefühl – Distanz. Empirische Befunde über Schülerinnen und Schüler in Gedenkstätten und zeitgeschichtlichen Ausstellungen, Leipzig 2011, S. 115-146.
116 Christian Gudehus, Methodische Überlegungen zu einer Wirkungsforschung in Gedenkstätten, in: Ralph Gabriel/Elissa Mailänder Koslov/Monika Neuhofer/Elise Rieger (Hrsg.), Lagersystem und Repräsentation. Interdisziplinäre Studien zur Geschichte der Konzentrationslager, Tübingen 2004, S. 206-219.
117 Sebastian Bracke/Colin Flaving/Johannes Jansen/Manuel Köster/Jennifer Lahmer-Gebauer/Simone Lankes/Christian Spieß/Holger Thünemann/Christoph Wilfert/Meik Zülsdorf-Kersting, Theorie des Geschichtsunterrichts, Frankfurt am Main 2018, 126 ff.

Die meisten einschlägigen Analysen zum hier besprochenen Themenfeld entstammen der Gedenkstättenpädagogik.[118] Das Fach, das sich in den letzten Jahrzehnten zunehmend professionalisiert hat und mit der Zeitschrift *Gedenkstättenrundbrief* ein stark rezipiertes und themensetzendes Journal besitzt,[119] prägt das Wissen um schulisches Lernen an Gedenkstätten, obwohl es sich nicht im engeren Sinne über die Zielgruppe der Schülerinnen und Schüler definiert.[120] Schließlich sollen gedenkstättenpädagogische Angebote sich an alle Alters- und Zielgruppen richten, obwohl Schulen durchaus als die größte »Rekrutierungsadresse«[121] für Gedenkstättenbesuche wahrgenommen werden und wohl etwa die Hälfte der Gäste stellen.[122] Demnach sind sie es eben doch in großen Teilen, die die Angebote der meisten Einrichtungen wahrnehmen.[123] Das Beispiel der Gedenkstätte Auschwitz-Birkenau, wo aktuell Jugendliche etwa zwei Drittel der Gäste stellen, bestätigt dies.[124] Dass sich in der Öffentlichkeit das Arbeitsfeld der Gedenkstätten oftmals als eine unweigerliche Symbiose von Gedenken und Lernen darstellt, wird in der Gedenkstättenpädagogik höchst kritisch gesehen. Die Mitarbeiterinnen und Mitarbeiter der Gedenkstätten definieren ihr Arbeitsfeld dezidiert

---

118 Susanne Popp, Universitäre Ausbildung, Geschichtsdidaktik und die Gedenkstättenpädagogik, in: Gedenkstättenrundbrief (2018), H. 189, S. 37-40.
119 Als aktueller Literaturüberblick zum Stand der Disziplin kann gelten: Harald Schmid, »Erinnerung kann nicht überleben an einem toten Ort«. Vergegenwärtigung des Nationalsozialismus in Gedenkstätten, in: Jahrbuch für Politik und Geschichte 7 (2016/2019), S. 211-251.
120 Belegt wird dies beispielsweise durch die fast vollständige Ausklammerung schulischer Aktivitäten in Gedenkstätten bei einer aktuellen Reflexion: Elke Gryglewski, Erinnerung und Geschichtsbewusstsein in der Migrationsgesellschaft: Eine Momentaufnahme, in: Meron Mendel/Astrid Messerschmidt (Hrsg.), Fragiler Konsens. Antisemitismuskritische Bildung in der Migrationsgesellschaft, Frankfurt am Main 2017, S. 188-199.
121 Haug, Ortsgebundene Vermittlung, in: Baader/Freytag (Hrsg.), Erinnerungskulturen, S. 165.
122 Bert Pampel, Gedenkstätten als »außerschulische Lernorte«. Theoretische Aspekte – empirische Befunde – praktische Herausforderungen, in: Bert Pampel (Hrsg.), Erschrecken – Mitgefühl – Distanz. Empirische Befunde über Schülerinnen und Schüler in Gedenkstätten und zeitgeschichtlichen Ausstellungen, Leipzig 2011, S. 11-58, hier S. 15.
123 Aus der Sicht einer in der Gedenkstättenpädagogik aktiven Lehrkraft: Sigel, Schulische Bildung und ihre Bedeutung für die Gedenkstättenpädagogik, in: Gryglewski/Haug/Kößler/Lutz/Schikorra (Hrsg.), Gedenkstättenpädagogik.
124 Kacorzyk, Wege nach Auschwitz: Eine statistische und soziologische Besucheranalyse, in: Dybas/Kranz/Nöbauer/Uhl (Hrsg.), Gedenkstätten für die Opfer des Nationalsozialismus in Polen und Österreich, S. 290.

FORSCHUNGSSTAND

nicht als »staatstragende Lernorte«[125], weshalb sie sich bewusst von einem in ihren Augen ungenügenden Geschichtsunterricht abzusetzen versuchen.[126] Vor diesem Hintergrund ist es nicht verwunderlich, dass bislang kaum verlässlichere Untersuchungen zum Ablauf und zum Ertrag von schulischen Exkursionen in Gedenkstätten vorliegen.[127] In einer Metastudie bilanzierte Bert Pampel zum Stand der Forschung im Jahr 2011, es lägen insgesamt überraschend wenige Auswertungen vor, die sich dem Lernen von Schülerinnen und Schülern in Gedenkstätten zum Nationalsozialismus widmen.[128] Das Desiderat ist bereits lange bekannt[129] und wiederholt festgestellt worden.[130] Beseitigt ist es gleichwohl noch nicht. Die vorliegende Studie kann es sicher nicht vollständig tilgen, soll aber dazu beitragen, die bestehende Forschungslücke weiter zu schließen.

Richtet sich das Erkenntnisinteresse auf schulische Gedenkstättenfahrten, deren Ziel jenseits der nationalen Grenzen liegt, wird die Datenbasis nochmals deutlich dünner. Spezifisch für Auschwitz-Birkenau kann bislang nur auf gedruckte Reflexionen von federführend an der Organisation von Exkursionen nach Oświęcim mitwirkenden Lehrkräften zurückgegriffen werden. Dieses Genre reicht schon länger zurück. Beginnend in den 1980er Jahren referierten Pädagoginnen und Pädagogen von ihren in Polen gesammelten Erfahrungen,[131] bei welchen die Besuche im *Staatlichen Museum* stets eine besonders exponierte Stellung einnah-

125 Verena Haug, Staatstragende Lernorte. Zur gesellschaftlichen Rolle der NS-Gedenkstätten heute, in: Barbara Thimm/Gottfried Kößler/Susanne Ulrich (Hrsg.), Verunsichernde Orte. Selbstverständnis und Weiterbildung in der Gedenkstättenpädagogik, Frankfurt am Main 2010, S. 33-37.
126 Haug, Ortsgebundene Vermittlung, in: Baader/Freytag (Hrsg.), Erinnerungskulturen, 164 f.
127 Auch jenseits der schulischen Besuche spricht von einer »Black Box« hinsichtlich der Kommunikation in Gedenkstätten: Verena Haug, Am »authentischen« Ort. Paradoxien der Gedenkstättenpädagogik, Berlin 2015, S. 17.
128 Pampel, Gedenkstätten als »außerschulische Lernorte«, in: Pampel (Hrsg.), Erschrecken – Mitgefühl – Distanz, 27 ff.
129 Ingo Dammer/Cornelia Stein, Blinde Flecken beim Gedenken. Zur Notwendigkeit von Wirkungsforschung, in: Annegret Ehmann (Hrsg.), Praxis der Gedenkstättenpädagogik. Erfahrungen und Perspektiven, Opladen 1995, S. 323-334.
130 Exemplarisch: Matthias Heyl, Mit Überwältigendem überwältigen? Emotionen in KZ-Gedenkstätten, in: Juliane Brauer/Martin Lücke (Hrsg.), Emotionen, Geschichte und historisches Lernen. Geschichtsdidaktische und geschichtskulturelle Perspektiven, Göttingen 2013, S. 239-259, hier S. 242 f.
131 Diethardt Stamm, Klassenfahrt nach Auschwitz, Krakau und Warschau von Schülern der Berufsschule Butzbach April 1986, in: Werner Licharz/Heidi

men. Obwohl sich die Fahrtgestaltung seit den 1980er Jahren durchaus veränderte und zunehmend innovativere Methoden, wie beispielsweise das Konzept Schüler-führen-Schüler,[132] die umfangreiche Einbeziehung von Zeitzeugen in die schulische Exkursion[133] oder die Nutzung des Ortes Auschwitz zur Erarbeitung des Themas Heterogenität,[134] eingesetzt wurden, finden sich weiterhin Schilderungen zu Reisen, die vorrangig auf Führungen durch die Gedenkstätte basieren.[135] Zugleich muss aber festgestellt werden, dass generell über die Intention von Lehrkräften, mit ihren Klassen oder Kursen eine Gedenkstätte zu besuchen, kaum Erkenntnisse vorliegen.[136]

Gleichwohl decken die genannten Texte der Lehrkräfte, ebenso wie der an anderer Stelle exemplarisch dokumentierte Eindruck eines einzelnen Lernenden,[137] nicht den Anspruch ab, empirisch abgesicherte Erhebungsergebnisse beizusteuern. Mit dieser Intention liegt bislang lediglich ein Titel vor, der die Auswertung einer schulischen Fahrt aus Thüringen

Karg/Jens Harms (Hrsg.), Leben in Bewegung: Deutsche und Polen auf dem Weg zueinander, Frankfurt am Main 1990, S. 39-44.

132 Jens Augner, Schüler/innen leiten Gedenkstättenfahrten nach Kraków und Auschwitz, in: Hanns-Fred Rathenow/Birgit Wenzel/Norbert H. Weber (Hrsg.), Handbuch Nationalsozialismus und Holocaust. Historisch-politisches Lernen in Schule, außerschulischer Bildung und Lehrerbildung, Schwalbach/Ts. 2013, S. 383-397, hier S. 386.

133 Krist, »… und man sieht kein Ende! Es scheint so endlos … und man selbst ist so klein, so unglaublich winzig!«, in: Hilmar (Hrsg.), Ort, Subjekt, Verbrechen.

134 Peter Stolz, Gedenkstättenbesuche und -fahrten an Berliner Schulen: Erinnerungskulturelle Aspekte im Geschichtsunterricht, in: Geschichte für heute: Zeitschrift für historisch-politische Bildung 12 (2019), H. 2, S. 61-70, hier S. 68.

135 Urs Urecht, Vom Ort des Grauens ins Schulzimmer. Bericht über eine Bildungsreise nach Auschwitz, in: Peter Gautschi/Meik Zülsdorf-Kersting/Béatrice Ziegler (Hrsg.), Shoa und Schule. Lehren und Lernen im 21. Jahrhundert, Zürich 2013, S. 127-136.

136 Daniel Münch, Gedenkstättenbesuche als emotionales Erlebnis. Welche Rolle weisen Geschichtslehrkräfte den Emotionen ihrer Schülerinnen und Schüler zu?, in: Anja Ballis/Markus Gloe (Hrsg.), Holocaust Education Revisited. Wahrnehmung und Vermittlung – Fiktion und Fakten – Medialität und Digitalität, Wiesbaden 2019, S. 87-108.

137 Als wohl singuläres Beispiel für die Dokumentation einer Einzelmeinung eines Schülers über seine Exkursion zum *Staatlichen Museum Auschwitz-Birkenau* wird wohl zu werten sein: Tobias Uhlmann, Ich weinte, in: Bettina Schaefer (Hrsg.), Lass uns über Auschwitz sprechen. Gedenkstätte, Museum, Friedhof: Begegnungen mit dem Weltkulturerbe Auschwitz, Frankfurt am Main 2009, S. 285-294.

nach Oświęcim erfasst.[138] Seine Befunde decken sich jedoch nicht mit den eingangs zitierten optimistischen Sichtweisen auf die langfristige Rezeption von Gedenkstättenfahrten, obwohl an der untersuchten Exkursion nur Lernende mit »positivem Sozialverhalten« hatten teilnehmen können.[139] Vielmehr scheinen sie skeptische Stimmen zu bestätigen, die vor einer Überbewertung von Besuchen im *Staatlichen Museum* warnen. »Auschwitz sperrt sich gegen jede Form der Didaktisierung«[140], formuliert Manfred Wittmeier etwa eindringlich. Die vereinfachte Hoffnung in Politik und Gesellschaft, Fahrten zu NS-Gedenkstätten im Allgemeinen und noch verschärft zum »Lernort« Auschwitz würden generell eine Katharsis bei allen Besuchern nach sich ziehen,[141] sie könnten demgemäß als »antifaschistische Schutzimpfung« dienen, wie dies im Jahr 2001 der damalige österreichischer Innenminister Ernst Strasser mit Blick auf Mauthausen formuliert hatte,[142] erscheint zu naiv-optimistisch.[143] Dennoch scheint in den letzten Jahren unter dem Stichwort der *Holocaust*

138 Sven Urban, »Schöne Landschaft mit schrecklicher Vergangenheit«. Eine empirische Untersuchung zur Wirkung des Ortes Auschwitz auf das Wissen und die Emotionen jugendlicher Schüler, in: Jörg Ganzenmüller/Raphael Utz (Hrsg.), Orte der Shoah in Polen. Gedenkstätten zwischen Mahnmal und Museum, Köln 2016, S. 243-276. Gegebenenfalls vergleichbarer Ansatz, allerdings beruhend auf vielfältigen Fahrten aus einer Zeitspanne von mehr als zwanzig Jahren: Hans-Peter Klein, »Wir sind in Oświęcim gewesen und haben Auschwitz gesehen«. Lernort Auschwitz, in: Dietrich Karpa/Bernd Overwien/Oliver Plessow (Hrsg.), Außerschulische Lernorte in der politischen und historischen Bildung, Immenhausen 2015, S. 142-150.
139 Urban, »Schöne Landschaft mit schrecklicher Vergangenheit«, in: Ganzenmüller/Utz (Hrsg.), Orte der Shoah in Polen, S. 248.
140 Manfred Wittmeier, Internationale Jugendbegegnungsstätte Auschwitz. Zur Pädagogik der Erinnerung in der politischen Bildung, Frankfurt am Main 1998, S. 131.
141 Gottfried Kößler, Auschwitz als Ziel von Bildungsreisen? Zur Funktion des authentischen Ortes in pädagogischen Prozessen, in: Fritz Bauer Institut (Hrsg.), Auschwitz: Geschichte, Rezeption und Wirkung. Jahrbuch 1996 zur Geschichte und Wirkung des Holocaust, Frankfurt am Main 1996, S. 299-318, hier S. 299.
142 Im Jahr 2001 sprach der damalige österreichische Innenminister Ernst Strasser (ÖVP) anlässlich der Vorstellung von Reformplänen für die Gedenkstätte des KZ Mauthausen von einer »antifaschistischen Schutzimpfung«, die ein Besuch dort erfülle. Siehe hierzu: Peter Larndorfer, Gedenken, Lernen, Fragen? Praktische Überlegungen zu den Studienfahrten des Vereins Gedenkdienst, in: Till Hilmar (Hrsg.), Ort, Subjekt, Verbrechen. Koordinaten historisch-politischer Bildungsarbeit zum Nationalsozialismus, Wien 2010, S. 94-114, hier S. 96.
143 Benz, Gedenkstättenbesuche als Patentrezept der historisch-politischen Bildung?

LERNORT

Education eine Entkoppelung von den historischen Vorgängen eingesetzt zu haben, die vor allem auf eine Emotionalisierung setzt und weniger eine kritisch-analytische Auseinandersetzung mit der Vergangenheit.[144] Zugleich wird vor einer »Pädagogisierung der Erinnerungskultur«[145] gewarnt. Weiterhin gilt nämlich, dass ein direkter Zusammenhang zwischen einer umfassenden Kenntnis der Fakten über die nationalsozialistische Willkürherrschaft und der Bereitschaft, sich aktiv für den Erhalt einer freiheitlich demokratischen Ordnung einzusetzen, bislang nicht nachgewiesen ist.[146]

---

144 Eva Matthes/Elisabeth Meilhammer (Hrsg.), Holocaust Education im 21. Jahrhundert. Holocaust Education in the 21st Century, Bad Heilbrunn 2015; Zehavit Gross/Doyle Stevick (Hrsg.), As the Witnesses fall Silent. 21rst Century Holocaust Education in Curriculum, Policy and Practice, New York 2015.
145 Wolfgang Meseth, Die Pädagogisierung der Erinnerungskultur. Erziehungswissenschaftliche Beobachtungen eines bisher kaum beachteten Phänomens, in: Zeitschrift für Genozidforschung 8 (2007), H. 1, S. 96-117.
146 Susanne Ulrich, Mission impossible? Demokratielernen an NS-Gedenkstätten, in: Barbara Thimm/Gottfried Kößler/Susanne Ulrich (Hrsg.), Verunsichernde Orte. Selbstverständnis und Weiterbildung in der Gedenkstättenpädagogik, Frankfurt am Main 2010, S. 53-58, hier S. 54.

Geschichte

1 Vom größten NS-Lager zur internationalen Gedenkstätte

Bis zum Überfall der deutschen Wehrmacht auf Polen war Oświęcim eine vergleichsweise »normale Stadt«[1], in der weniger als 15.000 Einwohner lebten. Erstmals schriftlich erwähnt im Jahr 1178, hatte die Gemeinde zahlreiche Höhen und Tiefen erlebt, war sie als »Grenzort seit Jahrhunderten«[2] doch mehrfach wechselnden Mächten unterstellt gewesen. Bereits ihr Name zeugt von der wechselvollen Geschichte, schließlich hatte er sich zwischen 1772 und 1866 unter der Herrschaft der Habsburger in Auschwitz verändert, um danach dann wieder in die polnische Ursprungsform zurückzukehren. Derartige Transformationen waren freilich nicht ungewöhnlich für die Region zwischen Polen, Preußen, Russland und dem Habsburgerreich, weshalb die Geschichte Oświęcims wohl kaum überregionale Beachtung errungen hätte, wenn nicht im Frühjahr 1940 die Entscheidung einer SS-Kommission die Situation fundamental verändert hätte. Unter dem deutschen Namen Auschwitz entstand in der Stadt das siebte Konzentrationslager innerhalb des NS-Terrorsystems, bis 1945 entwickelte es sich zum Zentrum des industriell abgewickelten Massenmords. Seither ist der deutsche Name der Stadt eindeutig konnotiert. Stellvertretend steht er für alle Verbrechen der NS-Zeit.[3]

Grundlage für die Standortentscheidung der SS-Kommission war nicht nur die verkehrstechnisch günstige Lage Oświęcims, sondern vor allem die Existenz von kasernenartigen Gebäuden, die einst zur Unterbringung von Saisonarbeitern genutzt worden waren. Ursprünglich sollten dort vor allem politische Gefangene aus Polen inhaftiert werden.[4] Allerdings zeichnete sich bereits während der Rekrutierung jüdischer Personen zur Zwangsarbeit bei der Errichtung des erweiterten Lager-

---

1 Robert Jan van Pelt/Debórah Dwork, Auschwitz. Von 1270 bis heute, Zürich 1998, S. 17.
2 Steinbacher, »Musterstadt« Auschwitz, 23 ff.
3 Piotr Cywiński, Auschwitz – »pars pro toto«, in: Bogusław Dybaś (Hrsg.), Gedenkstätten für die Opfer des Nationalsozialismus in Polen und Österreich. Bestandsaufnahme und Entwicklungsperspektiven, Frankfurt am Main 2013, S. 187-198.
4 Sybille Steinbacher, Auschwitz. Geschichte und Nachgeschichte, München 2017, 13 f.

GESCHICHTE

komplexes ab, wer langfristig zu dessen Hauptopfern werden sollte.[5] Gleichwohl war im Jahr 1940 noch nicht abzusehen, dass Oświęcim bzw. Auschwitz einmal zum Schauplatz eines Verbrechens dieser Dimension werden würde. Vielmehr fungierte das Lager zunächst als Durchgangs- und Quarantänestation, nahm Zwangsarbeiter, Straftäter und Kriegsgefangene auf. Doch schon unmittelbar nach der Einlieferung der ersten politischen Gefangenen im Juni 1940 wuchs das Lager schnell, weil das Chemieunternehmen *IG Farben* den Standort zur Herstellung von synthetischem Kautschuk vorgesehen hatte. Im September 1941 ordnete Heinrich Himmler deshalb den weiteren Ausbau des bestehenden Lagers an. Ergänzend zum bisherigen Stammlager in Auschwitz sollte rund um das nahe gelegene Dorf Brzezinka (dt.: Birkenau) ein weiterer Lagerkomplex entstehen. Zunächst auf bis zu 50.000 Personen ausgelegt, vervierfachte sich dessen Dimension im Verlauf der weiteren Planungen. Mit der Entstehung der Lager Auschwitz II und Auschwitz III sowie seiner vielen Außenlager erhöhte sich die Zahl der Todesopfer schon lange vor dem Einsatz von Giftgas. Endgültig zum Ort des Massenmordes wurde der Lagerkomplex, als ab dem Spätsommer 1941 Zyklon B zunächst testweise und dann regelmäßig zur Ermordung von Opfern eingesetzt wurde. Ermordet wurden sowjetische Kriegsgefangene sowie kranke und schwache Zwangsarbeiter, unter ihnen auch erste Juden. Der Schauplatz des Mordens verlagerte sich dann jedoch schnell vom Stammlager nach Birkenau, wo die ersten Transporte europäischer Juden ab März 1942 eintrafen. In der Folge baute das NS-Regime die systematische Vernichtung von ankommenden Juden immer weiter aus, bis sie im Sommer 1944 einen letzten, grausamen Schlusspunkt erlebte, als etwa 430.000 ungarische Jüdinnen und Juden innerhalb weniger Monate in Birkenau ermordet wurden. Spätestens jetzt wuchs in Auschwitz-Birkenau ein Areal, das heute oftmals als der größte Friedhof der Welt bezeichnet wird,[6] zutreffender aber bestenfalls als »Verscharrungsort«[7] benannt werden sollte.

Lange Zeit blieb unklar, wie hoch die Zahl der Ermordeten genau war. Zumeist ging man von mehr als vier Millionen Toten aus – eine Angabe, die sich unhinterfragt in fast allen Nachkriegsdarstellungen finden

---

5   Ebenda, S. 21.
6   So beispielsweise zu finden in: Reichel, Auschwitz, in: François/Schulze (Hrsg.), Deutsche Erinnerungsorte, S. 602.
7   Jörg Ganzenmüller/Raphael Utz, Orte der Shoah: Überlegungen zu einem auratischen Missverständnis, in: Jörg Ganzenmüller/Raphael Utz (Hrsg.), Orte der Shoah in Polen. Gedenkstätten zwischen Mahnmal und Museum, Köln 2016, S. 7-24, hier S. 15.

lässt.⁸ Erst Mitte der 1990er Jahre unterzog Franciszek Piper im Auftrag des *Staatlichen Museums* die Daten einer kritischen Überprüfung. Sein Schätzwert von etwa 1,1 Millionen Ermordeten gilt inzwischen als allgemein akzeptiert. Demnach sind Juden mit weitem Abstand die größte Opfergruppe, ihre Zahl liegt wohl bei 960.000. Daneben wurden etwa 75.000 nichtjüdische Polen, 21.000 Sinti und Roma, 15.000 sowjetische Kriegsgefangene und bis zu 15.000 politische Häftlinge aus unterschiedlichen Ländern in Auschwitz-Birkenau ermordet,⁹ ehe die singuläre Gewaltgeschichte mit der Befreiung des verbliebenen Lagers durch die *Rote Armee* am 27. Januar 1945 endete.

Allerdings hatten sich schon davor zahlreiche Häftlinge darüber Gedanken gemacht, wie das Grauen der Lager festgehalten und für die Nachwelt dokumentiert werden könnte. Auf keinen Fall wollten sie zulassen, dass das, was sich in Auschwitz-Birkenau ereignet hatte, in Vergessenheit geraten würde. Deshalb erwogen viele schon während ihrer Haftzeit die Möglichkeiten einer musealen Bewahrung des Ortes. Mit Ende der Kampfhandlungen erschien dies, anders als in den ausschließlich zur Massenvernichtung genutzten Lagern in Bełżec, Kulmhof/Chełmno, Sobibór oder Treblinka, durchaus möglich. Schließlich hatten wesentliche Teile des vormaligen Lagerkomplexes die Eroberung weitgehend unbeschädigt überstanden. Obgleich die deutschen Truppen bei ihrem Abzug ab dem Sommer 1944 einige zentrale Bauten, wie etwa Teile der Gaskammern und der Krematorien, zu zerstören versucht hatten, war es ihnen nicht gelungen, den gesamten Lagerkomplex dem Erdboden gleichzumachen – ganz im Gegenteil. In Auschwitz I wie auch in Birkenau überdauerten viele Bauten das Ende des Schreckens. Zudem entdeckten die Befreier in den Magazinen des Lagers Unmengen von Kleidung, Schuhen und Koffern, sowie abgeschnittenes Frauenhaar, das bereits zum Transport verpackt war und nach zeitgenössischen Berechnungen wohl von etwa 140.000 Personen stammen musste.¹⁰ Nach dem 27. Januar 1945 standen also der Großteil des Areals und einige besonders schreckliche Fundstücke der SS-Herrschaft für eine künftige muse-

---

8 Als Beispiel außerhalb der Wissenschaft kann für die unreflektierte Übernahme der Zahlenangabe die Darstellung in US-amerikanischen oder bundesdeutschen Reiseführern herangezogen werden, siehe hierzu: Joanna Dybiec, Guidebook gazes. Poland in American and German travel guides, 1945-2002, Münster 2004, S. 323.
9 Franciszek Piper, Die Zahl der Opfer von Auschwitz. Aufgrund der Quellen und der Erträge der Forschung 1945 bis 1990, Oświęcim 1993, 166 f.
10 Steinbacher, Auschwitz, S. 101.

ale Entwicklung zur Verfügung,[11] wenngleich Materialdiebstahl und Raubbau an den vorhandenen Lagerbauten während der unmittelbaren Nachkriegszeit einen schwerwiegenden Verlust historischer Bausubstanz nach sich zog.[12]

Mit dem Kriegsende ging das schwierige Erbe des früheren Lagerkomplexes Auschwitz-Birkenau auf die polnische Nachkriegsgesellschaft über, in der sich intensive Diskussionen entwickelten, wie mit dem Gelände künftig umzugehen sei. Ganz unterschiedliche Vorschläge aus dem politischen, religiösen und kulturellen Bereich standen einander gegenüber und mussten ausgelotet werden. Schließlich gab es, worauf zeitgenössisch Beteiligte noch Jahrzehnte später immer wieder hinwiesen,[13] kein historisches Vorbild für einen musealen Ort, der an ein ähnliches Grauen erinnern und Interessierte langfristig zum Besuch animieren sollte. Nachdem die provisorische Regierung noch vor der bedingungslosen Kapitulation Deutschlands erste Schritte zur Musealisierung einleitete,[14] gelang es innerhalb von nur zwei Jahren, die konzeptionellen Grundsatzentscheidungen dieses schwierigen Prozesses abzuschließen.[15] Bereits am 14. Juni 1947 eröffnete der damalige polnische Ministerpräsident Józef Cyrankiewicz, der selbst als Gefangener in Auschwitz gewesen war, eine erste Ausstellung. Es begann die offizielle Gedächtnisgeschichte des Ortes. Sie legte die Basis für das *Staatliche Museum in Oświęcim*, das das polnische Parlament, der Sejm, im Juli 1947 per Gesetz und auf ewige Zeit zum polnischen Nationaldenkmal erhob.[16]

Obwohl die erste Ausstellung des Jahres 1947 einen spezifischen Raum für das Gedenken an jüdische Opfer umfasste, zeigte sie bereits die Rich-

---

[11] Hansen, »Nie wieder Auschwitz!«, 79 ff. Hier widerspricht die historische Forschung auch Formulierungen, die in den Bildungswissenschaften dargelegt werden, wonach das Gelände nach 1945 eben nicht als Erinnerungsort genutzt werden sollte, siehe: Astrid Messerschmidt, Geschichtsbesetzungen in der pädagogischen Vermittlung der NS-Verbrechen, in: Kritische Pädagogik (2017), H. 4, S. 81-93, hier S. 83 . Dies erscheint wenig überzeugend, zumal außerordentlich früh eine museale Nutzung nicht nur diskutiert, sondern bereits umgesetzt wurde.

[12] Hansen, »Nie wieder Auschwitz!«, 85 ff.

[13] Tadeusz Szymanski, Erfahrungen mit Jugendlichen in der Gedenkstätte Auschwitz, in: Internationale Schulbuchforschung 6 (1984), S. 159-163, hier S. 159.

[14] Michael C. Steinlauf, Bondage to the Dead. Poland and the Memory of the Holocaust, Syracuse 1997, S. 48.

[15] Jonathan Huener, Auschwitz. Poland, and the Politics of Commemoration, 1945-1979, Athens 2003, 60 ff.

[16] Reichel, Auschwitz, in: François/Schulze (Hrsg.), Deutsche Erinnerungsorte, S. 601.

tung des staatlich gewünschten Gedenkens an: Im Mittelpunkt sollte das Leid der polnischen Bevölkerung während der deutschen Besatzungszeit stehen. Die anderen Opfergruppen, insbesondere die jüdischen, wurden bestenfalls am Rande thematisiert.[17] Zudem beschränkte sich die Musealisierung fast ausschließlich auf das frühere Stammlager in Auschwitz. Derweil verfiel der eigentliche Ort der Massenmorde in Birkenau ab den späten 1940er Jahren immer mehr.[18] Zumeist war er nicht Teil von Besichtigungen, die sich fast ausschließlich auf das Lager Auschwitz I konzentrierten.[19] Den zeitgenössischen Erwartungen in Polen entsprach dieses Konzept offenbar, da der Gedenkort schon früh von vielen Gästen besucht und gut angenommen wurde. Allein in den Monaten zwischen Januar und September 1948 reisten mehr als 10.000 Menschen zu der neu entstehenden Gedenkstätte. Der weit überwiegende Teil der Gäste stammte aus Polen. Die meisten von ihnen trauerten um Verwandte und Angehörige,[20] wohingegen internationale Gäste zunächst nur selten anreisten.[21] Noch im Jahr 1950 stammten lediglich sechs Prozent aller Besucher aus dem Ausland.[22]

Dem entspricht, dass zunächst die Debatten um die Gestaltung und Weiterentwicklung der Gedenkstätte primär innerhalb der polnischen Gesellschaft geführt wurden. Insbesondere in den ersten drei Nachkriegsjahren fand darüber eine breite und pluralistische Auseinandersetzung statt. Doch in der Folge zogen die staatlichen Stellen die konzeptionelle Entwicklung zunehmend an sich und unterbanden weitere öffentliche Kontroversen.[23] Innenpolitisch diente Auschwitz in der

17 Zofia Wóycicka, Arrested mourning. Memory of the Nazi camps in Poland, 1944-1950, Frankfurt am Main 2013, 71 ff.
18 Hansen, »Nie wieder Auschwitz!«, 115 ff.
19 Huener, Auschwitz, S. 119.
20 Kacorzyk, Wege nach Auschwitz: Eine statistische und soziologische Besucheranalyse, in: Dybas/Kranz/Nöbauer/Uhl (Hrsg.), Gedenkstätten für die Opfer des Nationalsozialismus in Polen und Österreich, 278 f.
21 Aus Deutschland beispielsweise wurden in den ersten neun Monaten des Jahres 1948 insgesamt nur 99 Gäste registriert, zitiert nach: Jonathan Huener, Antifascist Pilgrimage and Rehabilitation at Auschwitz: The Political Tourism of Aktion Sühnezeichen and Sozialistische Jugend, in: German Studies Review 24 (2001), S. 513-532, hier S. 528.
22 Zofia Wóycicka, Zur Internationalisierung der Gedenkkultur. Die Gedenkstätte Auschwitz-Birkenau im Spannungsfeld zwischen West und Ost 1954-1978, in: Archiv für Sozialgeschichte 45 (2005), S. 269-292, hier S. 271 f. Die Zusammensetzung der Gäste kann für die ersten Jahre über Besucherbücher, in die sich fast alle Reisenden eintrugen, verlässlich ermittelt werden.
23 Hansen, »Nie wieder Auschwitz!«, 246 ff.

GESCHICHTE

Folge zunehmend zur Legitimation der kommunistischen Herrschaft, da es als Bestandteil einer angeblich jahrhundertealten Feindschaft zwischen Deutschen und Polen ausgelegt wurde.[24] Für die Machthaber war die Erinnerung an den Zweiten Weltkrieg eine wesentliche Folie ihrer eigenen Machtsicherung, da sie stets Teil der Legitimierung blieb.[25] Dem entsprach die Zentrierung auf das Leiden polnischer Gefangener in Auschwitz – ein Signum des *Staatlichen Museums in Oświęcim*, das bis zum Ende der Volksrepublik bestehen sollte.[26] In diesem Sinne kann die Gedenkstätte tatsächlich als ein nationales Denkmal interpretiert werden.[27] Dementsprechend betonte noch im Jahr 1985 die Leiterin der Pädagogischen Abteilung der Gedenkstätte bei einer Tagung der *Aktion Sühnezeichen* in (West-)Berlin, dass es dem polnischen Staat vor allem um »das Gedenken an das Martyrium und an den Kampf des polnischen Volkes in der Zeit der Naziokkupation« gehe und er dieses auf ewig erhalten wolle, weshalb sich die Gedenkstätte selbst dezidiert als »Martyrologie-Museum«[28] verstehe.

Auf den ersten Blick schien es also, als wäre der frühere Lagerkomplex Auschwitz-Birkenau auf dem Weg zu einem rein polnischen Erinnerungsort. Doch dieser Eindruck trügt: Er verschwand nie aus einer dezidiert internationalen Wahrnehmung. Da es hier, anders als in den anderen, rein auf Vernichtung ausgelegten Lagern, eine relativ hohe Zahl an Menschen gab, die überlebt hatten, entstanden schon früh individuelle

---

24 Zofia Wóycicka, Auschwitz. Ein Verbrechen und viele Erinnerungen, in: Hans Henning Hahn/Robert Traba (Hrsg.), Deutsch-Polnische Erinnerungsorte, Bd. 2, Paderborn 2014, S. 615-640, hier S. 622.
25 Florian Peters, Revolution der Erinnerung. Der Zweite Weltkrieg in der Geschichtskultur des spätsozialistischen Polen, Berlin 2016, S. 72.
26 Ein in der deutschen Fassung nur 92 Seiten umfassendes, reich bebildertes Heft zur ersten Orientierung für die Besucher bestätigt die Einschätzung, da sich darin kaum Verweise auf jüdische Opfer finden lassen. Siehe: Kazimierz Smolen, Auschwitz 1940-1945, Oświęcim 1961.
27 Kößler, Auschwitz als Ziel von Bildungsreisen?, in: Fritz Bauer Institut (Hrsg.), Auschwitz: Geschichte, Rezeption und Wirkung, 302 f. Wie sehr das *Staatliche Museum Auschwitz-Birkenau* in den Jahrzehnten des Kalten Kriegs zu einem Reiseziel für die polnische Bevölkerung wurde, belegt anschaulich eine Sammlung von touristischen Postkarten aus der Zeit nach 1945, die inzwischen ediert vorliegt: Pawel Szypulski, Greetings from Auschwitz, Zürich 2015.
28 In der Druckfassung aus dem Jahr 1988: Emeryka Iwaszko, Pädagogische Arbeit mit Jugendlichen im staatlichen Museum Auschwitz, in: Wulff E. Brebeck/Angela Genger/Dietfrid Krause-Vilmar/Thomas Lutz/Gunnar Richter (Hrsg.), Zur Arbeit in Gedenkstätten für die Opfer des Nationalsozialismus. Ein internationaler Überblick, Berlin 1988, S. 73-84, hier S. 73.

Erinnerungsschriften. Wer es wollte, konnte sich deshalb umfangreich und detailliert über das Leben und Sterben in Auschwitz und Birkenau informieren. Daneben organisierten sich die Überlebenden frühzeitig in internationalen Opferverbänden, deren Mitglieder nicht nur in Polen oder dem Ostblock, sondern in aller Welt lebten. Ihr übereinstimmendes Hauptanliegen war es, die in den Lagern von Auschwitz-Birkenau begangenen Verbrechen nicht in Vergessenheit geraten zu lassen. Trotz des zunehmenden Systemkonflikts zwischen Ost und West setzten sie sich in Organisationen – vorrangig ist dabei das *International Auschwitz Committee* (*IAC*) zu nennen – massiv für den musealen Ausbau der Lagerrelikte ein, was heute von der Forschung als eine der wenigen, dünnen Verbindungslinien angesehen wird, die Europa im Zeichen der politischen Trennung während des Kalten Krieges verblieben waren.[29] Vor allem dem IAC ist es wohl zuzuschreiben, wenn sich Auschwitz-Birkenau über die Jahre hinweg immer mehr zu einem internationalen Gedenkort entwickelte, was sich nicht zuletzt in den Debatten um ein Denkmal für die Opfer in Birkenau niederschlug.[30] Wenngleich die Ausstellung des Jahres 1947 und die darauf folgenden Überarbeitungen bis ins Jahr 1955 die Basis der musealen Präsentation legten,[31] die in großen Teilen bis zum Systemwechsel im Jahr 1989 unverändert bestand,[32] so zeigte sich die Internationalisierung des *Staatlichen Museums* bereits in den Feierlichkeiten zur zehnjährigen Befreiung des Lagers im Jahr 1955. Erstmals sprachen die polnischen Stellen nicht nur von einer angestrebten Internationalisierung der Erinnerung, sondern sie banden nun auch nichtpolnische Akteure aktiv mit ein.[33]

Als unmittelbare Konsequenz dieser Tendenzen zur Öffnung sind vor allem die autonomen Länderausstellungen anzusehen, die in der Folge entstanden. Schon im Jahr 1960 hatten Ungarn und die Tschechoslowakei, ein Jahr später die Sowjetunion und die DDR eigene Sammlungen eröffnet. Politisch und erinnerungskulturell brisant waren hingegen nicht die Ausstellungsräume sozialistischer »Bruderländer«, sondern vornehmlich

29 Norbert Frei, 1945 und wir. Das Dritte Reich im Bewusstsein der Deutschen, München 2005, S. 177-178.
30 Agata Pietrasik, Abstraction & Figuration in the Auschwitz Memorial. From Consensus to Dissensus, in: Alexandra Klei/Katrin Stoll/Annika Wienert (Hrsg.), Die Transformation der Lager. Annäherungen an die Orte nationalsozialistischer Verbrechen, Bielefeld 2011, S. 141-154.
31 Hierzu umfassend: Hansen, »Nie wieder Auschwitz!«.
32 James Edward Young, Formen des Erinnerns. Gedenkstätten des Holocaust, Wien 1997, S. 213-218.
33 Hansen, »Nie wieder Auschwitz!«, 278 f.

die Frage, ob es daneben einen israelischen Pavillon geben sollte. Nach den öffentlich intensiv beachteten Gerichtsprozessen in Jerusalem und Frankfurt am Beginn der 1960er Jahre äußerte der Staat Israel im Jahr 1963 den Wunsch nach einer solchen nationalen Ausstellung.[34] Lange vermied es die polnische Seite, dem Anliegen zu folgen und einen Gedenkort dezidiert für die jüdischen Opfer zuzulassen. Man argumentierte, der Staat Israel selbst habe während der Jahre des Mordens überhaupt noch nicht bestanden. Die Ermordeten seien demzufolge keine israelischen Staatsbürger gewesen. Erst nach längeren Verhandlungen fand man eine Lösung: Es sollte ein »jüdischer« Pavillon entstehen, in dessen Zentrum die Würdigung der polnischen Retterinnen und Retter von verfolgten Juden stehen sollte.[35] Ab 1964 wurden konkrete Planungen für einen jüdischen Ausstellungsbereich auf den Weg gebracht, der am 21. April 1967 im Block 27 des Stammlagers eröffnet wurde. Damit rückten die Schicksale der jüdischen Opfer und ihrer Retterinnen und Retter erstmals nach Kriegsende ins Zentrum einer musealen Präsentation im *Staatlichen Museum*.[36]

Die neue Ausstellung geriet indessen unmittelbar in Widerspruch zur aktuellen polnischen Politik, die sich nach dem Sechstagekrieg und dem darauf folgenden Abbruch der diplomatischen Beziehungen zwischen der Volksrepublik Polen und Israel in den Jahren 1967/1968 zunehmend antisemitischer Propagandatöne bediente.[37] Diese Eintrübung der bilateralen Beziehungen zeitigte Folgen bis hin nach Oświęcim. Der gerade erst eröffnete jüdische Pavillon blieb in der Folge grundsätzlich verschlossen und war nur selten zugänglich,[38] weshalb er vergleichsweise gering besucht war. Innerhalb von zehn Jahren sahen weniger als 80.000 Menschen die Ausstellung – verglichen mit anderen Ausstellungsbereichen ein eher geringer Wert.[39] Erst im Jahr 1978, als Teil der polnischen Bemü-

---

34 Zur Diskussion und Konzeption der »jüdischen« Ausstellung aus dem Jahr 1968, siehe: Nina Klein, Die polnische Erinnerung an Auschwitz. Am Beispiel des Staatlichen Museums Auschwitz-Birkenau, Konstanz 1999, 50 ff.
35 Wóycicka, Zur Internationalisierung der Gedenkkultur, 280 ff.
36 Huener, Auschwitz, 177 ff.
37 Wlodzimierz Borodziej, Geschichte Polens im 20. Jahrhundert, München 2010, 313 ff.
38 Marcin Zaborski, Erinnerungsorte des Nationalsozialismus in Polen. Entwicklung, Aufgaben und aktuelle Positionen, in: Paul Ciupke/Guido Hitze/Alfons Kenkmann/Astrid Wolters/Wieslaw Wysok (Hrsg.), Gedenkstättenarbeit und Erinnerungskultur. Ein deutsch-polnischer Austausch. Kultura pamięci i praca w muzeach-miejscach upamiętnienia, Essen 2014, S. 47-58, hier S. 49.
39 Huener verweist darauf, dass der jüdische Pavillon beispielsweise im Jahr 1973 etwa 7.800 Besucher aufwies, während die Ausstellung der Sowjetunion mehr als 55.000 verzeichnete. Siehe: Huener, Auschwitz, 195 f.

hungen zu einer Rehabilitation nach den antisemitischen Vorfällen,[40] erfolgte dann ein grundlegender Neubeginn,[41] bei welchem die »jüdische« Ausstellung unter Einbindung internationaler Expertise neu konzipiert wurde und fortan stets zugänglich war.[42] Zugleich aber blieben während der 1970er Jahre umfassendere Versuche, den Massenmord an den Juden zum Hauptgegenstand der musealen Präsentation insgesamt und der pädagogischen Bemühungen im *Staatlichen Museum* zu machen, bereits in ihren Anfängen stecken.[43]

Ungeachtet dieser museumspolitisch fragwürdigen Grundsatzentscheidung erfuhr die Gedenkstätte in den späten 1970er Jahren eine deutliche Aufwertung, weil sie unter die frühesten Orte aufgenommen wurde, die von der *UNESCO*, der Kulturorganisation der Vereinten Nationen, zum besonders schützenswerten Erbe der Menschheit gerechnet wurde. Auschwitz-Birkenau war von der Volksrepublik Polen bereits in die erste Begutachtungsrunde im Jahr 1978 eingebracht worden, war aber zunächst nicht bestätigt worden, da mit dem Innenstadtensemble Krakaus und dem Salzbergwerk Wieliczka bereits zwei polnische Nominierungen angenommen worden waren. Ein Jahr später aber rückte das *Staatliche Museum* tatsächlich auf die im Entstehen befindliche Liste ein. Seither zählt es zum *UNESCO-Welterbe*.[44] Es gehört damit noch immer zum engsten Kreis jener Stätten, die frühzeitig mit dem neuen Prädikat ausgezeichnet wurden, war aber einer der ersten Historischen Orte mit dezidiert »negativen« Konnotationen.[45] Schließlich war und ist die Welterbeliste geprägt von »schönen« und »positiven« Räumen, wie sie etwa der Yellowstone National Park (USA) oder die Galápagosinseln (Ecuador) als Beispiele für Naturereignisse oder der Karlsdom in Aachen für Geschichte symbolisieren. Dass mit dem früheren Lagerkomplex

40 Wóycicka, Zur Internationalisierung der Gedenkkultur, 288 f.
41 Gleichwohl wurde die Einrichtung der neuen Ausstellung vonseiten der polnischen Administration relativiert, hierzu einordnend: Reinhard Rürup, Der lange Schatten des Nationalsozialismus. Geschichte, Geschichtspolitik und Erinnerungskultur, Göttingen 2014, 227 f.
42 Klein, Die polnische Erinnerung an Auschwitz, 85 ff.
43 Huener, Auschwitz, 191 ff.
44 Julia Röttjer, Authentizität im UNESCO-Welterbe-Diskurs. Das Konzentrations- und Vernichtungslager Auschwitz-Birkenau, in: Axel Drecoll/Thomas Schaarschmidt/Irmgard Zündorf (Hrsg.), Authentizität als Kapital historischer Orte? Gedenkstätten, Dokumentationszentren und die Sehnsucht nach dem unmittelbaren Erleben von Geschichte, Göttingen 2019, S. 35-55, hier S. 38 f.
45 Olwen Barbara Beazley, Drawing a Line Around a Shadow? Including Associative, Intangible Cultural Heritage Values on the World Heritage List, Canberra 2006, 83 ff.

GESCHICHTE

Auschwitz-Birkenau ein Sinnbild für Zwangsarbeit, Genozid und industriell abgewickelten Massenmord aufgenommen wurde, ganz offenkundig als die radikalste mögliche Negation des Welterbegedankens,[46] unterstreicht den bereits 1979 artikulierten Willen der *UNESCO*, dessen Bedeutung für die weltweite Kultur, aber auch für die globale Bildungsarbeit zu betonen.[47]

Neben der *UNESCO*-Anerkennung trug noch eine mediale Entwicklung dazu bei, das *Staatliche Museum* zum internationalen Erinnerungsort werden zu lassen und damit langfristig dessen Attraktivität für Besuchende ebenso zu steigern wie seine Relevanz für die weltweite Erinnerung an die Shoah. Die Rede ist von der Erstausstrahlung der Fernsehproduktion *Holocaust*. Die TV-Serie aus den Vereinigten Staaten zeigte das individuelle Schicksal einer fiktiven jüdischen Familie und es gelang ihr, damit die Verbrechen der Shoah einem Millionenpublikum zu vermitteln. Alleine in den USA sahen etwa 120 Millionen Menschen den Vierteiler im Fernsehen.[48] Weil *Die Geschichte der Familie Weiß*, wie der Untertitel der Produktion für die Ausstrahlung in der Bundesrepublik lautete, nicht zuletzt auch das Lagerleben in Auschwitz-Birkenau visualisierte, nahm der Ort fortan einen prominenten Platz in der amerikanischen Medienlandschaft ein.[49] Nicht minder umfassend und fundamental war die Resonanz, die *Holocaust* in der Bundesrepublik bei der Erstausstrahlung in den Dritten Programmen im Januar 1979 fand. Die bis dahin in der Öffentlichkeit kaum diskutierte Shoah wurde mit einem Schlag zum öffentlichen Thema, nachdem bis zu 15 Millionen Menschen die einzelnen Folgen der Serie gesehen hatten.[50] Nach der Ausstrahlung

---

46 Hanno Loewy, Museum Auschwitz. Der Ort in den Gedächtnissen, in: Walter Prigge (Hrsg.), Bauhaus, Brasilia, Auschwitz, Hiroshima. Weltkulturerbe des 20. Jahrhunderts: Modernität und Barbarei, Berlin 2003, 112-121, hier S. 117.
47 Christian Kuchler, Historische Orte von besonderer Bedeutung: Das UNESCO-Welterbe als Lernort, in: Josef Memminger (Hrsg.), Überall Geschichte! Der Lernort Welterbe – Facetten der Regensburger Geschichtskultur, Regensburg 2014, S. 34-50, hier S. 48f.
48 Robert Wuthnow, Meaning and Moral Order. Explorations in Cultural Analysis, Los Angeles 1987, 124ff.
49 Thomas Pegelow Kaplan, The Universalisation of the Holocaust as a Moral Standard, in: Thomas Pegelow Kaplan/Jürgen Matthäus/Mark W. Hornburg (Hrsg.), Beyond »Ordinary Men«. Christopher R. Browning and Holocaust Historiography, Paderborn 2019, S. 159-175, hier S. 166.
50 Frank Bösch, Zeitenwende 1979. Als die Welt von heute begann, München 2019, 363ff.

war »die Nation betroffen«[51]. Obwohl dieser Effekt in der Volksrepublik Polen nicht eintreten konnte – hatte doch die kommunistische Staatsführung eine Ausstrahlung von *Holocaust* wegen ihrer angeblich antipolnischen Grundhaltung untersagt[52] –, wirkte das mediale Ereignis auf die Gedenkstätte zurück. Schließlich eröffneten in der Folge zahlreiche Museen und Erinnerungsorte, die die Shoah zum Thema machten. Vor allem die Gründung des *U. S. Holocaust Memorial Museum Washington*, ist hier sicherlich zu nennen.[53]

Zum unzweifelhaften »Wendepunkt in der Nachkriegsgeschichte von Auschwitz«[54] stieg das Jahr 1979 allerdings nicht nur aufgrund der Verleihung des *UNESCO*-Titels und der Wirkung der Serie *Holocaust* auf, sondern auch weil sich in dem Jahr der Gipfel- und Höhepunkt einer sich seit dem Beginn der 1970er Jahre intensivierenden internationalen Reisetätigkeit festmachen lässt. Sie beschränkte sich indes nicht auf die zunehmenden Besuche jüdischer Gruppen aus Westeuropa und den USA,[55] sondern reichte bis hin zu diplomatischen Reisen. Die Attraktivität für Staatsbesuche entwickelte sich, obwohl die weiterhin bestehende museale Betonung der polnischen Opferrolle der weltweiten Hinwendung zur Shoah eigentlich entgegenstand. Dennoch reisten Politiker aus aller Welt, wenn sie in Polen waren, nach Oświęcim. Aus der Bundesrepublik kam als erster Politiker zwischen dem 14. und 16. Juni 1969 der Regierende Bürgermeister der Stadt Berlin, der SPD-Politiker Klaus Schütz zur Gedenkstätte.[56] Am 8. November 1970 besuchte sie dann Bundesaußenminister Walter Scheel (FDP),[57] während sich vom 14. bis 17. Februar 1971 eine größere Delegation der SPD-Bundestagsfraktion unter Leitung von Herbert Wehner auf den Weg nach Oświęcim machte.[58]

Freilich waren die Besuche im Zuge der Entspannungspolitik keine rein deutsche Erscheinung. In der internationalen Politik unternahmen beispielsweise UN-Generalsekretär Kurt Waldheim,[59] Österreichs

---

51 Peter Märthesheimer/Ivo Frenzel (Hrsg.), Im Kreuzfeuer. Der Fernsehfilm »Holocaust«: Eine Nation ist betroffen, Frankfurt am Main 1979.
52 Peters, Revolution der Erinnerung, S. 404.
53 Bösch, Zeitenwende 1979, S. 393.
54 Huener, Auschwitz, S. 229.
55 Wóycicka, Zur Internationalisierung der Gedenkkultur, S. 287.
56 Frankfurter Allgemeine Zeitung vom 17. Juni 1969, Klaus Schütz, Regierender Bürgermeister West-Berlins, in Polen, S. 3.
57 Frankfurter Allgemeine Zeitung vom 9. November 1970, Am Ende des Weges: Auschwitz, S. 6.
58 Frankfurter Allgemeine Zeitung vom 16. Februar 1972, Man lernt sich langsam besser kennen, S. 2.
59 Frankfurter Allgemeine Zeitung vom 8. Juli 1972, Waldheim in Auschwitz, S. 3.

GESCHICHTE

Bundeskanzler Bruno Kreisky,[60] Frankreichs Präsident Valéry Giscard d'Estaing[61] und US-Präsident Gerald Ford[62] im Rahmen von diplomatischen Reisen Besuche im *Staatlichen Museum in Oświęcim*. In die Riege dieser Reisediplomatie reihte sich der erste Besuch eines westdeutschen Bundeskanzlers im November 1977 ein. Helmut Schmidt (SPD) sprach bei seinem Aufenthalt in der Gedenkstätte vom bedeutsamen Status, den Auschwitz-Birkenau als Mahnmal besitze. Der Weg der Versöhnung zwischen Deutschen und Polen dürfe es nicht ausklammern, die Wege der künftigen Verständigung könnten aber nicht dort enden.[63]

Unbestrittener Höhepunkt der Reisetätigkeit zum *Staatlichen Museum* und zugleich Wendepunkt in dessen öffentlicher Wahrnehmung war jedoch der Aufenthalt von Papst Johannes Paul II. im Juni 1979. In seiner Person verschmolzen die beiden zentralen Stränge der Erinnerungspolitik, da das Kirchenoberhaupt nicht nur als Persönlichkeit des internationalen Lebens reiste, sondern zugleich als gebürtiger Pole nach Oświęcim kam. Im Jahr 1920 als Karol Józef Wojtyła im kleinen Ort Wadowice nur unweit von Oświęcim geboren, hatte Johannes Paul II. einen sehr engen Bezug zur Gedenkstätte, wie er bereits in seinem Wirken zwischen 1964 und 1978 als Erzbischof von Krakau gezeigt hatte, als die Gedenkstätte zu seinem Diözesansprengel gehörte. Nur acht Monate nach seiner Wahl zum Pontifex kehrte er in sein konfessionell weitgehend geschlossenes katholisches Heimatland zurück, wo ihm Millionen Menschen einen begeisterten Empfang bereiteten. Als einer der Höhepunkte seiner offiziell als Pilgerreise deklarierten Fahrt, der Frank Bösch eine hohe Bedeutung für den Zerfall des kommunistischen Machtbereichs und dem Ende des Ost-West-Konflikts zuschreibt,[64] kristallisierte sich sein Besuch in der Gedenkstätte Auschwitz-Birkenau heraus. Johannes Paul II. interpretierte bei seiner Predigt im Juni 1979 den Ort entgegen der Erwartungen der polnischen Staatsführung, indem er nicht das Ende der Mitmensch-

---

60 Frankfurter Allgemeine Zeitung vom 25. Juni 1973, Kreiskys Gespräche in Polen, S. 5.
61 Frankfurter Allgemeine Zeitung vom 21. Juni 1975, Giscard sieht Auschwitz als Mahnmal radikalen Umdenkens, S. 3.
62 Frankfurter Allgemeine Zeitung vom 29. Juli 1975, Warschau und Chicago, S. 6.
63 Helmut Schmidt, Der Kurs heißt Frieden, Düsseldorf 1979, S. 52-55. Zur zeitgenössischen Berichterstattung über den Besuch, siehe: Frankfurter Allgemeine Zeitung vom 24. November 1977, Schmidt verteidigt in Polen die Haltung der Opposition, S. 1.
64 Bösch, Zeitenwende 1979, 61 ff.; mit dem Blick auf Polen kommt er in seiner Analyse zu einem ähnlichen Ergebnis: Borodziej, Geschichte Polens im 20. Jahrhundert, 357 ff.

lichkeit oder den völligen Bruch mit allen humanen Umgangsformen in den Mittelpunkt stellte, sondern vielmehr konsequent religiöse Kategorien anlegte, mit welchen er dem bestehenden Erinnerungsort eine dezidiert römisch-katholische Prägung einschrieb. Basis dieser Auslegung war die Figur des polnischen Franziskanerpaters Maksymilian Kolbe.[65] Als Gefangener im Stammlager Auschwitz I hatte er im Jahr 1941 sein Leben im Austausch für das eines Familienvaters angeboten, als die Wachmannschaften eine Vergeltungsaktion für einen Fluchtversuch durchführten. Sein Vorschlag wurde akzeptiert, der Tausch fand statt und so überlebte der andere Häftling, während Kolbe am 14. August 1941 ermordet wurde. Maßgeblich bezogen auf dieses Einzelschicksal sprach der Papst von Auschwitz als dem »Golgotha der modernen Welt«[66]. Weil das polnische Staatsfernsehen live aus Oświęcim übertrug und damit einem Millionenpublikum die katholische Interpretation des Leidensortes leicht zugänglich machte, erlangte die Lesart des Pontifex eine besondere Breitenwirkung, die die bestehenden Deutungsmuster der Shoah innerhalb der polnischen Bevölkerung zumindest ergänzte.[67] Der »Katholisierung« der Gedenkstätte war der Weg bereitet.[68]

Neben der nationalen Rezeption wirkte der Papstbesuch vor allem international. Johannes Paul II. wies die Weltöffentlichkeit auf die Gedenkstätte des *Staatlichen Museums* hin und entzog sie damit endgültig dem bislang bestehenden, engeren nationalen Deutungsrahmen. Fortan fand sie ungleich größeres internationales Interesse, was zugleich bedeutete, dass sie vermehrt zum Gegenstand von Kritik und Kontroverse in aller Welt wurde.[69] Ironischerweise traf diese globale Beachtung in den folgenden Jahren vor allem die katholischen Gedenkinitiativen rund um das ehemalige Lager. So kam es zu einem ersten Konflikt, als der Frauenorden der *Unbeschuhten Karmeliterinnen* im Jahr 1984 im Alten Theater, einem Gebäude unmittelbar in der Umfriedung des ehemaligen Lagergeländes, ein Kloster einrichtete. Gegen diese scheinbare Vereinnahmung des primär jüdisch konnotierten Leidensortes durch eine christliche Ein-

---

65 Zur Person Kolbes als Bezugspunkt unterschiedlicher Erinnerungen: Christian Pletzing, Maximilian Kolbe. Was darf ein Heiliger?, in: Hans Henning Hahn/ Robert Traba (Hrsg.), Deutsch-Polnische Erinnerungsorte, Bd. 2, Paderborn 2014, S. 339-349.
66 Frankfurter Allgemeine Zeitung vom 8. Juni 1979, Papst zitiert in Auschwitz die Menschenrechts-Deklaration, S. 1.
67 Peters, Revolution der Erinnerung, S. 364.
68 Tim Cole, Selling the Holocaust. From Auschwitz to Schindler: How History is Bought, Packaged, and Sold, New York 1999, 102 ff.
69 Huener, Auschwitz, S. 225.

GESCHICHTE

richtung regte sich international Protest, der über Jahre hinweg schwelte und erst 1993 eine Lösung fand. Erneut war es Papst Johannes Paul II., der auf die Situation in Oświęcim entscheidend einwirkte, indem er anordnete, die Klosterschwestern müssten das Gelände wieder verlassen.[70] Neben dem Konvent sorgten Kruzifixe im Umfeld der Gedenkstätte für hitzige Debatten. Besonders das acht Meter hohe Kreuz, das während der Papstmesse im Jahr 1979 am Altar gestanden hatte und nun erneut aufgestellt worden war, schürte den Konflikt. Auch wenn der Sejm und der polnische Senat das Problem Mitte 1999 schlichten konnten, belegt der Streit die tiefen Friktionen, die sich innerhalb der polnischen Gesellschaft nach dem Systemwechsel auftaten.[71]

Das neue, weltweite Interesse am Thema ließ vor allem im Westen das Bedürfnis wachsen, den ursprünglichen Geschehensort zu besuchen. Trotz der Barrieren des Kalten Krieges verspürte man in Oświęcim eine erhöhte internationale Nachfrage, die sogar von der polnischen Regierung unterstützt wurde. Seit dem Beginn der 1970er und noch stärker in den 1980er Jahren öffnete sich das Land langsam für ausländische Gäste, da man hoffte, der ökonomischen Krise mit der Akquirierung von zusätzlichen Devisen entgegenwirken zu können.[72] Polen lag besonders für westliche Reisende nicht mehr völlig unerreichbar hinter dem Eisernen Vorhang und »Auschwitz« blieb nicht mehr nur unkonkrete Metapher für die Shoah, sondern Gäste aus dem Westen kamen tatsächlich verstärkt nach Oświęcim.[73]

Insbesondere für die zunehmende Zahl an Gästen aus Westeuropa erwuchs daraus ein Problem der Logistik: ausreichende Unterkünfte in der näheren Umgebung der Gedenkstätte fehlten. Ein Manko, das es lange Zeit vor allem Gruppen erschwerte, mehrtägige Aufenthalte in Oświęcim

---

70 Die Debatten um das Kloster sind vielfältig dokumentiert und dargestellt, siehe hierzu: Carol Rittner/John K. Roth (Hrsg.), Memory offended. The Auschwitz convent controversy, New York 1991; Władysław Bartoszewski, The convent at Auschwitz, London 1990.

71 Imke Hansen, Das Kreuz in Auschwitz. Ein polnischer Gedächtnisdiskurs der 1990er Jahre, in: Zeitschrift für Ostmitteleuropa-Forschung 59 (2010), S. 366-393.

72 Marcin Majowski, Polska Ludowa zaprasza. Polityka turystyczna w czasach Eduarda Gierka (=Die Volksrepublik Polen lädt ein. Tourismuspolitik in der Ära Giereks), Warschau 2008.

73 Steinlauf spricht ironisch davon, Auschwitz habe mit der Liberalisierung des Reiseverkehrs seine Lage »in a never-never land behind the Iron Curtain« verloren: Steinlauf, Bondage to the Dead, S. 118.

zu planen.[74] Deshalb entstanden schon im Jahr 1971 erste Überlegungen, mithilfe von Fördergeldern aus Bundes- und Kirchenmitteln sowie einer Unterstützung des Landes Berlin ein Haus des internationalen Austausches und der Begegnung zu errichten.[75] Trägerin der Einrichtung sollte die *Aktion Sühnezeichen* sein, da sie ähnliche Projekte zuvor schon in anderen, vom Krieg betroffenen Staaten umgesetzt hatte.[76] Allerdings stand die polnische Seite der Idee, gerade in der unmittelbaren Umgebung des ehemaligen Lagers Auschwitz-Birkenau eine von Deutschen finanzierte und auf internationale Besucher hin ausgerichtete Begegnungsstätte zu errichten, lange zögerlich gegenüber, da man wohl zu Recht befürchtete, damit weiter an Interpretationshoheit über den historischen Ort zu verlieren.[77] Doch sogar nachdem mit der Einbindung des *Polnischen Verbands ehemaliger Widerstandskämpfer (ZBoWiD)* eine gemeinsame Basis offenbar gefunden[78] und für Anfang 1979 die Grundsteinlegung anvisiert war,[79] kam das Projekt trotz umfangreicher Spendenaufrufe nicht voran.[80] Nun bremste angeblich das Auswärtige Amt in Bonn unter seinem neuen Minister Hans-Dietrich Genscher (FDP). Man befürchtete, das Projekt stehe zu sehr im Schatten der Vergangenheit und behindere damit eine unbefangene Begegnung junger Menschen aus Polen und der Bundesrepublik.[81]

Letztlich dauerte es bis zum Beginn des Jahres 1986, ehe eine Einigung erzielt werden konnte, woran sich dann aber eine schnelle Realisierung

74 Winfried Lipscher, Jugendaustausch zwischen der Bundesrepublik Deutschland und der Volksrepublik Polen. Ein Bericht, Darmstadt 1984, S. 19.
75 Gabriele Kammerer, Aktion Sühnezeichen Friedensdienste. Aber man kann es einfach tun, Göttingen 2008, 170 f.; Thomas Heldt, Aktion Sühnezeichen Friedensdienste, in: Albrecht Riechers/Christian Schröter/Basil Kerski (Hrsg.), Dialog der Bürger. Die gesellschaftliche Ebene der deutsch-polnischen Nachbarschaft, Osnabrück 2005, S. 387-393, hier S. 389 f.
76 BDA Bestand Pax Christi A 260, Bericht Aktion Sühnezeichen Friedensdienste zur Entwicklung des Projekts Internationale Begegnungsstätte bei Auschwitz vom 26. Oktober 1976.
77 Wóycicka, Zur Internationalisierung der Gedenkkultur, S. 292.
78 BDA Bestand Pax Christi A 260, Bericht Aktion Sühnezeichen Friedensdienste zur Entwicklung des Projekts Internationale Begegnungsstätte bei Auschwitz vom 26. Oktober 1976.
79 EZA Bestand 97/1174, Pressemeldung Evangelischer Pressedienst Frankfurt vom 22. Dezember 1977.
80 EZA Bestand 97/1174, Spendenaufruf Internationale Jugend-Begegnungsstätte Auschwitz. Zeichen der Hoffnung und des Neubeginns, ohne Jahresangabe.
81 EZA Bestand 820/39, Memorandum des langjährigen Geschäftsführers Franz von Hammerstein: Die Versöhnungsdienste der Aktion Sühnezeichen in Gedenkstätten, datiert 1993/1994.

des Hauses anschloss.[82] Am 7. Dezember desselben Jahres nahm die *Internationale Jugendbegegnungsstätte Auschwitz* ihre Tätigkeit auf[83] und ermöglichte fortan auch schulischen Gruppen eine verbesserte Logistik. Mehr als drei Jahrzehnte nimmt das Haus inzwischen »Auschwitz als Aufgabe«[84] an und bietet ein umfangreiches gedenkstättenpädagogisches Programm, wobei die Begegnungsstätte in ihrem Anliegen inzwischen nicht mehr einzigartig ist. Nach dem Ende des Ost-West-Konflikts entstanden in Oświęcim weitere Jugendgästehäuser mit ähnlichen Programmen, wie etwa das *Zentrum für Dialog und Gebet* (seit 1992)[85] oder das *Jüdische Zentrum* (seit 2000).[86]

Zeitgleich zur weiteren Öffnung Polens nahm in den 1980er Jahren innerhalb des Landes das Interesse an der eigenen Geschichte zu. Da zudem der kommunistischen Führung die Lenkung der gesellschaftlichen Kommunikation über zeithistorische Fragen zunehmend entglitt,[87] entwickelte sich eine alternative Geschichtskultur im Umkreis der unabhängigen Gewerkschaftsbewegung *Solidarność*. Sie forcierte den Diskurs über die Bedeutung der jüdischen Kultur für die polnische Nationalgeschichte.[88] Mithin entstand eine Narration, die sich bewusst gegen die bisherige staatliche Interpretation von Geschichte stellte. Es rückte nicht zuletzt das Schicksal der während der Shoah ermordeten Juden verstärkt in den Blick, was seinen Niederschlag in der Gedenkstätte fand.

Insbesondere nach dem politischen Umsturz und dem Systemwechsel der Jahre um 1989 stand das *Staatliche Museum* vor fundamentalen Herausforderungen. Sie beschränkten sich nicht nur auf symbolische Akte, etwa das Schleifen der vorhandenen Denkmäler für die *Rote Armee*.[89] Vielmehr ging es um eine vollständige Neuausrichtung der Erinnerung.[90] Notwendig war das, weil die weiterhin stark auf den Opfermythos der polnischen Nation zentrierte Narration des Museums nicht mehr mit der globalen Erinnerungskultur, der sich Auschwitz-Birkenau

82 Kammerer, Aktion Sühnezeichen Friedensdienste, S. 198.
83 Wittmeier, Internationale Jugendbegegnungsstätte Auschwitz, 236 ff.
84 Richard Pyritz/Matthias Schütt (Hrsg.), Auschwitz als Aufgabe. 25 Jahre Internationale Jugendbegegnungsstätte in Oświęcim (Auschwitz), Berlin 2013.
85 Einrichtung der Katholischen Kirche, siehe: http://cdim.pl/de,2545 (Stand: 10. Juli 2020).
86 Einrichtung der im Jahr 1995 gegründeten *Auschwitz Jewish Foundation*, siehe: https://ajcf.pl/de/ (Stand: 10. Juli 2020).
87 Borodziej, Geschichte Polens im 20. Jahrhundert, 366 f.
88 Steinlauf, Bondage to the Dead, 98 ff.
89 Reichel, Auschwitz, in: François/Schulze (Hrsg.), Deutsche Erinnerungsorte, 602 f.
90 Young, Formen des Erinnerns, S. 213.

nach 1989 unbeschränkt gegenübersah, kompatibel war. Im Gegenteil, der polnische Anspruch auf eine bevorzugte Opferrolle stand diametral der weltweiten Interpretation entgegen, wonach in Auschwitz-Birkenau der Kulminationspunkt der Shoah liege und deshalb vor allem der jüdischen Opfer zu gedenken sei.[91] Dieser westlichen Interpretation kam das *Staatliche Museum* mit seinen Veränderungen entgegen, nicht zuletzt weil seit 1990 der Anteil der internationalen Gäste deutlich zunahm.[92] Der Gedanke, wonach es zu einer Entterritorialisierung des Gedenkens an die Shoah komme,[93] konnte sich zwar weltweit nicht durchsetzen,[94] im *Staatlichen Museum* zeigte sich dies aber – trotz aller Internationalisierung – vielleicht am deutlichsten, schließlich hatte sich der symbolische Ort »Auschwitz« als Medien- und Wissensikone zum umstrittenen Objekt der Erinnerung entwickelt,[95] der aber bis in die Gegenwart eine wesentliche Funktion innerhalb der polnischen Erinnerungskultur einnimmt.[96] Der Osteuropahistoriker Florian Peters hat den lokalen Konflikt zutreffend und pointiert skizziert, indem er die polnische und die internationale Erinnerungskultur gegenüberstellte und den Konflikt auf die unterschiedlichen Ortsnamen reduzierte: »Auschwitz oder Oświęcim?«[97]

Vor allem auf Druck der USA, die die Staaten des ehemaligen Ostblocks und dementsprechend nicht zuletzt Polen im Vorfeld ihrer Bei-

91 Daniel Levy/Natan Sznaider, The Holocaust and Memory in the Global Age, Philadelphia 2006; Aleida Assmann/Sebastian Conrad (Hrsg.), Memory in a Global Age. Discourses, Practices and Trajectories, Basingstoke 2010.
92 Steinlauf, Bondage to the Dead, 135 f.
93 Daniel Levy/Natan Sznaider, Memory unbound. The Holocaust and the formation of cosmopolitan memory, in: European Journal of Social Theory 5 (2002), S. 87-106, hier S. 100.
94 Als internationale Erhebungen können gelten: Jan Eckel/Claudia Moisel (Hrsg.), Universalisierung des Holocaust? Erinnerungskultur und Geschichtspolitik in internationaler Perspektive, Göttingen 2008; Jacob S. Eder/Philipp Gassert/Alan E. Steinweis, Holocaust Memory in a Globalizing World, Göttingen 2017.
95 Geneviève Zubrzycki, »Oświęcim«/»Auschwitz«. Archaeology of a Mnemonic Battleground, in: Erica Lehrer/Michael Meng (Hrsg.), Jewish Space in Contemporary Poland, Bloomington 2015, S. 16-45.
96 Marek Kucia, Die Symbolhaftigkeit von Auschwitz in der polnischen Erinnerungskultur von 1945 bis heute, in: Kerstin Schoor/Stefanie Schüler-Springorum (Hrsg.), Gedächtnis und Gewalt. Nationale und transnationale Erinnerungsräume im östlichen Europa, Bonn 2016, S. 166-183.
97 Florian Peters, Auschwitz oder Oświęcim? Nationale und transnationale Narrative über den Holocaust im spätsozialistischen Polen, in: ZeitRäume. Potsdamer Almanach des Zentrums für Zeithistorische Forschung 2010, S. 137-145.

GESCHICHTE

tritte zur *NATO* (1999) und zur *Europäischen Union* (2004) drängten, der westlichen Erinnerungs- und Wertegemeinschaft beizutreten,[98] veränderte sich die Gedenkstätte am vormals größten Lager. Es kam zur massiven Aufwertung des historischen Ortes in Birkenau, der über Jahrzehnte hinweg kaum beachtet worden war und nun als der eigentliche Ort des Massenmords an jüdischen Menschen betont wird.[99] Erstmals seit Kriegsende rückten damit die jüdischen Betroffenen als eigenständige und zugleich größte Opfergruppe in den Blick der polnischen Gedenkstätte.[100] Hatte das *Staatliche Museum* sich bislang bemüht, eine möglichst starke Schwerpunktsetzung auf die nationale Erinnerung und das Martyrium des polnischen Volkes zu garantieren, kam es nun zu einer »Entpolonisierung von Auschwitz«[101]. Prominent sichtbar wurde diese in der Namensveränderung der Institution selbst. Hatte sie seit 1947 *Państwowe Muzeum Oświęcim-Brzezinka,* also *Staatliches Museum in Oświęcim-Brzezinka* geheißen, so firmiert sie seit dem Jahr 1999 als *Państwowe Muzeum Auschwitz-Birkenau,* also *Staatliches Museum Auschwitz-Birkenau.* Auf polnischen Antrag hin veränderte sich zudem der Zusatz innerhalb der *UNESCO*-Welterbeliste, wo sich nun als Untertitel »deutsches nationalsozialistisches Konzentrations- und Vernichtungslager« findet.[102] Ähnliche Debatten, die um die Abgrenzung Polens von Formulierungen kreisten, wie sie etwa die *New York Times* im Januar 1995 verwendete, als sie von Auschwitz-Birkenau als »the Polish concentration camp«[103] schrieb, führten zu diplomatischen Verwerfungen, nachhaltigen polnischen Interventionen im Ausland und parlamentarischen Initiativen im Inland.[104]

Die Globalisierung der Erinnerung an die Shoah, die sich besonders im *Stockholm International Forum on the Holocaust* im Januar 2000

98 Jens Kroh, Das erweiterte Europa auf dem Weg zu einem gemeinsamen Gedächtnis? Die Stockholmer »Holocaust-Konferenz« und ihre Bedeutung für die europäische Erinnerung, in: Margrit Frölich/Ulrike Jureit/Christian Schneider (Hrsg.), Das Unbehagen an der Erinnerung. Wandlungsprozesse im Gedenken an den Holocaust, Frankfurt am Main 2012, S. 201-216, hier S. 206.
99 Huener, Auschwitz, 243 f.
100 Andrzej K. Paluch, Konzentrationslager Auschwitz: the View from Outside, in: Andrzej K. Paluch (Hrsg.), The Jews in Poland. Volume I, Krakau 1992, S. 327-339, hier S. 328.
101 Peters, Auschwitz oder Oświęcim?, S. 137.
102 Wóycicka, Auschwitz, in: Hahn/Traba (Hrsg.), Deutsch-Polnische Erinnerungsorte, S. 615.
103 New York Times vom 25. Januar 1995, Slaughter of the Innocents.
104 Hubert Leschnik, Erinnerungskultur und Geschichtspolitik in Polen von 1998 bis 2010, Gießen 2015, 305 f.

VOM GRÖSSTEN NS-LAGER ZUR INTERNATIONALEN GEDENKSTÄTTE

niederschlug,[105] erreichte demgemäß Oświęcim. Damit öffnete sich das *Staatliche Museum* für den einsetzenden Besucheransturm nach 1990, in dessen Folge es heute sicherlich als die weltweit größte und bekannteste Gedenkstätte überhaupt anzusehen ist.[106] Sie steht als Symbol für das, was Menschen anderen Menschen antun können.[107] Weitere Dynamik gewann der Prozess mit dem Erfolg von *Schindlers Liste* (USA 1993), der – wie im Jahr 1979 *Holocaust* – auf der medialen Ebene eine Steigerung des Interesses initiierte.[108] »Selling the Holocaust« ist ein Phänomen, das sich vor allem nach 1989 in Oświęcim wiederfindet, seither aber immer wieder massiv kritisiert wurde, wenn etwa die Ausstellung polemisch als »Holocaust theme-park« angegriffen wird,[109] zumal sich die stark emotionalisierende Strategie der Gedenkstätte nach 1989 nochmals verstärkte.[110] Die reduzierte politologische und sozialstrukturelle Interpretation der Shoah trat auch in der Gedenkstätte zugunsten einer emotionalisierenden Konzentration vornehmlich auf die Opfer zurück.[111] Dennoch – oder vielleicht gerade deshalb – nahm das Interesse an einem Besuch nicht ab, wie dies noch in den ersten Jahren nach dem Erscheinen von *Schindlers Liste* (Weltpremiere 30.11.1993) auf polnischer Seite

---

105 Jens Kroh, Transnationale Erinnerung. Der Holocaust im Fokus geschichtspolitischer Initiativen, Frankfurt am Main 2008.
106 Robert Traba, Sichtbar und unsichtbar. Authentische Orte der Gewalt im öffentlichen Raum, in: Boguslaw Dybas/Irmgard Nöbauer/Ljiljana Radonic (Hrsg.), Auschwitz im Kontext. Die ehemaligen Konzentrationslager im gegenwärtigen europäischen Gedächtnis, Frankfurt am Main 2017, S. 19-30, hier S. 22.
107 Manfred Wittmeier, Revision der Gedenkstättenarbeit?, in: Benedikt Widmaier/Gerd Steffens (Hrsg.), Politische Bildung nach Auschwitz. Erinnerungsarbeit und Erinnerungskultur heute, Schwalbach/Ts. 2015, hier S. 97. Wörtlich übernehmen Schülerinnen und Schüler die Formulierung, die sicher nicht im Ursprung von Wittmeier stammt. Was Menschen anderen Menschen antun können, ist aber offenbar eine zentrale Frage, die sich beim Besuch der Gedenkstätte stellt, vergleiche beispielsweise: ASEE A12-081-407, Exkursionsbericht Erzbischöfliche Theresienschule Hilden, November 2012, S. 7.
108 Christoph Kreutzmüller, Auschwitz als Symbol, in: Stéphanie Benzaquen/Tomasz Kobylański/Christoph Kreutzmüller (Hrsg.), Auschwitz heute – dzisiaj – today, Bonn 2015, S. 111-122, hier S. 117.
109 Cole, Selling the Holocaust, S. 111.
110 Zur Beschreibung von stark emotionalisierenden Strategien in der Präsentation von Geschichte: Ute Frevert/Anne Schmidt, Geschichte, Emotionen und die Macht der Bilder, in: Geschichte und Gesellschaft 37 (2011), S. 5-25, hier 19 ff.
111 Dudek, »Der Rückblick auf die Vergangenheit wird sich nicht vermeiden lassen«, S. 300.

befürchtet wurde.¹¹² Im Gegenteil. Mit zuletzt mehr als zwei Millionen Gästen pro Jahr ist das *Staatliche Museum* deswegen inzwischen Polens meistbesuchtes Museum und rangiert beim Internetbewertungspool *TripAdvisor* in der Rubrik »Aktivitäten« landesweit auf den vorderen Rängen.¹¹³ Kein anderer Ort in Polen werde so häufig fotografiert wie die Gedenkstätte Auschwitz-Birkenau in Oświęcim¹¹⁴ und die Onlineausgabe des *Lonely Planet* präsentiert ein Bild des Tores von Auschwitz I als erstes Foto auf der Homepage zu Polen,¹¹⁵ während die Printausgabe ausführlich auf die dortigen »Sehenswürdigkeiten« eingeht.¹¹⁶ Die Zeiten, in welchen die weitgehende Ausklammerung ehemaliger Lager oder anderer Stätten des NS-Terrors aus dem Tourismus noch moniert worden war,¹¹⁷ sind offenbar vorbei.

Demgemäß ist es wenig überraschend, wenn sich in der Literatur immer wieder Klagen über die zu hohe Zahl an Touristen finden,¹¹⁸ die allein aufgrund ihrer Masse einem Innehalten und reflektierten Nachdenken über den besuchten historischen Ort entgegenstünden; man befinde sich in Oświęcim inzwischen an einem »Un-Ort des Gedenkens«.¹¹⁹ An

---

112   Marek Frysztacki, Warum lernen wir wenig aus Auschwitz?, in: Deutsch-polnisches Jugendwerk (Hrsg.), Begegnung und gemeinsames Lernen in Auschwitz. Ist das möglich?, Potsdam/Warschau 1996, S. 13-18, hier S. 13.
113   Generell zur Beurteilung von Gedenkstätten auf Internetportalen: Anja Ballis, »I cannot say enjoy but I can say look and learn«. Touristen schreiben auf TripAdvisor über Besuche in KZ-Gedenkstätten, in: Frank Bajohr/Axel Drecoll/John Lennon (Hrsg.), Dark Tourism. Reisen zu Stätten von Krieg, Massengewalt und NS-Verfolgung, Berlin 2020, S. 66-79.
114   http://www.tripadvisor.de/Tourism-g274723-Poland-Vacations.html (Stand: 10. Juli 2020).
115   https://www.lonelyplanet.de/reiseziele/polen/index-5699.html (Stand: 10. Juli 2020).
116   Neil Wilson/Tom Parkinson/Richard Watkins, Polen. Lonely Planet. Deutsche Ausgabe, Melbourne/Ostfildern 2006, 323 ff.
117   Rolf Schörken, Begegnungen mit Geschichte. Vom außerwissenschaftlichen Umgang mit der Historie in Literatur und Medien, Stuttgart 1995, S. 131.
118   Exemplarisch: Micha Brumlik, Vorwort, in: Bettina Schaefer (Hrsg.), Lass uns über Auschwitz sprechen. Gedenkstätte, Museum, Friedhof: Begegnungen mit dem Weltkulturerbe Auschwitz, Frankfurt am Main 2009, S. 9-13, hier S. 11.
119   Linda Ferchland, Auschwitz: Plädoyer für die Entmystifizierung eines Un-Ortes, in: Jörg Ganzenmüller/Raphael Utz (Hrsg.), Orte der Shoah in Polen. Gedenkstätten zwischen Mahnmal und Museum, Köln 2016, S. 219-241, hier S. 239. Dieser sehr pessimistischen Einschätzung widerspricht jedoch der Leiter der Bildungsabteilung des *Staatlichen Museums*, der von einer »Atmosphäre von Ernst und Konzentration« spricht, die in der Gedenkstätte herrsche, siehe: Kacorzyk, Wege nach Auschwitz: Eine statistische und soziologische Besucher-

den nachfolgend untersuchten Texten von Schülerinnen und Schülern hingegen lässt sich belegen, wie sehr die Klage über Besuchermassen ein Topos geworden ist. Schon unter den Berichten aus dem Archiv der *Robert Bosch Stiftung* finden sich für die 1980er und 1990er Jahre etliche Dokumentationen, die bereits lange vor dem Erreichen der touristischen Höchststände die Überfüllung des besuchten historischen Ortes beklagten.[120] Andererseits finden sich bis ins Jahr 2019 hinein noch Aussagen, die den Besuch des *Staatlichen Museums* als so wertvoll erachten, dass sie diesem noch weit mehr zusätzliche Besucher wünschen.[121]

Wie an keinem anderen Ort der Welt treffen unterschiedliche nationale Erinnerungskulturen an die Shoah aus fast allen Ländern der Welt zusammen. Auschwitz-Birkenau ist zu einem der Kulminationspunkte der internationalen *Holocaust Education* geworden. Das spiegelt sich in den vielen Gruppenreisen, die inzwischen organisiert werden. Am bekanntesten ist sicher der seit dem Jahr 1988 stattfindende *March of the living*, mit welchem israelische Jugendliche ihrer Vorfahren gedenken und das Überleben des jüdischen Volkes und seiner Kultur zelebrieren.[122] Daneben finanzieren andere, teilweise sogar staatliche Einrichtungen, schulische Fahrten nach Oświęcim. Aus Großbritannien reisen beispielsweise mit der Hilfe des *Holocaust Educational Trust* seit dem Jahr 1999 mehr als 41.000 Schülerinnen, Schüler und ihre Lehrkräfte zum *Staatlichen Museum Auschwitz-Birkenau*,[123] während für große Teile der polnischen Schülerschaft derartige Besuche weiterhin zum curricularen Pflichtprogramm gehören.[124] Wenn die vorliegende Studie sich also den aus Deutschland kommenden schulischen Besuchen in Oświęcim

analyse, in: Dybas/Kranz/Nöbauer/Uhl (Hrsg.), Gedenkstätten für die Opfer des Nationalsozialismus in Polen und Österreich, S. 286.
120 Anschauliches Beispiel ist ein journalistisch aufgemachter Bericht eines Schülers vom Oktober 1990, in dem die rhetorische Frage aufgeworfen wird: »Verkommt Auschwitz zum touristischen Muß?«, siehe: ARBS 2001-312, Exkursionsbericht Altes Gymnasium Osnabrück, Oktober 1990.
121 AHGD Bestand 2019, Exkursionsbericht Heisenberg-Gymnasium Dortmund, Februar/März 2019, B41.
122 Jackie Feldman, Above the death pits, beneath the flag. Youth voyages to Poland and the performance of the Israeli National identity, New York 2008.
123 Nähere Informationen zum britischen Programm: https://www.het.org.uk/lessons-from-auschwitz-programme (Stand: 10. Juli 2020).
124 Zur sehr hohen Bedeutung der polnischen Schulklassen für die absoluten Besucherzahlen in der Gedenkstätte: Marek Kucia, Visitors at the Auschwitz-Birkenau State Museum, in: Pro Memoria 20 (2004), S. 39-42.

GESCHICHTE

widmet, zeichnet sie keine nationale Besonderheit nach,[125] sondern untersucht eine Entwicklung, die sich in anderen Staaten ebenfalls oder sogar intensiver zutrug, als dies in Deutschland der Fall war und ist. Exkursionen deutscher Schülerinnen und Schüler zum *Staatlichen Museum Auschwitz-Birkenau* sind also nur ein Teil der internationalen Entwicklung, in deren Kontext jährlich Tausende von Schulgruppen in den Süden Polens reisen.

Eine staatliche Vorgabe einer »korrekten« Erinnerung, wie sie seit der Gründung noch bis ins Jahr 1989 bestanden hatte, lässt sich im neuen Umfeld nicht mehr aufrechterhalten.[126] Die sich schon seit 1955 immer weiterentwickelnde Internationalisierung der Gedenkarbeit hat nun eine völlig neue Dimension erreicht. Waren es zunächst nur wenige Überlebende oder Wissenschaftlerinnen und Wissenschaftler, die in den Austausch traten, so gehört das *Staatliche Museum* inzwischen zu den weltweiten touristischen Hotspots. Der israelische Historiker und Auschwitz-Überlebende Otto Dov Kulka hat seinen Besuch in Birkenau, bei dem er sich Mitte der 1970er Jahre gänzlich alleine auf dem Gelände bewegen konnte, einmal – zwar mit Bezug auf jüdische Besuche – treffend in den Kontrast zu heute gesetzt: »[...] at that time it wasn't the fashion it is today«.[127]

2 Erste Gruppenreisen aus Deutschland zum *Staatlichen Museum*

»In Mode« waren Besuche in Auschwitz-Birkenau auch in Deutschland lange Zeit nicht. Vielmehr erfuhr die Einrichtung der Gedenkstätte im Jahr 1947 weder in der Bundesrepublik noch in der DDR besondere Aufmerksamkeit. Beide deutschen Teilstaaten taten sich schwer mit dem Erbe der auf ihren jeweiligen Territorien liegenden Verbrechensorten. Es sollte wesentlich länger als in Oświęcim dauern, ehe erste museale Initiativen ergriffen wurden. In den ersten Nachkriegsjahren dienten die meisten ehemaligen Lager für andere Zwecke, beispielsweise die Unterbringung von Flüchtlingen und Vertriebenen. Eine Erinnerung an die dort begangenen Verbrechen fand nicht statt. Vereinzelte Ausnahmen, wie etwa die viel beachtete Rede des ersten Bundespräsidenten Theodor

---

125 Bei Fragen der besonderen Verantwortung aufgrund der deutschen Staatsangehörigkeit oder der Benutzung der Sprache der Täter verfolgt die Studie gleichwohl nationale Besonderheiten.
126 Wóycicka, Zur Internationalisierung der Gedenkkultur, S. 292.
127 Otto Dov Kulka, Landscapes of the metropolis of death. Reflections on memory and imagination, London 2013, S. 3.

Heuss in Bergen-Belsen im Jahr 1952,[128] können an diesem grundsätzlichen Befund nichts ändern.[129] Klarster Beleg für die außerordentliche Geringschätzung der ehemaligen Geschehensorte ist die lange Zeit, derer es bedurfte, ehe auch in Deutschland an den Orten der nationalsozialistischen Konzentrationslager ähnliche Gedenkstätten entstanden. In der Bundesrepublik vergingen zwei Jahrzehnte, ehe im Mai 1965 in Dachau ein erster institutionalisierter Erinnerungsort eingerichtet wurde.[130] Weniger lange dauerte es in der DDR. Die Orte des NS-Terrors, vor allem die Lager in Sachsenhausen und Buchenwald, wurden zu zentralen *Nationalen Mahn- und Gedenkstätten* gestaltet.[131] Die in den Jahren 1958 bzw. 1961 eröffneten Institutionen zielten derweil darauf, die DDR in die Kontinuität der Opfer des Faschismus zu stellen und sie als Hort des kommunistischen Widerstands zu positionieren. Alle Lernenden der 8. Jahrgangsstufe wurden im Vorfeld der Jugendweihe zu einem Besuch dort verpflichtet.[132] Die Gedenkstätten hatten also einen explizit politischen Auftrag, da sie unter Rückgriff auf die Geschichte des NS-Regimes dem sozialistischen Staat in Ostdeutschland zusätzliche Legitimation verleihen sollten.[133] Diese Funktion konnte – und wollte – der Erinnerungsort Auschwitz-Birkenau nicht erfüllen. Weil dort in erster Linie das Schicksal des polnischen Volkes und seines Leidens während der Besatzungszeit dargestellt wurde, war dies geschichtspolitisch für die Führung der DDR nicht interessant. Gruppenbesuche aus der DDR im *Staatlichen Museum* wurden zunächst, wie noch an einem Beispiel aus dem Jahr 1964 zu zeigen sein wird, häufig unterbunden und wurden erst

128 Ulrich Baumgärtner, Reden nach Hitler. Theodor Heuss – Die Auseinandersetzung mit dem Nationalsozialismus, Stuttgart 2001, 232 ff.
129 Zu den ersten musealen Auseinandersetzungen mit der NS-Zeit in Deutschland nach 1945: Harald Schmid, Beglaubigungsversuche. Frühe Ausstellungen zu den nationalsozialistischen Verbrechen, in: Regina Fritz/Eva Kocács/Béla Rásky (Hrsg.), Als der Holocaust noch keinen Namen hatte/Before the Holocaust had its Name. Zur frühen Aufarbeitung des NS-Massenmordes an Jüdinnen und Juden/Early Confrontations of the Nazi Mass Murder of the Jews, Wien 2015, S. 241-261.
130 Harold Marcuse, Legacies of Dachau. The Uses and Abuses of a Concentration Camp, 1933-2001, Cambridge 2001, S. 389.
131 Manfred Overesch, Buchenwald und die DDR oder die Suche nach Selbstlegitimation, Göttingen 1995.
132 Christa Uhlig, »Auschwitz« als Element der Friedenserziehung in der DDR, in: Hanns-Fred Rathenow/Norbert H. Weber (Hrsg.), Erziehung nach Auschwitz, Pfaffenweiler 1988, S. 89-97, hier S. 91.
133 Jeffrey Herf, Divided Memory. The Nazi Past in the Two Germanys, Cambridge, London 1997, 175 ff.

ab Mitte der 1980er Jahre ein zentraler Programmpunkt in den zwischenstaatlichen Ferienprogrammen der DDR und der Volksrepublik Polen.[134] Für die Bundesrepublik gestaltet sich das Bild in den ersten Jahren nicht anders, auch hier war man gegenüber den Überresten des größten Konzentrationslagers weitgehend ungerührt. Nur sehr vereinzelt erschienen Zeitungsbeiträge zur musealen Gestaltung. Beispielsweise nutzte der damalige Korrespondent der *Frankfurter Allgemeinen Zeitung* in Moskau, Hermann Pörzgen,[135] seine Möglichkeiten und beschrieb umfangreich die Wirkung der Gedenkstätte im Jahr 1956. Allerdings blieb die Rezeption derartiger Artikel offensichtlich sehr begrenzt, obschon sie sehr eindringlich die Bedeutung des historischen Ortes unterstrichen.[136] Insgesamt aber verweilte die bundesdeutsche Medienlandschaft ebenso wie die Gesamtgesellschaft der 1950er Jahre in einem weitgehenden und unhinterfragten Desinteresse gegenüber dem *Staatlichen Museum in Oświęcim* und den Inhalten, die es vermittelte.

Erst ab den 1960er Jahren regte sich langsam ein neu erwachendes Interesse an Auschwitz-Birkenau, dessen Initialzündung wohl die spektakuläre Verhaftung Adolf Eichmanns in Argentinien und der anschließende Prozess in Jerusalem darstellten. In der Folge veränderte sich der öffentliche Blick auf das »Dritte Reich«. Diskutiert wurden in der Bundesrepublik nicht mehr nur die NS-Innenpolitik oder der Kriegsverlauf, sondern der industriell abgewickelte Massenmord an den europäischen Juden wurde, wenn auch zögerlich, zum Thema.[137] Entscheidend trug

134 Stellvertretend für die jährlichen Kontrakte zwischen beiden Ländern, die es ermöglichten, dass allein im Jahr 1984 45.000 Kinder und Jugendliche aus der DDR nach Polen reisen konnten: ABStU, MfS HAXX11473, Vereinbarung zwischen der Regierung der Deutschen Demokratischen Republik und der Regierung der Volksrepublik Polen über den organisierten Ferien- und Erholungsaufenthalt von Kindern und Jugendlichen im Jahre 1984, hierbei war ausdrücklich der Besuch von nationalen Mahn- und Gedenkstätten in beiden Ländern durch die Jugendlichen des Gastlandes vorgesehen, siehe: S. 251. Zum Aufbau solcher Ferienfahrten, ohne konkreten Bezug zu schulischen Kontexten: Daniel Logemann, Das polnische Fenster. Deutsch-polnische Kontakte im staatssozialistischen Alltag Leipzigs 1972-1989, München 2012, 221ff.
135 Peter Hoeres, Zeitung für Deutschland. Die Geschichte der FAZ, München 2019, S. 133.
136 Hermann Pörzgen, Frankfurter Allgemeine Zeitung vom 20. Oktober 1956, Auschwitz, wie es heute ist. In dem ehemaligen Konzentrationslager, S. BuZ 3; ähnlich: Christoph Johann Hampe, Reise von Auschwitz nach Warschau, in: Sonntagsblatt vom 5.12.1954, S. 15.
137 Detlef Siegfried, Zwischen Aufarbeitung und Schlussstrich. Der Umgang mit der NS-Vergangenheit in den beiden deutschen Staaten 1958 bis 1969, in: Axel

der Frankfurter Auschwitz-Prozess dazu bei, da er zwischen 1963 und 1965 die öffentliche Berichterstattung prägte.[138] Besonderes publizistisches Aufsehen erregte der juristische und politische Höhepunkt des Verfahrens, ein Ortstermin des Gerichts auf dem Gelände des vormaligen Lagers.[139] Etwa 300 Journalistinnen und Journalisten aus dem In- und Ausland begleiteten die Richter auf ihrer aufsehenerregenden Fahrt nach Polen, woraus sich eine umfangreiche mediale Berichterstattung ergab.[140] Erstmals sah dabei ein bundesdeutsches Massenpublikum aktuelle Bilder des früheren Lagers. Die Prozessreise machte in Westdeutschland (und wohl auch in Ostdeutschland) das zeitgenössische Aussehen des *Staatlichen Museums* bekannt und verschaffte der Gedenkstätte damit erstmals einen exponierten Platz im öffentlichen Raum.

Wenngleich nach den Prozessen in Jerusalem und Frankfurt die frühere Ortsbezeichnung »Auschwitz« zu einem universellen Symbol für die Verbrechen der Nationalsozialisten aufstieg und spätestens um die Mitte des Jahrzehnts seine volle Durchschlagskraft erreicht hatte,[141] blieb der reale Ort in Südpolen gleichwohl zunächst weiterhin eher abstrakt und unkonkret. Notwendig war die mediale Vermittlung der Bilder aus Auschwitz-Birkenau, wie sie gerade der Ortstermin des Frankfurter Prozesses lieferte, da es Mitte der Sechzigerjahre noch weitgehend unmöglich war, nach Oświęcim zu reisen und den Ort eigenständig zu besuchen. Zwischen Bonn und Warschau bestanden keine diplomatischen Beziehungen und die bilateralen Kontakte waren äußerst spärlich, was sich in den Reisebewegungen zwischen beiden Staaten direkt spiegelt. Lediglich 26.600 Einreisen aus der Bundesrepublik in die Volksrepublik

Schildt/Detlef Siegfried/Karl Christian Lammers (Hrsg.), Dynamische Zeiten. Die 60er Jahre in den beiden deutschen Gesellschaften, Hamburg 2000, S. 77-113.
138 Zur Breite der medialen Rezeption: Sabine Horn, Erinnerungsbilder. Auschwitz-Prozess und Majdanek-Prozess im westdeutschen Fernsehen, Essen 2009; Tamar Zemach/Jürgen Wilke/Birgit Schenk/Akiba A. Cohen, Holocaust und NS-Prozesse. Die Presseberichterstattung in Israel und Deutschland zwischen Aneignung und Abwehr, Köln 1995; René Wolf, The Devided Sky. The Auschwitz Trial on East and West German Radio, in: Martin L. Davies/Claus-Christian W. Szejnmann (Hrsg.), How the Holocaust looks now. International Perspectives, London 2007, S. 75-84.
139 Steinbacher, Auschwitz, S. 115.
140 Stellvertretend: Frankfurter Allgemeine Zeitung vom 17. Dezember 1964, Auschwitz-Delegation auf der Rückreise, S. 7.
141 Norbert Frei, Auschwitz und Holocaust. Begriff und Historiographie, in: Hanno Loewy (Hrsg.), Holocaust: die Grenzen des Verstehens. Eine Debatte über die Besetzung der Geschichte, Reinbek bei Hamburg 1992, S. 101-109, hier S. 103.

GESCHICHTE

Polen weist die offizielle Statistik für das Jahr 1965 aus.[142] Einen nennenswerten Austausch zwischen den beiden Staaten gab es demnach nicht. Auch wenn es für die 1960er Jahre keine detaillierten Statistiken zum deutschen Anteil innerhalb des internationalen Besuchs der Gedenkstätte gibt,[143] liegt der Schluss nahe: Kaum ein bundesdeutscher Fernsehzuseher des Frankfurter Prozesses war wohl schon selbst in Polen gewesen und hatte den Geschehensort tatsächlich besuchen können – sofern es sich nicht um vormals Internierte oder um Täter handelte, die vor 1945 dort stationiert und an den Verbrechen beteiligt waren.

Just an diesem Punkt hatte bereits Jahre zuvor die *Sozialistische Jugend Deutschlands – Die Falken (SJD)* angesetzt. Die offiziell parteipolitisch ungebundene Jugendorganisation, die gleichwohl vor allem in der Frühphase der Bundesrepublik der SPD sehr nahestand, hatte frühzeitig Kontakte in den Ostblock entwickelt. Startsignal war dafür der 20. Parteitag der KPdSU im Februar 1956, auf dem Generalsekretär Nikita Chruschtschow mit den Verbrechen des Stalinismus gebrochen hatte. Nachdem in der Volksrepublik Polen mit der Einsetzung Władysław Gomułkas zum Ersten Sekretär der *Vereinigten Polnischen Arbeiterpartei* (*VPAP*) ebenfalls eine Neuausrichtung der Politik zu erhoffen war, intensivierten *Die Falken* ihre Kontakte zum östlichen Nachbarn.[144] Vor allem auf Initiative des Berliner Landesverbandes kam es im März 1958 zu einem ersten offiziellen Austausch mit dem Jugendverband der polnischen Kommunisten, der *Sozialistischen Jugend Polens* (*ZSMP*). Im Rahmen einer zehntägigen Reise ins Nachbarland lernte die Führungsriege des *Falken*-Bundesverbandes die Volksrepublik kennen. Neben Warschau, Posen, Krakau und Breslau stand ein Besuch im ehemaligen Lager Auschwitz-Birkenau auf dem Programm der westdeutschen Gäste.[145] Dem Schauplatz des millionenfachen Mordes maßen sie ein besonderes Gewicht bei, da sie ihre Kontakte nach Polen bewusst als ein Aussöhnungsangebot an den im Krieg so geschundenen Nachbarstaat verstanden wissen wollten.

Neben den geschichtspolitischen Überlegungen erkannte die Jugendorganisation zugleich den Reiz von Besuchen im Ostblock. Für westdeutsche Jugendliche, die am Ende der 1950er Jahre zunehmend eigenständige Reisen antraten und sich damit von den Reisegewohnheiten ihrer Eltern-

---

142 Felsch, Reisen in die Vergangenheit?, 21 f.
143 Kucia, Visitors at the Auschwitz-Birkenau State Museum.
144 Borodziej, Geschichte Polens im 20. Jahrhundert, 296 ff.
145 Michael Schmidt, Die Falken in Berlin. Antifaschismus und Völkerverständigung: Jugendbegegnung durch Gedenkstättenfahrten 1954-1969, Berlin 1987, 97 ff.

generation bewusst abheben wollten,[146] galten Fahrten nach Polen als besonders ausgefallen. Gemeinhin war es bis dahin unmöglich, touristisch die Blockgrenzen zu überwinden und nach Polen zu fahren. Reisen in die Volksrepublik ganz grundsätzlich und Fahrten zur Gedenkstätte des Konzentrationslagers Auschwitz-Birkenau im Speziellen wurden also für zugkräftig erachtet, um *Die Falken* gerade für Außenstehende attraktiver zu machen. Deshalb ist es wenig überraschend, dass man die Gelegenheit nutzte und erste Fahrten schnell organisieren wollte. Tatsächlich fand schon am Jahresende 1959 die erste aus Westdeutschland organisierte Reise nach Oświęcim und Krakau statt, an der sich 452 Personen beteiligten. Der Besuch des ehemaligen Lagergeländes beanspruchte insgesamt fünf Stunden und war geprägt von Reden der Protagonisten der polnischen und der bundesdeutschen Jugendorganisationen.[147] Eine vertiefte, oder gar individuelle, Erkundung des historischen Ortes war den Teilnehmenden in dem engen Zeitkorsett unmöglich. Vielmehr fügte sich die Gruppe in den von polnischer Seite formulierten Opfermythos. Dennoch war im Nachklang die Rede von hoher Betroffenheit und lang anhaltenden Eindrücken bei den Teilnehmenden,[148] weshalb bereits zu Ostern 1960 eine weitere Fahrt angeboten wurde, an der dann sogar 660 Personen teilnahmen. Erneut beschränkte sich das Programm in der Gedenkstätte auf die Niederlegung eines Kranzes an der Todesmauer, einige Ansprachen und das Vortragen von antifaschistischen Liedern und Gedichten.[149] Zusätzliche Gruppenfahrten in den Jahren 1962, 1963, 1966 und 1967 waren bestimmt von ähnlichen Inhalten. Weiterhin konzentrierten sich *Die Falken* auf eine formelle Kommunikation, eine individuelle Annäherung an den Geschehensort fand hingegen nicht statt.[150] Vielmehr zielten die Reisen primär darauf, die jüngste polnisch-deutsche Vergangenheit nicht in Vergessenheit geraten zu lassen und damit ausdrücklich ein deutliches Signal gegen die Polenpolitik der unionsgeführten Bundesregierungen auszusenden. Wie sehr der historische Ort Auschwitz-Birkenau mit den Fahrten der *Sozialistischen Jugend Deutschlands – Die Falken* zu einer Bühne für die politische Auseinandersetzung innerhalb der Bundesrepublik wurde, belegt der Umstand, dass

---

146 Alain Confino, Traveling as a Culture of Remembrance. Traces of National Socialism in West Germany, 1945-1960, in: History and Memory 12 (2000), H. 2, S. 92-121, hier S. 111 f.
147 Schmidt, Die Falken in Berlin, 102 f.
148 Ebenda, 106 f.
149 Ebenda, 111 f.
150 Ebenda, 116 ff.

nach dem Regierungsantritt der sozial-liberalen Koalition keine weiteren Gruppenreisen mehr stattfanden.[151] Das parteipolitische Engagement in den Reisen der *Falken* ist das früheste Indiz für ein sich verstärkendes Interesse an westdeutschen Besuchen in Auschwitz-Birkenau, das sich aber auch einpasst in das zunehmende Interesse am Nationalsozialismus als einem Thema der historisch-politischen Bildung.[152] Vielleicht auch aus diesem Grund blieb das Reiseangebot der *Falken* nur kurzzeitig ein Einzelfall. Im kirchlichen Umfeld wurde innerhalb der katholischen Friedensorganisation *Pax Christi* seit der Mitte der 1950er Jahre intensiv über eine Annäherung an Polen nachgedacht.[153] Bewusst als Angebot zur Aussöhnung gedacht war dabei eine Bußwallfahrt nach Oświęcim, die zunächst für das Jahr 1960 angedacht war, letztlich aber am Widerstand der polnischen Behörden scheiterte. Umgesetzt werden konnte die Idee erst im Jahr 1964.[154] Dann aber gelang es *Pax Christi*, in der Gedenkstätte an Traditionen, die schon in der Annäherung an westlichen Orten des NS-Terrors eingeübt worden waren, anzuknüpfen. In diesem Sinn überbrachte die katholische Besuchergruppe ihren Versöhnungswunsch an den anwesenden Krakauer Erzbischof (und späteren Papst) Karol Wojtyła und überreichte ihm einen Sühnekelch.[155] Diese erste Reise einer katholischen Vereinigung in die Volksrepublik Polen mit dem Schwerpunkt auf einem Besuch im *Staatlichen Museum* fand innerhalb der katholischen Presselandschaft ein enormes Echo,[156] sodass *Pax Christi* bereits im Jahr darauf ein Diskussionsseminar mit dem *Krakauer Club katholischer Intelligenz (Znak)*

---

151 Huener, Antifascist Pilgrimage and Rehabilitation at Auschwitz: The Political Tourism of Aktion Sühnezeichen and Sozialistische Jugend, S. 516.
152 Dudek, »Der Rückblick auf die Vergangenheit wird sich nicht vermeiden lassen«, 260 ff.
153 Jens Oboth, Pax Christi Deutschland im Kalten Krieg 1945-1957. Gründung, Selbstverständnis und »Vergangenheitsbewältigung«, Paderborn 2017, 431 ff.
154 Arkadiusz Stempin, Das Maximilian-Kolbe-Werk. Wegbereiter der deutsch-polnischen Aussöhnung 1960-1989, Paderborn 2006, 92 ff.; Robert Zurek, 1964: Deutsche Katholiken in Auschwitz. Eine ungewöhnliche Wallfahrt, in: Ost – West. Europäische Perspektiven 5 (2004), S. 305-309.
155 Oboth, Pax Christi Deutschland im Kalten Krieg 1945-1957, S. 443.
156 Stellvertretend: Passauer Bistumsblatt, 7. Juni 1964, S. 10 f.; Würzburger Katholisches Sonntagsblatt, 14. Juni 1964, S. 430; Der Christliche Sonntag, vom 28. Juni 1964, S. 7; daneben finden sich aber auch Berichte aus Österreich, stellvertretend: Sonntagsblatt für Steiermark, 28. Juni 1964, S. 6 f. Eine umfassende Sammlung des Medienechos findet sich in: BDA Bestand Pax Christi A 493.

durchführte,[157] aber auch andere Laienorganisationen ähnliche Fahrten durchführten.[158] Wenngleich sich die Weltanschauung von *Pax Christi* und den *Falken* unterschied, so vereinte sie doch der Wunsch nach einer deutsch-polnischen Annäherung. Stark symbolisch aufgeladene Akte sollten diese einleiten. Eine individuelle Auseinandersetzung mit dem historischen Geschehensort Auschwitz-Birkenau war darin nicht angelegt. Beide Verbände verfolgten eher politische denn pädagogische Ziele. Dies veränderte sich erst mit dem Auftreten der *Aktion Sühnezeichen*, deren Engagement rund um die Gedenkstätte bewusst die Ebene der politischen Annäherung an Polen ebenso verfolgte wie die individuelle Auseinandersetzung der Projektteilnehmenden mit dem Geschehensort. Erst ihre Angebote können nun als tatsächliche Vorläufer der späteren Schulexkursionen interpretiert werden. Dabei war auch sie im christlichen Kontext entstanden. Als Impulsgeber für die Entstehung der *Aktion Sühnezeichen* fungierte im Jahr 1959 ein Personenkreis um den evangelischen Geistlichen Lothar Kreyssig (1898-1986), der vornehmlich aus der protestantischen Kirche erwachsen war. Zugleich erhob der Verband einen ausdrücklich interkonfessionellen Anspruch und war zunächst als organisatorische Einheit in beiden deutschen Staaten aktiv. Als Ansatz verfolgte man, durch konkrete Versöhnungsarbeit zum friedlichen Miteinander in Europa beizutragen. Bei jungen Deutschen warb *Aktion Sühnezeichen* beispielsweise darum, als Freiwillige ins Ausland zu gehen und in Staaten, die unter der deutschen Okkupationspolitik besonders gelitten hatten, soziale Projekte zu unterstützen und voranzubringen. Mit ihrem Engagement erhoffte die *Aktion Sühnezeichen* sich, zur Aussöhnung und Verständigung zwischen den früheren Kriegsgegnern beizutragen.[159]

Nach dem Mauerbau war die Organisation gezwungen, sich aufzuspalten. Doch sowohl für die ost- wie für die westdeutsche Sektion der *Aktion Sühnezeichen* erschien das Gelände der Gedenkstätte Auschwitz-Birkenau, angeregt vom zeitgleich stattfindenden Frankfurter Gerichtsverfahren, besonders attraktiv. In der DDR hatten sich seit 1962 erste Kontakte nach Polen aufgebaut, die zwei Jahre später zu Reisen von zwei *Sühnezeichen*-Gruppen ins Nachbarland hätten führen sollen. Neben Majdanek hatten sich die jungen Reisenden Oświęcim als Ziel gesetzt. Bereits in Görlitz zum Grenzübertritt versammelt, scheiterte ihr Plan

---

157 BDA Bestand Pax Christi A 337, Programm Austauschtreffen Pax Christi und Znak-Gruppe vom 30.11.-3.12.1972.
158 Stempin, Das Maximilian-Kolbe-Werk, S. 99.
159 Kammerer, Aktion Sühnezeichen Friedensdienste.

GESCHICHTE

jedoch in letzter Minute an den DDR-Behörden, die eine Ausreise nicht zuließen,[160] da sie eine Versöhnungsarbeit gegenüber Polen als gänzlich unnötig ansahen. Schließlich seien seit dem *Görlitzer Vertrag* aus dem Jahr 1950, dem offiziellen Nachkriegsabkommen zwischen Volksrepublik Polen und DDR, alle geschichtspolitischen Probleme gelöst, zumal die Shoah ohnehin nicht auf der politischen Agenda beider Staaten stand.[161] Die Aktivistinnen und Aktivisten der *Aktion Sühnezeichen* ließen sich davon aber nur temporär abhalten. Bereits im folgenden Jahr reisten sie, dann nicht als Gruppe, sondern als Einzelpersonen, dennoch nach Polen. Alle männlichen Teilnehmer vereinigten sich nach ihrer Ankunft in Polen zu einer Gruppe und leisteten ihren Dienst in der Gedenkstätte Auschwitz-Birkenau, während die Frauen sich gemeinsam in Majdanek einbrachten.[162] In den Folgejahren bot die *Aktion Sühnezeichen* der DDR dann regelmäßig Programme in Polen an, was als zentraler Bestandteil des direkten Dialogs zwischen der Bevölkerung der DDR und der Volksrepublik Polen auf der nichtoffiziellen Ebene gewertet werden kann.[163]

In der Bundesrepublik plante die *Aktion Sühnezeichen* ebenfalls eine Gruppenfahrt nach Oświęcim, um dort das museale Ensemble zu pflegen und instand zu setzen. 1964 scheiterten erste Bemühungen um Freiwilligeneinsätze jedoch an polnischen Bedenken. Erst nach der Publikation der Denkschrift der *Evangelischen Kirche in Deutschland* mit dem Titel »Die Lage der Vertriebenen und das Verhältnis des deutschen Volkes zu seinen östlichen Nachbarn«, in der sich die protestantische Kirche am 14. Oktober 1965 für eine Aussöhnung mit den östlichen Nachbarn und für einen völkerrechtlichen Verzicht der Bundesrepublik auf die Gebiete jenseits von Oder und Neiße aussprach,[164] veränderte sich das Bild. Weil

160 Konrad Weiß, Aktion Sühnezeichen in Polen. Erste Schritte zur Aussöhnung und Verständigung, in: Basil Kerski/Andrzej Kotula/Kazimierz Wóycicki (Hrsg.), Zwangsverordnete Freundschaft? Die Beziehungen zwischen der DDR und Polen 1949-1990, Osnabrück 2003, S. 243-249, hier S. 245.
161 Olaf Groehler, Erblasten: Der Umgang mit dem Holocaust in der DDR, in: Hanno Loewy (Hrsg.), Holocaust: die Grenzen des Verstehens. Eine Debatte über die Besetzung der Geschichte, Reinbek bei Hamburg 1992, S. 110-127, hier S. 122.
162 Kammerer, Aktion Sühnezeichen Friedensdienste, 94f.
163 Basil Kerski, Die Rolle nichtstaatlicher Akteure in den deutsch-polnischen Beziehungen vor 1990, in: Albrecht Riechers/Christian Schröter/Basil Kerski (Hrsg.), Dialog der Bürger. Die gesellschaftliche Ebene der deutsch-polnischen Nachbarschaft, Osnabrück 2005, S. 59-98, hier S. 75ff.
164 Martin Greschat, Vom Tübinger Memorandum (1961) zur Ratifizierung der Ostverträge (1972). Protestantische Beiträge zur Aussöhnung mit Polen, in: Friedhelm Boll/Wiesław Jan Wysocki/Klaus Ziemer (Hrsg.), Versöhnung und

das wichtigste außenpolitische Ziel der polnischen Regierung, nämlich die Anerkennung der polnischen Westgrenze, in der Bundesrepublik von den evangelischen Bischöfen unterstützt wurde, währenddessen die katholischen Oberhirten beider Länder in intensivem Schriftwechsel standen,[165] war es der *Aktion Sühnezeichen* im Herbst 1967 möglich, erstmals insgesamt 14 Freiwillige für zwei Wochen in Oświęcim unterzubringen.[166] Bis zu acht Stunden täglich arbeiteten diese und wirkten an der Instandhaltung historischer Relikte mit, um, wie sie es zeitgenössisch formulierten, im wörtlichen Sinne zu erreichen, über die Geschehnisse der NS-Zeit »kein Gras wachsen zu lassen«[167]. Die Jugendlichen gewannen offenbar schnell Respekt und Anerkennung innerhalb der Gedenkstätte, wo Gäste und Schulklassen »reserviert, erstaunt [und] interessiert« mit den Freiwilligen ins Gespräch kamen.[168] In der Folge entstanden Kontakte zur polnischen Bevölkerung.[169] Dem schlossen sich die staatlichen Stellen an und erlaubten ab den Siebzigerjahren zunehmend mehr Freiwilligen im *Staatlichen Museum Auschwitz-Birkenau*, aber auch in

Politik. Polnisch-deutsche Versöhnungsinitiativen der 1960er-Jahre und die Entspannungspolitik, Bonn 2009, S. 29-51, hier S. 35 ff.; Erwin Wilkens, Vertreibung und Versöhnung. Die »Ostdenkschrift« als Beitrag zur deutschen Ostpolitik, Hannover 1986.

165 Basil Kerski/Thomas Kycia/Robert Zurek (Hrsg.), »Wir vergeben und bitten um Vergebung«. Der Briefwechsel der polnischen und deutschen Bischöfe von 1965 und seine Wirkung, Osnabrück 2006.

166 Der Arbeitseinsatz der Freiwilligen wurde auch in der einschlägigen Publizistik durchaus wahrgenommen, siehe: Jerzy Piorkowski, Hoffnung, in: Monatsschrift Polen (1968), H. 161, S. 14-18.

167 Aktion Sühnezeichen Friedensdienste (Hrsg.), Berichte aus Polen. Freiwillige der Aktion Sühnezeichen/Friedensdienste in den Gedenkstätten Auschwitz – Majdanek – Stutthof, Berlin 1972, S. 4 f. Das Motto greift später auch eine Hauptschulklasse aus Berlin auf, um ihre Erfahrungen in der Gedenkstätte zu formulieren: Josef-Maria Metzke, »Damit kein Gras darüber wächst«. Mit einer Hauptschulklasse in Auschwitz, in: Hanns-Fred Rathenow/Norbert H. Weber (Hrsg.), Erziehung nach Auschwitz, Pfaffenweiler 1988, S. 155-160.

168 EZA 97/22, Jahresbericht Aktion Sühnezeichen vom Dezember 1967. Enthält eine ausführliche Schilderung mit dem Titel »Auschwitz 1967«.

169 Die besondere Qualität der Kontaktaufnahme zwischen den bundesdeutschen Freiwilligen und den zumeist polnischen Gästen der Gedenkstätte, die nicht mit Denkmalschutzaktivisten aus dem Westen gerechnet hatten, belegen eindrücklich die persönlichen Schilderungen der ersten Jahrgänge von Freiwilligen, die von der *Aktion Sühnezeichen* in einer Eigenpublikation gesammelt und damit öffentlich zugänglich gemacht wurden. Siehe hierzu: Aktion Sühnezeichen Friedensdienste (Hrsg.), Berichte aus Polen.

GESCHICHTE

anderen Gedenkstätten, zu arbeiten.[170] In den 1980er Jahren kamen dann durchschnittlich 50 Gruppen pro Jahr nach Polen, um sich vornehmlich in Auschwitz-Birkenau, aber auch in Sztutowo/Stutthof und Majdanek, einzubringen. Bis 1986 absolvierten nicht weniger als 16.500 Personen aus der Bundesrepublik einen solchen Freiwilligendienst.[171] Daran knüpft die *Aktion Sühnezeichen* bis in die Gegenwart an. Vor allem durch die Arbeit der *Internationalen Jugendbegegnungsstätte Auschwitz* prägt sie die schulische wie auch die außerschulische Auseinandersetzung mit dem historischen Erbe in und um die Gedenkstätte Auschwitz-Birkenau.

Sowohl die ost- wie auch die westdeutsche Sektion der *Aktion Sühnezeichen* bereiteten damit späteren Schulfahrten den Weg, schließlich stand bei ihrem Einsatz der bewusste Bezug auf das historische Erbe im Zentrum. Die jungen Freiwilligen beschäftigten sich intensiv mit dem historischen Ort und bemühten sich, ihn zu erkunden und zu erhalten. Neben selbst durchgeführten Renovierungsarbeiten trugen dazu Archivrecherchen oder Zeitzeugengespräche mit ehemaligen Inhaftierten bei. Und tatsächlich nahmen bereits in den frühen 1970er Jahren erste Schulen die Angebote der Organisation wahr und traten mit ihren Lernenden die zweiwöchigen Programme an. Dabei reisten die Jugendlichen zunächst nach Oświęcim, verweilten dort für zwölf Tage, in denen sie Pflegemaßnahmen in der Gedenkstätte übernahmen. Dann schloss sich eine Rundreise durch Polen an, die über Warschau, Olsztyn (dt.: Allenstein) und Danzig nach Posen führte. Allein im Jahr 1971 unternahmen drei Schulen, nämlich die Paulsenschule Berlin, die Melanchthonschule Neukirchen und die Paul-Gerhard-Schule Laubach (beide Hessen), derartige Reisen nach Oświęcim.[172] Insgesamt ist die Quellenlage jedoch sehr dünn, nachweisen lassen sich über das Jahr 1971 hinaus nur noch zwei schulische Aufenthalte. Im Oktober 1975 beispielsweise arbeitete die 10. Jahrgangsstufe der *Evangelischen Schule Steglitz* in Birkenau über

---

170 In den 1970er Jahren kooperierten *Aktion Sühnezeichen* und *Pax Christi* sogar mindestens einmal, im Jahr 1973 nämlich, bei der Organisation von Reisen, siehe: BDA Bestand Pax Christi A 358, Anlage zum Protokoll des Nachseminars in Königstein 30. November bis 2. Dezember 1973. Siehe hierzu auch: Kirchenzeitung Erzbistum Köln vom 16. November 1973, Sie suchen Versöhnung, S. 12.
171 Alwin Meyer, Friedensdienste in Polen, in: Zeichen. Aktion Sühnezeichen Friedensdienste (1986), S. 17.
172 BDA Bestand Pax Christi A 139, Kurze Übersicht über Angebote der Aktion Sühnezeichen Friedensdienste zu internationalen Kooperationen in verschiedenen Ländern vom Oktober 1971. Neben den genannten direkt an die Schulen gebundenen Veranstaltungen, die zum *Staatlichen Museum* gingen, weist die Zusammenstellung auch den Besuch einer protestantischen Schülerarbeitsgruppe Wuppertal aus.

zwei Wochen hinweg täglich von 8 bis 13 Uhr an der Instandsetzung eines Entwässerungskanals. Daneben unternahmen sie nachmittags Archivrecherchen oder trafen mehrfach mit dem Überlebenden Tadeusz Szymanski zusammen.[173] Eine breite Bewegung scheinen die schulischen Teilnahmen gleichwohl nicht gewesen zu sein. Allerdings schlossen sich Schülerinnen und Schüler zugleich Reisen an, die *Aktion Sühnezeichen* im Rahmen der außerschulischen Bildungsarbeit anbot.[174]

Neben persönlichen Besuchen in der Gedenkstätte versuchte *Aktion Sühnezeichen*, Auschwitz für den regulären Geschichtsunterricht greifbar zu machen. Ihr stellvertretender Vorsitzender, Axel Böing, erstellte dazu eine Unterrichtseinheit für Lehrkräfte, die mit Themen wie »Leben in Konzentrationslagern«, »Ursachen und Wirkungen des Geschehens in Auschwitz und die Befreiung« und »Persönlichkeitsstruktur der Täter« das Thema Auschwitz in der Unterrichtswirklichkeit noch weiter verankern wollte.[175] In der Förderung der *Robert Bosch Stiftung* ab den 1980er-Jahren gibt es denn auch einige Anträge, die in ihren Programmen ausdrücklich die Angebote der *Aktion Sühnezeichen* als Vorbild nehmen und ebenfalls ähnliche Ansätze verfolgen. Die Kontinuitätslinie setzte sich offenbar fort bis in die Gegenwart, zumal sich auch andere Organisationen an den Programmen orientierten und Archiv- und Gartenarbeiten in ihre Programme aufnahmen.[176] Daneben trafen einige Schulgruppen in Oświęcim mit Freiwilligen der *Aktion Sühnezeichen* zusammen und informierten sich über deren Arbeit und Engagement am historischen Ort.[177] Die besonders intensive Form der Erinnerungsarbeit in handwerklichen Initiativen blieb innerhalb der Schulfahrten allerdings stets randständig.

Zunächst aber waren reguläre schulische Exkursionen, ebenso wie andere schulische Kontakte, nach Polen ohnehin noch weitgehend un-

173 EZA 97/1677, Bericht über den Arbeits- und Studienaufenthalt der Klasse 10 der Evangelischen Schule Steglitz vom 27.10.1975 bis zum 9.11.1975 in Polen, S. 3 ff.
174 Zu nennen sind hier die Angebote der *Arbeitsgemeinschaft christlicher Schüler*, in der neben Schülerinnen und Schülern auch Pastoren und Lehrkräfte mitwirkten. Siehe hierzu: EZA 97/1648, Schreiben Landesjugendpfarramt der Evangelisch-Lutherischen Landeskirche Hannover an Aktion Sühnezeichen/Friedensdienste, Berlin, vom 12. Oktober 1972.
175 Axel Böing, Auschwitz. Unterrichtseinheit für den Schulgebrauch, Berlin 1976.
176 Exemplarisch: ARBS 2001-18, Exkursionsbericht Paul-Natrup-Oberschule Berlin, Mai 1983.
177 ARBS 2001-25, Exkursionsbericht Pelizaeus-Gymnasiums Paderborn, September/Oktober 1985, ohne Seitenangabe; ARBS 2001-62, Exkursionsbericht Realschule Wertheim, August 1987, Tagesbericht vom 22. August 1987, S. 2.

denkbar.¹⁷⁸ Die Grenzen zwischen den politischen Systemen waren bis um die Mitte der Sechzigerjahre weitgehend undurchlässig. Selbst innerhalb Osteuropas änderte sich dies erst seit dem Amtsantritt des neuen Parteivorsitzenden der Polnischen Vereinigten Arbeiterpartei, Edward Gierek, im Winter 1970. Mit dem Wegfall bestehender Reiserestriktionen setzte eine neue Mobilität ein, in deren Folge sich die Zahl der Gäste aus anderen sozialistischen Staaten in Polen verfünffachte. Erheblichen Anteil daran hatte der Wegfall der Visapflicht gegenüber der DDR im Jahr 1971, welche bereits 1980 aus Furcht vor einem Übergreifen der polnischen Oppositionsbewegung wieder aufgehoben wurde. Mit ihr gelangten zahlreiche Ostdeutsche erstmals auf polnisches Gebiet, wo sie fast zwangsläufig der Geschichte des Zweiten Weltkrieges begegneten – und dabei nicht selten eine neue Multiperspektivität erlebten, da die Interpretation der jüngsten Vergangenheit sich nicht nur im *Staatlichen Museum* häufig von dem, was in der DDR als historisches Wissen vermittelt wurde, deutlich unterschied.¹⁷⁹

Für die Organisation von Gruppenreisen aus der DDR nach Oświęcim veränderte sich mit der polnischen Liberalisierung nichts. Zwar konnte man nun leichter die Grenze zwischen beiden Staaten überschreiten, doch entwickelten sich daraus offenbar keine Initiativen zu Schulexkursionen.¹⁸⁰ Allerdings fanden kleinere Gruppenreisen durchaus statt, da sich beispielsweise für den früheren führenden Beamten im Reichssicherheitshauptamt, Kurt Harder, eine Teilnahme an einer Fahrt des *VEB Berliner Glühlampenwerk* im Jahr 1967 belegen lässt. Mit seinem Kombinat besuchte er die Gedenkstätte Auschwitz-Birkenau, wo er massive

178 Noch am Beginn der 1980er Jahre sind schulische Kontakte nach Polen nicht nachzuweisen. In einer umfangreichen Bilanz des *Deutschen Polen Instituts* aus dem Jahr 1982 ist von zahlreichen kulturellen Kooperationen die Rede, schulische Kontakte finden sich darunter überhaupt nicht. Siehe: Winfried Lipscher, Kulturelle Zusammenarbeit. Bundesrepublik Deutschland – Volksrepublik Polen, Darmstadt 1982.
179 Ludwig Mehlhorn, Zwangsverordnete Freundschaft? Die Entwicklung der Beziehungen zwischen der DDR und Polen 1949-1990, in: Basil Kerski/Andrzej Kotula/Kazimierz Wóycicki (Hrsg.), Zwangsverordnete Freundschaft? Die Beziehungen zwischen der DDR und Polen 1949-1990, Osnabrück 2003, S. 35-40, hier S. 37 f.
180 Diese Schlussfolgerung liegt auf Basis der vorliegenden Forschungsliteratur nahe. Er wird auch bestätigt von einer Recherche in den Archivbeständen des *Bundesbeauftragten für die Unterlagen des Staatssicherheitsdienstes der ehemaligen Deutschen Demokratischen Republik* vom 14. November 2019, wonach keine Schulexkursionen zum *Staatlichen Museum* in den Quellen der Staatssicherheit nachzuweisen sind.

antipolnische Ressentiments artikulierte und sich über das Eiltempo des Besuches mokierte. Seine Reise, die in der Wissenschaft als »Tiefpunkt realsozialistischer Geschichtsvergessenheit« gebrandmarkt wurde,[181] ist jedoch ein Indikator, dass es in der Erwachsenenbildung durchaus möglich war, das frühere Lager zu besuchen. Daneben findet sich auch in der Reiseliteratur, die während der 1970er Jahre in der DDR über Polen entstand, der Nachweis, dass Individualtouristen durchaus Auschwitz besuchten. Offenbar lag ihnen viel an der Bedeutung des Ortes für die deutsch-jüdische Geschichte,[182] doch lassen sich für Schulen vergleichbare Initiativen nicht nachweisen.

Allerdings wären umfangreichere Schulreisen aus Westdeutschland ebenfalls unmöglich geblieben, wenn die Liberalisierung der polnischen Regierung nicht in etwa zeitgleich mit einer bundesdeutschen Entwicklung angelaufen wäre: Die Neue Ostpolitik der seit 1969 in der Bundesrepublik regierenden sozial-liberalen Regierung. Erst sie wirkte auf eine grundlegende Entspannung zwischen beiden Seiten hin und ermöglichte langfristig den Aufbau von schulischen Kontakten. Erklärtes Ziel der diplomatischen Initiative war es, Menschen aus beiden Ländern zusammenzubringen und eine Entspannung gegenüber den östlichen Nachbarn zu erreichen. Bundeskanzler Willy Brandt initiierte dazu bereits am Beginn seiner Amtszeit eine Reihe von bilateralen Verträgen mit der Sowjetunion und ihren Satellitenstaaten. Aus bundesdeutscher Perspektive war das Übereinkommen mit Polen ein ganz zentrales Kernstück der Neuen Ostpolitik, da das Land unter den deutschen Verbrechen des Zweiten Weltkriegs besonders zu leiden gehabt hatte.

Nach intensiven Verhandlungen gelang es tatsächlich, einen (west-)deutsch-polnischen Vertrag auszuhandeln, der am 7. Dezember 1970 in Warschau unterzeichnet wurde. Der diplomatische Akt, von dem in der deutschen Erinnerung zumeist nur noch das Bild von Brandts Kniefall vor dem Denkmal des Aufstands im Jüdischen Ghetto präsent ist,[183] schuf die Basis für eine stärkere bilaterale Zusammenarbeit. Gleichwohl setzte der Austausch nicht unmittelbar ein, sondern die deutsch-polnischen Beziehungen blieben zunächst schwierig.[184] Dies spiegelte sich in

---

181 Henry Leide, NS-Verbrecher und Staatssicherheit. Die geheime Vergangenheitspolitik der DDR, Göttingen 2011, S. 228.
182 Schneider/Fischer, Polens Hauptstädte, 68 ff.
183 Adam Krzeminski, Der Kniefall, in: Étienne François/Hagen Schulze (Hrsg.), Deutsche Erinnerungsorte, München 2001, S. 638-653.
184 Krzysztof Miszczak, Deklarationen und Realitäten. Die Beziehungen zwischen der Bundesrepublik Deutschland und der (Volks-)Republik Polen von der Unterzeichnung des Warschauer Vertrages bis zum Abkommen über gute

den intensiven Debatten um die Vertragsratifikation in der Bundesrepublik ebenso wie in der vorläufigen Weigerung der polnischen Regierung, die noch im Land lebende deutschstämmige Bevölkerung in die Bundesrepublik ausreisen zu lassen.[185] In der Geschichtspolitik hingegen kam die Kooperation noch vor der Ratifizierung des *Warschauer Vertrages* um einen entscheidenden Schritt voran. Im Februar 1972 nämlich nahm die *Deutsch-Polnische Schulbuchkommission* unter der Schirmherrschaft der *UNESCO* ihre Arbeit auf. Schon länger hatte es Vorgespräche gegeben, um im gegenseitigen Dialog die vielfältigen Fehler und Vorurteile in den schulischen Lehrwerken des jeweils anderen Landes zu identifizieren, zu klären und beizulegen. Nun kam es zu einem intensiven Austausch, allein im Gründungsjahr kam die Konferenz dreimal zusammen und legte die Basis für die nachfolgenden Jahre.[186] In anderen kulturpolitischen Fragen hingegen stockte es noch deutlich länger. So kam ein Kulturabkommen erst am 11. Juni 1976 zustande, während es für den Jugendaustausch lange Zeit überhaupt keine formale Grundlage gab. Dennoch entstanden erste Bande zwischen bundesdeutschen und polnischen Städten, bei welchen häufig Besuche des *Staatlichen Museums* Teil der ersten Anbahnungsvisiten waren.[187]

Für alle Interessierten war klar, dass mit dem *Warschauer Vertrag* die Beziehungen zwischen Bonn und Warschau auf eine neue Ebene gehoben worden waren und der Austausch zwischen Westdeutschland und Polen intensiviert werden würde. Tatsächlich wuchs die Reisetätigkeit in der Folge deutlich an. Die Zahl der aus Westdeutschland nach Polen eingereisten Personen hatte sich bis 1979, verglichen mit 1965, auf 303.000 jährlich mehr als verzehnfacht.[188] Parallel erhöhte sich die Zahl der Gäste aus dem Westen insgesamt, sie versechsfachte sich bis zum Ende der 1970er Jahre.[189] In poleninteressierten Kreisen wurde diese Entwicklung

    Nachbarschaft und freundschaftliche Zusammenarbeit (1970-91), München 1993, 105 ff.
185 Ulrich Herbert, Geschichte Deutschlands im 20. Jahrhundert, München 2014, 870 f.
186 Thomas Strobel, Transnationale Wissenschafts- und Verhandlungskultur. Die Gemeinsame Deutsch-Polnische Schulbuchkommission 1972-1990, Göttingen 2015.
187 Stellvertretend sei auf die sich erst anbahnende Städtepartnerschaft zwischen Krakau und Nürnberg verwiesen, in deren Rahmen im März 1979 eine erste Kontaktreise stattfand, bei welcher Auschwitz-Birkenau besucht wurde. Siehe: Nürnberger Nachrichten vom 30. März 1979, Jugend schlägt Brücke, S. 18.
188 Felsch, Reisen in die Vergangenheit?, 21 f.
189 Borodziej, Geschichte Polens im 20. Jahrhundert, 346 f.

fast euphorisch kommentiert und zum Besuch aufgerufen: »Man kann wieder nach Polen reisen. Und man sollte es wahrhaftig tun.«[190]

3 Vom Nischenangebot zur Routine: Schulische Exkursionen nach Auschwitz-Birkenau

Die Aufforderung, nach Polen zu reisen, richtete sich gewiss zunächst an Individualreisende. Das Land, das ja weiterhin hinter dem »Eisernen Vorhang« lag und damit schwerer zu erreichen war als klassische Urlaubsziele wie Italien, Frankreich oder Österreich, blieb ein Reiseziel für Liebhaber. Dennoch ist es spannend, dass just zu dem Zeitpunkt, da es überhaupt wieder möglich schien, sich auf den (touristischen) Weg nach Polen zu machen, bereits die Idee aufkam, dies auch im Rahmen schulischer Exkursionen zu tun.[191] Natürlich blieben die nachfolgend dargestellten Fahrten, die innerhalb des knappen Jahrzehnts zwischen 1980 und der politischen Wende 1989/1990 durchgeführt wurden, innerhalb des bundesdeutschen Bildungssystems dezidierte Nischenangebote. Dennoch belegen sie ein wachsendes Interesse am östlichen Nachbarland. Möglich waren schulische Reisen nach Polen ab 1980 allerdings nur, weil inzwischen drei wesentliche Voraussetzungen erfüllt waren.

Zum einen hatte die diplomatische Annäherung zwischen der Bundesrepublik und der Volksrepublik Polen dafür gesorgt, dass nicht nur die bilateralen Verbindungen besser wurden, sondern – dies allerdings mit deutlicher zeitlicher Verzögerung gegenüber dem Vertragsabschluss 1970 – dass auch die kulturpolitische Zusammenarbeit ausgebaut wurde. Insbesondere die *Deutsch-Polnische Schulbuchkommission* hatte bereits im engeren, schulischen Feld umfangreiche Vorarbeiten geleistet, da sie sich ganz bewusst dem Beseitigen von falschen gegenseitigen Wahrnehmungen verschrieben hatte.[192]

---

190 Gerhard Eckert, Besuch in Polen. Reisetips und Tourenvorschläge für ein ungewöhnliches Ferienland, Lübeck 1974, S. 8.
191 Parallel zu den Überlegungen im schulischen Feld entwickelte sich in der akademischen Religionspädagogik rund um den Protestanten Klaus Petzold ebenfalls die Initiative, nach Oświęcim zu reisen. Das Projekt startete ebenfalls im Jahr 1979. Siehe: Petzold, Das hat mich verändert. Andere Ansätze, etwa an der *Hochschule für Sozialwesen Esslingen*, starteten dagegen erst einige Jahre später. Zu Esslingen: Wolf Ritscher, Bildungsarbeit an den Orten nationalsozialistischen Terrors. »Erziehung nach, in und über Auschwitz hinaus«, Weinheim 2013, 343 ff.
192 Strobel, Transnationale Wissenschafts- und Verhandlungskultur.

Zweitens spielten sogar für die schulischen Reiseabsichten die ökonomischen Probleme Polens eine wesentliche Rolle. Erst mit den Reiseerleichterungen der 1970er Jahre war es überhaupt möglich geworden, an die politische Akklimatisierung anzuknüpfen und mit Gruppen eine Reise in die Volksrepublik zu unternehmen. Da es sich bei den Lernenden zumeist um Personen handelte, die keinen persönlichen Bezug zu Polen hatten, musste das Reiseprogramm attraktiv sein. Nur so entwickelte sich innerhalb der Schulgemeinschaft ein Interesse für Reisen gen Osten – zumal dort die Preise nur auf den ersten Blick günstig waren. Weil die Schulen in hochklassigen Hotels untergebracht werden mussten und die offiziellen Wechselkurse einzuhalten waren, summierten sich die anfallenden Reisekosten letztlich in Dimensionen, die in klassischen westlichen Reisezielen ebenfalls angefallen wären.[193]

Vielleicht der entscheidendste Punkt, der half, überhaupt die Aufnahme von schulischen Reisen nach Polen zu realisieren, war, drittens, die politische und finanzielle Unterstützung durch die *Robert Bosch Stiftung*. Die Industriestiftung, die schon in den 1970er Jahren zu den größten privaten Stiftungen der Bundesrepublik zählte, hatte, die beiden erstgenannten Faktoren aufnehmend, lange mit der polnischen Seite verhandelt, um im Nachklang zum *Warschauer Vertrag* direkte Schulkontakte zwischen beiden Staaten zu initiieren. Ihr ging es vorrangig um ein Kennenlernen der aktuellen Situation Polens. Von der unmittelbaren Begegnung junger Menschen aus beiden Staaten versprach sie sich eine neue Ebene des internationalen Dialogs. Im besten Sinne hoffte die *Robert Bosch Stiftung* auf eine »Völkerverständigung«.

Das war der Terminus gewesen, mit welchem, schon Jahrzehnte zuvor, der Ingenieur und Großindustrielle Robert Bosch (1869-1942) operiert hatte, als er testamentarisch festgelegt hatte, was nach seinem Ableben mit seinem umfangreichen Vermögen passieren sollte. Zwar dachte er nicht spezifisch an Polen, doch beschloss das Kuratorium der nach ihm benannten Stiftung in seiner Sitzung im Juni 1974, mit gezielten Projekten eine Verständigung zwischen (West-)Deutschen und Polen anzuregen.[194] Nachdem zuvor schon die Aussöhnung mit Frankreich als Förderungsschwerpunkt bestanden hatte, trat nun jene mit Polen hinzu.[195] Die ersten Schritte waren indessen außerordentlich schwierig. In der Volksrepublik beobachtete man gerade die Tätigkeit einer westdeutschen Indus-

---

193 Felsch, Reisen in die Vergangenheit?, S. 24.
194 ARBS 4001-65, Niederschrift über die Kuratoriumssitzung der Robert Bosch Stiftung vom 26. Juni 1974.
195 Als Zusammenstellung der ersten Initiativen: Lipscher, Kulturelle Zusammenarbeit, 187 ff.

triestiftung im eigenen, kommunistischen Land mit besonderer Skepsis. Daher erfolgten die Verhandlungen stets auf Regierungsebene. Erste Vorgespräche fanden beispielsweise in der bundesdeutschen Botschaft in Warschau statt.[196] Nur zögerlich nahm die polnische Seite den Austausch an und versuchte, ihn nach den eigenen Vorstellungen zu lenken. Beispielsweise mussten neben den Jugendfahrten nach Polen auch Reisen für polnische Parteikader in die Bundesrepublik angeboten werden, bei welchen sich diese zu spezifischen Schwerpunktthemen, so etwa im Bereich der Landwirtschaft, informieren konnten.[197] Für die *Robert Bosch Stiftung* stand aber nicht in Zweifel, dass es ihr um den unmittelbaren, direkten Dialog zwischen jungen Menschen aus der Bundesrepublik und der Volksrepublik Polen ging, weshalb sich die Verhandlungen in die Länge zogen.[198] Erst im Jahr 1979 gab die polnische Botschaft ihre Zustimmung zum Aufbau eines derartigen Jugendaustausches bekannt.[199] Um einen langfristigen Ertrag im Transfer zu erreichen, gehörten Schulen in beiden Ländern schon von Beginn der Überlegungen an zu den avisierten Hauptzielgruppen. Nach dieser Grundsatzentscheidung konnten bereits im Jahr 1980 vier schulische Exkursionen bewilligt werden.[200]

3.1 Gedenkstättenbesuche als Teil schulischer Rundreisen durch Polen

Die Oberstufen des *Bert-Brecht-Gymnasiums Dortmund*, der *Marienschule Hildesheim*, des *Rudi-Stephan-Gymnasiums Worms* und des *Freiherr-vom-Stein-Gymnasiums Betzdorf* waren die ersten Einrichtungen, deren Reisen unterstützt wurden. Ihre Inhalte sollen nachfolgend skizziert werden.[201] In der Folge reisten zahlreiche Bildungseinrichtungen

196 ARBS 4001-68, Aktennote vom 16. April 1975 betr. den Besuch der Deutschen Botschaft in Warschau vom 10. und 11. April 1975.
197 Joachim Rogall, Robert Bosch Stiftung, in: Albrecht Riechers/Christian Schröter/Basil Kerski (Hrsg.), Dialog der Bürger. Die gesellschaftliche Ebene der deutsch-polnischen Nachbarschaft, Osnabrück 2005, S. 433-439, hier S. 433.
198 ARBS 4001-71, Niederschrift über die Kuratoriumssitzung der Robert Bosch Stiftung am 29. Oktober 1976.
199 ARBS 4001-54, Brief des polnischen Botschaftsrats in Deutschland an Dr. Peyer vom 5. Februar 1979.
200 Neben schulischen Studienfahrten förderte die *Robert Bosch Stiftung* auch Exkursionen deutscher Universitäten nach Polen. Der akademische Förderstrang wird in der vorliegenden Analyse allerdings ausgeklammert.
201 ARBS 2001-563, Zusammenstellender Bericht über die von der Robert Bosch Stiftung 1980 geförderten Schüler-/Studentenreisen nach Polen vom 16. September 1980. Leider dokumentiert das Stiftungsarchiv nur die Schülerberichte

mit Förderung der *Robert Bosch Stiftung* nach Polen. Unter den wenigen Haupt- und Realschulen dominierte dabei der Charakter einer Abschlussfahrt, während bei den Reisen im Bereich der Gymnasien zumeist Lernende der Sekundarstufe II teilnahmen und dies oft im Kursverband erfolgte. Festzustellen sind aber auch Studienexkursionen, die sich über die Jahrgangsstufen hinweg an alle Schülerinnen und Schüler der Oberstufe richteten. Während in den Klassen- und Kursreisen die Vorbereitung primär im Unterricht erfolgte, banden die übergreifenden Formate auch externe Angebote, die beispielsweise von der *Aktion Sühnezeichen* angeboten wurden,[202] mit ein.[203]

Die Fahrten zeichneten sich durch einen gänzlich anderen Charakter aus als jene Reisen, die bislang beispielsweise im Zusammenhang mit der *Aktion Sühnezeichen* oder *Pax Christi* dargestellt worden waren. Ihnen ging es nicht um die Erkundung eines einzelnen Ortes, sondern sie zielten darauf, ein ganzes Land kennenzulernen. Auschwitz spielte dabei, wenn man es drastisch formulieren möchte, bestenfalls eine »Nebenrolle«. In der Hauptrolle stand neben dem Jugendaustausch die Begegnung mit der aktuellen Situation der Menschen in Polen, zudem wurden aber auch die geschichtlichen und kulturpolitischen Dimensionen des besuchten Landes mit einbezogen. Dazu gehörte es, vor allem eine direkte Kontaktaufnahme mit der polnischen Bevölkerung, insbesondere Lernenden und Lehrenden in Schulen, anzubahnen.[204] Das Programm der ersten Fahrten orientierte sich an diesen Vorgaben. Von Westdeutschland aus ging es über die DDR in die Volksrepublik Polen, wo zunächst Posen als erste Stadt besucht wurde. Danach reisten die Schülerinnen und Schüler für meist drei Tage in die Hauptstadt Warschau, ehe sie dann weiter nach Krakau fuhren. Auf dem Weg dorthin oder von dort hielt man am *Staatlichen Museum* in Oświęcim. Als Abschluss der Fahrt diente dann zumeist ein letzter Stopp in Breslau. Ergänzt wurde das Programm um Austauscheinheiten mit polnischen Schulklassen, Journalistinnen und Journalisten, aber auch mit Arbeitergruppen, wie beispielsweise beim

---

zu den ersten drei Fahrten, auf die sich die nachfolgende Zusammenschau konzentriert. Zur Fahrt des Gymnasiums aus Betzdorf sind keine Unterlagen überliefert.
202 ARBS 2001-308, Exkursionsbericht Oberstufenzentrum Steglitz Abt. V, Berlin, Juli 1989, S. 2.
203 Felsch, Reisen in die Vergangenheit?, 268 ff.
204 ARBS 2001-563, Rahmenbedingungen für die Gewährung von Zuschüssen zu Reisen von Studenten- und Schülergruppen nach Polen vom 30. August 1980.

Im September 1985 unternahm das Prälat-Diehl-Gymnasium Groß-Gerau eine Rundreise durch Polen. Die von der Schulgruppe erstellte Karte zeigt die Route, wobei der Aufenthalt in Oświęcim nicht ausgewiesen wird. Quelle: ARBS 2001-27

Besuch des Hüttenkombinats Nova Huta.[205] Spezifische Schwerpunkte, etwa für die katholische *Marienschule Hildesheim*, waren möglich. Dann spielte beispielsweise bei christlichen Schulen das kirchliche Leben im zeitgenössischen Polen eine weitere, prominente Rolle.[206]

205 Kurzfassung des Programmablaufs der ersten, geförderten Reise: 1. Tag: Anreise, Ankunft in Posen; 2. Tag: Stadtführung Posen, Weiterfahrt nach Warschau, während der Fahrt Einführungsreferat durch polnischen Betreuer; 3. Tag: Ausgiebige Informationsfahrt durch Warschau, anschließend Filmvortrag im Historischen Museum, abends Gespräch mit einheimischen Journalisten; 4. Tag: Besuch Nationalmuseum, Begegnungsprogramm mit polnischen Schülerinnen und Schülern; 5. Tag: Weiterfahrt nach Krakau über Auschwitz; 6. Tag: Stadtführung Krakau, Exkursion nach Nova Huta; 7. Tag: Besuch in einer Schule, Diskussion mit Lehrkräften und Schülerinnen und Schülern; 8. Tag: Weiterfahrt nach Breslau, 9. Tag: Führungs- und Begegnungsprogramm in Breslau, Abschiedsabend in einem Jugendhaus; 10. Tag: Rückreise; siehe: ARBS 2001-1, Exkursionsbericht Bert-Brecht-Gymnasium Dortmund, September 1980.
206 ARBS 2001-2, Exkursionsbericht Marienschule Hildesheim, Juli 1980; dort auch Artikel: Hildesheimer Allgemeine Zeitung vom 16. September 1980, Die Leute sind doch freizügiger, ohne Seitenangabe.

Bereits der bislang umrissene Ablauf lässt erahnen, wie dicht und prall gefüllt die Schulexkursionen waren. Innerhalb weniger als zwei Wochen besuchten die Jugendlichen zahlreiche exponierte Stätten Polens, sahen eine Vielzahl an Erinnerungsorten an die Zeit des Zweiten Weltkriegs, traten in Austausch mit Gleichaltrigen und folgten zahlreichen Stadtrundführungen. Daher verlangte die Stiftung von den antragstellenden Schulen, den Besuch in den regulären Unterricht einzubeziehen und intensiv vorzubereiten. Demnach war Bedingung für die Förderung, dass bei den Teilnehmenden ein umfangreiches Wissen um die Geschichte und die aktuelle Situation Polens vorlag.[207] Überprüft wurde der Stand der verbindlichen Vorbereitung allerdings nicht ausdrücklich, die Stiftung leitete jedoch aus den eingereichten Berichten der Lernenden einen hohen Vorwissensstand ab.[208] Nicht ersichtlich ist allerdings, auf welcher Grundlage man zu dem positiven Befund kam, da viele Berichte nichts zu der spezifischen Vorbereitung der Gruppen auf ihre Reise nach Polen aussagen. Nur wenige Texte, die sich mit dem Arbeiten im Vorfeld auseinandersetzen, dokumentieren tatsächlich umfangreiche Aktivitäten. Zu ihnen zählt beispielsweise eine Gruppe aus Freiburg, die davon schreibt, an ihrer Schule sei das vorgesehene Curriculum verändert und die NS-Zeit bereits vor der Reise durchgenommen worden. Zudem hätten thematisch einschlägige Theaterbesuche stattgefunden und die Lernenden vielfältige Literatur zur deutsch-polnischen Geschichte gelesen. Nicht zuletzt verweist die Schule darauf, im Vorfeld der Reise enge Kontakte zu Institutionen geknüpft zu haben, die den Austausch mit Polen forcieren. Neben dem *Maximilian-Kolbe-Werk* zur Versorgung von ehemaligen KZ-Insassen wird die *Aktion Sühnezeichen* erwähnt, mit der gemeinsam spezifische Seminartage zur Vorbereitung auf den Besuch in Polen absolviert worden seien.[209] Allein: Ein derartig umfangreiches Vorbereitungsprogramm weisen außerordentlich wenige Schulen auf, die finanzielle Förderung empfingen aber alle Einrichtungen.

Waren die Jugendlichen dann aufgebrochen, stellten die Exkursionen an sie noch Anforderungen in anderer Hinsicht. Schließlich legten sie mit ihren Bussen während der maximal zweiwöchigen Fahrten jeweils weit über 2.000 Kilometer Strecke auf den zeitgenössisch sehr schlech-

---

207 ARBS 2001-563, Rahmenbedingungen für die Gewährung von Zuschüssen zu Reisen von Studenten- und Schülergruppen nach Polen vom 30. August 1980.
208 ARBS 2001-563, Kurzdarstellung Nr. 2-88-14 für die Kuratoriumssitzung am 24./25. Mai 1982.
209 ARBS 2001-54, Exkursionsbericht Staudinger-Gesamtschule Freiburg, November 1987, S. 2.

ten Straßen Osteuropas zurück.[210] Vergnügungs- oder Erholungsreisen waren die Exkursionen demnach nicht. Um dennoch Schulen für das Angebot zu gewinnen, setzte die *Robert Bosch Stiftung* in den ersten Jahren auf bemerkenswert attraktive Finanzierungsanreize. Die Pionierfahrten unterstützte sie sogar mit einem stattlichen Zuschuss in Höhe von 80 Prozent. Damit ergab sich beispielsweise für die 56 Schülerinnen und Schüler des *Bert-Brecht-Gymnasiums Dortmund* und die vier betreuenden Lehrkräfte bei einer Gesamtkostensumme von 29.700 DM eine Förderung von nicht weniger als 23.760 DM.[211] Nach Darstellung der Stiftung gelang es, obwohl das Programm der Polenfahrten nicht dezidiert öffentlich beworben wurde und man es aus politischen Gründen zurückhaltend abwickelte, um die polnische Seite nicht zu verunsichern, sehr schnell interessierte Schulen aus allen westdeutschen Bundesländern zu erschließen. Schon für die Zeit bis zur politischen Wende im Jahr 1989, als die *Robert Bosch Stiftung* erstmals eine umfangreichere Auswertung des Programms vorlegte,[212] überstiegen die Förderanfragen stets die finanziellen Möglichkeiten. Dennoch konnten zwischen 1979 und 1988 insgesamt 325 Schulen das Bildungsangebot wahrnehmen.[213]

Allerdings entwickelte sich das Programm keineswegs kontinuierlich, vielmehr war es Seismograf für die inneren Entwicklungen Polens und die Beziehungen zwischen der Bundesrepublik und der Volksrepublik im Verlauf der 1980er Jahre. Hatten beispielsweise im Jahr 1980 die ersten schulischen Reisen ungehindert stattfinden können und damit das Programm seinen formalen Anfang gefunden, so zeigt dies, wie sehr sich Polen nach dem Ende des ungehinderten Reiseverkehrs zur DDR gegenüber der Bundesrepublik öffnete. Dieses Zeitfenster zu nutzen, erschien der *Robert Bosch Stiftung* notwendig. Daher erfolgte die Ausstellung der ersten Bewilligungen ad hoc durch die Geschäftsführung, um keine Zeit verstreichen zu lassen und unmittelbar mit den Schulreisen starten zu

210 Vereinzelt geben die Dokumentationen explizite Angaben zu den gefahrenen Kilometern, die häufig sogar über 3.000 hinausgingen, so die Bilanz in: ARBS 2001-023, Exkursionsbericht Staatliches Aufbaugymnasium Montabaur, Oktober 1983, S. 36.
211 ARBS 2001-1, Bewilligung Bert-Brecht-Gymnasium Dortmund vom 28. Januar 1980, Anlage Kosten- und Finanzierungsplan Nr. 521220.
212 Bernadette Jonda, Deutsch-polnischer Schüler- und Studentenaustausch. Ein Programm der Robert Bosch Stiftung. Dokumentation über die Jahre 1979-1989, Gerlingen 1989.
213 Rüdiger Stephan, Ars politica, ars poetica. Über die Förderung der deutsch-polnischen Beziehungen durch die Robert Bosch Stiftung, in: Albrecht Lempp (Hrsg.), Initiativen kultureller Zusammenarbeit. Bundesrepublik Deutschland und Volksrepublik Polen 1982-1988, Darmstadt 1989, S. 275-286, hier S. 276.

können.[214] Wie zutreffend diese Einschätzung war, zeigte sich schnell. Innerhalb von zwölf Monaten hatten bereits zwölf Schulen Polen bereist, doch die Verhängung des Kriegsrechts durch die Regierung Jaruzelski am 13. Dezember 1981 veränderte die Lage grundsätzlich. Es schien, als fände das Austauschprogramm ein jähes Ende, da zunächst alle Schulexkursionen unterbunden wurden. Wie sehr die Volksrepublik aber auf Devisen angewiesen war,[215] nachdem der Auslandstourismus fast vollständig zusammengebrochen war,[216] belegt die vertrauliche Information der Polnischen Botschaft vom 5. Februar 1982, wonach ab April des Jahres wieder Gruppenfahrten würden stattfinden können.[217] Gleichwohl kürzte die Stiftung die veranschlagten Fördermittel für das Jahr 1982 um die Hälfte auf 100.000 DM. So konnten ab Mai 1982 tatsächlich sechs Reisen in das noch immer vom Kriegsrecht bestimmte Land unternommen werden.[218]

Für die *Robert Bosch Stiftung* bestand offenbar nie Zweifel daran, sofern irgend möglich, das Programm weiterhin aufrechtzuerhalten. Da andere Jugendbegegnungen zwischen den beiden Staaten in der angespannten politischen Situation weitgehend unmöglich schienen, erachtete man es als erstrebenswert, das bestehende Abkommen weiterhin zu nutzen.[219] Folglich fanden im Jahr 1983 sechzehn Exkursionen statt, die teilweise noch während des Kriegsrechtes erfolgten. Diese Kontinuität schuf offenbar auf polnischer Seite zusätzliches Vertrauen, denn ab 1984 konnten erstmals sogar polnische Jugendliche zum »Schüleraustausch« in die Bundesrepublik reisen – ein Begriff, den die polnische Administration noch 1982 strikt vermeiden wollte.[220]

Mit Aufhebung des Kriegsrechts und den international stark beachteten Oppositionsbestrebungen in Polen während der weiteren 1980er Jahre rückte das Land gerade im geteilten Deutschland stärker in den Fokus, was sich eindeutig in den Anträgen auf Schulfahrten nach Polen widerspiegelte. Hatte die Stiftung in den ersten Jahren noch extrem hohe

214 Entgegen der Praxis der nachfolgenden Jahre wurde für die ersten vier Schulreisen die Bewilligung von den Geschäftsführern der Stiftung ausgesprochen, was für die Annahme spricht, dass man möglichst unmittelbar mit dem Förderprogramm einsetzen wollte. Siehe hierzu: ARBS 2001-563, Kurzdarstellung 20-80-33 für die Kuratoriumssitzung am 4./5.11.1980.
215 Borodziej, Geschichte Polens im 20. Jahrhundert, S. 373.
216 Felsch, Reisen in die Vergangenheit?, S. 26.
217 ARBS 2001-563, Kurzdarstellung Nr. 2-88-14 für die Kuratoriumssitzung am 24./25. Mai 1982.
218 ARBS 2001-563, Interne Bewilligung Nr. 1-5 212 vom 28. Juni 1982.
219 ARBS 2001-563, Kurzdarstellung Nr. 2-88-14 für die Kuratoriumssitzung am 24./25. Mai 1982.
220 ARBS 2001-567, Anlage an interne Bewilligung Nr. 1-5 200 vom 23. Mai 1986.

Fördersätze zahlen müssen, um überhaupt Schulen für Exkursionen zu gewinnen, so explodierte die Nachfrage ab Mitte der 1980er Jahre förmlich.[221] In einem internen Vermerk ist die Rede von einer »Antragsflut«, in deren Folge die Bewilligungsquote auf etwa 50 Prozent gefallen sei.[222] Operativ antwortete die Stiftung darauf mit einer deutlichen Anhebung der verfügbaren Fördermittel. Hatte der Etat im Jahr 1983 bei 250.000 DM gelegen,[223] stieg er im Jahr 1986 auf bis zu 350.000 DM,[224] während für 1987 bereits bis zu 430.000 DM eingeplant wurden und die Summe im Folgejahr sogar auf 700.000 DM[225] weiter anstieg.[226] Bis zum Jahr 1988 hatte das Programm die stattliche Summe von insgesamt mehr als 3,6 Millionen DM verausgabt.[227]

Das Interesse an Polen beschränkte sich derweil nicht nur auf die Angebote der *Robert Bosch Stiftung*. Parallel zum deutlichen Mittelaufwuchs des schon länger existierenden Programms traten zunehmend weitere Förderinstitutionen auf den Plan. Deutlich wird dies, wenn westdeutsche

---

221 Diese grundsätzliche Tendenz kann festgestellt werden, obschon es auch in diesem Zeitraum temporäre Rückschläge zu verzeichnen gab. Vor allem nach der Reaktorkatastrophe im sowjetisch-ukrainischen Kernkraftwerk Tschernobyl im April 1986 war die Skepsis unter den Eltern offenbar sehr groß, Kinder nach Osteuropa fahren zu lassen. Tatsächlich sagten im Sommer 1986 mindestens drei Schulen ihre geplanten Polenreisen ab, ein längerfristiges Abflauen in der Antragstellung bei der *Robert Bosch Stiftung* ist hingegen nicht nachzuweisen. Zu den abgesagten Fahrten: ARBS 2001-33/37/38; wie sehr auf polnischer Seite solche Absagen für Unverständnis sorgten, belegt eine Äußerung des Auschwitz-Überlebenden Tadeusz Szymanski, der oftmals deutschsprachige Gruppen bei ihren Besuchen in der Gedenkstätte als Zeitzeuge traf. Er führt als Beleg für die von ihm festgestellte große Zurückhaltung bundesdeutscher Schulgruppen gegenüber Gedenkstättenreisen nach Oświęcim an, dass im Jahr 1986 sogar ganze Reisegruppen aufgrund des Reaktorunfalls in Tschernobyl ihre Fahrt abgesagt hätten. Lakonisch formuliert er: »als ob nur Polen von den Auswirkungen des Unglücks betroffen gewesen wäre«. Siehe hierzu: Tadeusz Szymanski, Jugendliche in Auschwitz. Reflexionen nach fünfundzwanzig Jahren Gedenkstättenarbeit, in: Hanns-Fred Rathenow/Norbert H. Weber (Hrsg.), Erziehung nach Auschwitz, Pfaffenweiler 1988, S. 137-144, hier S. 140.
222 ARBS 2001-567, Anlage an interne Bewilligung Nr. 1-5 200 vom 23. Mai 1986.
223 ARBS 2001-567, Kurzdarstellung Nr. 2-82-67 zur Genehmigung im schriftlichen Verfahren vom 12. September 1983.
224 ARBS 2001-567, Interne Bewilligung Nr. 1-5 200 vom 12. Dezember 1985.
225 ARBS 2001-567, Interne Bewilligung Nr. 21.2.2021.000.2 vom 23. November 1987.
226 ARBS 2001-567, Anlage an interne Bewilligung Nr. 1-5 200 vom 23. Mai 1986.
227 ARBS 2001-567, Kurzdarstellung Nr. 2-88-084 für die Sitzung des Kuratoriums am 4./5. Juli 1988.

GESCHICHTE

Bundesländer in ihren Haushalten Gelder einplanten, mit welchen schulische Kontakte und Exkursionen nach Polen aufgebaut werden sollten. Andere, wie etwa die Freie Hansestadt Hamburg, behielt bestehende Unterstützungsprogramme aufrecht, sodass die Zahl der Exkursionen in das östliche Nachbarland insgesamt relativ konstant blieb.[228] In Baden-Württemberg gestaltete sich die Situation anders, da in Abstimmung mit der *Robert Bosch Stiftung* – eine Doppelförderung sollte vermieden werden – ab 1987 eigene Mittel bereitgestellt wurden, um schulische Exkursionen nach Polen zu ermöglichen. Mit den zunächst vorgesehenen 35.000 DM wurden 31 Projekte gefördert, die 815 Personen erreichten. Wie hoch das Interesse an dem Landesprogramm offenkundig war, belegt die Aufstockung der Gelder im Jahr 1988, als bereits 245.629 DM für 67 Projekte verausgabt wurden.[229]

In diesem Sinn bewilligten beispielsweise die Bundesländer Baden-Württemberg und Rheinland-Pfalz schon Mitte der 1980er Jahre zusätzliche Mittel. Dem schloss sich der Freistaat Bayern an und stellte eine eigene Finanzförderung in den Haushalt ein.[230] Neben diesen Mitteln, die für Fahrten von Lernenden nach Polen bereitgestellt wurden, legte beispielsweise das Bundesland Berlin mit Beschluss des Abgeordnetenhauses vom 10. Dezember 1986 ein neues Programm auf, bei dem Lehrkräfte der Fächer Politik, Geografie und vor allem Geschichte zur Weiterbildung organisierte Reisen durch Polen unternehmen konnten.[231] Die beispielsweise vom *Evangelischen Bildungswerk Berlin* durchgeführten Fortbildungsfahrten fokussierten das Reiseziel Oświęcim, wo die

228 Aus dem Saarland vermeldete das dortige Kultusministerium für die Jahre zwischen 1982 und 1987 überhaupt keine schulischen Reisen nach Polen, siehe: ADPI Akt Förderung Bundesländer, Schreiben Minister für Kultus, Bildung und Wissenschaft Saarland an Deutsches Polen Institut Darmstadt vom 7. März 1988; aus Hamburg reisten hingegen regelmäßig Schulgruppen nach Polen: 1982 waren es drei Klassenfahrten, 1983 dann 11, 1984 nur sechs, während es 1985 sogar 19 und 1986 wieder nur acht, bzw. 1987 dann 11 Fahrten waren. Siehe hierzu: ADPI Akt Förderung Bundesländer, Schreiben Freie und Hansestadt Hamburg/Behörde für Schule und Berufsbildung an Deutsches Polen Institut Darmstadt vom 1. März 1988.
229 ADPI Akt Förderung Bundesländer, Schreiben Ministerium für Kultur und Sport Baden-Württemberg an Deutsches Polen Institut Darmstadt vom 1. September 1988.
230 Albrecht Lempp, Schülerreisen und Schulkontakte, in: Albrecht Lempp (Hrsg.), Initiativen kultureller Zusammenarbeit. Bundesrepublik Deutschland und Volksrepublik Polen 1982-1988, Darmstadt 1989, S. 314-319, hier S. 316 f.
231 Protokolle des Berliner Abgeordnetenhauses, 10. Wahlperiode, 40. Sitzung vom 10. Dezember 1986, S. 2427.

Reisegruppen übernachteten.[232] Vereinzelt scheinen sich sogar Kommunen, die keine besondere Bindung an Polen aufwiesen, engagiert zu haben.[233] Das Interesse, mit Lernenden in das sich immer reformorientierter zeigende Nachbarland zu reisen, stieg dementsprechend deutlich an. Seinen zunächst eher exotischen Status als Ziel von Gruppenreisen verlor es zunehmend. Neben Gymnasien interessierten sich nun auch Berufskollegs für einen Austausch und es entstanden erste offizielle Schulpartnerschaften.[234] Unterstrichen wird der Weg vom Nischenangebot zur politisch gewünschten Bildungsreise durch eine Förderlinie, die sich direkt auf den zwischen 1984 und 1994 amtierenden Bundespräsidenten Richard von Weizsäcker bezieht. Der langjährige CDU-Politiker war es, der zum Jahresende 1985 das *Deutsche Polen Institut* in Darmstadt damit beauftragte, zusätzliche Schulfahrten nach Polen zu organisieren.[235] Im Zentrum standen dabei wechselseitige Besuche von Schülerinnen und Schülern aus beiden Staaten, die zum gegenseitigen Abbau von Vorurteilen und zu einer Verstärkung der deutsch-polnischen Annäherung dienen sollten. Grundlage für die private Stiftung waren von Weizsäckers Einkünfte aus dem Druck seiner viel beachteten Rede zum 40. Jahrestag des Kriegsendes am 8. Mai 1985. Sämtliche Gewinnanteile aus dem Verkauf des Textbandes *Von Deutschland aus. Reden des Bundespräsidenten*[236], die das Staatsoberhaupt vom *Siedler Verlag* erhielt, spendete er, um Begegnungen von Jugendlichen aus Deutschland und Polen zu ermög-

---

232 Stellvertretend: EZA 820/19, Programm Evangelisches Bildungswerk Berlin zu einem Studienseminar in der Volksrepublik Polen vom 26. September bis 4. Oktober 1986.
233 Die Förderung durch kleinere Städte, beispielsweise die Kommunen Seeheim und Bickenbach, lässt sich auch als Ergänzung zu den Mitteln der Stiftung nachweisen, siehe: ARBS 2001-027, Exkursionsbericht Schuldorf Bergstraße, Gymnasium Seeheim Studienfahrt, September 1985, S. 4. Ergänzend kann auch auf die Förderung für dezidierte Auschwitz-Exkursionen durch Landkreise verwiesen werden, wie sie für das Haushaltsjahr 1986 der Wetterau-Kreis der Berufsschule Butzbach zugestanden hatte. Siehe: Stamm, Klassenfahrt nach Auschwitz, Krakau und Warschau von Schülern der Berufsschule Butzbach April 1986, in: Licharz/Karg/Harms (Hrsg.), Leben in Bewegung: Deutsche und Polen auf dem Weg zueinander, S. 39.
234 Lempp, Schülerreisen und Schulkontakte, in: Lempp (Hrsg.), Initiativen kultureller Zusammenarbeit, S. 318.
235 ADPI Bestand Schüleraustausch, Schreiben Richard von Weizsäcker an Deutsches Polen Institut vom 17. März 1986 einschließlich Vertragsunterlagen zum Jugendaustausch.
236 Richard von Weizsäcker, Von Deutschland aus. Reden des Bundespräsidenten, Berlin 1985.

GESCHICHTE

lichen. Mit einem Schwerpunkt im Rhein-Main-Gebiet organisierte das *Deutsche Polen Institut* zwischen Herbst 1986 und Sommer 1990 für mehr als 1.200 Jugendliche aus beiden Ländern die Fahrt ins Nachbarland.[237] Ebenso wie bei den Fahrten der *Robert Bosch Stiftung* überwog bei den vom *Deutschen Polen Institut* geförderten Reisen das Kennenlernen des gesamten Landes. Besuche von KZ-Gedenkstätten standen zwar stets im Programmablauf, nahmen aber keine exponierte Position ein. Bedeutung gewinnt von Weizsäckers Programm vor allem aus der politischen Symbolkraft, die von der Initiative eines amtierenden Bundespräsidenten ausgeht. Wenn von Weizsäcker sein privates Vermögen gerade für einen Jugendaustausch mit dem östlichen Nachbarland investierte, so unterstreicht dies das Gewicht, das er derartigen Kontakten als Form der Auswärtigen Kulturarbeit für die Zukunft Europas beimaß. Dass bei diesen vom Staatsoberhaupt persönlich initiierten Reisen ebenfalls das *Staatliche Museum Auschwitz-Birkenau* stets ein kanonischer Bestandteil der Programme war,[238] bestätigt dessen besondere Stellung für den binationalen Dialog zwischen Polen und Deutschland.

Zugleich bleibt zu fragen, was derartige Schulreisen de facto erreichen konnten. Inhaltlich überrascht an ihnen aus heutiger Sicht vor allem die Fülle an Stationen und die Diversität an Inhalten, die den Gruppen innerhalb von maximal zwei Wochen komprimiert begegneten. Für kaum einen Abschnitt des Programms stand eine längere Zeitspanne zur Verfügung, in der sich die Schülerinnen und Schüler vertieft auf das Gesehene oder Gehörte hätten einlassen oder eigenen Fragen hätten nachgehen können. Vielmehr wurden fast alle Programmpunkte im Frontalvortrag abgehalten, vertiefende Referate fanden häufig sogar während der Überlandfahrten im Bus statt. Die Jugendlichen waren deshalb gezwungen, außerordentlich viele Eindrücke in minimaler Zeit aufzunehmen und zu verarbeiten. Zu einer vertieften Auseinandersetzung mit den Erfahrungen fehlte wohl immer die Zeit. Zwangsläufig folgt daraus die Frage, warum die Reisen in dieser komprimierten Form geplant wurden. Schließlich monierten bereits zeitgenössisch einige Gruppen die Überfrachtung, die sich nicht zuletzt am Beispiel der zu kurzen Aufenthalte in der Gedenkstätte Auschwitz-Birkenau manifestierte.[239] Allerdings lag das Problem nicht im noch sehr schwach ausgeprägten Sensorium der

237 Albrecht Lempp, Deutsches Polen-Institut 1980-1990. Ein Arbeitsbericht, Darmstadt 1991, S. 43.
238 Stellvertretend: ADPI Bestand Schüleraustausch, Bericht Studien- und Begegnungsfahrt Polen des Hölderlin-Gymnasiums Heidelberg, 1990.
239 Als noch im Jahr 1990 festzustellende Kritik kann dafür stellvertretend verwiesen werden auf: ARBS 2001-315, Exkursionsbericht Albert-Schweitzer-

VOM NISCHENANGEBOT ZUR ROUTINE

Schulen für die reisende Erschließung des Landes Polen oder gar für das Arbeitsfeld Gedenkstätte.[240] Vielmehr konnten die westdeutschen Lehrkräfte über ihre Gruppenprogramme keineswegs frei bestimmen, sondern die beiden staatlichen Jugendreisebüros *Almatur* und *Juventur*, die sich das Monopol zur Organisation von Gruppenreisen durch Polen aufteilten, planten den konkreten Ablauf.[241] Alle Modalitäten der Fahrten mussten mit ihnen von Deutschland aus abgeklärt werden, was gewiss nicht immer gelang. Besonders in den ersten Jahren der Förderung gingen die Reiseanbieter kaum auf die Wünsche ihrer Gäste ein.[242] Erst mit der zunehmenden Öffnung und Liberalisierung des Landes gegen Ende der 1980er Jahre trat diesbezüglich eine deutliche Verbesserung ein und die Reisegestaltung konnte aufgelockert oder mit besonderen Schwerpunkten versehen werden.[243]

Bezogen auf die Zeit in der Gedenkstätte Auschwitz-Birkenau überwog in den ersten Jahren bis 1989 der Kurzbesuch, so legen es die archivierten Ablaufpläne der schulischen Fahrten nahe. Für die quantitativ größte Förderlinie, also jene der *Robert Bosch Stiftung*, lässt sich das gut belegen. Unter den 106 dokumentierten Fahrten verweilten immerhin sechs Reisegruppen nicht einmal für drei Stunden in der Gedenkstätte. Was die Schülerinnen und Schüler dieser immerhin mehr als 5 Prozent an Fahrten bei ihren Besuchen hatten mitnehmen oder gar lernen sollen, ist schwer vorstellbar. Immerhin ein Zeitbudget von bis zu sechs Stunden veranschlagten 46 Gruppen (43,4 Prozent). Den »Lernort« Auschwitz in größerem Umfang kennengelernt haben denn auch nur 21 Gruppen, die am Ort des früheren Lagers einen ganzen Tag einplanten (19,8 Prozent), während in 31 Fällen (36,8 Prozent) eine eindeutige Zuordnung der Verweildauer auf Basis der archivierten Dokumentationen nicht mehr

---

Realschule Bocholt, September 1990, S. 1; sowie grundsätzlich: Jonda, Deutsch-polnischer Schüler- und Studentenaustausch, S. 42.

240 Die weitgehende Ausblendung der Arbeit von Gedenkstätten kann noch für das Jahr 2000 eine Darstellung belegen, die zunächst das Themenfeld in sehr grundsätzlicher Art ausleuchtete: Uwe Neirich, Erinnern heißt wachsam bleiben. Pädagogische Arbeit in und NS-Gedenkstätten, Mülheim an der Ruhr 2000, 39 ff.

241 Lipscher, Jugendaustausch zwischen der Bundesrepublik Deutschland und der Volksrepublik Polen, S. 11.

242 Die Unzufriedenheit mit der Arbeit der Agenturen lässt sich nicht nur bei schulischen Reisen belegen, sondern zeigte sich auch bei der gemeinsamen Fahrt von *Pax Christi* und *Aktion Sühnezeichen*. Siehe hierzu: BDA Bestand Pax Christi A 358, Anlage zum Protokoll des Nachseminars in Königstein 30. November bis 2. Dezember 1973.

243 Jonda, Deutsch-polnischer Schüler- und Studentenaustausch, 20 f.

GESCHICHTE

möglich ist. Konkret zeigt sich, dass erst gegen Ende der 1980er Jahre die Verweildauer tatsächlich zunimmt. Dann steigt besonders die Nachfrage nach Ganztagsbesuchen. Dessen ungeachtet spiegeln die Schulbesuche die polnische Museums- und Geschichtspolitik der 1980er Jahre. Die kurze Verweildauer in der Gedenkstätte beschränkte sich vielfach auf einen geführten Besuch durch das ehemalige Stammlager Auschwitz I, in welchem in erster Linie das Leid der polnischen Opfer museal inszeniert war. Davon einen Eindruck zu gewinnen, erschien der polnischen Seite offenbar auch in halbtägigen Programmen möglich. Vertiefungen, etwa in Form von Zeitzeugengesprächen, waren nicht angedacht,[244] zumeist blieb es bei der gelenkten Führung über das Gelände. Dass dies aber schon zeitgenössisch vielen Gruppen nicht ausreichte, belegen die Quellen. Das bemerkenswerteste Beispiel ist sicher eine Schulgruppe, die nicht befriedigt vom Kurzbesuch in Auschwitz I ihr Reiseprogramm sogar grundsätzlich umdisponierte. Dabei nahm die Gruppe auf ihrem Heimweg nach Deutschland sogar einen Umweg in Kauf und fuhr erneut nach Oświęcim, um den Schülerinnen und Schülern eine nochmalige, individuellere Begegnung mit dem historischen Ort zu ermöglichen. Dann fuhr die Gruppe in den zuvor nicht besuchten Gedenkstättenteil Birkenau, ehe es zurück in die Bundesrepublik ging.[245]

Das Beispiel zeigt die Selektivität der Reisegestaltung in den Jahren vor 1989. Der Stellenwert des etwa drei Kilometer vom Stammlager entfernt liegenden Lagers Auschwitz II entsprach nicht den Erwartungen der deutschen Gäste und auch nicht dessen historischer Bedeutung. Besuche in Birkenau fanden häufig überhaupt nicht statt. Wenn die Gruppen es doch besuchten, blieben im extrem knapp bemessenen Zeitbudget kaum Kapazitäten für die Spuren des dort anzutreffenden, vor allem jüdischen Leids.[246] Nur so ist es zu erklären, dass nur knapp 27 Prozent der von der *Robert Bosch Stiftung* geförderten Fahrten in ihren Programmen oder

244 Offensichtlich rückte das Gespräch mit Zeitzeugen erst nach der Eröffnung der *Internationalen Jugendbegegnungsstätte* im Jahr 1986 in die Programme. Frühestes Beispiel hierzu: ARBS 2001-75, Exkursionsbericht Rudolf-Steiner-Schule Berlin, Juni 1988, S. 1.
245 ARBS 2001-48, Exkursionsbericht Geschwister-Scholl-Hauptschule Tübingen, Juni 1987, S. 358.
246 Nicht stattfindende Besuche in Birkenau waren keine singuläre Erscheinung von schulischen Fahrten, offenbar besuchten außerschulische Reisen ebenfalls eher selten Auschwitz II. Siehe hierzu: Manfred Wittmeier, Erinnern und Gedenken in der außerschulischen Bildung. Am Beispiel der Internationalen Jugendbegegnungsstätte Auschwitz in Oświęcim, in: Doron Kiesel/ Gottfried Kößler (Hrsg.), Pädagogik der Erinnerung. Didaktische Aspekte der Gedenkstättenarbeit, Frankfurt am Main 1997, S. 139-155, hier S. 142.

in den eingereichten Dokumentationen ausweisen, Birkenau besucht zu haben. 38,9 Prozent der Schulen weisen ausdrücklich aus, dass sie nicht in Birkenau waren (keine Angaben finden sich in 37,3 Prozent der Quellen). Offenbar war es also nicht nur möglich, sondern auch üblich, nach Oświęcim zu reisen, dabei aber nur das frühere Lager I, nicht hingegen das ehemalige Lager II in Birkenau zu besuchen.

Die fast völlige Ausklammerung Birkenaus und die oft nur sporadische Einbindung des Stammlagers sagen aber viel über den Stellenwert aus, den die polnischen Reisebüros dem schulischen Besuch im *Staatlichen Museum* zubilligten. Er gehörte quasi zum Pflichtprogramm der umfangreichen Polenreisen, doch sollte im Mittelpunkt die Vermittlung des staatlich gewünschten Narrativs vom polnischen Martyrium stehen. Diese war garantiert durch den Frontalvortrag der jeweiligen Guides, die die Gruppen über das Gelände führten. Eine vertiefte Auseinandersetzung im Sinne einer individuellen Recherche am historischen Ort oder einer Besichtigung des zentralen Erinnerungsortes der jüdischen Leidensgeschichte in Birkenau entsprachen nicht der staatlich gelenkten Geschichtspolitik, deren Zielsetzungen die Reisebüros verfolgten. Daher sind vor allem die Exkursionen vor 1989 ein Beleg dafür, dass es eben doch einer näheren Erklärung bedurft hätte, warum schulische Gruppen aus Deutschland nach Auschwitz-Birkenau reisen wollten, welche pädagogischen oder geschichtsdidaktischen Ziele dort verwirklicht werden sollten und warum dies als Pflichtprogramm einer schulischen Polenfahrt gelten musste. Während dies vonseiten der bundesdeutschen Lehrkräfte, in einem Fall sogar mit sehr direkter Übernahme von Formulierungen aus Adornos Rundfunkansprache zur »Erziehung nach Auschwitz«, als selbstverständlich vorausgesetzt wurde,[247] zählte eine kritische und vertiefte Auseinandersetzung mit dem »Lernort« Auschwitz nicht zur Intention der staatlichen Stellen in der Volksrepublik.

Nimmt man aber die Reiseberichte der Gruppen als Basis, so beschränkten sich die Zeiten in der Gedenkstätte tatsächlich weitgehend auf reine Frontalvorträge zu Fragen des polnischen Leids. Gleichwohl ließ das zahlreiche Gruppen in sehr nachdenklicher Stimmung zurück,[248] während sich in den Berichten zugleich umfassende Kritik an der politischen Instrumentalisierung des Ortes findet. Dabei richtet sich der

---

247 Sehr pointiert weist ein Antrag aus Freiburg darauf hin, dass es doch keiner Begründung bedürfe, weshalb eine Schulgruppe nach Auschwitz reisen solle. Siehe: ARBS 2001-54, Antrag auf Förderung im Rahmen des Programms »Deutsch-Polnische Beziehungen« vom 18. Februar 1987, S. 1.
248 ARBS 2001-304, Exkursionsbericht Privates Gymnasium der Zisterzienserabtei Marienstatt, Juni 1989, S. 18.

GESCHICHTE

Blick weniger auf die Ausblendung des jüdischen Leids. Da viele Jugendliche kaum mit dem früheren Lager in Berührung kamen, sie eigentlich nur kurz hindurchgeführt wurden, ist dies wohl auch nicht zu erwarten. Aber im Zuge des Ost-West-Konflikts formulierten die Lernenden immer wieder Bemerkungen, die auf eine Missstimmung bei den westdeutschen Besuchergruppen schließen lassen. Moniert wurde vor allem der sowjetische Einfluss auf die Museumsgestaltung[249] sowie der einführende Dokumentarfilm zur Befreiung des Lagers durch die Rote Armee (»politisch subjektiver Film«[250] oder »so roter schwarz-weiß Film«[251]).

Mit dem Systemwechsel wandelte sich dann nach 1990 auch der Besuchsaufbau in der Gedenkstätte. Bereits die Jahre, in welchen die Robert Bosch Stiftung noch bis 1991 schulische Fahrten unterstützte, belegen das. Für diesen Zeitraum sind weitere 61 Berichte archiviert. Unter ihnen findet sich nur noch eine einzige Schule, die weniger als drei Stunden im Staatlichen Museum Auschwitz-Birkenau verweilte. Dagegen blieben 26 Reisegruppen für einen vollen Tag, vier weitere sogar für mehrere Tage. Der Aufenthalt hatte also massiv an Bedeutung gewonnen. Die Gedenkstätte war nicht mehr nur Teil eines »Hop-On-Hop-Off«-Tourismus, sondern rückte als historischer Ort ins Zentrum der Fahrten. Das unterstrich die gesteigerte Einbeziehung Birkenaus. War es in den ersten Jahren oftmals völlig unbeachtet geblieben, so besuchten nun sehr viele Gruppen das Lager Auschwitz II. Immerhin fuhren 43 von 61 Schulen nun auch nach Birkenau, wenngleich aus den Programmen nicht nachzuweisen ist, was dort diskutiert wurde. Oft blieb es bei einem Blick auf die Dimensionen des Lagers oder einem Aufstieg in das Obergeschoss des Torhauses. Doch diese Kurzbesuche wurden von den Gruppen wiederholt kritisiert,[252] zumal Jugendliche, die Birkenau besucht hatten, dessen emotionale Komponente deutlich über jene des zuvor besuchten Stammlagers stellten.[253]

---

249 ARBS 2001-3, Exkursionsbericht Rudi-Stephan-Gymnasium Worms, August 1980, S. 23.
250 ARBS 2001-36, Exkursionsbericht Staatliches Aufbaugymnasium Montabaur, März 1986, S. 21.
251 ARBS 2001-318, Exkursionsbericht Schadow-Oberschule Berlin, Juni 1991, ohne Seitenangabe.
252 ARBS 2001-319, Staatliche Realschule Kandel, April 1991, ohne Seitenangabe.
253 ARBS 2001-312, Reisebericht Altes Gymnasium Osnabrück, Oktober 1990, ohne Seitenangabe.

3.2 Zunehmende Fokussierung auf die Gedenkstätte

Schon vor dem Paradigmenwechsel in der Organisation der schulischen Fahrten nach Polen rückte die Gedenkstätte Auschwitz-Birkenau in der Bundesrepublik stärker in den Blick. Zunehmend wurde es auch als ausgewiesener Ort der historischen und politischen Bildung angesehen, weshalb das *Staatliche Museum Auschwitz-Birkenau* zum Reiseziel wurde. Zeigen lässt sich dies beispielsweise an der *Hessischen Landeszentrale für Politische Bildung*. Schon seit 1967 war sie in der Unterstützung von Gedenkstättenfahrten aktiv, doch bei den ersten Reisen handelte es sich noch um Fahrten innerhalb der Bundesrepublik. Erst im April 1986 bewilligte die Wiesbadener Stelle erstmals eine schulische Exkursion, die als Ziel Oświęcim anpeilte. Die Fahrt der Beruflichen Schulen des Wetteraukreises belegt zugleich, dass nun nicht mehr nur Rundfahrten durch Polen mit einem Zwischenstopp attraktiv waren, sondern dass sich das Interesse zunehmend auf Gedenkstättenfahrten zum *Staatlichen Museum Auschwitz-Birkenau* konzentrierte.[254]

Derartige Initiativen jenseits der *Robert Bosch Stiftung* gewannen in der Folge rasch an Bedeutung, da sich die Stuttgarter Industriestiftung aus ihrem Engagement im Bereich der Schulfahrten im Jahr 1991 zurückzog. Schon seit dem Anstieg der Förderanträge im Verlauf der späten 1980er Jahre hatte man überlegt, in welche Hände man das stark nachgefragte Programm würde übergeben können. Doch erst im Jahr 1991 zeichnete sich dafür eine Lösung ab, da nach dem Vorbild des *Deutsch-Französischen Jugendwerks* eine ähnliche Institution für die Zusammenarbeit mit dem östlichen Nachbarland entstand. Das *Deutsch-Polnische Jugendwerk* mit Sitz in Warschau und Potsdam übernahm die Unterstützung aller Jugendkontakte zwischen dem nun demokratischen Polen und dem wiedervereinigten Deutschland. In seine Zuständigkeit fiel somit auch die schulische Kontaktpflege.[255] Zentral für seine Arbeit sollte die Überwindung der Gewalterfahrungen der jüngeren Geschichte beider Staaten sein.[256] Wenngleich sich die praktische Tätigkeit auf den

---

254 Zu den statistischen Angaben der frühen Reisen dankt der Autor Dr. Felix Münch von der Landeszentrale für politische Bildung Hessen für seine Informationen vom 13. November 2019.
255 Stephan Erb, Eine Erfolgsstory mit offenem Ausgang. 20 Jahre deutsch-polnische Jugendzusammenarbeit, in: Dieter Bingen/Peter Oliver Loew/Krzysztof Ruchniewicz/Marek Zybura (Hrsg.), Erwachsene Nachbarschaft. Die deutsch-polnischen Beziehungen 1991 bis 2011, Wiesbaden 2011, S. 209-221.
256 Becker, Deutsch-polnischer Schüleraustausch in der Erinnerung – nur Versöhnungskitsch?, in: Hahn (Hrsg.), Erinnerungskultur und Versöhnungskitsch, S. 272.

GESCHICHTE

Austausch von binationalen Gruppen konzentrierte, gab es beim *DJPW* seit dessen Gründung den Förderungsbereich »Gedenkstättenfahrten«. Allerdings wich dieser von der generellen Systematik der binationalen Institution insofern ab, als in diesem Programm nur mononationale Fahrten in das jeweils andere Land gefördert wurden. Eine Kooperation oder ein Austausch mit einem Partner im Nachbarland war nicht zwingend notwendig,[257] sodass sich deutsche Einrichtungen schulischer wie außerschulischer Bildungsarbeit um die Unterstützung reiner Gedenkstättenfahrten nach Polen bemühen konnten.

Die bereits im Einleitungsteil beschriebene, für die wissenschaftliche Forschung unglückliche Quellensituation zur Arbeit des *Deutsch-Polnischen Jugendwerks* erlaubt keine vertieften Einblicke in dessen frühe Förderungspolitik. Erst für die Zeit ab Mitte der 2000er Jahre lassen sich statistische Angaben fassen, die dann für die nachfolgenden Jahre konkreter werden. Auf Basis der veröffentlichten Jahresberichte lässt sich beispielsweise rekonstruieren, dass der Anteil der geförderten, zweistaatlichen Projekte in der polnischen Woiwodschaft Kleinpolen, in der Oświęcim liegt, zwischen 2007 und 2013 massiv zunahm. Die Zahl der bewilligten Projekte stieg von 135 auf 303 an.[258] Obwohl bei diesen Daten schulische wie außerschulische Programme erfasst sind, belegen sie, wie prägend Oświęcim war. Allein unter den in der Region bewilligten 285 Projekten des Jahres 2014 finden sich nicht weniger als 166, die in der Stadt selbst durchgeführt wurden.[259]

Bei den Gedenkstättenfahrten, die nicht in einem binationalen Begegnungsprogramm durchgeführt wurden, stellte sich die Sachlage nochmals differenzierter dar. Obwohl das Förderprogramm ab 1991 bestand, liegen Zahlen zu den Bewilligungen auch hier erst ab dem Jahr 2008 vor. Zudem blieb in den seit 2007 publizierten Jahresberichten die Förderung von Gedenkstättenfahrten gänzlich unberücksichtigt. Da sie der Systematik des auf den grenzübergreifenden Austausch ausgerichteten Arbeit des *DPJW* widersprachen, ist anzunehmen, dass sie innerhalb des Hauses wenig nachdrücklich beworben und umgesetzt wurden. Dies

257 Förderrichtlinien des DPJW, Abschnitt 4.2.2.6 Gedenkstättenfahrten; abgedruckt in: Deutsch-polnisches Jugendwerk (Hrsg.), Begegnung und gemeinsames Lernen in Auschwitz. Ist das möglich?, Potsdam/Warschau 1996, 60f.
258 ADPJW Bestand Jahresberichte: Jaroslaw Brodowski/Thomas Hetzer: Daten und Fakten. DPJW 2013 in Zahlen und Grafiken, Potsdam/Warschau 2014, S. 19; sowie: Daten und Fakten. DPJW 2008 in Zahlen und Grafiken, Potsdam/Warschau 2009, S. 18.
259 ADPJW Bestand Jahresberichte: Jaroslaw Brodowski/Thomas Hetzer: Daten und Fakten. DPJW 2014 in Zahlen und Grafiken, Potsdam/Warschau 2015, S. 19.

dokumentieren nicht zuletzt die Formulare, die alle Bewilligungsempfänger mononationaler Fahrten auszufüllen hatten. Sie erfragten bei den Antragstellenden, ob die deutschen Gäste auch mit dem polnischen Alltagsleben in Kontakt getreten seien.[260] Einige Reiseleitungen verneinten dies gänzlich[261] oder verwiesen auf die obligatorischen, geführten Rundgänge in Oświęcim oder Krakau.[262] Deshalb forderte das *DPJW* die Interessierten unmissverständlich auf, von den mononationalen Fahrten abzurücken, indem ab März 2014 alle Formulare den ausdrücklichen Verweis auf eine mögliche Förderung im Rahmen von binationalen Begegnungsprogrammen enthielten.[263] Doch darauf formulierten einzelne Bewilligungsempfänger ihr gänzliches Desinteresse an einem Austausch mit polnischen Partnern (»Nein, wir sind nicht am Aufbau einer Zusammenarbeit interessiert«[264]), andere betonten die Bedeutung der »nationalen Aufarbeitung« für die »eigene Identität« und begründeten damit ihre rein deutschen Exkursionen ins Nachbarland Polen und ihren dezidierten Verzicht auf kooperative Formen des Gedenkstättenbesuchs.[265] Auf Basis derartiger Aussagen wird möglicherweise verständlich, warum die Gedenkstättenförderung innerhalb des *DPJW* eher wenig euphorisch betrieben wurde.

Zur konkreten Nachfrage nach dem Förderprogramm lassen sich erst ab dem Jahr 2008 exakte Daten nachweisen. Demnach war die Unterstützung von Gedenkstättenfahrten lange eine Nische geblieben. Aus ganz Deutschland förderte das *Deutsch-Polnische Jugendwerk* stets zwischen 30 und 40 Gruppen, die Zahl der teilnehmenden Schülerinnen und Schüler pendelte um die 1.000. Im Jahr 2013 aber, also nach dem Beginn der flächendeckenden Arbeit der *Stiftung Erinnern ermöglichen*, verdoppelte sich die Projektzahl schlagartig auf 76 Anträge mit 2.419

260 ADPJW Z-60646-14, Formular in der Fassung vom 31. März 2014 in Sachbericht Gedenkstättenfahrt. Als Frage 15: »Konnten die Teilnehmenden den Alltag und die Gegenwart Polens kennenlernen?«
261 ADPJW Z-60542-14. Wörtlich: »Da wir darauf nicht unseren Schwerpunkt gelegt hatten, war dies nur in der Freizeit möglich«.
262 ADPJW Z-60542-14. Wörtlich: »Die Teilnehmenden haben eine Stadtführung durch Oświęcim gemacht«.
263 ADPJW Z-60646-14, Formular in der Fassung vom 31. März 2014 in Sachbericht Gedenkstättenfahrt. Wörtlich lautete die Fragestellung: »Warum führten Sie die Gedenkstättenfahrt nicht im Rahmen eines deutsch-polnischen Begegnungsprogramms mit einer Partnergruppe aus dem anderen Land durch?«
264 Wörtliches Zitat aus dem Bericht einer nordrhein-westfälischen Gruppe nach dem Besuch in der Gedenkstätte Auschwitz-Birkenau. Siehe: ADPJW Z-60188-14.
265 ADPJW Z-60458-14.

teilnehmenden Personen, weshalb die eingesetzten Mittel deutlich aufgestockt werden mussten.[266] In der Folge stellte das *Deutsch-Polnische Jugendwerk* die Förderlinie zu den Gedenkstättenfahrten ein und legte ab dem Jahr 2015 das neue Programm »Wege der Erinnerung« auf, mit welchem ausschließlich kooperativ durchgeführte Gedenkstättenbesuche unterstützt werden.[267] Damit knüpft es an die eigene Arbeit früherer Jahre an, so etwa an eine Handreichung aus dem Jahr 1996, die dezidiert danach gefragt hatte, ob an einem ebenso umstrittenen wie prominenten Erinnerungsort wie Auschwitz überhaupt ein gemeinsames, polnisch-deutsches Lernen möglich sein könne.[268]

Für das Jahr 2013, in dem die Antragszahlen in Deutschland auf 76 schulische und 50 außerschulische Bewilligungen angestiegen waren und auch von Polen aus mit 28 Bewilligungen mehr als dreimal so viele Fahrten zu ehemaligen Konzentrationslagern in Deutschland unternommen worden waren, lässt sich das belegen. Von den 154 bewilligten mononationalen Fahrten gingen 28 nach Deutschland (Sachsenhausen 12, Ravensbrück 8, Dachau 6, Flossenbürg und Neuengamme je 1), während nach Polen 126 Gedenkstättenfahrten gefördert wurden. Unter ihnen dominiert ganz eindeutig der Besuch im *Staatlichen Museum Auschwitz-Birkenau*. Nicht weniger als 116 Gruppen reisten dorthin – was einem Prozentsatz von über 92 Prozent gleichkommt. Die beiden einzigen anderen früheren NS-Lager, die überhaupt von deutschen Schulen im Jahr 2014 im Rahmen der Gedenkstättenförderung *des DPJW* noch besucht wurden, waren diejenigen in Majdanek und Sztutowo/Stutthof. Schon ihr Anteil an den Reisen ist mit nur 5,5 Prozent bzw. 2,4 Prozent minimal.[269] Die anderen historischen Orte in Polen blieben völlig außen vor. Zugespitzt ließe sich sagen: Wer 2014 als deutsche Schulklasse nach Polen zu einer Gedenkstättenfahrt aufbrach, fuhr fast zwangsläufig zum *Staatlichen Museum Auschwitz-Birkenau*.

Aus den sicherlich methodisch ungenauen Zahlen des *Deutsch-Polnischen Jugendwerks* lässt sich zugleich ablesen, wie sehr die Nachfrage nach Gedenkstättenreisen ins heutige Polen vor allem nach 2005 anstieg. Parallel zum wachsenden Besucherinteresse am *Staatlichen Museum*

266 Im Jahr 2008: 42 Gruppen, 1161 Personen; 2009: 38,1092; 2010: 40,1317; 2011: 38, 1052; 2012: 34, 918; siehe hierzu: ADPJW Arbeitspapier Runder Tisch Gedenkstättenfahrten am 7. Juli 2014.
267 https://www.dpjw.org/projektfoerderung/wege-zur-erinnerung/ (Stand: 10. Juli 2020).
268 Deutsch-polnisches Jugendwerk (Hrsg.), Begegnung und gemeinsames Lernen in Auschwitz.
269 ADPJW Arbeitspapier Runder Tisch Gedenkstättenfahrten am 7. Juli 2014.

Auschwitz-Birkenau entdeckten zunehmend deutsche Schulen ihr Interesse an dem als besonders ergiebig angesehenen Lernort, obwohl dieser im Ausland lag und mit erheblichem Mehraufwand an Zeit, Logistik und Finanzmitteln verbunden war. In den Jahren nach der Wiedervereinigung war eine solche Tendenz noch nicht festzustellen gewesen, da sich die intensive Debatte auf die Zukunft des Erbes innerhalb der nationalen Grenzen konzentrierte. Ausgelöst von der ursprünglichen Erwartung, das Interesse an der Erinnerung an den Nationalsozialismus werde im Schatten der DDR-Diktatur erlahmen, zeigte sich schnell, wie wichtig das Gedenken an die erste deutsche Diktatur des 20. Jahrhunderts bleiben sollte. Ulrich Herbert konstatiert für die 15 Jahre nach 1990 den Zeitraum mit der intensivsten öffentlichen Debatte über die NS-Vergangenheit.[270] Es konstituierten sich nicht zuletzt die Gedenkstätten innerhalb der Bundesrepublik neu und ihre Tätigkeit wurde im *Gedenkstättenkonzept der Bundesregierung* im Jahr 1999 langfristig institutionell verankert.[271] Volkhard Knigge geht so weit, die NS-Gedenkstätten seither zur »kulturellen Grundausstattung der Bundesrepublik«[272] zählen zu wollen.

In diesem Umfeld fand zwar die Debatte um verpflichtende Schulbesuche an NS-Gedenkstätten für alle bundesdeutschen Lernenden neue Nahrung,[273] doch beschränkte sich die öffentliche Diskussion weitgehend auf die Gedenkstättenbesuche innerhalb des wiedervereinigten Landes. Auch wenn gerade für diesen Zeitraum kaum belastbare Daten zu den schulischen Reisen nach Oświęcim vorliegen, steht zu vermuten, dass relativ wenige Exkursionen aus Deutschland durchgeführt wurden.[274]

Erst gegen Ende der 2000er Jahre rückte Auschwitz wieder in den Blick einer größeren Öffentlichkeit. Ursache dafür war die alarmierende Diagnose, der bauliche Zustand der dortigen Relikte sei so schlecht,

---

270 Herbert, Geschichte Deutschlands im 20. Jahrhundert, S. 1193.
271 David Marquard, »Die Wende« in der Gedenkstättenpolitik. Die Entwicklung der Gedenkstättenkonzeption des Bundes und ihre Auswirkungen auf KZ-Gedenkstätten, in: Werner Nickolai/Wilhelm Schwendemann (Hrsg.), Gedenkstättenpädagogik und Soziale Arbeit, Münster 2013, S. 223-280.
272 Volkhard Knigge, Abschied der Erinnerung. Anmerkungen zum notwendigen Wandel der Gedenkkultur in Deutschland, in: Volkhard Knigge/Norbert Frei (Hrsg.), Verbrechen erinnern. Die Auseinandersetzung mit Holocaust und Völkermord, Bonn 2005, S. 443-460, hier S. 443.
273 Westdeutsche Allgemeine Zeitung vom 4. September 2000, Clement mahnt: Jeder sollte Auschwitz sehen, S. 1; sowie: »Erst zehn Jahre Nachbarn«, S. 6.
274 Unterstützt wird diese These von den offiziellen Besucherstatistiken des *Staatlichen Museums Auschwitz-Birkenau*, die für das Jahr 2004 nur 20.098 Jugendliche aus Deutschland als Besucherinnen und Besucher ausweist. Daten der Gedenkstätte, die dem Autor am 26. Februar 2020 mitgeteilt wurden.

GESCHICHTE

dass es umfangreicher Sofortmaßnahmen bedürfe, um den historischen Ort vor dem Zerfall zu retten.[275] Der Hilfsappell aus Polen stieß besonders in Deutschland auf offene Ohren, wo Bund und Länder sich auf die Gründung der *Stiftung Auschwitz-Birkenau* verständigten.[276] Diese denkmalschützende Initiative verfolgten Roswitha und Erich Bethe, die sich zuvor als Mäzene auf anderen Feldern eingebracht hatten. Nach einer gemeinsamen Reise nach Oświęcim entschloss sich das Ehepaar zu einer operativen Unterstützung der Erinnerungskultur. Dabei dachten sie zunächst an Instandsetzungsarbeiten, lenkten ihr Interesse dann auf die pädagogische Auseinandersetzung mit den Geschehensorten und vereinbarten mit der Landesregierung des größten deutschen Bundeslandes Nordrhein-Westfalen den Aufbau einer engen Kooperation. Mit dieser Zusammenarbeit gewann Auschwitz als Exkursionsziel deutscher Schulen enorm an Bedeutung und NRW nahm für einige Jahre eine besonders exponierte Stellung in der Förderung und Abwicklung von Schulexkursionen nach Oświęcim ein. Unter dem Titel *Die Stiftung Erinnern ermöglichen* wurde ein Angebot aufgelegt, das künftig allen Schülerinnen und Schülern des Bundeslandes – langfristig hatte man sogar vor, der gesamten Schülerschaft Deutschlands derartige Exkursionen zu ermöglichen – die Chance eröffnen sollte, persönlich eine Gedenkstättenfahrt zu einer Stätte des NS-Massenmordens im heutigen Polen zu unternehmen. Theoretisch waren in der Förderung der *Stiftung Erinnern ermöglichen* also auch Exkursionen zu Orten »jenseits« von Auschwitz-Birkenau möglich. In Werbebroschüren wurde dies herausgestellt und auf die zugeschriebenen Potenziale von Besuchen in Bełżec, Sobibór, Treblinka, Majdanek und Kulmhof/Chełmno verwiesen.[277] Doch schon in der öffentlichen Kommunikation der Stiftung selbst spielte vor allem

---

275 State Museum Auschwitz-Birkenau (Hrsg.), Protecting for the Future. An International Preservation Conference in Oświęcim, June 23-25, 2003, Oświęcim 2004.
276 Die Bedeutung der Stiftungsarbeit bis in die Gegenwart unterstrich der Besuch von Bundeskanzlerin Angela Merkel im Dezember 2019 im *Staatlichen Museum Auschwitz-Birkenau*. Aus Anlass des zehnjährigen Jubiläums des Bestehens der Stiftung unterstrich der Besuch der dritten Amtsinhaberin nach Helmut Schmidt und Helmut Kohl in der Gedenkstätte die Bedeutung des historischen Ortes für die Erinnerungskultur. Besonders hob auch sie deren Dignität für das historische Lernen hervor. Siehe: https://www.bundeskanzlerin.de/bkin-de/aktuelles/kanzlerin-in-auschwitz-1698764 (Stand: 10. Juli 2020).
277 Internationales Bildungs- und Beggnungswerk Dortmund, Studienreisen zu Gedenkstätten in Polen. Orte der Vernichtung während der deutschen Besetzung 1939-1945, Dortmund 2015, 8 ff.

das Reiseziel Auschwitz eine Rolle,[278] was sich in den Bewilligungen widerspiegelt. Zur Finanzierung versprachen die Stifter jährlich eine Million Euro bereitzustellen, wenn das Land NRW für anfallende Verwaltungskosten 50.000 Euro in das Projekt einbringe. Angedacht war, jeden teilnehmenden Jugendlichen mit 200 Euro zu unterstützen. Mit dem Beginn des Schuljahres 2010/2011 trat das Programm in Kraft und ermöglichte den ersten Schulen eine Exkursion.[279]

Die *Stiftung Erinnern ermöglichen* verlieh schulischen Gedenkstättenfahrten nach Polen damit quantitativ eine neue Dynamik, die sich sogar in den Statistiken der Gedenkstätte selbst nachweisen lässt. Separat erfasst werden dort alle Gäste, die bis zu 26 Jahre alt sind. In den Jahren zwischen 2004 und 2009 schwankte deren Zahl zwischen 20.000 und 25.000. Mit den zusätzlichen Personen, die durch die Förderung der *Stiftung Erinnern ermöglichen* nach Auschwitz-Birkenau kamen und der zusätzlichen öffentlichen Aufmerksamkeit, die durch die nordrhein-westfälische Initiative für schulische Reisen zur Gedenkstätte entstand, wuchsen auch die Zahlen der Jugendlichen, sodass die Statistik in den Jahren 2012 mit 39.212, 2013 mit 38.041, 2014 mit 41.074 und 2015 mit 38.458 Personen neue Rekordmarken für Gäste aus Deutschland im Alter bis 26 Jahren erklomm.[280]

Fahrten nach Oświęcim hatten damit eine neue Quantität und Qualität erreicht. Immerhin war es zumindest für das Bundesland an Rhein und Ruhr erstmals nicht mehr nur das persönliche Engagement einzelner Lehrkräfte oder ausgewählter Schulen, die ursächlich für Gedenkstättenfahrten nach Polen waren,[281] sondern mit der *Staatskanzlei*

278 Das belegt die journalistische Berichterstattung zur offiziellen Vorstellung der Stiftungsinitiative. Siehe stellvertretend: Die Welt vom 28. Mai 2010, Jeder deutsche Schüler soll Auschwitz besuchen, S. 5.
279 RMSW Akt Stiftung Erinnern ermöglichen, Zusammenfassung von Vermerken zur Stiftung Erinnern ermöglichen vom 29. März 2012.
280 Die hier genannten Daten basieren auf Angaben des *Staatlichen Museums Auschwitz-Birkenau* vom 26. Februar 2020, die nach dortiger Aussage aber nicht veröffentlicht werden, sondern nur mit Blick auf die Auswertungen für deutsche Schulen dem Verfasser bereitgestellt wurden. Daher ist leider auch kein Vergleich mit anderen Nationen möglich. Für die Möglichkeit, die Statistiken für Deutschland zu erhalten, gilt herzlicher Dank Frau Katarzyna Bisaga.
281 Aus den Akten der *Stiftung Erinnern ermöglichen* lässt sich überzeugend nachweisen, wie einzelne Schulen ihre schon länger gepflegten Traditionen von Gedenkstättenfahrten mithilfe der nunmehr verfügbaren Gelder weiterführen konnten. Mit Verweis darauf, im Jahr 2010 bereits die siebte Reise dieser Art durchzuführen, gehörte das Gymnasium Vlotho zu den ersten Antragstellern der neuen Initiative. Allerdings ist dies nicht sonderlich überraschend, sitzt

GESCHICHTE

Nordrhein-Westfalen und dem *Ministerium für Schule und Weiterbildung* unterstützten die obersten Dienststellen des Landes derartige schulische Studienfahrten.[282] Nachdem Ministerpräsident Jürgen Rüttgers (CDU) den Kontakt zwischen der Stiftungsinitiative und den Landesbehörden hergestellt hatte, war er es noch, der, mit Verweis auf die Auschwitz zugeschriebene »Wirkmacht dieses Ortes«[283] nach der für seine Regierung verlorenen Landtagswahl vom Mai 2010 das Programm am 2. Juni 2010 der Öffentlichkeit vorstellte.[284] Innerhalb der nachfolgenden rot-grünen Koalition nahm Schulministerin Sylvia Löhrmann (Bündnis 90/Die Grünen) den Faden auf und förderte die Gedenkstättenfahrten politisch. Sie setzte sich nicht nur in ihrer Zeit als Ministerin und als Vorsitzende der *Gemeinsamen Kultusministerkonferenz* für eine generelle Aufwertung des historisch-politischen Lernens an außerschulischen Lernorten insgesamt ein,[285] sondern sie unterstrich ihre Wertschätzung für Exkursionen nach Oświęcim, indem sie jährlich mit Schulgruppen zum *Staatlichen Museum Auschwitz-Birkenau* reiste.[286] Diese publizistisch stark beachteten Fahrten lenkten das schulpolitische Interesse auf den »Lernort« Auschwitz.[287] Letztendlich war es Löhrmann bei ihren höchst symbolisch aufgeladenen Fahrten ein »besonderes Anliegen, die wichtige Zielsetzung

doch in Vlotho mit der *Stätte der Begegnung* einer der größten Anbieter von Gedenkstättenfahrten. Zu den schulischen Überlegungen: ASEE A10-005-326, Weser-Gymnasium Vlotho, September 2010.
282 Amtsblatt Schule NRW 8/2010, Bildungsfahrten nach Auschwitz, S. 396.
283 Die Welt vom 28. Mai 2010, Jeder deutsche Schüler soll Auschwitz besuchen, S. 5.
284 https://www.land.nrw/de/pressemitteilung/ministerpraesident-juergen-ruettgers-kuendigt-die-gruendung-einer-stiftung (Stand: 10. Juli 2020), sowie bilanzierend: RMSW Akt Stiftung Erinnern ermöglichen, Schreiben Sekretariat der Ständigen Konferenz der Kultusminister an alle Mitglieder der Kultusministerkonferenz vom 29. September 2016.
285 Sylvia Löhrmann, Erinnern für die Zukunft. Ein Beitrag der Schule für die Zukunft der Demokratie, in: Amtsblatt Schule NRW (2013), H. 10, S. 478-482. Zur Stellungnahme der Kultusministerkonferenz: https://www.kmk.org/fileadmin/Dateien/veroeffentlichungen_beschluesse/2014/2014_12_11-Empfehlung-Erinnerungskultur.pdf (Status: 10. Juli 2020).
286 Stellvertretend die Berichterstattung in der Hauszeitung des Ministeriums, siehe: Amtsblatt Schule NRW 3/2012, Besuch in Auschwitz: Erfahrung von eindringlichem Wert. Ministerin Löhrmann begleitet Schülergruppe zur Gedenkstätte, S. 143.
287 Frankfurter Allgemeine Zeitung vom 8. März 2012, Erinnern macht menschlich, S. 3.

der *Stiftung Erinnern ermöglichen* zu unterstützen«[288], wie es in einer Kabinettsvorlage aus dem Jahr 2012 ausdrücklich hieß.

Wenig verwunderlich ist es also, wenn mit dem Arbeitsbeginn der *Stiftung Erinnern ermöglichen* eine quantitativ neue Dimension der Reisen aus Nordrhein-Westfalen nach Oświęcim einherging. Alleine im ersten Jahr half die Stiftung bereits 55 Schulen mit 2.843 Lernenden in finanzieller Form. In den Folgejahren stieg die Nachfrage nochmals merklich an. Zusätzliche Schulen machten ebenfalls von dem Angebot Gebrauch. Im Jahr 2013 unterstützte die Stiftung insgesamt 130 Exkursionen, im darauffolgenden Jahr 115.[289] Damit reisten jeweils mehr als 4.000 Schülerinnen und Schüler zu vormaligen Stätten des NS-Terrors. Dies schlug sich zwar, wie skizziert, auch in steigenden Gästezahlen in der Gedenkstätte nieder, bezogen auf das ursprüngliche, selbst gesteckte Ziel der Stiftung, ausnahmslos allen Lernenden des größten deutschen Bundeslandes eine Studienfahrt nach Oświęcim möglich zu machen, blieb *Erinnern ermöglichen* gleichwohl weit hinter den Erwartungen zurück. Noch nicht einmal im Bereich der Gymnasien – der Schulform, die mit großem Abstand die meisten Reiseanträge einreichte und für den Zeitraum zwischen 2011 und 2015 mit 46,9 Prozent fast die Hälfte aller Bewilligungen ausmachte – konnte eine Förderung für jeden Lernenden in NRW erreicht werden. Für alle anderen Schulformen, die mit weitem Abstand folgten, erwies sich der Ansatz geradezu als utopisch.[290]

Gleichwohl war das *Staatliche Museum Auschwitz-Birkenau* als schulisches Exkursionsziel mit dem nordrhein-westfälischen Programm deutlich bekannter geworden, wozu zahlreiche Exkursionsberichte in den jeweiligen Lokalzeitungen der antragstellenden Schulen ihren Teil beitrugen.[291] Landesweit rechneten Bildungseinrichtungen daraufhin mit einer langfristigen Unterstützung durch die *Stiftung Erinnern ermöglichen*

288 RMSW Akt Stiftung Erinnern ermöglichen, Kabinettsvorlage Bericht über die Reise der Ministerin für Schule und Weiterbildung vom 22.-24. Februar 2012 nach Polen vom Juni 2012.

289 Die quantitative Auswertung stützt sich nachfolgend auf eine im Auftrag der *Stiftung Erinnern ermöglichen* an der *Heinrich-Heine-Universität Düsseldorf*, wo sich bis 2016 das Archiv und die Geschäftsstelle befanden, erstellte Aufstellung der bewilligten Fahrten im Bereich Nordrhein-Westfalens. Die Zusammenstellung wurde dem Autor dankenswerterweise von Frau Fiona Roll zur Verfügung gestellt.

290 Anteilig an den Bewilligungsbescheiden für die einzelnen, antragstellenden Schulen erhielten Gesamtschulen 21,6, Realschulen 12,7, Berufskollegs 14,8, Hauptschulen 3,2 und Förderschulen 0,8 Prozent der Zusagen.

291 Stellvertretend eine Sonderseite einer Lokalzeitung zur Gedenkstättenfahrt nach Auschwitz-Birkenau: Ibbenbürener Volkszeitung vom 13. Juni 2012,

GESCHICHTE

und verankerten die Exkursionen nach Oświęcim als festen Bestandteil ihrer Jahresprogramme. Gedenkstättenfahrten zählen seither zu vielen hausinternen Curricula ebenso wie zu den ausgewiesenen Schulprofilen von Bildungseinrichtungen aller Schulformen.[292]

Ab dem Jahr 2015 ergaben sich aber seitens der *Stiftung Erinnern ermöglichen* offenbar finanzielle Engpässe, die zunächst zur Kürzung der Zuschüsse für die einzelnen Reisegruppen führten. Im Zuge dessen stellte die Stiftung beispielsweise die regelmäßige Förderung der von Lernenden erstellten (und dieser Auswertung als Quellenbasis maßgeblich zugrunde liegenden) Abschlussdokumentationen ein,[293] die zuvor selbstverständlich im Nachklang zur Fahrt gefördert worden waren.[294] Wirtschaftliche und inhaltliche Differenzen veranlassten das *Ministerium für Schule und Weiterbildung Nordrhein-Westfalen* im Jahr 2017, die Kooperation mit der *Stiftung Erinnern ermöglichen* zu beenden.[295] Seither ist es für Schulen und andere Bildungseinrichtungen aus Nordrhein-Westfalen nicht mehr möglich, bei der bislang vertrauten Institution einen Zuschuss zu den anfallenden Reisekosten zu erhalten. Das Land verlor damit seine Vorreiterstellung bezüglich des singulären Reiseziels Auschwitz-Birkenau. Es fand aber, wie noch darzustellen sein wird, neue Ansätze, um die Arbeit mit historischen Orten im Unterricht weiterhin zu fördern.

---

abgedruckt im Bestand: A12-039-494, Exkursionsbericht Kardinal-von-Galen-Realschule Mettingen, Mai 2012, S. 15.

292 Exemplarisch kann hierzu auf die besonders engagierte Anita-Lichtenberg-Gesamtschule Geilenkirchen verwiesen werden: http://www.alg-gk.de/index.php/projekte-top/auschwitz (Stand: 10. Juli 2020).

293 Der Beschluss, die Dokumentationen nicht mehr einheitlich zu fördern, führte zur Änderung der Zuwendungsmodalitäten der *Stiftung Erinnern ermöglichen*. Aus ihr resultiert der Umstand, dass ab dem Jahr 2015 die Breite der aufwändigen Fahrtberichte, die für eine Auswertung zur Verfügung stehen, deutlich zurückgeht. Vielleicht ist es aber auch die Streichung der üppigen Unterstützung für opulent aufgemachte Abschlussberichte, die zur Produktion von Fahrttagebüchern führte, die Basis für die nachfolgend vorgenommene Analyse von spontanen Reaktionen auf den Gedenkstättenbesuch sind.

294 Die Erstellung der 55 ersten Abschlussdokumentationen in den Jahren 2010 und 2011 hatte die Stiftung noch mit 11.322 Euro bezuschusst, also durchschnittlich 206 Euro je Schule. Siehe: RMSW Akt Stiftung Erinnern ermöglichen, Bericht des Vorsitzenden des Vorstands zum Geschäftsjahr 2011.

295 RMSW Akt Stiftung Erinnern ermöglichen, Aktenvermerk Auflösung der Stiftung Erinnern ermöglichen, Weiterführung der Arbeit der Stiftung vom 10. August 2017.

3.3 Zentraler Lernort schulischer wie außerschulischer Bildungsangebote

Die *Stiftung Erinnern ermöglichen* stellte mit dem offiziellen Ende der Kooperation zwischen der Stiftung und dem *Ministerium für Schule und Weiterbildung Nordrhein-Westfalen* die operative Tätigkeit ein. An ihre Stelle trat die vom gleichen Spenderehepaar getragene *Bethe-Stiftung*, die nun die erinnerungspolitischen Initiativen zur Förderung von Studienexkursionen zu Stätten ehemaliger Vernichtungslager übernahm und weiterführte.[296] Als Kooperationspartnerin der Bundesländer Berlin, Bremen, Hamburg, Hessen, Mecklenburg-Vorpommern, Rheinland-Pfalz, Sachsen-Anhalt und Thüringen fördert sie derzeit Gedenkstättenfahrten aus den genannten Bundesländern zum *Staatlichen Museum Auschwitz-Birkenau* und zu anderen früheren deutschen Lagern im heutigen Polen.[297] Dem Ehepaar Bethe gelang es damit, sich vom zunächst sehr regional begrenzten Aktionsraum zu lösen und mehr in die gesamte Bundesrepublik hineinzuwirken. Zugleich war eine Unterstützung von Fahrten im ursprünglichen Kernbereich, also innerhalb Nordrhein-Westfalens, dem mit mehr als 18 Millionen Einwohnern bei Weitem größten Bundesland, nicht mehr möglich. Das Ziel einer bundesweiten Förderung von Gedenkstättenfahrten nach Polen hat die *Bethe-Stiftung* damit nicht erreicht, wenngleich es in einigen Bundesländern zu einem merklichen Anwachsen der Zahlen kam. So entdeckten beispielsweise die Schulen im nordöstlichen Bundesland Mecklenburg-Vorpommern mit Unterstützung der *Landeszentrale für politische Bildung Mecklenburg-Vorpommern* und der *Bethe-Stiftung* zunehmend die Exkursionsziele. Hatten im Jahr 2015 lediglich sechs Fahrten stattgefunden, an denen insgesamt nur 106 Schülerinnen und Schüler partizipierten, stieg die Zahl bis in das Jahr 2019 auf 21 an, im Jahr 2020 wären sogar 35 Exkursionen bewilligt gewesen, wenn nicht die allgemeinen Reisebeschränkungen im Zuge der Corona-Pandemie dies verhindert hätten. Interessant an Mecklenburg-Vorpommern, das in der unmittelbaren Nachbarschaft zu Polen liegt, ist zudem, dass dort neben Auschwitz-Birkenau die Stätten anderer ehemaliger Lager zunehmend für schulische Studienexkursionen genutzt werden. Insbesondere Majdanek tritt an die Seite von Oświęcim. Zwar hätte es mit neun Reisen für das Jahr 2020 noch immer weit hinter dem Zuspruch für das *Staatliche Museum Auschwitz-Birkenau* mit angedachten 23 Reisegruppen gelegen, doch erreicht die Gedenkstätte bei Lublin

---

296 http://bethe-stiftung.org/foerderschwerpunkte/ (Stand: 10. Juli 2020).
297 https://buerogl2019.wixsite.com/erinnernermoeglichen (Stand: 10. Juli 2020).

GESCHICHTE

für Mecklenburg-Vorpommern bereits einen nennenswerten Anteil an schulischen Gruppenreisen.

Im Verlauf der sechs Jahre währenden Förderung von internationalen Gedenkstättenexkursionen haben bislang knapp 2.000 Schülerinnen und Schüler aus Mecklenburg-Vorpommern das Nachbarland besucht.[298] Für das kleine Land an der Ostsee ist dies eine stattliche Zahl (zumal allein im Jahr 2020 mehr als 850 weitere Lernende hätten reisen sollen). Im Vergleich zu der jährlich über 4.000 Personen umfassenden Förderung der Jahre 2013 mit 2015 in Nordrhein-Westfalen belegt dies zugleich aber den nachhaltigen Verlust für die Stiftungsidee des Ehepaars Bethe, den das Ausscheiden des größten Bundeslandes für die Förderung von Gedenkstättenfahrten nach Polen bedeutete.

Ein Blick in eines der größeren Bundesländer unterstreicht den Befund. Auch wenn in Hessen die Angebote der *Bethe-Stiftung* inzwischen von der dortigen Landeszentrale ebenfalls unterstützt und bekanntgemacht werden, gelingt es ihr nicht, den quantitativ in Nordrhein-Westfalen erlittenen Verlust zu kompensieren. In Hessen kommt hinzu, dass die meisten Schulen nahe liegendere Gedenkstätten aufsuchen. Zumeist sind dies die im benachbarten Thüringen liegende Einrichtung in Buchenwald oder die ehemalige »Euthanasie«-Tötungseinrichtung Hadamar im eigenen Bundesland. Dennoch treten immerhin 16 Prozent aller durch Förderung der *Hessischen Landeszentrale für politische Bildung* zustande gekommenen Exkursionsgruppen den Weg nach Oświęcim an. Es rangiert damit auf Platz drei der geförderten Reiseziele. In den drei Schuljahren zwischen 2016/17 und 2018/19 besuchten immerhin 58 hessische Schulen das *Staatliche Museum Auschwitz-Birkenau*. Der Stellenwert des »Lernortes Auschwitz« wird für Hessen dadurch unterstrichen, dass im Rahmen des Vorbereitungsdienstes angehende Geschichtslehrkräfte aus den Regionen Fulda und Kassel regelmäßig zu einwöchigen Studienprogrammen in das *Staatliche Museum Auschwitz-Birkenau* aufbrechen.[299]

In vielen anderen Bundesländern findet hingegen keine Unterstützung für schulische Fahrten nach Auschwitz statt. Die Hansestadt Bremen beispielsweise unterstützt nur Exkursionen innerhalb des eigenen Bundeslandes, die dann den *Denkort Bunker Valentin* besuchen und sich

---

298 Die genannten Daten basieren auf Information durch die Landeszentrale für politische Bildung Mecklenburg-Vorpommern, übermittelt vom Fachreferenten Dr. Steffen Schoon am 21. Februar 2020.

299 Auswertung der Antwort der Hessischen Staatskanzler: auf die Anfrage der Abgeordneten Turgut Yüksel (SPD) vom 12. August 2019 zum verpflichtenden Besuch hessischer Schulklassen in KZ-Gedenkstätten, zur Datenbasis: http://starweb.hessen.de/cache/DRS/20/3/01013.pdf (Stand: 10. Juli 2020).

über die dort praktizierte Zwangsarbeit während des Nationalsozialismus informieren.[300] Ähnlich verfährt der Freistaat Bayern, der schulische Fahrten ausschließlich dann mitfinanziert, wenn sie die beiden von der *Stiftung Bayerische Gedenkstätten* getragenen Institutionen in Dachau oder Flossenbürg ansteuern.[301] Ebenfalls Fahrten nach Dachau ermöglicht Baden-Württemberg, weil die dortige *Landeszentrale für politische Bildung* nicht nur den Besuch von Gedenkstätten innerhalb des eigenen Bundeslandes unterstützt, sondern darüber hinaus zu Zielen, die von den Grenzen des südwestlichen Landes nicht weiter als 100 Kilometer entfernt liegen. Damit erhalten Fahrten in die französische Gedenkstätte Natzweiler-Struthof eine finanzielle Förderung, während für Reisen nach Polen keine Mittel bereitgestellt werden.[302]

Nordrhein-Westfalen dagegen hat nach dem Ende der ursprünglichen Zusammenarbeit mit der *Stiftung Erinnern ermöglichen* einen eigenen Weg gefunden. Die zunächst privat bereitgestellte Förderung von schulischen Gedenkstättenfahrten wurde ersetzt durch eine staatliche Unterstützung, die vom Landtag seit dem Jahr 2016 wiederholt aufgestockt wurde. Ursprünglich mit einem Etat von 200.000 Euro ausgestattet, sollten damit Fahrten von Schulen zu historischen Orten aller Epochen innerhalb Nordrhein-Westfalens ebenso wie Reisen zu nationalen und internationalen Zielen unterstützt werden. Infolge der bereits bestehenden Traditionen von Fahrten nach Oświęcim und unter Berücksichtigung der nun neuen Förderungsmöglichkeiten für Exkursionen zu anderen Zielen waren die verfügbaren Mittel schnell ausgeschöpft. Da die Idee, Schülerinnen und Schülern das persönliche Erleben historischer Orte im schulischen Kontext zu ermöglichen, von allen demokratischen Kräften im Landtag einhellig unterstützt wurde, beschloss das Parlament im nächsten Jahr 400.000 Euro in den Landeshaushalt einzuplanen, was sich aber ebenfalls als ein zu geringer Ansatz erwies. Daraufhin erfolgte eine erneute Anhebung des verfügbaren Etats auf 1.000.000 Euro. Wiederum mit einem deutlichen Schwerpunkt auf den Gymnasien fragten die nordrhein-westfälischen Schulen das Angebot sehr intensiv nach. Alleine für das zweite Schulhalbjahr 2019/2020 hatte das *Ministerium für Schule und Bildung* Bewilligungen für 165 Fahrten mit insgesamt 6.063

---

300 Herzlichen Dank für die Information an Linda Blöchl von der *Landeszentrale für politische Bildung Bremen* vom 6. Januar 2020.
301 Bekanntmachungen des Bayerischen Staatsministeriums für Bildung und Kultus, Wissenschaft und Kunst, Amtsblatt 8/2015, S. 95.
302 https://www.gedenkstaetten-bw.de/foerderung-grundsaetze (Stand: 10. Juli 2020).

GESCHICHTE

Personen ausgesprochen, nachdem bereits im ersten Schulhalbjahr 104 Reisen mit 3.629 Teilnehmenden gefördert worden waren.

Blickt man auf die Epochenzuordnung der in Nordrhein-Westfalen aktuell besuchten Stätten, so zeigt sich das besondere Interesse der Schulen an außerschulischen Lernorten zum Nationalsozialismus. Während nur zwei Fahrten sich historischer Orte der DDR-Geschichte zuwandten, bestimmen Besuche an KZ-Gedenkstätten die Nachfrage. Weil das NS-Regime auf dem Gebiet des heutigen Landes Nordrhein-Westfalen kein zentrales Lager eingerichtet hatte, prägen Reisen über die Landesgrenzen hinaus die Bilanz. Unter den Fahrten für die zweite Schuljahreshälfte 2019/2020 finden sich deshalb 89 Fahrten nach Buchenwald, Sachsenhausen, Bergen-Belsen oder Neuengamme. Innerhalb Nordrhein-Westfalens verblieben hingegen nur 16 Schulen, die Mittel beispielsweise für Exkursionen zur *Villa ten Hompel* in Münster, zur *Erinnerungs- und Gedenkstätte Wewelsburg* oder zur *NS-Dokumentation Vogelsang* beantragten. Das meistbesuchte Einzelziel schulischer Reisen lag aber weder innerhalb des Bundeslandes noch der Bundesrepublik. Nach wie vor war das in Nordrhein-Westfalen am meisten nachgefragte Exkursionsziel das *Staatliche Museum Auschwitz-Birkenau*. Im Schuljahr 2019/2020 besuchten 96 Studienfahrten mit 2.075 Lernenden die Gedenkstätte, nachdem schon 2018/2019 97 Schulen mit sogar 2.416 Schülerinnen und Schülern nach Oświęcim gereist waren.[303] Das Ende der *Stiftung Erinnern ermöglichen* und die Umstellung der Fördermodalitäten zogen keinen langfristigen Rückgang der Besuchszahlen aus Nordrhein-Westfalen im *Staatlichen Museum Auschwitz-Birkenau* nach sich. Die Idee, schulische Exkursionen dorthin zu unternehmen, ist im größten Bundesland inzwischen etabliert.

Sowohl Nordrhein-Westfalen als auch Mecklenburg-Vorpommern sind sehr gute Beispiele dafür, wie vielfältig inzwischen die Unterstützung von schulischen Exkursionen gehandhabt wird. Außerschulisches Lernen unterstützen beide Länder mit einem festgeschriebenen Etat. Das weit kleinere Mecklenburg-Vorpommern ermöglicht schon seit dem Jahr 2009 mit einem Gesamtbudget von 100.000 Euro allen Fächern die Durchführung von Schulexkursionen innerhalb Deutschlands zu allen potenziell denkbaren Lernorten. Für einzelne Reisen können jeweils

---

303 Bericht Ministerium für Schule und Bildung Nordrhein-Westfalen an den Landtag Nordrhein-Westfalen vom Januar 2020. Abrufbar unter: https://www.landtag.nrw.de/portal/WWW/dokumentenarchiv/Dokument/MMV17-2888.pdf (Stand: 10. Juli 2020).

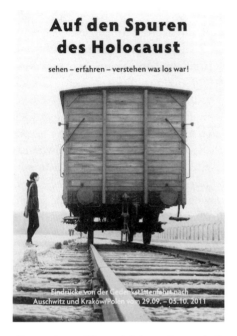

*Cover einer Filmproduktion einer schulischen Gedenkstättenfahrt aus dem Jahr 2011.
Quelle: ASEE A11-042-326*

bis zu 500 Euro abgerufen werden.³⁰⁴ Das Programm in Nordrhein-Westfalen hingegen ist deutlich enger gefasst. Es erlaubt exklusiv den Lehrkräften des Faches Geschichte, Gelder in Höhe von insgesamt einer Million Euro für Exkursionen zu beantragen. Allerdings können über das Programm der *Landeszentrale für politische Bildung Mecklenburg-Vorpommern* und der *Bethe-Stiftung* ebenfalls Ziele außerhalb Deutschlands besucht werden.

Beide Bundesländer unterstreichen gleichwohl die eingangs formulierte These, wonach Auschwitz bei Auslandsexkursionen zu den meist frequentierten Reisezielen deutscher Schulklassen gehört. Die Unterstützung der *Bethe-Stiftung* trägt dazu einen wesentlichen Teil bei, zumal insbesondere für die Schulen an Rhein und Ruhr die Tradition, nach Oświęcim zu fahren, vornehmlich von der *Stiftung Erinnern ermöglichen*

---

304 Angaben nach Informationen der *Landeszentrale für politische Bildungsarbeit Mecklenburg-Vorpommern*. Herzlichen Dank Steffen Schoon für dessen Mail vom 14. Februar 2020.

grundgelegt wurde. Inzwischen aber haben sich Studienfahrten nach Oświęcim in der Bildungslandschaft etabliert, was sich nicht zuletzt in einer ansehnlichen Zahl von staatlichen und nicht-staatlichen Förderpartnern zur Unterstützung von Exkursionen zum *Staatlichen Museum* jenseits der *Bethe-Stiftung* ausdrückt. Neben Landesmitteln, wie sie beispielsweise in Nordrhein-Westfalen beantragt werden können, bieten sich für Schulen eine Fülle privater Förderungsinstanzen an.[305] Zusammenfassend lässt sich bilanzieren: Obwohl es in Deutschland weiterhin keine zentralstaatliche Unterstützung für Auschwitz-Exkursionen gibt, wie dies beispielsweise in Großbritannien mit dem seit dem Jahr 1988 bestehenden *Holocaust Educational Trust* der Fall ist, war der Weg für schulische Exkursionen nach Oświęcim noch nie so leicht. Hatte noch im Jahr 2000 eine Handreichung für Geschichtslehrkräfte die grundlegendsten Informationen zum Besuch im *Staatlichen Museum Auschwitz-Birkenau* aufführen müssen, weil sie in Deutschland nicht allgemein bekannt waren, so ist die Gedenkstätte inzwischen integraler Bestandteil des bildungspolitischen Mainstreams.[306]

Dies reicht weit über den schulischen Bereich hinaus. Auch in der außerschulischen Bildungsarbeit sind Reisen nach Oświęcim inzwischen keine Seltenheit mehr. Anknüpfend an die beschriebene Tradition der Fahrten seit den späten 1950er Jahren unternehmen zahlreiche Träger der außerschulischen Bildungsarbeit Studienfahrten zur Gedenkstätte. So organisiert die *Volkswagen AG* für Auszubildende des Konzerns eigene Fahrten mit historischen Inhalten. Nachhaltig erleichtert wird die Organisation von Fahrten außerhalb von Wirtschaftsunternehmen, weil die Bundesregierung mit einem eigenen Förderprogramm außerschulische Gedenkstättenfahrten nach Oświęcim unterstützt. Im bundesdeutschen Bildungsföderalismus ist dies die einzige verfassungsrechtlich zulässige Förderung mit Bundesmitteln, die möglich ist. Um diese zu erhalten, arbeiten Verbände aus der kirchlichen, gewerkschaftlichen oder sonstigen Jugendarbeit, wenn sie Gedenkstättenfahrten unternehmen wollen, zumeist mit externen Anbietern zusammen.[307] Das in Dortmund ansässige *Internationale Bildungs- und Begegnungswerk* oder *Stätten der Begegnung*

---

305 Eine aktuelle Übersicht ist verfügbar unter: http://www.bpb.de/partner/akquisos/151159/sonderausgabe-foerdermoeglichkeiten-fuer-fahrten-zu-gedenkstaetten-fuer-die-opfer-des-nationalsozialismus (Stand: 10. Juli 2020).
306 Neirich, Erinnern heißt wachsam bleiben, 176 ff.
307 Wenn Schulen externe Vermittler mit der Organisation ihrer Exkursionen betrauen, können sie offenbar ebenfalls die Bundesmittel abrufen. Aufgezeigt wird dieser Weg in: Internationales Bildungs- und Begegnungswerk Dortmund, Studienreisen zu Gedenkstätten in Polen, S. 58.

aus Vlotho sind in diesem Feld besonders aktiv. Daneben können aber auch lokale Träger ergänzende und vertiefende Programme anbieten. In diesem Sinn tritt besonders die *Internationale Jugendbegegnungsstätte Auschwitz* hervor, die für viele Gruppen aus Deutschland nicht nur Übernachtungsstätte ist, sondern sie während ihrer Zeit in Oświęcim auch pädagogisch betreut. Wie hoch die Zahl der deutschen Besucherinnen und Besucher ist, die mit außerschulischen Programmen jährlich das Staatliche Museum Auschwitz-Birkenau besucht, ist jedoch nicht zuverlässig zu sagen.

Die primär für die außerschulische Bildungsarbeit konzipierten Angebote werden allerdings auch von Schulen in Anspruch genommen. Dann konzentrieren sich Vorbereitung und Durchführung der Exkursionen nicht nur auf die Arbeit innerhalb des regulären Unterrichts und eventueller Zusatzstunden, sondern dies wird ergänzt um die Begleitung durch Bildungspartner. In den archivierten Reisedokumentationen der Schulen fallen die von solchen externen Partnerorganisationen begleiteten Fahrten besonders deshalb auf, weil ihnen oft sehr professionell angefertigte Filmberichte über die Zeit in der Gedenkstätte beigefügt sind, die nicht von den Lernenden zusammengestellt wurden, sondern Produkte der externen Begleitung sind.

Rezeption

Schulische Exkursionen aus Deutschland nach Oświęcim sind bis heute keine Massenveranstaltungen. Von den insgesamt 2,1 Millionen Gästen aus aller Welt, die das *Staatliche Museum Auschwitz-Birkenau* im Jahr 2019 besuchten, stammten lediglich 73.270 aus Deutschland. Unter ihnen befanden sich 34.993 Jugendliche und junge Erwachsene unter 26 Jahren.[1] Wie hoch der Anteil von organisierten Schulreisen ausfiel, wird von der Gedenkstätte nicht gesondert erfasst. Er dürfte aber einen großen Teil jener knapp 35.000 Personen umfassen, zumal alleine die *Bethe-Stiftung* in diesem Jahr den Gedenkstättenbesuch von 4.280 Personen förderte.[2] Damit liegt die Zahl deutscher Schülerinnen und Schüler, die organisiert von ihren Bildungseinrichtungen zum historischen Ort Auschwitz-Birkenau reisen, deutlich unter jener für vergleichbare Gedenkstätten innerhalb Deutschlands. Alleine die *KZ-Gedenkstätte Dachau* beispielsweise betreute im Jahr 2019 insgesamt 233.500 schulische Gäste und brachte damit weit mehr Jugendliche aus deutschen Schulen mit einem Gedenkort für den Nationalsozialismus in Berührung als das *Staatliche Museum Auschwitz-Birkenau*. Selbst eine eher kleine und überregional wenig bekannte Institution wie die an der deutsch-tschechischen Grenze gelegene *KZ-Gedenkstätte Flossenbürg* zählte im selben Kalenderjahr 30.800 Schülerinnen und Schüler. Sie dürfte demnach ähnlich viele Gäste aus deutschen Schulen empfangen und betreut haben, wie das im weit prominenteren *Staatlichen Museum Auschwitz-Birkenau* der Fall war.[3]

Bereits die bayerischen Vergleichszahlen belegen die Bedeutung schulischer Gedenkstättenfahrten für den deutschen Schulalltag.[4] Ihr Besuch ist vor allem an Gymnasien inzwischen regulärer, oftmals sogar kanonischer Bestandteil des Unterrichts. Domänenspezifisch wird man für den Geschichtsunterricht sogar feststellen müssen, dass sie bei Weitem alle ande-

---

1 Alle Daten basieren auf Informationen, die das *Staatliche Museum Auschwitz-Birkenau* dem Autor am 26. Februar 2020 bereitstellte.
2 Datenangabe durch *Bethe-Stiftung* am 16. Mai 2020.
3 Sachbericht der KZ-Gedenkstätte Flossenbürg 2019; für die Information herzlichen Dank an Dr. Christa Schikorra. Für die Zahlenangaben zur Gedenkstätte in Dachau dankt der Autor Dr. Erika Tesar von der *Stiftung Bayerische Gedenkstätten*.
4 Die Bedeutung lässt sich pauschal für ganz Deutschland konstatieren, wenngleich die landesspezifischen Regelungen eine sehr unterschiedliche Einbindung von Gedenkstätten in den schulischen Alltag vorsehen.

ren Exkursionsziele des historischen Lernens übertreffen. Das Themenfeld Nationalsozialismus und Zweiter Weltkrieg prägt das außerschulische Lernen im Geschichtsunterricht, weil neben den vormaligen Lagern auch frühere Stätten des religiösen Lebens, etwa die *Alte Synagoge Wuppertal*, ehemalige Gefängnisse wie das *EL-DE-Haus* in Köln oder Orte, an denen besonders exponierte Parteiveranstaltungen abgehalten wurden – hier ist beispielsweise an das *Dokumentationszentrum Reichsparteitagsgelände* in Nürnberg zu denken – besucht werden. Die hohe Zahl an historischen Orten, die in diesem Sinne zu »Lernorten« des Geschichtsunterrichts werden, belegt das weithin vorhandene Interesse von Lehrenden wie Lernenden an der NS-Zeit. Umso überraschender ist es, wenn bislang zur Rezeption und Wirkung dieser schulischen Besuche keine umfassende Forschung vorgelegt wurde. Dies gilt nicht zuletzt und vielleicht sogar in besonderer Weise für schulische Besuche in Gedenkstätten ehemaliger NS-Lager. Wenn dem nachfolgend entgegengewirkt werden soll, so dient die Gedenkstätte Auschwitz-Birkenau der Untersuchung als exemplarisches Beispiel. Alternativ hätten andere Orte ausgewählt werden können. Allerdings liegen von ihnen keine so umfassenden Quellenbestände für Exkursionen deutscher Schulen aus vier Jahrzehnten bis in die Gegenwart vor. Dementsprechend sollen nachfolgend spezifische Ergebnisse für Auschwitz-Birkenau vorgelegt werden, die zugleich die Intention verfolgen, generellere Befunde zum schulischen Lernen an NS-Gedenkstätten hervorzubringen. Zu fragen wird dementsprechend sein, ob es mit dem Besuch in einer Gedenkstätte tatsächlich gelingt, Jugendliche insbesondere für Demokratie und Pluralismus zu gewinnen sowie gegenüber nationalsozialistischem Gedankengut, Antisemitismus und Rassismus zu immunisieren.[5] Vor allzu großen Hoffnungen in dieser Hinsicht ist aber sowohl von Bildungswissenschaft wie auch von Gedenkstättenpädagogik bereits wiederholt gewarnt worden.[6]

---

5 Zu den gesellschaftlichen Erwartungen an schulische Gedenkstättenbesuche: Andreas Körber, Zeitgemäßes schulisches Geschichts-Lernen in Gedenkstätten, in: Oliver von Wrochem/Lars Jockheck (Hrsg.), Das KZ Neuengamme und seine Außenlager. Geschichte, Nachgeschichte, Erinnerung, Bildung, Berlin 2010, S. 392-413, hier S. 392 f.
6 Wolfgang Meseth, Schulisches und außerschulisches Lernen im Vergleich. Eine empirische Untersuchung über die Vermittlung der Geschichte des Nationalsozialismus im Unterricht, in außerschulischen Bildungseinrichtungen und in Gedenkstätten, in: kursiv: Journal für politische Bildung (2008), H. 1, S. 74-83. Aus dem Feld der Gedenkstättenpädagogik: Bert Pampel, »Mit eigenen Augen sehen, wozu der Mensch fähig ist«. Zur Wirkung von Gedenkstätten auf ihre Besucher, Frankfurt am Main 2007.

REZEPTION

Gestützt vor allem auf die von Lernenden selbst verfassten Berichte über ihren Aufenthalt in der Gedenkstätte Auschwitz-Birkenau soll die Rezeption von Gedenkstättenbesuchen untersucht werden. Im nächsten Schritt wird dann danach gefragt werden, welche langfristigen Konsequenzen der Aufenthalt dort zu erzielen vermochte. Doch gerade die spezifischen Langzeitfolgen lassen sich nur schwer fassen. Schließlich führt selbst zuverlässig erworbenes Wissen nicht zwangsläufig zu einer grundlegenden Veränderung des individuellen Entscheidens und Handelns im Alltag.[7] Diese Problematik bedenkend, wird versucht, gestützt auf die Aussagen der Jugendlichen, eine »kollektive« Wirkungsforschung zu betreiben: Analysiert werden soll und kann demnach nicht, wie der Gedenkstättenbesuch auf eine einzelne Person gewirkt hat. Dies wäre nicht möglich, weil die vorliegenden Quellen dazu zu wenig aussagen (beispielsweise fehlen in den schulischen Dokumenten häufig die exakten Angaben zur Erstellungszeit der überlieferten Berichte, Angaben zum Besuchsprogramm sind lückenhaft, es liegen keine oder nur unklare Angaben zur Vor- und Nachbereitung der Exkursionen vor und der Datenschutz stünde einer individuellen Annäherung an Einzelpersonen entgegen). Außerdem kann eine Erhebung einer, wie auch immer gearteten, Wirkung über mindestens zwei Erhebungszeitpunkte hinweg nicht geleistet werden, da zu allen Fahrten nur eine Dokumentation vorliegt. Dieser Mankos ist sich der Verfasser der vorliegenden Abhandlung völlig bewusst. Versucht wird deshalb, eine umfassende Zusammenschau und Analyse von mehreren Hundert Reiseeindrücken aus der Feder von Schülerinnen und Schülern vorzulegen. Die Summe dieser vielfältigen Stimmen aus Vergangenheit und Gegenwart, so die Hypothese, führt zu einer Annäherung an den tatsächlichen Ertrag der schulischen Gedenkstättenexkursionen. Daraus abgeleitet werden sollen dann Aussagen von allgemeingültigem Wert.

Für den konkreten Fall des *Staatlichen Museums Auschwitz-Birkenau* ergeben sich aber noch zwei spezifische Herausforderungen: Erstens haben sich, wie wohl in allen anderen NS-Gedenkstätten, die bereits länger als Institutionen etabliert sind, in den letzten Jahrzehnten immer wieder die musealen Präsentationen des ursprünglichen historischen Ortes verändert. Bereits das Kapitel Geschichte ging darauf umfassend ein. Wenn nun aber die Rezeption der Reisen während der 1980er und frühen 1990er Jahre mit denen des zweiten Jahrzehnts des 21. Jahrhunderts

---

7 Mit Hinweis auf langfristige sozialpsychologische Forschungen zum Thema weist darauf hin: Gudehus, Methodische Überlegungen zu einer Wirkungsforschung in Gedenkstätten, in: Gabriel/Mailänder Koslov/Neuhofer/Rieger (Hrsg.), Lagersystem und Repräsentation, S. 208.

verglichen werden, muss zwingend das veränderte museale und gedenkstättenpädagogische Umfeld des besuchten Ortes berücksichtigt werden. Zweitens sind die Zugangsmodalitäten zur Gedenkstätte Auschwitz-Birkenau sehr spezifisch. Nicht nur die besondere Prominenz und die hohen Besucherzahlen rechtfertigen diese Feststellung. Geschichtsdidaktisch bedeutsamer sind organisatorische Eigenheiten, die sich in dieser Form wohl an keiner anderen Gedenkstätte vorfinden lassen. So ist beispielsweise das ehemalige Lager, anders als vergleichbare Gedenkstätten in Deutschland, nicht frei zugänglich. Wenn Gruppen das frühere Lager I, das sogenannte Stammlager, besichtigen wollen, ist dies nur nach Anmeldung möglich. Zudem bedürfen sie der Begleitung durch vom *Staatlichen Museum* vermittelte Guides.[8] Nach einer von der Gedenkstätte festgelegten Route führen diese die Gruppen dann über das Gelände. Auf die Ausgestaltung der Rundgänge haben weder Lehrkräfte noch Schülerinnen und Schüler Einfluss. Das *Staatliche Museum Auschwitz-Birkenau* beansprucht die Exklusivität seines Areals durch die Restriktion des Zugangs bis in die Gegenwart zumindest für das Lager Auschwitz I für sich und macht den Eintritt zum museal gestalteten historischen Ort damit zu einem sehr normierten oder exklusiven Bildungserlebnis.[9] Dies hebt sich fundamental von der Arbeitsweise der meisten anderen NS-Gedenkstätten ab, wo zumindest Individualbesuchende ohne Anmeldung und ohne eine verpflichtende Führung die ehemaligen Lager aufsuchen können.

Diese beiden Rahmenbedingungen schulischer Besuche im *Staatlichen Museum Auschwitz-Birkenau* sind zu bedenken, wenn nachfolgend über

---

8 Sprachlich beeindruckend ist es, mit welcher Unbekümmertheit manche Gruppen in den älteren Berichten noch davon sprechen, bei der Erkundung der Gedenkstätte seien sie »dem Führer« gefolgt. Exemplarisch für die mangelnde sprachliche Sensibilität: »Ich bedankte mich im Namen der Gruppe bei dem Führer, überreichte ihm ein Trinkgeld und wartete auf die anderen«. Siehe: ARBS 2001-71, Exkursionsbericht Max-Ernst-Gymnasium Brühl, Oktober 1988, S. 108 ff. In den jüngeren Berichten hingegen wird zumeist die Formulierung »Guide« genutzt, siehe beispielsweise: ASEE A13-029-520, Exkursionsbericht Viktoriaschule Aachen, Februar/März 2013, S. 5.

9 Grundsätzlich zum Problem des nicht freien Zugangs zu historischen Orten: Plessow, »Außerschulisch«, in: Karpa/Overwien/Plessow (Hrsg.), Außerschulische Lernorte in der politischen und historischen Bildung, S. 23. Ergänzend kommt noch hinzu, dass der Gruppenbesuch, wenn er dann stattfindet, von den Schülerinnen und Schülern häufig als zu hektisch wahrgenommen wird. Zeit, den Ort auf sich wirken zu lassen, fehlt den Lernenden zumeist. Siehe: ASEE, A11-020-525, Exkursionsbericht Anita-Lichtenstein-Gesamtschule Geilenkirchen, Juli 2011, S. 7

den Erfolg jener Exkursionen gesprochen wird. Als Forschungsfragen sollen diskutiert werden:
- Wie rezipieren Schülerinnen und Schüler aus Deutschland den Besuch am historischen Ort Auschwitz-Birkenau?
- Lässt sich nachweisen, welche Bereiche der Gedenkstätte die Jugendlichen besonders beeindrucken und worin die Gründe dafür liegen?
- Gelingt es der Gedenkstätte, bei den deutschen Besucherinnen und Besuchern eine grundsätzliche Reflexion über den historischen Ort und die historischen Ereignisse am Ort anzustoßen?

Um die Fragen zu beantworten, richtet sich zunächst ein kursorischer Blick auf die Reiseberichte der 1980er und frühen 1990er Jahre. Aus ihnen soll die Rezeption der Gedenkstätte in spätkommunistischer Zeit und während der Jahre des politischen Umbruchs rekonstruiert werden. Daran schließt sich die vertiefte Beschäftigung mit den Dokumentationen an, die aus der jüngsten Vergangenheit stammen. Auf Basis der Texte der Jahre 2010 bis 2019 erfolgt eine differenziertere Analyse, bei der neben den Vorannahmen der Lernenden vor allem deren unmittelbarer Eindruck vom *Staatlichen Museum Auschwitz-Birkenau* im Fokus steht.

1 Wahrnehmung der Gedenkstätte im Rahmen schulischer Polenrundreisen (1980-1991)

Beginnt die Suche nach Anhaltspunkten zur Rezeption von schulischen Besuchen im *Staatlichen Museum Auschwitz-Birkenau* chronologisch mit den Reisedokumentationen der frühen Exkursionen, so nähert sich die Analyse vom entlegensten Punkt. Dies gilt zunächst für den zeitlichen Abstand zur Entstehungszeit der Berichte. Sie sind inzwischen mehrere Jahrzehnte alt, zugleich bieten sie aber die quantitativ wohl geringsten Informationen. Die von der *Robert Bosch Stiftung* initiierten Reisen waren fast durchgängig Rundfahrten. Sie führten die Schulgruppen an eine Fülle von Orten in ganz Polen. Von der in der Gegenwart wahrzunehmenden Fixierung schulischer Exkursionen auf Oświęcim war damals noch keine Spur. Im Gegenteil: Die Reisen zielten zunächst darauf, Polen in seiner zeitgenössischen Realität unter geschichtlichen, wissenschaftlichen und kulturpolitischen Aspekten zu erkunden.[10] Die Berichte, die von Schülerinnen und Schülern aus Abschlussklassen der

---

10 ARBS 2001-563, Rahmenbedingungen für die Gewährung von Zuschüssen zu Reisen von Studenten- und Schülergruppen nach Polen vom 30. August 1980.

Realschule oder der Oberstufe von Gymnasien beziehungsweise Berufskollegs verfasst wurden, entsprechen dem insofern, als sie sich in erster Linie für die aktuelle gesellschaftliche Lage im Land interessieren. Die Dokumentationen handeln deshalb von der Versorgungskrise, dem Schwarzmarkthandel, dem Devisentausch, der hohen Religiosität, dem lokaltypischen Essen und dem sozialistischen Gesellschaftsmodell.[11] Obwohl die historische Dimension des besuchten Landes und der deutsch-polnischen Vergangenheit in den Texten nicht überwiegt, spielt sie durchaus eine bedeutende Rolle, da die Reisen eine Fülle von historischen Orten, Erinnerungszeichen, Mahnmalen und Gedenkstätten berücksichtigten.[12] Die Geschichte der von Gewalt geprägten Nachbarschaft zwischen Polen und Deutschen begegnete den Jugendlichen während ihrer Fahrten wiederholt, was sie dafür merklich sensibilisierte.[13] Weil deutsche Lernende aber, trotz der Vorgaben der Geldgeber, vor ihrer Abreise kaum über die polnische Geschichte vor und nach 1939 informiert waren, erwarben sie ein vertieftes Wissen um die gemeinsame Historie erst im Verlauf der umfangreichen Rundreisen. Eine reflektierte und kritische Auseinandersetzung mit der polnischen Geschichtskultur fiel den deutschen Gästen schwer, zumeist war sie ihnen nicht möglich, sodass sich in vielen Berichten die Übernahme einer dezidiert staatlich-polnischen Narration zu einzelnen historischen Orten findet.[14]

Die Grundsätze sind abgedruckt in: Jonda, Deutsch-polnischer Schüler- und Studentenaustausch, 88 f.

11   Die Breite der Rezeption des Landes Polen in den Augen der Schülerinnen und Schüler spiegelt sich sehr gut in einer Vielzahl von individuellen Erinnerungen an die Gesamtreise: ARBS 2001-45, Exkursionsbericht Robert-Bosch-Oberschule Berlin, Mai 1987. Außerordentlich elaboriert und reflektiert zu vielen Fragen der Exkursion, dezidiert, aber kritisch im Kontext des Ost-West-Konflikts: ARBS 2001-3, Exkursionsbericht Staatliches Rudi-Stephan-Gymnasium Worms, August 1980.

12   ARBS 2001-2, Exkursionsbericht Marienschule Hildesheim, Juli 1980, S. 1 ff. In diesem sehr frühen Bericht beschreibt allerdings die betreuende Lehrkraft die Wirkung der zahlreichen historischen Erinnerungspunkte, die die Fahrt durchzogen. Als Beispiel für die Einordnung durch Lernende: ARBS 2001-67, Exkursionsbericht Johannes-Kepler-Gymnasium Weil der Stadt, März 1987, S. 24 ff.

13   Hier ist dezidiert der Auffassung von Corinna Felsch zu widersprechen, die aufseiten der Lernenden ein kaum ausgeprägtes Interesse für die Geschichte Polens und die polnisch-deutsche Nachbarschaftsgeschichte zu erkennen glaubt. Siehe zu ihrer Einschätzung: Felsch, Reisen in die Vergangenheit?, S. 267.

14   Ähnlich: Kicinska, Erlebte Geschichte, 196 f.

REZEPTION

Bezogen auf Auschwitz-Birkenau bedeutete eine unkritische Übernahme dieser staatlich-polnischen Narration zunächst einmal eine relative Geringschätzung des historischen Ortes selbst, der nur ein Besichtigungsstopp unter vielen darstellte. Der Programmplanung der polnischen Reiseagenturen entsprechen die Schilderungen der deutschen Jugendlichen zu ihren Besuchen im *Staatlichen Museum*. Hier handelt es sich um kleine Randbemerkungen, die beiläufig abgehandelt werden (»Auf dem Weg nach Krakau sind wir in Auschwitz und Birkenau gewesen. Es war sehr beeindruckend«[15]; ähnlich: »Am Morgen fuhren wir nach Auschwitz. Dort besuchten wir das ehemalige KZ Auschwitz, geleitet von einem sachkundigen Führer. Von dort kehrten wir am späten Nachmittag zurück«[16]). Andere individuell verfasste Berichte greifen die Gruppenbesuche in der Gedenkstätte sogar überhaupt nicht auf.[17] Von einer besonderen Wertschätzung gegenüber den Eindrücken, die beim Besuch in der Gedenkstätte gesammelt worden wären, künden derartige Berichte nicht. Vielmehr spiegelt sich in ihnen die Reisekonzeption der polnischen Agenturen. Wer im Rahmen einer zweiwöchigen Rundreise durch ganz Polen nur als Zwischenstopp, zum Teil gerade einmal 90 Minuten das *Staatliche Museum Auschwitz-Birkenau* besucht, der misst diesem Aufenthalt vielleicht tatsächlich keine größere Bedeutung bei. Gleichwohl erwähnen mehr als 80 Prozent der Gruppen in ihren Berichten den Aufenthalt. Er gewinnt, vor dem Hintergrund der sich verändernden Geschichtskultur in der Bundesrepublik der späten 1980er Jahre ab der Mitte des Jahrzehnts zunehmend an Bedeutung. So wird der Gedenkstättenbesuch dann sogar vereinzelt als »der wohl wichtigste Aspekt unserer Polenfahrt«[18] herausgestellt und einige Schulen widmen ihm umfangreiche Kapitel oder Anhänge.[19]

Nimmt man diese Darstellungen als Basis, so könnte die Diskrepanz zwischen polnischer Perspektive und bundesdeutscher Rezeption kaum

---

15 ARBS 2001-45, Exkursionsbericht Robert-Bosch-Oberschule Berlin, Mai 1987, handschriftlicher Text L., Klasse 10a, ohne Seitenangabe.
16 ARBS 2001-71, Exkursionsbericht Bildungszentrum Reutlingen-Nord, Mai/Juni 1988, nicht namentlich gezeichneter Bericht mit Titel »4.-6. Tag Polen«, ohne Seitenangabe.
17 ARBS 2001-45, Exkursionsbericht Robert-Bosch-Oberschule Berlin, Mai 1987, diverse handschriftliche Texte; ähnlich: ARBS 2001-47, Exkursionsbericht Realschule Loßburg, April/Mai 1987.
18 ARBS 2001-317, Exkursionsbericht Hans-Heinrich-Uhl Schuldorf Bergstraße, September 1990, Text »Ein Tag in Auschwitz«, S. 1.
19 Exemplarisch: ARBS 2001-39, Exkursionsbericht Park-Realschule Kreßbronn, August 1986, Anlage.

größer ausfallen. Für deutsche Schülerinnen und Schüler ab Mitte der 1980er Jahre ist Auschwitz-Birkenau zunehmend nicht mehr nur ein beliebiger Zwischenstopp bei der Erkundung Polens, sondern, spätestens seit der TV-Serie *Holocaust* und den nachfolgenden Debatten,[20] ein ausgewiesener »Erinnerungsort« der deutschen Geschichte.[21] Ob darüber hinaus der Ort selbst bzw. die an ihm eingerichtete Gedenkstätte auf die Schulgruppen besondere Wirkung entfalten konnte, ist den überlieferten Quellen kaum zu entnehmen. Zwar schreiben viele Gruppen, der Besuch habe bei ihnen eine tiefe emotionale Betroffenheit ausgelöst, doch wird nicht näher beschrieben, inwieweit es dem historischen Geschehensort selbst gelingt, die Jugendlichen zu berühren. Eingedenk der Verpflichtung, sich beim Besuch des Lagers I geführten Touren anzuschließen, steht zu vermuten, dass es vor allem die museale Präsentation des Ortes ist, die die Schülerinnen und Schüler beeindruckt und emotional erfasst. Insbesondere die Punkte, an welchen die Guides stoppen und umfangreichere Darstellungen zur historischen Bedeutung der jeweiligen Stationen vortragen, brennen sich in die Erinnerung der Teilnehmenden ein. Zugleich wünschen sich die Gruppen für ihre Führungen wesentlich mehr Zeit (»... führte man uns in einem so schnellen Tempo durch die Museen, so daß wir kaum Zeit hatten uns die Dinge, z. B. Fotos, Kleidung, Haare, Koffer, Schuhe der Menschen etc. näher anzusehen und einzuprägen«[22]), zumal eine individuelle Wahrnehmung des eigentlichen Geschehensortes weitgehend unmöglich blieb (»In dieser Führung fehlte jede Zeit, um das Gesehene wenigstens ansatzweise verarbeiten zu können. [...] Was [...] fehlte, war die Zeit, in der jeder hätte alleine über die riesige Fläche von Birkenau oder durch die bedrückenden Blocks des Stammlagers gehen können, um mit sich und der Geschichte alleine zu sein«[23]). Umso mehr gilt dies, da nur wenige Gruppen den Gedenkstättenabschnitt in Birkenau besuchten, wo eine intensivere und ungeleitete Auseinandersetzung mit dem historischen Ort möglich gewesen wäre.

Wenn die Schülerinnen und Schüler in ihren Berichten zum Besuch im Lager I über ihre Wahrnehmung des Geländes sprechen, dann beschränkt sich dies häufig auf Aussagen zum Wetter. Beispielsweise

---

20 Zusammenfassend: Bösch, Zeitenwende 1979, S. 363 ff.
21 Auschwitz in diesem Sinne, allerdings erst zwei Jahrzehnte später, interpretierend: Reichel, Auschwitz, in: François/Schulze (Hrsg.), Deutsche Erinnerungsorte.
22 ARBS 2001-315, Exkursionsbericht Albert-Schweitzer-Realschule Bocholt, September 1990, S. 1.
23 ARBS 2001-318, Exkursionsbericht Schadow-Oberschule Berlin, Juni 1991, ohne Seitenangabe.

formulieren sie, mit dem Aufziehen von trüben Wolken und einsetzendem Regen habe sich das Wetter dem Exkursionsziel angepasst.[24] Oder aber strahlender Sonnenschein und eine damit einhergehende friedliche Idylle auf dem Areal des früheren Lagers habe die Schülerinnen und Schüler vor eine kognitive Dissonanz gestellt,[25] schließlich hätten sie mit Auschwitz nur Gräuel und Mord verbunden. Gerade hier nun ein auf den ersten Blick einladendes Ambiente vorzufinden, kollidiert mit dem gesammelten Vorwissen.[26]

Wird die Zeit innerhalb der Gedenkstätte am Beispiel des ehemaligen Lagers I beschrieben, stellen die Texte die Programme der Rundgänge vor oder konzentrieren sich auf die museale Darstellung. Demgemäß stehen im Zentrum der Berichte die Todesmauer,[27] die Galerien der Fotografien der Häftlinge[28] oder die Einzelzellen.[29] Hierbei wird besonders die Gefängniszelle des Franziskanerpaters Maksymilian Kolbe thematisiert,[30] weil seine Selbstopferung zugunsten eines anderen Gefangenen besonders eindringlich erscheint. In fast allen Texten tritt indessen ein spezifischer Ausstellungsbereich hervor: der ehemalige Block 5 im Lager Auschwitz I. Dort werden schon seit den ersten musealen Präsentationsversuchen der unmittelbaren Nachkriegszeit die Überreste des Besitzes der Opfer ausgestellt.[31] Bis heute gilt er berechtigterweise als »Galerie des Grauens«[32]. Die Besucherinnen und Besucher stoßen auf »Tonnen« von Haaren, Tausende Paar Schuhe, Unmengen an Prothesen, Brillen, Zahnbürsten und oft namentlich gekennzeichnete Koffer, die inzwischen

---

24 ARBS 2001-315, Exkursionsbericht Hauptschule Mommsenstraße Köln, September 1990, S. 4.
25 ARBS 2001-315, Exkursionsbericht Beethoven-Gymnasium Bonn, September 1990, ohne Seitenangabe; ähnlich ARBS 2001-317, Exkursionsbericht Integrierte Gesamtschule Roderbruch Hannover, September 1991, S. 3.
26 Vergleiche hierzu auch: Young, Formen des Erinnerns, S. 177.
27 ASEE A13-140-331, Exkursionsbericht Von-Fürstenberg-Realschule Paderborn, Mai 2015, S. 51.
28 Kritisch zur Ausstellung von Fotografien in Gedenkstätten: Cornelia Brink, Ikonen der Vernichtung. Öffentlicher Gebrauch von Fotografien aus nationalsozialistischen Konzentrationslagern nach 1945, Berlin 1998, S. 202 ff.
29 ARBS, 2001-321, Exkursionsbericht Staatliches Hohenstaufen-Gymnasium Kaiserslautern, Juni 1991, S. 15.
30 ARBS 2001-23, Exkursionsbericht Staatliches Aufbaugymnasium Montabaur, Oktober 1984, S. 19 ff.
31 Hansen, »Nie wieder Auschwitz!«, 115 ff.
32 Andrea von Treuenfeld, Leben mit Auschwitz. Momente der Geschichte und Erfahrungen der Dritten Generation, Gütersloh 2020, S. 54.

in Vitrinen aufbewahrt, den Eindruck von Glassärgen vermittelnd,[33] präsentiert werden. Als die vielleicht bekanntesten Exponate des *Staatlichen Museums* dokumentieren sie das Schicksal der Ermordeten auf eine außerordentlich drastische Weise. Die Dramatik unterstreichen zudem ausgestellte Dosen des Tötungsmittels Zyklon B, die unmittelbar auf die Täter und ihre Mordwaffe verweisen.

Diese höchst belastenden Exponate sind es, von denen fast alle Berichte der Reisen aus den 1980er Jahren als dem emotional intensivsten Abschnitt des Aufenthaltes sprechen: »Besonders schockierend wirken auf uns jene Räume, in denen die nach der Befreiung gefundenen Utensilien der Häftlinge aufbewahrt werden.«[34] In der unmittelbaren Konfrontation mit den Relikten sei, so eine andere Gruppe, für die Schülerinnen und Schüler, »das Leid der Menschen immer spürbarer« geworden.[35] Wiederholt ist die Rede von dem »schockierendsten, unbegreiflichsten und prägendsten Eindruck«[36], den »die zur Schau gestellten Haare, Brillen, Koffer, Prothesen, etc.«[37] hinterlassen hätten. Gerade dieser Anblick schlägt vielen »auf das Gemüt und deprimierte [sie]«[38]. An der »zur Schau gestellten« Darbietung der Relikte hat sich bis heute nichts geändert. Daher finden sich bis in die jüngsten Reiseberichte hinein immer wieder Textabschnitte, die von einer massiven Überforderung der Lernenden künden. »Die Vitrinen erschreckten mich sehr und auch der Rest der Gruppe war sichtbar geschockt«[39], so beispielsweise eine Person im Jahr 2015, die einen Leistungskurs in Geschichte belegt hatte. Über die Jahre hinweg wird dies in den Berichten immer wieder bestätigt: »Am schlimmsten waren die Menschenhaare. In diesem Raum bin ich an den Punkt angelangt, wo ich innerlich das Gefühl hatte,

---

33 Habbo Knoch, Die Tat als Bild. Fotografien des Holocaust in der deutschen Erinnerungskultur, Hamburg 2001, S. 774.
34 ARBS 2001-39, Exkursionsbericht Park-Realschule Kreßbronn, August 1986, Anlage.
35 ARBS 2001-36, Exkursionsbericht Staatliches Aufbaugymnasium Montabaur, März 1986, S. 21.
36 ARBS 2001-301, Exkursionsbericht Gymnasium Wöhlerschule Frankfurt, Oktober 1988, S. 1 ff.
37 ARBS 2001-6, Exkursionsbericht Staatliches Gymnasium Kannenbäckerland Höhr-Grenzhausen, Mai 1981, S. 25.
38 ARBS 2001-48, Exkursionsbericht Geschwister-Scholl-Hauptschule Tübingen, Juni 1987, S. 358.
39 SEEE A15-007-508, Exkursionsbericht Albertus-Magnus-Gymnasium Köln, Februar 2015, S. 7.

zusammenzubrechen.«[40] Die Rede ist zudem nicht nur von psychischer Belastung in dieser Situation, sondern auch von physischer (»Der Anblick der vielen Kinderschuhe drückt etlichen die Kehle zu«[41]). Keineswegs verwunderlich ist es daher, wenn einzelne Gruppen nicht nur von Tränen bei der Konfrontation berichten, sondern Lehrkräfte dokumentieren, Jugendliche hätten nach dem Aufenthalt im Block 5 kurz vor dem körperlichen Zusammenbruch gestanden. Nur auf Mitschüler gestützt hätten sie den Ausstellungsraum wieder verlassen können.[42]

Didaktisch und pädagogisch ist das »zur Schau stellen« und das Bestreben nach einer Schockierung der Besucherinnen und Besucher zu kritisieren.[43] Es bleibt zu fragen, ob die drastische Präsentation der letzten Hinterlassenschaften der Opfer tatsächlich in dieser radikalen Form stattfinden muss. In den ersten Jahren, da die Ausstellung den Überlebenden primär zur Dokumentation und Beweisführung des Geschehenen diente, mag dies noch vertretbar gewesen sein. Noch in den Berichten, die im Umfeld der politischen Wende am Ende der 1980er Jahre entstanden, werden die Exponate als Indizien gegen die sogenannte »Auschwitzlüge« herangezogen und aus ihnen die Bestätigung der Tatsächlichkeit des Massenmords abgeleitet.[44] Nachdem inzwischen Auschwitz zum allgemeinen Symbol für die Shoah aufgestiegen und anerkannt ist, könnte auf die schockierende Wirkung der »zur Schau gestellten« Hinterlassenschaften verzichtet werden, da die Gedenkstätte selbst die Tatsächlichkeit des Massenmordes dokumentiert. Wenn dabei die Imaginationsfähigkeit der Schülerinnen und Schüler herausgefordert und nicht nur bloße Schock- und Konfrontationspädagogik angewandt wird,[45] könnte dies einen angemesseneren und konstruktiveren Weg hin zu einem erfolgreichen historischen Lernen ebnen und vielleicht den

40 ARBS 2001-301, Exkursionsbericht Gymnasium Wöhlerschule Frankfurt, Oktober 1988, S. 6 f.
41 ARBS 2001-308, Exkursionsbericht Carl-Schurz-Gymnasium Frankfurt, Oktober 1989, S. 45.
42 Als Beleg für eine besonders drastische Schilderung: ARBS 2001-308, Exkursionsbericht Staatliche Realschule Kandel, Mai 1985, S. 2.
43 Ähnlich kritisch: Young, Formen des Erinnerns, S. 192.
44 Dies dokumentiert augenscheinlich ein Text mit dem Titel »Auschwitz – eine Lüge«, in: ARBS 2001-301, Bericht Gymnasium Wöhlerschule Frankfurt, Oktober 1988, S. 1 f.
45 Die Potenziale einer Imaginationsfähigkeit bestätigt ein Bericht aus dem Jahr 1991, in welchem ein Schüler über seine Eindrücke hinsichtlich des Leidens der in der Gedenkstätte nicht mehr anwesenden Opfer schreibt: »Ich sehe Unsichtbares. Ich denke über das Leben nach.«. Siehe: ARBS, 2001-321, Exkursionsbericht Staatliches Hohenstaufen-Gymnasium Kaiserslautern, Juni 1991, S. 15.

Blick wieder stärker auf den eigentlichen historischen Ort lenken.[46] Dieser wird, zumindest lässt sich das für die Besuche der 1980er und frühen 1990er Jahre so sagen, fast vollständig überlagert von den schockierenden Erlebnissen im Angesicht der museal genutzten »Exponate«. Daran anschließend belegen alle Berichte, dass die Präsentation in Block 5 nicht zum Gegenstand vertiefter Reflexion und Diskussion wird. Die dort erlebte Emotionalität spielt in den Fahrtberichten der Gruppen eine wesentliche Rolle, doch erfolgt – ausweislich der in den Berichten dokumentierten Darstellungen – keine Dekonstruktion der musealen Darbietung.[47] Wahrgenommen werden die gesehenen Haare, Koffer, Kleidungsstücke, Schuhe, etc. als Belege für das unsägliche Leid der Opfer. Ein empathisches Empfinden, das völlig berechtigt und nicht zu kritisieren ist. Neben der Infragestellung, ob die museale Darstellung tatsächlich so radikal schockierend und konfrontativ sein muss, bleibt ein weiterer geschichtsdidaktisch sehr relevanter Diskussionspunkt offen: Warum werden die Exponate just im Stammlager ausgestellt? Ihr eigentlicher historischer Ort wäre Birkenau. Dort mussten sich die früheren Besitzerinnen und Besitzer der heutigen Ausstellungsstücke entkleiden, ihnen wurden die Haare abgeschnitten und sie mussten alle ihre Besitztümer abgeben, ehe die meisten von ihnen unmittelbar in den Tod geschickt wurden. Zwar bedingt der kanonische Programmablauf, dass die schulischen Exkursionen zunächst in den früheren Lagerteil Auschwitz I fahren, ehe sie dann das Lager II erkunden, doch könnte und müsste die Frage des historisch »richtigen« Ortes für die Exponate in der abschließenden Auswertung durchaus aufgeworfen werden. Erörtern ließe sich daran die geschichtskulturelle Intention der Darbietung im Lager I – vor allem für Exkursionsgruppen, die nicht mehr nach Birkenau weiterreisen. Derartige Diskussionen finden indes offenbar überhaupt nicht statt. Den emotionalsten Moment ihres Aufenthalts hinterfragen die Schülerinnen und Schüler nicht. Eine kritische Reflexion wird, basierend auf den schriftlichen Darstellungen, allerdings von den sie begleitenden Lehrpersonen weder eingefordert noch angestoßen. Bemerkenswerterweise schreibt keine Lehrkraft, wie mit Personen umge-

---

46 Generell kritisch zum Einsatz von »Schockpädagogik« in Gedenkstätten: Anette Hettinger, »Die Mechanismen erkennen«. Überlegungen zum historischen Lernen an Biografien von NS-Täterinnen und -Tätern, in: Zeitschrift für Geschichtsdidaktik 11 (2012), S. 77-97, hier S. 93 f.

47 Auf allgemeiner Ebene stellt diesen unreflektierten Umgang mit der polnischen Narration von Geschichte ebenfalls fest: Felsch, Reisen in die Vergangenheit?, S. 290.

REZEPTION

gangen wurde, die in der Gedenkstätte zusammenbrachen oder andere körperliche Probleme zeigten.

All diese Überlegungen zur musealen Präsentation der letzten Besitztümer der Opfer zeigen vor allem eines: Ein fundiertes historisches Lernen oder der Erwerb von geschichtskultureller Kompetenz wurden mit der schockierenden Konfrontation nicht erzielt. Hinzu kam die sehr dichte Programmplanung der damaligen Fahrten. Denn obwohl die Reisegruppen über ihre Besuche in der Gedenkstätte in sehr eindringlichen Worten sprechen, alle Texte um die passenden Worte ringen, das Erlebte zu beschreiben,[48] bieten die Rundreisen keinen Raum zur Reflexion. Zeitgenössisch wird vonseiten der Lehrkräfte selbstkritisch festgestellt, wie sehr Möglichkeiten zur Rückbesinnung fehlen (»Nach der Besichtigung von Auschwitz wäre ein Gruppengespräch oder eine Gelegenheit zur Besinnung sinnvoller gewesen, also die – von uns angeregte – Besichtigung der int. Jugendbegegnungsstätte«[49]). Wie notwendig eine Reflexion gewesen wäre, zeigen die Schilderungen über den Ablauf der Geländeerkundungen. Die meisten Gruppen seien dabei immer ruhiger und zurückgezogener geworden, sie müssten das Erfahrene zunächst verarbeiten und träten gerade nicht in einen unmittelbaren Dialog miteinander ein. Die Texte berichten davon, es dauere oft Stunden, ehe die Teilnehmenden wieder langsam ins Gespräch miteinander kämen,[50] beispielsweise im Rahmen des gemeinsamen Abendessens.[51] Dagegen gibt es nur einen Bericht, der von unmittelbar nach dem Besuch bereits im Bus stattfindenden Diskussionen spricht.[52] Viel präsenter war offenbar die innere Einkehr nach dem Besuch im Lager. Die Konfrontation mit der Geschichte des Ortes machte zunächst sprachlos. Die Jugendlichen berichten zudem vom Be-

---

48 ARBS 2001-6, Exkursionsbericht Staatliches Gymnasium im Kannenbäckerland Höhr-Grenzhausen, Mai 1981, S. 26.
49 ARBS 2001-302, Exkursionsbericht Gesamtschule Bonn-Beuel, Oktober 1988, S. 2.
50 ARBS 2001-71, Exkursionsbericht Max-Ernst-Gymnasium Brühl, Oktober 1988, S. 109.
51 ADPI Bestand Schüleraustausch, Exkursionsbericht Georg-Büchner-Schule Darmstadt, Mai 1982, ohne Seitenangabe.
52 Stellvertretend: ARBS 2001-46 Exkursionsbericht Deutsch-Französisches Gymnasium Freiburg, Juni 1987; in einem beigefügten, handschriftlichen Bericht wird formuliert: »Nach dem Film wurde im Bus über das Thema Auschwitz reichlich diskutiert«.

dürfnis, zu beten[53] oder Kränze für die Opfer niederzulegen.[54] Seit der Eröffnung der *Internationalen Jugendbegegnungsstätte Auschwitz* im Jahr 1986 mit ihren für Gruppengespräche nutzbaren Räumlichkeiten ist es jedoch erstmals möglich, noch in Oświęcim den Gesprächsbedarf – ohne eine eingeschobene Busreise – zu stillen.[55]

Davor scheint es so gewesen zu sein, dass die emotional höchst aufwühlenden Eindrücke (»es übertraf die schrecklichsten Vorstellungen«[56]) während des Besuchs überhaupt nicht thematisiert wurden. Im Gegenteil: Zum Teil finden unmittelbar nach dem Aufenthalt in der Gedenkstätte Auschwitz-Birkenau weitere, thematisch unverbundene Programmpunkte statt. Als Beispiel kann eine der ersten überhaupt durchgeführten Reisen gelten, die nach einem nur 90 Minuten umfassenden Zwischenstopp am *Staatlichen Museum* noch einen Besuch in Wadowice, dem Geburtsort von Papst Johannes Paul II., vorsah und dann erst für spätabends nach 22 Uhr das Eintreffen im Hotel in Krakau eingeplant hatte.[57] Wie unsensibel in vielen Fällen mit dem Besuch in der Gedenkstätte umgegangen wurde, belegen weitere Bespiele. Im Jahr 1985 etwa markierte der Aufenthalt in Auschwitz die letzte Station einer Rundreise. Ohne weiter über die spezifischen Erlebnisse am historischen Ort zu sprechen, reiste die Gruppe unmittelbar ins Hotel nach Breslau. Dort fand dann tatsächlich ein Auswertungsgespräch statt – allerdings nicht singulär für den Gedenkstättenbesuch im *Staatlichen Museum*, sondern für die gesamte, nicht weniger als zehn Tage umfassende Fahrt. Eine vertiefte Auseinandersetzung mit den emotional belastenden Eindrücken steht in diesem Kontext kaum zu erwarten, genauere Angaben zum Inhalt der Diskussion fehlen allerdings.[58] Noch zugespitzter gingen andere

---

53 Beispielsweise: ARBS 2001-23, Exkursionsbericht Staatliches Aufbaugymnasium Montabaur, Oktober 1984, S. 24; ARBS 2001-39, Exkursionsbericht Park-Realschule Kreßbronn über Polenreise im August 1986, Anlage.

54 ARBS 2001-71, Exkursionsbericht Max-Ernst-Gymnasium Brühl, Oktober 1988, S. 107.

55 ARBS 2001-308, Exkursionsbericht Pelizaeus-Gymnasium Paderborn, Oktober 1989, ohne Seitenangabe.

56 ARBS 2001-317, Exkursionsbericht Integrierte Gesamtschule Roderbruch Hannover, September 1991, S. 3.

57 ARBS 2001-2, Exkursionsbericht Marienschule Hildesheim, Juli 1980, S. 1. Mit exakt gleichem Ablauf drei Jahre später: ARBS 2001-26, Exkursionsbericht Marienschule Hildesheim, September 1983, S. 2. Aber auch andere Schulen führten ähnlich enge Programmabläufe durch: ABRS 2001-305, Exkursionsbericht Kaiser-Karl-Schule Itzehoe, Juni 1989, S. 1.

58 ARBS, 2001-22, Exkursionsbericht Gewerbliche Schulen Dortmund, Oktober 1981, S. 2.

Reiseplanungen vor, die im unmittelbaren Anschluss an den Besuch im *Staatlichen Museum* bewusst einen zwanglosen Abend vorsahen. Er sollte wohl der Entlastung der Jugendlichen gegenüber den Eindrücken des zurückliegenden Tages dienen. Offenbar zeitigte das Konzept bisweilen Erfolg,[59] in anderen Fällen aber entzogen sich die Jugendlichen dem und nahmen das Angebot nicht wahr. Eine pointierte Aussage aus dem Jahr 1990 belegt das: »Abends sollte im *Forum*, einem Studentenklub, eine Discoveranstaltung sein. So gerne fast alle von uns in die Disco gehen, aber nach Auschwitz hatten wir wenig Lust dazu«.[60]

Im beschriebenen Zeitkorsett sollten oder konnten keine reflektierten Gespräche über die Eindrücke in der Gedenkstätte stattfinden. Zu dicht war die Terminplanung. Doch inhaltliche Veränderungen kamen während der 1980er Jahre nur zögerlich in Gang. Selbst die Rückkehr einer Hauptschulklasse, die auf dem Heimweg nach Deutschland nochmals in Oświęcim stoppte, um erneut, nun mit zusätzlicher Zeit, die Gedenkstätte zu besuchen,[61] führte nicht zu Veränderungen in der Terminplanung. Vielmehr verblieb die Gedenkstätte in den Programmen weiterhin nur eine Station unter vielen. Meistens markierte sie nicht mehr als einen Zwischenstopp in Oświęcim, den man »unterwegs« auf dem Weg von Warschau oder Breslau nach Krakau einlegte – zwischen 1980 und 1989 war dies bei nicht weniger als 58 von 84 Reisegruppen, also knapp 70 Prozent aller untersuchten Besuche, der Fall.[62] Vereinzelt sprechen die Lehrkräfte sogar von einem »gemeinsamen Ausflug nach Auschwitz und Birkenau«[63], den sie mit ihren Schülerinnen und Schülern von Krakau aus für einen Tag unternommen hätten. Ob allerdings gerade Oświęcim, oder exakter formuliert, das *Staatliche Museum Auschwitz-Birkenau*, sich

---

59 ARBS, 2001-302, Exkursionsbericht Gustav-Heinemann-Schule Rüsselsheim, Oktober 1988, S. 3.
60 ARBS 2001-315, Exkursionsbericht Hauptschule Mommsenstraße Köln, September 1990, S. 5. Gerade die Ablehnung eines lockeren Abends widerspricht der Wertung Corinna Felschs, wonach den Schülerinnen und Schülern im Nachklang zum Besuch im *Staatlichen Museum* das Bewusstsein für einen angemessenen Umgang gefehlt habe. Siehe hierzu: Felsch, Reisen in die Vergangenheit?, 349 f.
61 ARBS 2001-48, Exkursionsbericht Geschwister-Scholl-Hauptschule Tübingen, Juni 1987, S. 358.
62 Stellvertretend für eine Vielzahl solcher Zwischenstopps: ARBS 2001-16, Exkursionsbericht Berufsbildende Schule Cochem, November 1982; ARBS 2001-33, Exkursionsbericht Realschule Kandel, Mai 1985; ARBS 2001-312, Exkursionsbericht Ludwig-Georg-Gymnasium Darmstadt, Juni 1990.
63 ARBS 2001-5, Exkursionsbericht Georg-Büchner-Schule Darmstadt, Mai 1981, S. 2.

für einen, als Terminus doch genuin positiv konnotierten »Ausflug« im Rahmen einer Polenexkursion anbietet, ist höchst fraglich. Letztlich offenbart die Aussage einen Mangel an geschichtskultureller Kompetenz aufseiten der Lehrkräfte.[64] Eine Bilanz der untersuchten frühen Fahrten muss daher disparat ausfallen. Auf der einen Seite trugen sie als Rundreisen gemäß ihrer eigenen Zielsetzung zur Annäherung deutscher Lernender an das Nachbarland im Osten bei, andererseits blieben die einzelnen Stationen erstaunlich blass. Zu gehetzt und unreflektiert besuchten die Gruppen eine Vielzahl an Stätten, was sich besonders in der Gedenkstätte Auschwitz-Birkenau niederschlug.[65] Da im früheren Stammlager nur gelenkte Führungen über das Gelände gebucht werden konnten, beschränkte sich der Eindruck auf die formalen Vorträge der Guides am historischen Ort. Eine eigene Begegnung mit dem Geschehensort war indes kaum möglich. Im Zentrum stand nicht nur die Narration des Rundgangs, sondern vor allem die museale Nutzung der ehemaligen Lagergebäude und der ausgestellten Relikte. Unter ihnen ragten, so weisen es die überlieferten Dokumentationen nach, die präsentierten letzten Habseligkeiten der Opfer von Auschwitz-Birkenau extrem heraus. Ihr Anblick und die damit einhergehende Aufforderung, hinter jedem Koffer, jedem Paar Schuhe oder den Bergen von Haaren jeweils ein Individuum zu erkennen und sich mit einzelnen Opfern zu identifizieren, führt bei den Lernenden zu einer enormen emotionalen Belastung, die von den begleitenden Lehrkräften oder dem Museumspersonal nicht oder nur sehr unzureichend aufgefangen oder thematisiert wurde. Deren Wirkung lässt sich schwer abschätzen. Nicht auszuschließen ist allerdings, dass derartige konfrontative Inszenierungen traumatische Erlebnisse bei Schülerinnen

64 In der Forschungsliteratur gibt es durchaus Zweifel daran, ob »Ausflüge« nach Auschwitz möglich sein können. Carlos Kölbl formuliert dezidiert, es sei eigentlich unmöglich, sich auf eine Fahrt zu diesem Schreckensgeschehensort zu freuen. Davon spricht die Lehrkraft nicht, weist aber auf die Geselligkeit des »gemeinsamen Ausflugs« hin und es finden sich keinerlei Anzeichen, dass die belastenden Elemente, die eine Reise in die Gedenkstätte zwangsläufig nach sich zieht, mit den Jugendlichen überhaupt bedacht oder besprochen worden wären. Vgl.: Carlos Kölbl, »Auschwitz ist eine Stadt in Polen«. Zur Bedeutung der NS-Vergangenheit im Geschichtsbewusstsein junger Migrantinnen und Migranten, in: Michele Barricelli/Julia Hornig (Hrsg.), Aufklärung, Bildung, »Histotainment«? Zeitgeschichte in Unterricht und Gesellschaft heute, Frankfurt am Main 2008, S. 161-173.
65 Ohne eine spezifische Auswertung für die Rundreisen, die nicht nach Auschwitz, sondern nach Sztutowo/Stutthof führten, vorgenommen zu haben, ist doch davon auszugehen, dass die Situation dort vergleichbar war.

und Schülern auslösen können. Doch selbst wenn diese Extremreaktion ausbleibt, sind produktive längerfristige Effekte unwahrscheinlich. Über eine Schockwirkung geht die Wahrnehmung kaum hinaus, zumal im Nachklang der Besuche kaum Gesprächsangebote zu einem Austausch über das Erlebte unterbreitet wurden. Somit blieben die Jugendlichen häufig mit ihren Eindrücken, die sie geschockt und überfordert zurückgelassen hatten, allein. Wörtlich formulieren es Teilnehmende so, im *Staatlichen Museum Auschwitz-Birkenau* seien sie »an die Grenze ihres mentalen Verarbeitungsvermögens gebracht«[66] worden.

Die Besuche in der in Polen ansässigen Gedenkstätte forderten von Schülerinnen und Schülern der Jahre nach 1980 etwas, das in der politischen Bildung der Bundesrepublik eigentlich seit Mitte der 1970er Jahre verpönt ist, ja sogar formal abgelehnt wird. Die emotionale Überwältigung, der die Gruppen ausgesetzt waren, steht im diametralen Kontrast zur vielleicht zentralsten Übereinkunft der politischen Bildung in der Bundesrepublik: dem *Beutelsbacher Konsens*. Anlässlich einer Tagung im Herbst 1976 ausformuliert, setzt er jeder pädagogischen Überwältigung von Lernenden ein klares Veto entgegen: »Es ist nicht erlaubt, den Schüler – mit welchen Mitteln auch immer – im Sinne erwünschter Meinungen zu überrumpeln und damit an der Gewinnung eines selbstständigen Urteils zu hindern«.[67] Es ging der politischen Bildung darum, jede Indoktrination von Lernenden zu vermeiden. Zwar waren Überlegungen in diese Richtung in der Politikwissenschaft keineswegs neu,[68] doch verhalf ihnen erst die in der baden-württembergischen Kleinstadt getroffene Übereinkunft zu allgemeiner Anerkennung. Ohne Zweifel wirken die Überlegungen seither nicht zuletzt auf das historische Lernen und die Geschichtsdidaktik ein. Bei einer Gedenkstättenfahrt nach Polen aber spielte dieser bundesdeutsche Konsens von Beutelsbach keine Rolle. Die schulischen Gruppen kamen im Rahmen ihrer Rundgänge mit der polnischen Ausstellungspraxis in Berührung – und mussten im Anschluss versuchen, das Erlebte zu verarbeiten. Weil gerade die Aufenthalte im *Staatlichen Museum Auschwitz-Birkenau* sehr kurz ausfielen, war

---

66 ARBS 2001-315, Exkursionsbericht Gymnasium Schuldorf Bergstraße, Seeheim, September 1990, ohne Seitenangabe.
67 Hans-Georg Wehling, Konsens à la Beutelsbach? Nachlese zu einem Expertengespräch, in: Siegfried Schiele/Herbert Schneider (Hrsg.), Das Konsensproblem in der politischen Bildung, Stuttgart 1977, S. 173-184, hier S. 179.
68 Joachim Detjen, Indoktrinationsverbot und Kontroversitätsgebot vor »Beutelsbach«. Äußerungen der frühen Politikwissenschaft zur politischen Bildung in der Demokratie, in: Siegfried Frech/Dagmar Richter (Hrsg.), Der Beutelsbacher Konsens. Bedeutung, Wirkung, Kontroversen, Schwalbach/Ts. 2017, S. 179-194.

dies schwer möglich. Dies galt umso mehr, als eine längere Auseinandersetzung mit den emotional höchst herausfordernden Erlebnissen, wie sie der *Beutelsbacher Konsens* vorsah, in der Kürze der Zeit nicht geleistet werden konnte.[69] Bestenfalls versuchen einige Gruppen, in ihren Berichten die thematisierten historischen Ereignisse in den vormaligen Lagern mit der eigenen Gegenwart zu verbinden. Im Streben um diesen Gegenwartsbezug rekurrieren die Jugendlichen auf den zeitgenössischen Historikerstreit[70] oder monieren eine mangelnde Bereitschaft des damaligen Bundeskanzlers Helmut Kohl (CDU), sich mit der nationalsozialistischen Vergangenheit auseinanderzusetzen und sich von ihr zu distanzieren.[71] Andere nehmen vor allem die potenzielle Gefahr einer erneuten faschistischen Diktatur als Mahnung mit auf ihren Weg[72] und formulieren als Konsequenz aus dem kurzen Aufenthalt, es gelte, »eine Wiederholung von Auschwitz unter allen Umständen und mit allen Mitteln zu verhindern«.[73] Sehr vereinzelt lassen sich daneben Absichtserklärungen für die künftige, eigene Lebensgestaltung nachweisen. Demnach wollen sich die Jugendlichen im Alltag künftig toleranter verhalten und sich verstärkt gegen Ausländerfeindlichkeit engagieren.[74] Allerdings kann die Nachhaltigkeit derartiger Absichten auf Basis der vorliegenden Quellen nicht überprüft werden. Es bleibt bei dem Appell.

Die Frage nach Wirkungen des Aufenthalts in der Gedenkstätte Auschwitz-Birkenau ist für die frühen Reisen dementsprechend abschlägig zu beantworten. In der Masse der Eindrücke, die die Reisenden innerhalb von zwei Wochen im ihnen bis dahin weitgehend unbekannten Polen sammelten, war das *Staatliche Museum Auschwitz-Birkenau* nur ein Stein unter vielen eines Mosaikbildes voller eher touristisch inszenierten Stationen. Vor allem mangelte es den Gruppen an fundiertem Vorwissen, das sie hätten einbringen können. Daher beschränkten sich die Anmerkungen zum Gelände selbst weitgehend auf dessen friedliche

---

69 Zur Problematik: Knoch, Gedenkstätten (Stand: 10. Juli 2020).
70 Klaus Große Kracht, Die zankende Zunft. Historische Kontroversen in Deutschland nach 1945, Göttingen 2005, 91 ff.
71 ARBS 2001-301, Exkursionsbericht Gymnasium Wöhlerschule Frankfurt, Oktober 1988, S. 3.
72 ARBS 2001-24, Exkursionsbericht Hauptschule Oldentrup, Mai 1985, ohne Seitenangabe.
73 ARBS 2001-6, Exkursionsbericht Staatliches Gymnasium im Kannenbäckerland Höhr-Grenzhausen, Mai 1981, S. 26.
74 Stellvertretend: ARBS 2001-36, Exkursionsbericht Staatliches Aufbaugymnasium Montabaur, März 1986, S. 22.

Anmutung. Mit der »Chiffre« Auschwitz verbanden Jugendliche der 1980er Jahre keine idyllische Stille, sondern eine dunkle, bedrohliche und gefahrvolle Todesfabrik. Was jedoch exakt hinter diesen Assoziationen stand und welche historische Dimension das Lager innerhalb der NS-Zeit einnahm, erarbeiteten sich die Schulgruppen am historischen Ort nicht. Selbst wenn vereinzelt davon gesprochen wird, man habe mit dem Besuch tatsächlich erreicht, sich die Gräueltaten besser vorstellen zu können[75] oder sei nun in der Lage, zeitgenössische Abläufe besser nachvollziehen zu können,[76] bleiben diese Aussagen zumeist an der Oberfläche.

Die vielleicht notwendige Konsequenz aus der wenig vertieften Auseinandersetzung mit der Gedenkstätte war das Ende der umfassenden Polenrundreisen nach 1991. Als sie nicht mehr gefördert wurden und die Reisen nach Polen zugleich den Reiz der Wahrnehmung des kommunistischen Systems verloren hatten, entwickelte sich eine neue, auf den spezifischen Ort Auschwitz-Birkenau konzentrierte Form der Reisen: die Gedenkstättenfahrten deutscher Schulen nach Oświęcim. Schon seit der Gründung des *Deutsch-Polnischen Jugendwerks* gehörten sie zu dessen Förderangeboten. Damit glichen sich Reisen nach Auschwitz-Birkenau den Exkursionen zu Gedenkstätten innerhalb Deutschlands an. Sie verloren die enge Anbindung an das besuchte Land Polen, dafür aber rückte die Auseinandersetzung mit der Shoah stärker in das Zentrum der Programmgestaltung, womit sich schulische Exkursionen in Teilen den Programmen der *Aktion Sühnezeichen* annäherten. Es ist das ausdrückliche Verdienst des *Deutsch-Polnischen Jugendwerks*, diese Kontinuitätslinie aufrechterhalten zu haben, obwohl aus Deutschland längere Zeit kein größeres Interesse an den Angeboten bestand. Bis in die 2010er Jahre hinein bewilligte das *DPJW* jährlich weniger als 40 schulische Anträge auf Fahrten nach Oświęcim. Was die Schülerinnen und Schüler über diese Fahrten berichten, ist leider nicht überliefert. Das Archiv des *Deutsch-Polnischen Jugendwerks* hat die entsprechenden Unterlagen entsorgt, sodass eine valide Aussage, wie deutsche Lernende die Gedenkstätte rezipieren, erst wieder ab dem Jahr 2010 möglich ist. Dann aber können aus den Quellen, die bis 2019 reichen, Rückschlüsse auf die Bedeutung von schulischen Gedenkstättenfahrten bis in die Gegenwart gezogen werden.

---

75 ARBS 2001-71, Exkursionsbericht Max-Ernst-Gymnasium Brühl, Oktober 1988, S. 109.
76 ARBS 2001-67, Exkursionsbericht Johannes-Kepler-Gymnasium Weil der Stadt, März 1987, S. 7.

2 Wahrnehmung der Gedenkstätte im Rahmen schulischer Auschwitzfahrten (2010-2019)

Möglich ist die Wiederaufnahme der Untersuchung schulischer Fahrten zum *Staatlichen Museum Auschwitz-Birkenau* auf Basis des Archivs der *Stiftung Erinnern ermöglichen*. Es dokumentiert die Fahrtberichte sowie die Bewilligungsbescheide ab dem Entstehen der Stiftungsinitiative im Jahr 2010. Das Archiv, das nicht von geschulten und hauptamtlichen Archivkräften betreut, sondern inzwischen von der *Bethe-Stiftung* im Sinne einer ablegenden Registratur genutzt wird, umfasst mehr als 600 entsprechende Reiseberichte. Vornehmlich in den Jahren 2010 mit 2015 entstanden, dokumentiert der zumindest für Deutschland wohl größte Quellenbestand zu schulischen Gedenkstättenexkursionen die bis ins Jahr 2015 bestehende Kooperation des Landes Nordrhein-Westfalen und der *Stiftung Erinnern ermöglichen*. Allerdings reichten einzelne Schulen noch nach Ende der finanziellen Förderung der Reiseberichte derartige Zusammenstellungen ein, sodass in einigen Fällen auf Texte jüngeren Datums (bis ins Schuljahr 2018/2019) zurückgegriffen werden kann. Da die *Stiftung Erinnern ermöglichen* weder inhaltliche, sachliche oder thematische Eingrenzungen noch Angaben zum Gesamtumfang der Reisedokumentationen ausformulierte, fällt bei den Berichten das Spektrum an Formen und Inhalten sehr breit aus. Zwingend war lediglich, dass die Texte von den Schülerinnen und Schülern erstellt werden sollten. Die geringen formalen Vorgaben eröffneten den Autorinnen und Autoren damit eine große Bandbreite an Möglichkeiten, die Eindrücke ihrer Exkursionen festzuhalten.

Dieser Reiz der weitgehend unvoreingenommenen Kommunikation stellt zugleich das zentrale Problem für die Auswertung dar, da große Teile der Bestände aus dem Archiv der *Stiftung Erinnern ermöglichen* quellenkritischen Erwägungen nur bedingt standhalten. Wenn es nämlich darum geht, aus den Texten vertiefte Rückschlüsse für das historische Lernen am Geschehensort während der Studienexkursion zu ziehen, haftet dem weit überwiegenden Teil der Texte ein gravierendes Manko an: Sie wurden erst mit relativ großem, zeitlich nicht exakt fixierbarem Abstand zur Exkursion fertiggestellt. Selten erfolgte dies früher als zwei Monate nach der Rückkehr, häufig hingegen lag die Abschlussdokumentation erst nach mehr als einem halben Jahr vor. Diese aufwändig hergestellten und mit Unterstützung der Lehrkräfte produzierten Produkte spiegeln aber nicht die unmittelbare oder gar individuelle Wahrnehmung der Fahrt durch die einzelnen Lernenden wider. Weit eher sind sie Beleg für eine sozial erwünschte Kommunikation, die von Widersprüchen be-

REZEPTION

freit ist und vor allem den Intentionen der Fördermittel bereitstellenden Institution folgt. Daher scheidet der überwiegende Teil der Exkursionsdokumentationen als Untersuchungsbasis für die vorliegende Studie aus.

Das Moment der individuellen und unkontrollierten Dokumentation eigener Eindrücke und Wahrnehmungen findet sich aber dennoch im Archiv der *Stiftung Erinnern ermöglichen*. Hierzu muss allerdings auf handschriftliche Texte zurückgegriffen werden. Damit reduziert sich zwar die Zahl der auswertbaren Quellen von über sechshundert auf 93, doch lassen sie es zu, näher an die subjektiven Wahrnehmungen der Lernenden heranzurücken. Möglich ist das, wenn nur die spontan verfassten Notizen ausgewertet werden. Sie wurden noch während der Anreise, während des Aufenthalts in Oświęcim oder während der Rückfahrt verfasst. Damit aber entfallen nochmals Bestände des Archivs, beispielsweise handgeschriebene Notizen aus Vorbereitungsveranstaltungen oder manuell gestaltete Posterpräsentationen im Rahmen von öffentlichen Ausstellungen, die die Gruppen nach ihrer Rückkehr veranstalteten. Schließt man sie ebenfalls von der Untersuchung aus, verbleiben noch 54 Reisedokumentationen. Sie dienen nachfolgend als Grundlage für die weitere Erhebung.

Als ergiebigste Quellenform tritt das »Reisetagebuch« hervor, das vor allem von Schulgruppen des *Heisenberg-Gymnasiums Dortmund* angewandt wurde.[77] Dabei stellen die Lehrkräfte gebundene Kladden mit leeren Papierbögen bereit, in denen spontane Notizen, Empfindungen und Überlegungen rund um die Exkursion festgehalten werden sollen. Vor allem für die Auswertung der Erwartungshaltung der Teilnehmenden gegenüber einer Reise nach Auschwitz-Birkenau sind diese Bestände die wertvollste Datengrundlage, aber auch für den Aufenthalt selbst und die Reflexion auf der Rückreise sind die Reisetagebücher von besonderer Dignität. Damit sind sie zugleich Ausdruck einer offenen Kommunikation, die weitgehend ungebunden ist an soziale Erfordernisse.

Allen Methoden der Erhebung handschriftlicher Notizen gemein ist das Bestreben, möglichst unmittelbar vor, ggf. sogar während und nach den Eindrücken vor Ort die Wahrnehmungen, Eindrücke, Empfindungen und Wissenszuwächse der Gruppen festzuhalten, ohne dass die betreuenden Lehrkräfte auf die Verschriftlichung einwirkten. Entstanden sind auf diese Weise höchst interessante und aussagekräftige Quellen.

77 Daher bezieht die vorliegende Untersuchung noch eine Fahrt im Schuljahr 2018/2019 mit ein, für die das *Heisenberg-Gymnasium Dortmund* keine Gelder der *Stiftung Erinnern ermöglichen* mehr erhalten hatte. Das Reisetagebuch 2019 wurde freundlicherweise aus dem Schularchiv zur Verfügung gestellt von Frau Kollegin Ilona Groß. Für die wertvolle Unterstützung herzlichen Dank.

Vor allem bei den »Reisetagebüchern« kann sogar von einer Art kollektivem, stundenaktuellem Tagebuch über die gesamte Dauer der Exkursion hinweg gesprochen werden. Sie beinhalten situativ geschriebene Notizen, die noch auf dem Weg nach Polen niedergeschrieben wurden und die Erwartungshaltung der Jugendlichen bei der Anreise mit Zug, Bus oder Flugzeug ebenso dokumentieren wie individuelle Reflexionen aus den Unterkünften in Oświęcim. Demnach stammen sie aus dem unmittelbaren zeitlichen Umfeld des Erlebten. Deshalb sind auf ihrer Basis, ergänzt um alle anderen handschriftlichen Dokumentationen, sehr persönliche und weitgehend ungefilterte Aussagen zur Rezeption der Fahrten zu gewinnen. Ermöglicht wird damit eine Analyse der Stimmungen im Verlauf der mehrtägigen Aufenthalte – insbesondere weil die Autorinnen und Autoren sich beim Abfassen ihrer Berichte gerade nicht als Teil eines wissenschaftlichen Projekts sahen, sondern ihre Überlegungen nur innerhalb des vertrauten sozialen Raums, der eigenen Lerngruppe, vorlegten. Sie äußern sich (weitgehend) unbefangen und ohne den Hintergedanken, im Rahmen einer wissenschaftlichen Studie »das Richtige« – was immer das sein mag – schreiben zu müssen. Gerade weil die Schülerinnen und Schüler, die sich in die Kladden der jeweiligen Reisen eintrugen, nicht wussten, dass ihre Eindrücke später einer geschichtsdidaktischen Untersuchung als Grundlage dienen würden, sind ihre Notizen spannend und aussagekräftig.[78] Sie waren bereits abgeschlossen, ehe das hier dokumentierte Forschungsprojekt einsetzte. Insgesamt liegen damit Daten vor, die zwar hinsichtlich ihrer Einordnung in den schulischen Kontext beeinflusst sind, nicht aber durch den Einsatz spezifischer Erhebungsmethoden gelenkt oder verändert wurden. Dementsprechend handelt es sich um zeitgenössisch entstandene Quellen, die nachfolgend einer hermeneutischen Inhaltsanalyse unterzogen werden.

Methodisch bedeutsam ist zudem, dass sich die Lernenden nicht an diesen Niederschriften beteiligen mussten. Auf Basis weitgehender Freiwilligkeit – sofern dies innerhalb des Mikrokosmos Schule überhaupt möglich ist, da nicht nur Lehrkräfte, sondern auch Mitschülerinnen und Mitschüler während der Reise ungehinderten Zugriff auf das Geschriebene hatten und alle die zum Teil namentlich gezeichneten Eintragungen lesen konnten – entstand damit ein Quellenkorpus mit hohem Aussagewert. Schließlich unterlagen die Einträge dezidiert nicht einer schulischen

---

78 Es handelt sich also um akzidentale Dokumente, wie sie von der empirischen Sozialforschung schon lange als besonders bedeutsame Informationsgrundlagen herausgestellt werden, so beispielsweise: Peter Atteslander, Methoden der empirischen Sozialforschung, Berlin 1975, 65 ff.

Leistungskontrolle, sondern sollten den Schülerinnen und Schülern als Angebot dienen, ihre Eindrücke und Emotionen unmittelbar niederzuschreiben, sie zu kanalisieren und zu verarbeiten. Damit ist noch nicht die Problematik ausgeklammert, Lernende könnten sich selbst innerhalb des Klassen- oder Schulverbandes als weiterhin unter dem normierenden Druck der Leistungsbeurteilung stehend empfinden,[79] die zur Ausformulierung gesellschaftlich erwünschter Antworten beitragen kann.[80] Zudem gilt es zu bedenken, dass eventuell innerhalb einer jugendlichen Gruppe nicht unüberlegt emotionale Eindrücke in einem offen zugänglichen Medium festgehalten werden. Jedoch nimmt die vorliegende Studie diese quellenkritischen Monita bewusst in Kauf, weil ihnen die situative Spontaneität der individuellen Dokumentation entgegensteht.

Trotz der besonderen Qualität der nachfolgend untersuchten handschriftlichen Dokumentationen sind ihre Potenziale begrenzt. Ähnlich wie schon die Bestände aus dem Archiv der *Robert Bosch Stiftung* ermöglichen sie es nämlich nicht, langfristige Wirkungen des Besuchs aufzuzeigen. Erst im Zusammenhang mit den anderen Quellen und Daten, die diese Studie analysiert, werden dann abschließend Überlegungen zu längerfristigen Effekten angestellt. Zunächst aber soll der Blick auf das gerichtet werden, was die jugendlichen Gäste offenbar rezipieren, wenn sie mit ihrer Schule zum *Staatlichen Museum Auschwitz-Birkenau* aufbrechen.

2.1 Zwischen Angst und Vorfreude:
Erwartungen vor der Ankunft in Oświęcim

»Was ich erwarte? … Ehrlich: Ich erwarte nichts. […] Ich meine, was soll man erwarten bei einem KZ?«[81] Mit diesen Worten bringt eine Person die Gefühlslage der Reisenden im Vorfeld der schulischen Exkursionen nach Oświęcim prägnant auf den Punkt. Die Schülerinnen und Schüler können sich, ehe sie mit ihren Gruppen im *Staatlichen Museum Auschwitz-Birkenau* angekommen sind, nicht vorstellen, was auf sie zukommt. Ursächlich dafür ist aber nicht, dass sie kein Wissen über Auschwitz-Birkenau besäßen,

---

79 Gottfried Kößler, Menschenrechtsbildung, moralische Erziehung und historisches Lernen, in: Wolfgang Meseth/Matthias Proske/Frank-Olaf Radtke (Hrsg.), Schule und Nationalsozialismus. Anspruch und Grenzen des Geschichtsunterrichts, Frankfurt am Main 2004, S. 237-251, hier S. 247 ff.
80 Meseth/Proske/Radtke (Hrsg.), Schule und Nationalsozialismus.
81 ASEE 18-05-0207-014, Exkursionsbericht Heisenberg-Gymnasium Dortmund, Februar 2018, A2.

wie dies angeblich für 40 Prozent der deutschen Jugendlichen zwischen 14 und 19 Jahren gilt.[82] In den hier untersuchten Berichten findet sich nur ein Lernender der Sekundarstufe I, der über sich sagt, vor dem Beginn der schulischen Vorbereitungsveranstaltungen noch nie von Auschwitz gehört zu haben. Alle anderen, die freiwillig mit schulischen Exkursionen aufbrechen, fühlen sich nach intensiven Vorbereitungssitzungen inhaltlich sehr gut gerüstet.[83] Doch zeigt das offene und eher am Rande formulierte Eingeständnis des Schülers, aus dem bisherigen Unterricht kein einschlägiges Wissen über Auschwitz erworben zu haben,[84] wie wenig repräsentativ die hier untersuchte Zielgruppe ist. Ihre intensiven Wissensbestände sind nicht als typisch für deutsche Bildungseinrichtungen anzusehen, wenn für sie Oświęcim mehr ist als »eine Stadt in Polen« und deren Besuch weit mehr darstellt als nur eine Gelegenheit zu einer Reise ins Ausland.[85]

Doch selbst bei diesen gut vorinformierten Gruppen zögern die meisten, wenn sie beschreiben sollen, was sie sich von ihrem Aufenthalt erwarten. Dementsprechend schwer fällt es ihnen, klare Vorstellungen zum Ablauf und zum erhofften Ertrag ihrer Exkursionen zu artikulieren.[86] Vielmehr sind die Vorerwartungen von tiefer Unsicherheit geprägt. Beispielsweise berichtet eine Schülerin einer 10. Jahrgangsstufe, sie habe sich, je näher die Fahrt rückte und je mehr sie sich inhaltlich mit dem Thema beschäftigte, zunehmend vor dem, was sie erwarten würde, geängstigt.[87] Andere schreiben davon, mit gemischten Gefühlen nach Oświęcim zu fahren[88] oder von einem »unwohlen« Gefühl im Magen.[89]

---

82 Forsa-Umfrage zum Geschichtsunterricht im Auftrag der Körber-Stiftung, September 2017, S. 15.

83 Als Beispiel für eine gut dokumentierte und inhaltlich profilierte Vorbereitung kann gelten: ASEE A12-023-517, Exkursionsbericht Ganztageshauptschule Lindlar, April 2012.

84 Aus Gründen des Persönlichkeitsschutzes wird an dieser Stelle auf die Angabe eines Quellenverweises verzichtet. Es handelte sich aber um einen Schüler einer 8. Jahrgangsstufe in einer Realschule im Großraum Düsseldorf, der dieses Wissensdefizit in seinen handschriftlichen Notizen zur Reise offen kommunizierte.

85 Kölbl, »Auschwitz ist eine Stadt in Polen«, in: Barricelli/Hornig (Hrsg.), Aufklärung, Bildung, »Histotainment«?

86 Exemplarisch: AHGD Bestand 2019, Exkursionsbericht Heisenberg-Gymnasium Dortmund, Februar/März 2019, B5.

87 ASEE A10-010-452_a, Exkursionsbericht Erich-Kästner-Gesamtschule Essen, Oktober 2010, S. 52.

88 ASEE A13-112-525_b, Exkursionsbericht Willy-Brandt-Gesamtschule Übach-Palenberg, Oktober 2013, S. 15.

89 ASEE A13-044-572_a, Exkursionsbericht Hauptschule Deuz Netphen, April 2013, S. 27.

Obwohl sich die meisten von ihnen auf der sachlich-inhaltlichen Ebene für die Exkursion tatsächlich gut vorbereitet sehen,[90] glauben manche, das Bevorstehende noch immer nicht einschätzen zu können (»Ich denke, dass die meisten die Fahrt und die darin inbegriffenen Führungen unterschätzen – inklusive mir«[91]). Vielfach haben sie die Befürchtung, der Fahrt emotional nicht gewachsen zu sein.[92] Dementsprechend nervös blicken viele der anstehenden Reise entgegen. Sind sie sich doch nicht sicher, ob sie individuell den emotionalen Herausforderungen standhalten können. Einzelne erwarten, in Oświęcim auf einen Ort zu stoßen, von dem eine massive »negative Energie« ausgehe, die die Besuchenden erfasse. Bestenfalls sei zu hoffen, nicht zu stark von ihr getroffen zu werden.[93] Andere formulieren im Vorfeld ihre Befürchtung, innerhalb der Gedenkstätte mit körperlichen Problemen kämpfen zu müssen (»Was ich weiß ist, dass ich mich beim einatmen der Luft in Auschwitz schrecklich fühlen werde«[94]). Wenig verwunderlich, wenn vor allem eine Vokabel in den handschriftlichen Texten, die vor allem während der Busfahrten oder während der Flugreisen verfasst wurden, immer wieder auftaucht. Dabei handelt es sich um das wohl am häufigsten genutzte Wort für die Zeit vor dem Erreichen Oświęcims: Angst.

Am Anfang steht die Angst. Dies gilt, obwohl sich zahlreiche Stimmen nachweisen lassen, die von der Freiwilligkeit der Unternehmung sprechen, dennoch aber auf die eigene Unsicherheit rekurrieren (»Ich bin sehr gespannt, habe fast Angst«[95]). Der Abschied aus Deutschland und der Reiseantritt scheinen massiv von Ängsten geprägt zu sein (»Ich muss ehrlich zugeben, dass ich Angst vor der Fahrt und ihren Folgen habe«[96]). Damit unterscheiden sich die aktuellen Berichte fundamental von ihren Vorgängern aus den 1980er und frühen 1990er Jahren. In ihnen existieren ähnliche Gefühle weit seltener, so etwa: »Am 25.9.1989 sollten wir mit dem KZ Auschwitz konfrontiert werden. Viele von uns fürchteten sich

90 AHGD Bestand 2019, Exkursionsbericht Heisenberg-Gymnasium Dortmund, Februar/März 2019, B10.
91 ASEE 18-05-0207-014, Exkursionsbericht Heisenberg-Gymnasium Dortmund, Februar 2018, A4.
92 ASEE A15-018-331, Exkursionsbericht Viktoriaschule Aachen, Februar 2015, S. 6.
93 ASEE 18-05-0207-014, Exkursionsbericht Heisenberg-Gymnasium Dortmund, Februar 2018, A5.
94 ASEE A13-026-408, Exkursionsbericht Martin-Luther-King-Gesamtschule Ratingen, März 2013, S. 25.
95 ASEE A 12-018-421, Exkursionsbericht Hauptschule Am Katernberg Wuppertal, März 2012, S. 72.
96 ASEE A13-112-525_b, Exkursionsbericht Willy-Brandt-Gesamtschule Übach-Palenberg, Oktober 2013, S. 33.

vor diesem Anblick«[97]. Zwar finden sich daneben vereinzelte Stimmen, die der Ankunft in Oświęcim durchaus mit einem mulmigen Gefühl entgegensehen,[98] doch erreicht jene Unsicherheit nicht in Ansätzen die Quantität oder Qualität der jüngsten Zeit. Angst spielt eine völlig neue Rolle. Blickt man nämlich in die Texte aus den Jahren nach 2010, zeigen sich die diffusen Ängste gegenüber dem Reiseziel (»Ich bin zwar sicher, dass ich auf dieser Fahrt dabei sein möchte aber ich habe Angst. Angst vor dem, was mich erwartet! Ich kann mir vorstellen das es hart wird, aber ich weiß nicht ob ich dies verarbeiten kann.«[99]; »Je näher wir uns der Gedenkstätte nähern, desto aufgeregter bin ich aber ich habe auch gleichzeitig Angst«[100]). Als mögliche Ursache kann die eigene Unsicherheit vermutet werden, ob man der moralischen Herausforderung des zu besuchenden Ortes gerecht oder man nicht von den eigenen Emotionen überwältigt werden könne.[101] Der Konfrontation in der Gedenkstätte nicht standzuhalten, ist wohl die größte Befürchtung der Jugendlichen. Sie findet sich immer wieder in den Texten. Wenn dort von Angst die Rede ist, bezieht sich dies nicht nur auf die thematischen Inhalte oder deren Darstellung am Reiseziel, sondern mindestens ebenso sehr auf die eigene Unsicherheit, wie man als Individuum mit dem dort zu Erlebenden umgehen soll und ob man Strategien finden könne, das Erlebte angemessen zu verarbeiten. Spätestens gegen Ende der gemeinsamen Busfahrt tritt dieses Gefühl zunehmend hervor. Manche schreiben davon, ihnen werde nun »ganz anders« und die gelöste Stimmung, die bislang im

---

97 ARBS 2001-305, Exkursionsbericht St. Angela-Schule Königstein im Taunus, September 1989, S. 3.
98 Wörtlich heißt es im Text von Tanja H.: »Je näher wir Auschwitz kamen, um so unwohler fühlte ich mich. Ich weiß nicht, ob es allen aus unserer Gruppe so ging, wenn ja, so versuchten viele von uns, ihr Unbehagen durch Singen und laute Musik zu überspielen. Aber es gab auch welche, die genau wie ich ruhiger wurden, um sich, sowohl seelisch, als auch körperlich, auf den Besuch vorzubereiten.« Dokumentiert in: ARBS 2001-301, Exkursionsbericht Gymnasium Wöhlerschule Frankfurt, Oktober 1988, S. 4.
99 ASEE A13-112-525_b, Exkursionsbericht Willy-Brandt-Gesamtschule Übach-Palenberg, Oktober 2013, S. 3.
100 ASEE A13-026-408, Exkursionsbericht Martin-Luther-King-Gesamtschule Ratingen, März 2013, S. 21.
101 Dies mit Blick auf die Gedenkstätte in Dachau diskutierend: Annette Eberle, »Ich fand es schrecklich, weil es sind Menschen so wie wir«. Eine Befragung über »Fühlen« und »Denken« bei einem Besuch der KZ-Gedenkstätte Dachau, in: Bert Pampel (Hrsg.), Erschrecken – Mitgefühl – Distanz. Empirische Befunde über Schülerinnen und Schüler in Gedenkstätten und zeitgeschichtlichen Ausstellungen, Leipzig 2011, S. 97-114, hier S. 109 ff.

Bus geherrscht habe, trete zunehmend zurück. Sie weiche einer allgemeinen Niedergeschlagenheit.[102] Schon vor dem Betreten der Gedenkstätte wird es in den Gruppen merklich stiller.[103] Was sich bei der Durchsicht der Berichte allerdings nicht bestätigt, ist die Hypothese, wonach es vor allem der Druck der begleitenden Lehrkräfte sei, der seitens der Lernenden zu einem Gefühl der Überforderung oder der Angst führe.[104]

Woher aber kommt die Angst dann? Ein erster, möglicher Erklärungsansatz könnte der Einfluss von älteren Schülerinnen und Schülern sein, die an früheren Exkursionen bereits teilgenommen und mit den Jüngeren über die eigenen Erfahrungen gesprochen haben. Während nur wenige Personen von einem Austausch innerhalb der eigenen Familie berichten,[105] scheint die Gedenkstättenfahrt innerhalb der Peer-Group eine weit größere Bedeutung zu entfalten. Dabei raten offenbar unisono die älteren ihren jüngeren Mitschülerinnen und Mitschülern, an der Reise teilzuhaben.[106] Zugleich sprechen sie aber »von ihrer starken Trauer und ihren Tränen, ihren Gefühlen und Emotionen«[107]. Bewusst oder unbewusst schaffen sie damit Dispositionen für die nachfolgenden Reisen (»Ich war mir zunächst unsicher, ob ich an dieser Fahrt überhaupt teilnehmen möchte, da ich von Freunden und Bekannten gehört habe, dass die Fahrt, auf emotionaler Ebene, nicht einfach ist«[108]). Nicht we-

---

102 AHGD Bestand 2019, Exkursionsbericht Heisenberg-Gymnasium Dortmund, Februar/März 2019, B15.
103 ASEE A 12-018-421, Exkursionsbericht Hauptschule Am Katernberg Wuppertal, März 2012, S. 72.
104 Heyl, Mit Überwältigendem überwältigen?, in: Brauer/Lücke (Hrsg.), Emotionen, Geschichte und historisches Lernen, S. 247.
105 Eine Dokumentation beschreibt beispielsweise, dass es vor allem die eigene Großmutter war, die vor den emotionalen Erfahrungen in der Gedenkstätte warnte und dazu aufforderte, sich von dem Besuch nicht zu sehr belasten zu lassen, da die Ereignisse inzwischen doch mehr als 70 Jahre zurücklägen. Vergleiche dazu: ASEE A13-112-525_b, Exkursionsbericht Willy-Brandt-Gesamtschule Übach-Palenberg, Oktober 2013, S. 34; an anderer Stelle wird berichtet, wie mitleidig das private Umfeld »geguckt« habe, als sie von den Reiseplänen erfuhren: AHGD Bestand 2019, Exkursionsbericht Heisenberg-Gymnasium Dortmund, Februar 2019, B2.
106 AHGD Bestand 2019, Exkursionsbericht Heisenberg-Gymnasium Dortmund, Februar/März 2019, B13.
107 ASEE A11-080-465, Exkursionsbericht Gymnasium Voerde, Februar 2012, S. 53.
108 AHGD Bestand 2019, Exkursionsbericht Heisenberg-Gymnasium Dortmund, Februar/März 2019, A12.

nige Reisende fragen sich demnach, ob sie ebenfalls so intensiv getroffen sein würden, wenn sie sich der Exkursionsgruppe anschlössen.[109] Allerdings kann dies nicht das einzige Argument sein, welches zur Entwicklung der diffusen Ängste führt. Immerhin sind sich Lernende auch ohne Gespräche mit älteren Schülerinnen und Schülern dessen bewusst, dass eine Exkursion nach Oświęcim andere Gefühle und Erwartungen auslösen wird, als dies bei den jährlichen Wandertagen, einem Theaterbesuch im Fach Deutsch oder einer Physikexkursion in ein nahe gelegenes Technikmuseum der Fall ist. Vereinzelt verschriftlichen die Lernenden dies, indem sie darauf hinweisen, ihnen sei klar gewesen, wie wenig im Zentrum dieser Reise der gemeinsame Spaß stehen werde. Vielmehr gehe es um eine belastende historische Auseinandersetzung,[110] die sich gerade aus der Herkunft der Gruppen aus Deutschland speist. Besonders als Deutsche in ein früheres Lager zu reisen, verschaffe ein mulmiges Gefühl, so ein Exkursionsteilnehmer. Dagegen sehen es andere als eine Art moralische Verpflichtung, als Deutsche derartige Fahrten zu unternehmen, um dieses »Kapitel der deutschen Geschichte aufzuarbeiten«[111]. Freilich kommt diese historische Verantwortung, der sich die Reisenden zurechnen, ebenfalls als eine Quelle der diffusen Ängste im Vorfeld des Gedenkstättenbesuchs infrage. Umso mehr gilt das, als gerade für Lernende aus deutschen Bildungseinrichtungen das Wort »Auschwitz« einem Signalwort gleichkommt.[112] Der Terminus, der in seiner Bedeutung weit über die Beschreibung eines geografischen Ortes – den es auf aktuellen geografischen Karten des südlichen Polen ohnehin nicht mehr gibt – hinausgeht, steht als unverwechselbares Synonym für Schrecken, Gräuel und Massenmord.

Ganz offenkundig erwarten viele Jugendliche im Rahmen der Reisen eine direkte Konfrontation mit dem historischen Geschehen. Sie erwarten, wie etwa die eingangs zitierte Person, einen Besuch »im KZ«. Diese Erwartungshaltung wird wohl nicht zuletzt durch mediale Einflüsse verstärkt. Diese entwickeln sich zunächst aus den traditionellen Formaten, wie etwa populären TV-Dokumentationen. Sie nutzen ihre Kombination von Bild und Ton, um nicht nüchtern zu berichten, son-

---

109 ASEE 18-05-0207-014, Exkursionsbericht Heisenberg-Gymnasium Dortmund, Februar 2018, S. A4.
110 ASEE A12-092-476, Exkursionsbericht Kardinal-von-Galen-Gymnasium Kevelaer, November 2012, S. 30.
111 ASEE A13-044-572_a, Exkursionsbericht Hauptschule Deuz Netphen, April 2013, S. 27.
112 Aleida Assmann, Erinnerungsräume. Formen und Wandlungen des kulturellen Gedächtnisses, München 2010, S. 329.

dern zu emotionalisieren. In eine ähnliche Richtung zielen Posts in den sozialen Medien oder generell im Internet. Dort eingestellte Fotos inszenieren die heutige Gedenkstätte meist als Konzentrationslager, so hat es jüngst eine medienwissenschaftliche Analyse ergeben.[113] Dass aber eine »originale« Begegnung mit historischen Geschehensorten, selbst wenn sie medial suggeriert und inszeniert wird, grundsätzlich nicht möglich ist,[114] ist entweder nicht präsent oder tritt zunehmend in den Hintergrund, wenn sich die Reisenden räumlich dem früheren Lagerareal von Auschwitz-Birkenau nähern. Auffällig ist jedenfalls, dass eine Trennung zwischen dem NS-Lager der Jahre 1940 bis 1945 und der Gedenkstätte, die heute an dessen historischem Ort eingerichtet ist, nicht hinreichend stattfindet. Darauf hat vor allem die gedenkstättenpädagogische Literatur vielfach hingewiesen,[115] der Mangel an Differenzierung ist sogar als »Bagatellisierung und Entwirklichung der KZ-Realität«[116] bezeichnet worden. Ungeachtet dessen scheint in der praktischen Unterrichtsrealität dies aber noch nicht ausreichend aufgenommen worden zu sein. Wenn sogar am Ende ihrer Exkursion die meisten Autorinnen und Autoren noch immer über Auschwitz und Birkenau schreiben, sie hätten »die KZ's« gesehen,[117] dann wird deutlich, wie wenig die museale Überformung des historischen Ortes den Lernenden bewusst ist. Das legt offen, wie wenig in der Vorbereitung und Durchführung der Fahrt auf diese zentrale geschichtskulturelle Differenzierung geachtet wird. Bodo von Borries hat dazu schon im Jahr 2008 bemerkt, wie bedeutsam es sei,

[113] Till Hilmar, »Storyboards« der Erinnerung. Eine empirische Fallstudie zu Geschichtsbildern und ästhetischer Wahrnehmung beim Besuch der Gedenkstätte Auschwitz-Birkenau, Wien 2014, S. 180.

[114] Mayer, Historische Orte als Lernorte, in: Mayer/Pandel/Schneider (Hrsg.), Handbuch Methoden im Geschichtsunterricht, S. 396 f.

[115] Bernhard Schoßig, Gedenkstätten für die Opfer des Nationalsozialismus als Lernorte: Historisch-politische Bildung an außerschulischen Orten in Zusammenarbeit mit freien Bildungsträgern, in: Bernhard Schoßig (Hrsg.), Historisch-politische Bildung und Gedenkstättenarbeit als Aufgabe der Jugendarbeit in Bayern. Einrichtungen – Projekte – Konzepte, München 2011, S. 24-38, hier S. 34.

[116] Matthias Heyl, »Forensische Bildung« am historischen Tat- und Bildungsort. Ein Plädoyer gegen das Erspüren von Geschichte, in: Christian Geißler/Bernd Overwien (Hrsg.), Elemente einer zeitgemäßen politischen Bildung. Festschrift für Prof. Hanns-Fred Rathenow zum 65. Geburtstag, Berlin 2010, S. 189-202, hier S. 193.

[117] Stellvertretend für eine Fülle ähnlicher, wenig differenzierender Formulierungen, alleine in einem Bestand: ASEE A11-010-456_a, Exkursionsbericht Von-Fürstenberg-Realschule Paderborn, April 2011, S. 46, 47, 49, 50 und 52.

gerade bei Gedenkstättenbesuchen die geschichtskulturelle Prägung der besuchten Orte zu thematisieren. Vorbehalte mancher Lehrkräfte, den besuchten, vormaligen Geschehensort als museal überarbeitetes Areal zu dekonstruieren, lehnt von Borries ab. Das Aufdecken der geschichtskulturellen Intention von Gedenkstätten sei keine Gefahr für deren Wirkmächtigkeit – eher im Gegenteil.[118] Betrachtet man die Ergebnisse der vorliegenden Analyse, so wird sein Befund nachdrücklich bestätigt. Erst die intellektuelle Trennung zwischen dem geschichtskulturell institutionalisierten Ort Gedenkstätte und dem Geschehensort früherer Tage kann das historische Lernen anstoßen.[119]

Der Erwerb dieser differenzierten Perspektive auf den Exkursionsort Gedenkstätte scheint zudem zur Reduktion der beschriebenen Ängste im Vorfeld der Schulfahrten beizutragen. In einigen Berichten finden sich nämlich Aussagen von Teilnehmenden, die bereits vor der schulischen Reise nach Oświęcim eine oder mehrere NS-Gedenkstätten besucht hatten. Aufbauend auf die gesammelten Erfahrungen sei ihnen bewusst, zu einem museal gestalteten Ziel zu fahren. Aus ihren Beiträgen wird offensichtlich, dass die mit dieser Vorerfahrung ausgestatteten Lernenden gerade nicht mit der vielfach thematisierten Angst ringen,[120] sondern durchaus optimistisch der Erweiterung des eigenen Wissens entgegensehen. Sie artikulieren, sie könnten einschätzen, auf welche Inhalte sie sich bei der bevorstehenden Reise einlassen und wüssten nicht nur, was auf sie zukomme, sondern zugleich, wie sie mit der Erfahrung umzugehen hätten.[121]

Als Konsequenz aus dieser Situation erscheint es notwendig, bereits in der Fahrtvorbereitung die Erwartung an den Besuch noch stärker zu thematisieren.[122] Wenn nämlich vor der Abfahrt im familiären Umfeld oder im Freundeskreis wohlwollend-stärkende Worte formuliert

---

118 Bodo von Borries, Historisch denken lernen – Welterschließung statt Epochenüberblick. Geschichte als Unterrichtsfach und Bildungsaufgabe, Opladen 2008, S. 163. Hierzu ähnlich: Daniel Münch, Geschichtskultur im Geschichtsunterricht. Deutungen reflektieren oder Inhalte vermitteln?, in: Zeitschrift für Geschichtsdidaktik 16 (2017), S. 167-182.
119 Ähnlich argumentierend: Urban, »Schöne Landschaft mit schrecklicher Vergangenheit«, in: Ganzenmüller/Utz (Hrsg.), Orte der Shoah in Polen, S. 254.
120 ASEE A13-112-525_a, Exkursionsbericht Willy-Brandt-Gesamtschule Übach-Palenberg, Oktober 2013, S. 25.
121 AHGD Bestand 2019, Exkursionsbericht Heisenberg-Gymnasium Dortmund, Februar/März 2019, B11.
122 Zur Vorbereitung der Gruppen auf die Reisen an nordrhein-westfälischen Gesamtschulen: Fiona Roll, »Alles wirkt so unwirklich«. Konzeption und Rezeption von deutschen Studienfahrten, in: Frank Bajohr/Axel Drecoll/John

werden, wenn medial wahrgenommene Darstellungen von Auschwitz einwirken, die zusammen mit den bestehenden Präkonzepten sich zu einem besonders mulmigen Gefühl vermengen und die Lernenden für sich eine Ankunft am Schreckensort Auschwitz-Birkenau annehmen, widerspricht das allen pädagogischen Grundsätzen. Sinnvoll ist also, das Konzept Gedenkstätte als ein klar umrissenes Konstrukt geschichtskultureller Angebote und geschichtspolitischer Impulse zu besprechen.[123] Allerdings unterlässt der reguläre Geschichtsunterricht gerade das. Zwar zählen historische Bilder von Konzentrationslagern im »Leitmedium« des Faches,[124] den Schulbüchern, weiterhin zum Kanon. Doch finden sich dagegen kaum Aufnahmen zu den Gedenkstätten, die inzwischen an den historischen Orten eingerichtet sind.[125] Ebenso stellt sich die Situation bei den in aktuellen Lehrwerken gängigen Methodenseiten dar. Wenn der Eindruck nicht täuscht, so verfügen die wenigsten Geschichtsbuchserien über einen ausgewiesenen Methodenabschnitt zur Konzeption und zur Nutzung von Gedenkstätten.[126] So sehr sich die Einrichtungen selbst als Teil der »kulturellen Grundausstattung der Bundesrepublik«[127] sehen, so wenig finden sie sich sogar im grundlegenden Methodenrepertoire bundesdeutscher Geschichtslehrwerke. Dies wiegt umso schwerer, als wohl kaum ein anderer außerschulischer Lernort so bedeutsam ist und häufiger im Rahmen des Geschichtsunterrichts besucht wird. Das zu beheben, ist Aufgabe der Schulbuchredaktionen. Die geschichtskulturelle Dimension von Gedenkstätten sollte sich künftig in den Methodenseiten der Lehrwerke wiederfinden.

Neben einer theoretischen Erörterung scheint vor allem die persönliche Erfahrung aus vorangegangenen Gedenkstättenbesuchen den Ängsten gegenüber einem Besuch am besonders prominenten früheren Geschehensort entgegenzuwirken. Dementsprechend erscheint es ratsam, Jugendliche nicht bei ihrer ersten Exkursion im Geschichtsunterricht an

Lennon (Hrsg.), Dark Tourism. Reisen zu Stätten von Krieg, Massengewalt und NS-Verfolgung, Berlin 2020, S. 47-65, hier S. 50 ff.
123 Knoch, Gedenkstätten.
124 Jörn Rüsen, Das ideale Schulbuch: Überlegungen zum Leitmedium des Geschichtsunterrichts, in: Internationale Schulbuchforschung 14 (1992), S. 237-250.
125 Kößler, Auschwitz als Ziel von Bildungsreisen?, in: Fritz Bauer Institut (Hrsg.), Auschwitz: Geschichte, Rezeption und Wirkung, S. 308.
126 Zu den Ausnahmen zählt: Tobias Arand u. a. (Hrsg.), Geschichte und Geschehen. Qualifikationsphase Oberstufe Nordrhein-Westfalen, Stuttgart 2011, 266 f.
127 Knigge, Abschied von der Erinnerung., in: Knigge/Frei (Hrsg.), Verbrechen erinnern, S. 443

den Ort des größten Verbrechens, nach Auschwitz nämlich, zu begleiten. Vielmehr ist es empfehlenswerter, vor dem Aufenthalt in Polen bereits in Kontakt mit Gedenkstätten in der Umgebung des Schulstandortes zu treten. Deren Besuch ist weit weniger aufgeladen, da es sich dezidiert nicht um den weltweit bekannten und medial präsenten Schreckensort Auschwitz handelt. Bei zahlreichen Exkursionsbeschreibungen wird sehr deutlich, dass die Gruppen vor ihrer Reise nach Polen bereits Erinnerungsorte und Gedenkstätten in ihrer Region besucht hatten.[128] Zusätzlich zum Abbau von Schwellenängsten unterstreichen Exkursionen in der Lebenswelt der Schülerinnen und Schüler gerade im Vorfeld einer Reise nach Polen, dass die Shoah keine ausschließlich auf den Osten Europas beschränkte Angelegenheit war, sondern ihre Wurzeln in Deutschland hatte. Die Ursachen für Auschwitz lagen unmittelbar vor der eigenen Haustür. Dies zu verankern und nicht durch eine mehr als tausend Kilometer lange Reise buchstäblich auch räumlich zu verdrängen, das Gedenken damit zu exterritorialisieren, ist eine weitere zentrale Aufgabe, warum es außerordentlich geboten erscheint, mit Lernenden im Vorfeld der eigentlichen Studienfahrt nach Oświęcim eine Gedenkstätte in der eigenen Region zu besuchen.[129] Vielleicht, so ließe sich abschließend als Hoffnung formulieren, könnte ein solcher Vorbesuch zugleich die Ängste reduzieren, die ohnehin innerhalb des eigentlich geschützten schulischen Raums nicht vorkommen sollten. Dann könnte es sogar gelingen, Jugendlichen eine angenehmere Anreise zu ermöglichen. Aus den Fahrttagebüchern erschließt sich nämlich, dass eine Person so nervös im Vorfeld der Fahrt war, dass sie sich in Dortmund absolut sicher ist, während der gesamten Nachtfahrt keinen Schlaf finden zu können. Als Konsequenz fasst die Person für sich ins Auge, ab 22.08 Uhr gezwunge-

---

128 Stellvertretend für derartige Exkursionen im Vorfeld kann ein Unterrichtsgang in die *Villa ten Hompel* in Münster angeführt werden, den beispielsweise dokumentiert: ASEE A12-039-494, Exkursionsbericht Kardinal-von-Galen-Realschule Mettingen, Mai 2012, S. 4. Eine breitere Darstellung der vorbereitenden Exkursionen enthält eine unveröffentlichte Untersuchung im Auftrag der *Landeszentrale für politische Bildung Nordrhein-Westfalen*: Fiona Roll, Wirksames Lernen am »belasteten« Ort? Pilotstudie zur Wirkung von Schulfahrten zur Gedenkstätte Auschwitz-Birkenau – Vergleich Gymnasien und Hauptschulen, Aachen 2016.
129 Astrid Messerschmidt, Erinnern als Kritik. Politische Bildung in Gegenwartsbeziehungen zum Nationalsozialismus, in: Benedikt Widmaier/Gerd Steffens (Hrsg.), Politische Bildung nach Auschwitz. Erinnerungsarbeit und Erinnerungskultur heute, Schwalbach/Ts. 2015, S. 38-48, hier S. 40.

nermaßen auf Schlaf zu verzichten und dafür 13 Stunden lang Rapmusik zu hören, um die Zeit bis zur Ankunft zu überbrücken.[130]

Zum Ringen um die eigene Erwartungshaltung zählt jedoch nicht nur das Empfinden von Angst. Daneben steht, wenngleich quantitativ wesentlich schwächer ausgeprägt, das Empfinden von Neugier und sogar Vorfreude. Tatsächlich finden sich nur wenige Aussagen, die von »Freude« im Vorfeld der Schulexkursion sprechen.[131] Mit Blick auf das Reiseziel mag das sicher verständlich sein,[132] allgemein für schulische Ausflüge ist es aber sicher nicht üblich. Demgemäß ringen die Teilnehmenden mit sich und ihrer Erwartung.[133] Eine Person berichtet beispielsweise, sie sei im Vorfeld mehrfach gefragt worden, ob sie sich auf die Fahrt freue, worauf sie nur schwer eine Antwort gefunden habe. »Natürlich freue ich mich nicht, das hört sich meiner Meinung nach einfach nur falsch an«, stellt sie nachdrücklich klar und betont zugleich, sehr aufgeregt zu sein.[134] An anderer Stelle heißt es im Reisetagebuch: »Ich weiß nicht, ob ich mich freuen darf, aber gespannt bin ich auf jeden Fall«[135], während wieder andere Personen ausdrücken, wie erleichtert sie seien, dass die Fahrt nun endlich anstehe und sie damit die innere Unruhe bekämpfen könnten.[136] In jedem Fall aber drückt sich damit aus, wie sehr die Jugendlichen sich unter einem gesellschaftlichen Druck sehen, wenn sie gerade die Gedenkstätte Auschwitz-Birkenau besuchen.

Parallel zu den formulierten Gefühlen zwischen Angst und Freude belegen die Niederschriften aber zugleich eine enorm hohe Erwartungshaltung gegenüber dem persönlichen Besuch. Nicht zuletzt dürften dazu die öffentliche Präsenz und die moralische Aufladung des zum stehenden

---

130 ASEE 18-05-0207-014, Exkursionsbericht Heisenberg-Gymnasium Dortmund, Februar 2018, A1.
131 AHGD Bestand 2019, Exkursionsbericht Heisenberg-Gymnasium Dortmund, Februar/März 2019, A9.
132 Kölbl, »Auschwitz ist eine Stadt in Polen«, in: Barricelli/Hornig (Hrsg.), Aufklärung, Bildung, »Histotainment«?, S. 165.
133 ASEE A 12-018-421, Exkursionsbericht Hauptschule Am Katernberg Wuppertal, März 2012, S. 72; ASEE A12-092-476, Exkursionsbericht Kardinal-von-Galen-Gymnasium Kevelaer, November 2012, S. 34.
134 AHGD Bestand 2019, Exkursionsbericht Heisenberg-Gymnasium Dortmund, Februar/März 2019, A3.
135 AHGD Bestand 2019, Exkursionsbericht Heisenberg-Gymnasium Dortmund, Februar/März 2019, A10.
136 AHGD Bestand 2019, Exkursionsbericht Heisenberg-Gymnasium Dortmund, Februar/März 2019, B8.

Terminus gewordenen Ortsnamens beitragen.[137] Wer zur Gedenkstätte Auschwitz-Birkenau reist, sieht einer eigenen Katharsis entgegen, so ließe sich aus den vorliegenden Aussagen schlussfolgern (»Man hört von Menschen, die bereits dort gewesen sind, dass der Besuch in Auschwitz einen verändert«[138]). Dementsprechend schreiben die Jugendlichen in vielfältiger Weise von ihren Vorstellungen. Beispielsweise ist die Rede davon, man erwarte sich »einmalige Erfahrungen«, an welche man sich lebenslang oder sogar »bis auf den Tod«[139] erinnern werde. Sicher könne man sich aber sein, dass die eigenen Erwartungen und die erwarteten Gefühle »getoppt«[140] werden würden. An anderer Stelle schreibt eine Person, ihre Einstellung gegenüber »ganz gewissen Dingen im Leben«[141] solle sich im Rahmen der Fahrt ändern – wobei sie nicht näher darauf eingeht, um welche Dinge es sich dabei konkret handeln soll. Insgesamt lassen sich extrem hohe Erwartungen nachweisen. Wenn beispielsweise in einem Reisetagebuch die Rede davon ist, durch die Erfahrungen der Fahrt werde das eigene allgemeine und alltägliche Handeln und Denken beeinflusst werden,[142] so belegt dies den für die Exkursion veranschlagten Stellenwert. Letztlich erwarten sich die Jugendlichen nichts weniger von ihrer Schulexkursion als eine Erfahrung, die ihr Leben verändert und sie zu »besseren« Menschen werden lässt.[143]

Einer so extrem hohen Erwartungshaltung kann eine schulische Gruppenreise wohl niemals gerecht werden. Dennoch scheint es der gesellschaftlichen Zuschreibung zu entsprechen, dass die Jugendlichen für sich als Ziel einer Reise nach Oświęcim ableiten, als moralisch integre (oder

---

137 Thorsten Eitz/Georg Stötzel, Wörterbuch der »Vergangenheitsbewältigung«. Die NS-Vergangenheit im öffentlichen Sprachgebrauch, Hildesheim 2007, S. 25 ff.
138 AHGD Bestand 2019, Exkursionsbericht Heisenberg-Gymnasium Dortmund, Februar/März 2019, A14.
139 ASEE 18-05-0207-014, Exkursionsbericht Heisenberg-Gymnasium Dortmund, Februar 2018, B3; in ähnlicher Weise zum Beispiel: ASEE A14-111-331, Exkursionsbericht Von-Fürstenberg-Realschule Paderborn, Mai 2015, ohne Seitenangabe; Zitat »bis auf den Tod« aus: AHGD Bestand 2019, Exkursionsbericht Heisenberg-Gymnasium Dortmund, Februar/März 2019, B4.
140 ASEE 18-05-0207-014, Exkursionsbericht Heisenberg-Gymnasium Dortmund, Februar 2018, B2.
141 ASEE A13-112-525_a, Exkursionsbericht Willy-Brandt-Gesamtschule Übach-Palenberg, Oktober 2013, S. 59.
142 ASEE 18-05-0207-014, Exkursionsbericht Heisenberg-Gymnasium Dortmund, Februar 2018, B3.
143 AHGD Bestand 2019, Exkursionsbericht Heisenberg-Gymnasium Dortmund, Februar/März 2019, B6.

zumindest als noch integrere) Persönlichkeiten zurückzukehren. Eine derartige Zielsetzung ist wohl grundsätzlich zum Scheitern verurteilt. Zugleich stellt sie die Institution Schule vor enorme Herausforderungen. Schließlich ist sie es, die mit den Jugendlichen nach Oświęcim reist. Vielleicht sollte im Vorfeld derartiger Exkursionen mit den Teilnehmerinnen und Teilnehmern noch klarer abgesteckt werden, was konkret an einem historischen Ort im schulischen Rahmen möglich ist. Dass es eben nicht das Ziel ist, dort eine persönliche Katharsis zu erleben, muss klargestellt werden. Zentral sollte vielmehr sein, die Dimension des historischen Lernens zu betonen und transparent zu machen. Um dies sicherzustellen, wäre es zunächst bereits von Vorteil, wenn Exkursionen zu KZ-Gedenkstätten immer von einer Lehrkraft mit der Lehrbefähigung für das Fach Geschichte begleitet werden würden. Bislang ist dies häufig nicht der Fall.[144] Kolleginnen und Kollegen mit Studium und Schwerpunkt in den Fächern Deutsch, Politik, Religionslehre oder Philosophie setzen andere Schwerpunkte denn die geschichtswissenschaftliche Erschließung des besuchten historischen Ortes.[145] Demgemäß kann es schnell zu einer inhaltlichen Überhöhung und thematischen Schieflage in der Ausrichtung einer Fahrt nach Oświęcim kommen. Konsequent in Vorbereitung und Umsetzung auf die Maßstäbe der Geschichtswissenschaft und das geschichtsdidaktische Potenzial des Geschehensortes Auschwitz-Birkenau zu verweisen, vermag den übersteigerten Erwartungen aufseiten der Jugendlichen entgegenzuwirken – und der für die eigentlichen Ziele der Exkursion völlig untauglichen und abträglichen Erfahrung von Angst einerseits und der Vorausschau auf die eigene Katharsis andererseits entgegenzuwirken.

---

144 Bezeichnenderweise zeigt sich dies sogar bei der einzigen bislang vorliegenden Studie zur Rezeption von schulischen Gedenkstättenreisen zum *Staatlichen Museum Auschwitz-Birkenau*, die mit Lernenden eines Kurses im Fach Ethik unternommen wurde: Urban, »Schöne Landschaft mit schrecklicher Vergangenheit«, in: Ganzenmüller/Utz (Hrsg.), Orte der Shoah in Polen.

145 Exemplarisch für eine primär auf theologische Fragen hin ausgerichtete Exkursion kann etwa gelten: ASEE A11-051-404, Exkursionsbericht Erzbischöfliches Suitbertus-Gymnasium Düsseldorf, Oktober 2013; auch derartige Exkursionen im Kontext des Religionsunterrichts sind inzwischen weit etabliert, siehe hierzu: Marianne Hartung, Mit Zehntklässlern in Auschwitz, in: Katechetische Blätter 135 (2010), H. 2, S. 8-9.

2.2 Eindrücke unmittelbar nach dem Besuch der Gedenkstätte

Nach der Ankunft steht den Gruppen eine unterschiedlich lange Zeit in Oświęcim bevor. Unabhängig davon, ob sie nur einen Tag oder bis zu fünf Tage in der Gedenkstätte verbringen, zeigt sich eine große Übereinstimmung in der Choreografie. Am Beginn des Aufenthalts steht immer der Besuch des Lagers Auschwitz I. Das zunächst in den bereits bestehenden kasernenartigen Gebäuden angelegte Areal eröffnet die Schulbesuche. Erst danach reisen die Gruppen nach Birkenau in das frühere Lager Auschwitz II, das in der öffentlichen Kommunikation der NS-Terminologie folgend zumeist als »Vernichtungslager« bezeichnet wird. Darüber hinaus kommt es allerdings kaum zu weiteren Besuchen spezifischer historischer Orte, die im Zusammenhang mit dem früheren NS-Lager standen.[146] Keine der Gruppen, die sich in den unterschiedlichen Quellenbeständen seit 1980 nachweisen lässt, besichtigte beispielsweise Monowitz, das als Auschwitz III ebenfalls zum Kern des ehemaligen Lagerkomplexes gehörte. Ähnlich ist dies bei den zahlreichen weiteren Außenlagern. Sie bleiben bis in die Gegenwart unberücksichtigt und werden nicht besucht. Bei Gruppen, die in Oświęcim übernachten und längere Zeit dort verweilen, treten neben die Besuche im ehemaligen Lager oft vorgelagerte Besichtigungen des Stadtkerns, in deren Rahmen häufig das *Centrum Żydowskie w Oświęcimiu (Jüdisches Zentrum Auschwitz/Oświęcim)* besucht wird. Nach den beiden Rundgängen in der Gedenkstätte schließen sich häufig für die Gruppen gemeinsame Gespräche mit Zeitzeugen an.

Auch wenn (oder gerade weil) in der Stadt Oświęcim heute kaum mehr jüdisches Leben besteht, regt der Besuch bei einigen Lernenden offenkundig einen Reflexionsprozess an. Sie erkennen ihre eigenen Wissensdefizite um die religiöse und kulturelle Dimension des Judentums,[147] zugleich stellen sie das jüdische Leben aber immer in einen engen Kon-

---

146 Einzelne Fahrten führten ihre Teilnehmerinnen und Teilnehmer nicht direkt nach Oświęcim, sondern die Gruppen besuchten zuvor andere Gedenkstätten. So reiste eine Gruppe aus Bonn beispielsweise auf dem Weg zum ehemaligen Lager Buchenwald. Siehe hierzu: ASEE A10-008-531, Exkursionsbericht Maria im Walde Bonn, August 2010; einen Besuch im ehemaligen Lager Plaszow, das vor allem aus *Schindlers Liste* einem breiteren Publikum bekannt ist, unternahm hingegen beispielsweise: ASEE A14-097-516, Exkursionsbericht Realschule Wiehl-Bielstein, März 2015.
147 AHGD Bestand 2019, Exkursionsbericht Heisenberg-Gymnasium Dortmund, Februar/März 2019, A15.

REZEPTION

text mit der Shoah und dem Lager in Auschwitz-Birkenau.[148] Dennoch weist der Besuch des *Jüdischen Zentrums* die jungen Lernenden auf die bedeutsame Rolle jüdischen Lebens im Süden Polens vor und nach der Shoah hin – ein Eindruck, der während der Zeit in der Gedenkstätte vertieft wird, wenn die Gruppen die israelische Landesausstellung besuchen. Der von der israelischen Nationalgedenkstätte *Yad Vashem* konzipierte und im Jahr 2013 eröffnete Pavillon zählt zu den emotionalsten Stationen des Rundgangs.[149] Immer wieder kommen die handschriftlichen Notizen deshalb auf diese Zeit dort zurück. Dessen konsequent umgesetztes Konzept, die Shoah als eine Geschichte der Individualgeschichten von Menschen zu erzählen, sie ebenso in ihre Vor- und Nachgeschichte der Betroffenen wie ihren jeweiligen familiären Kontext zu betten, scheint erfolgreich zu sein.[150] Dabei ist es eine Weiterentwicklung des in Yad Vashem praktizierten Ausstellungskonzepts, das hier auf den historischen Ort Auschwitz-Birkenau angewandt wird. Die Schilderungen berichten immer wieder, wie sehr die im Unterricht eher abstrakt abgehandelten Wissensbestände erst in der personalisierten Ausstellung erweitert werden und sich der Blick für individuelle menschliche Schicksale öffne.[151] Besonders die Konzentration auf das Schicksal der jüdischen Kinder, die im Lagerkomplex Auschwitz-Birkenau lebten, starben oder überlebten und die museale Darbietung von deren Zeichnungen,[152] lässt für einige Gäste den Besuch in der israelischen Ausstellung zum »schlimmsten Moment« der eigenen Zeit in der Gedenkstätte des Lagers I werden.[153]

Museumscharakter als Schlüssel zur Annäherung: Auschwitz I

Allerdings bewegt der Besuch im vormaligen Lager Auschwitz I über die benannte jüdische Ausstellung hinaus. Nachdem etliche Schülerinnen und Schüler bis zur Ankunft am historischen Ort davon sprechen, ihnen

148 ASEE A13-126-595_b, Exkursionsbericht Gymnasium der Stadt Warstein, Februar/März 2014, S. 3.
149 Exemplarisch für eine Vielzahl solcher Erwähnungen: ASEE A13-126-595_b, Exkursionsbericht Gymnasium der Stadt Warstein, Februar/März 2014, S. 13.
150 ASEE A18-05-0207-014, Exkursionsbericht Heisenberg-Gymnasium Dortmund, Februar 2018, A34.
151 AHGD Bestand 2019, Exkursionsbericht Heisenberg-Gymnasium Dortmund, Februar/März 2019, B22 f.
152 ASEE A13-112-525_b, Exkursionsbericht Willy-Brandt-Gesamtschule Übach-Palenberg, Oktober 2013, S. 5 f.
153 ASEE 18-05-0207-014, Exkursionsbericht Heisenberg-Gymnasium Dortmund, Februar 2018, A85.

komme es »unwirklich« vor,[154] tatsächlich persönlich in Auschwitz sein zu können, zeigt sich, wie überhöht der Ort in der Vorstellung der Reisenden im Vorfeld war. Wenn Lerngruppen sich aber über Monate hinweg auf die Exkursion vorbereiten und ein im schulischen Kontext sicher ungewöhnlich vertieftes Wissen zu einem historischen Thema ansammeln, um letztlich zu einer gemeinsamen Fahrt aufbrechen zu können, ist diese enorm hohe Erwartungshaltung vielleicht sogar nachvollziehbar.

Allein: Wenn die Gruppen endlich in Oświęcim angekommen sind und die Gedenkstätte besuchen, ist zunächst nichts mehr von der zuvor so reichlich artikulierten Angst in den Quellen zu lesen. An ihre Stelle tritt eine gespannte Erwartung auf die Ortserkundung und die Neugierde, den lange vorbereiteten Untersuchungsgegenstand nun endlich selbst in Augenschein nehmen zu können.

Umso überraschter sind die Reisenden offenbar, wenn sie in der Gedenkstätte ankommen und einen »fröhlich, friedlichen Eindruck«[155] wahrnehmen. Auschwitz-Birkenau als einen Ort der Ruhe, der Sauberkeit und der Idylle anzutreffen, entspricht nicht den Erwartungen, weshalb die Frage aufkommt, wie die Inhaftierten die Umgebung zeitgenössisch empfunden haben mochten.[156] Mit dem gesammelten Vorwissen über den Ort, das sich offenbar ausschließlich auf dessen Geschichte reduziert und weder auf dessen Nachgeschichte oder gar dessen Gegenwart eingeht, lässt sich die erste Empfindung nicht in Übereinkunft bringen. Die Diskrepanz zwischen eigener Erwartungshaltung und vorgefundener Gegenwart ist so fundamental, dass sich vereinzelt Gruppen dazu entschließen, ihn lyrisch zu verarbeiten.[157] Die Überraschung der Reisegruppen belegt der Umstand, wonach für das Areal des früheren Lagers Auschwitz I es sogar notizwürdig erscheint, wenn dort die Sonne scheint

---

154 ASEE A13-126-595_b, Exkursionsbericht Gymnasium der Stadt Warstein, Februar/März 2014, S. 3. Wortgleich: ASEE A14-080-515, Exkursionsbericht Homburgisches Gymnasium Nümbrecht, November 2014, S. 7.

155 ASEE A13-112-525_b, Exkursionsbericht Willy-Brandt-Gesamtschule Übach-Palenberg, Oktober 2013, S. 15.

156 ASEE A15-062-539_a, Exkursionsbericht Clara-Fey-Gymnasium Schleiden, Juni 2015, S. 37.

157 Diesen Dualismus bringt beispielsweise ein Gedicht aus der Feder einer Person sehr gut auf den Punkt, wenn es formuliert: »Ist es denn gefährlich / Hier einfach so zu stehn? / Nur so ganz unbeschwerlich / durch diesen Ort zu gehen? / Hier wirft die Sonne hell / Schatten auf den Weg / durch Birken goldner Blätter / die sanft vom Wind bewegt. / Heut ist es hier so schön / so weiß man doch im Innern: / Der Menschen, die hier litten, / muss jeder ewig sich erinnern.« Siehe hierzu: ASEE A13-095-404, Exkursionsbericht Erzbischöfliches Suitbertus-Gymnasium Düsseldorf, Oktober 2013, S. 11.

und nicht immerwährender Nebel und Regen das Klima bestimmt.¹⁵⁸ Ganz offensichtlich erwarten einige von der Gedenkstätte nichts weniger als eine Begegnung mit einem vollständig albtraumartigen Ort. Die Wahrnehmung der Idylle des Ortes dauert indes nicht lange an. Zu schnell wird den Reisenden bewusst, sich vor oder auf einem Gelände zu befinden, das weiterhin von Stacheldraht und Befestigungsanlagen umgeben ist. Die kasernenartige Anlage von Auschwitz I beschreiben sie daher als »eine unter Paraneuer leidende Siedlung«¹⁵⁹. Doch ist den Gruppen durchaus bewusst, dass es nicht nur eine Paranoia war, die hier ausgelebt wurde, sondern Auschwitz-Birkenau für Terror und Mord stand. Unbenommen bleibt aber die kognitive Dissonanz vom Beginn des Besuchs bestehen, die die Gedenkstättenfahrt prägt und die in dieser Form in den älteren Berichten nicht nachzuweisen ist. Damit nähern sich die Schülerinnen und Schüler bereits unmittelbar vor dem Eintreten auf das Gelände des *Staatlichen Museums Auschwitz-Birkenau* dem an, was geschichtsdidaktisch unter dem Terminus Historizitätsbewusstsein verstanden wird.¹⁶⁰ Sie erkunden den zu besuchenden historischen Ort im Hier und Jetzt, nicht in seinem ursprünglichen Zustand, also dem Status quo des 27. Januar 1945. Seither hat sich der ehemalige Lagerkomplex Auschwitz-Birkenau immer wieder verändert. Die Umgestaltungen späterer Zeiten, die sich nicht auf die offensichtliche Ergänzung zusätzlicher Infrastruktur beschränken, sondern vor allem museale Eingriffe in die historische Bausubstanz umfassen, machen es reizvoll, die Wandlung in eine Gedenkstätte mit den Lernenden aufzugreifen und deren Intention zu thematisieren.¹⁶¹

Und tatsächlich ist die Wahrnehmung des *Staatlichen Museums Auschwitz-Birkenau* als Erinnerungsort ein zentrales Erklärungsmotiv, warum die im Vorfeld vorgetragenen Ängste verschwinden. Wenn beispielsweise schon beim Eintritt in die Gedenkstätten der Eindruck eines »normalen Museums« entsteht, da es Ticketschalter, Security-Personal und Infotafeln gebe,¹⁶² so nähern sich die Lernenden einem Umfeld an, das ihnen weniger fremd erscheint. Die eher vertraute gesellschaftliche Institution

---

158 ASEE A13-044-572_a, Exkursionsbericht Hauptschule Deuz Netphen, April 2013, S. 24.
159 ASEE A12-018-421, Exkursionsbericht Hauptschule Am Katernberg Wuppertal, März 2012, S. 76.
160 Pandel, Geschichtsunterricht nach PISA, 13 ff.; Hans-Jürgen Pandel, Geschichtsdidaktik. Eine Theorie für die Praxis, Schwalbach/Ts. 2013.
161 Kuchler, Historische Orte im Geschichtsunterricht, S. 39 f.
162 ASEE A12-005-520, Exkursionsbericht Maria-Montessori-Gesamtschule Aachen, Februar/März 2012, S. 26.

Museum können sie besser einordnen als ein »Konzentrationslager«. Zugleich wird einigen Jugendlichen offenbar bewusst, dass sie sich in einem museal überformten Raum bewegen. Beim Rundgang, so ein Bericht, wurde zumindest der Autorin oder dem Autor klar, »dass nichts was wir heute sehen so aussieht wie es schon Häftlinge wahrgenommen haben«[163].
Vereinzelt thematisieren sie in ihren Berichten diese Differenz. Wenn beispielsweise eine Person in ihrem Bericht schreibt, heute sei die Gruppe »›im‹ KZ«[164] gewesen und die genutzten inneren Anführungszeichen zur Distanzierung gegenüber der ahistorischen Erwartung, ein Konzentrationslager besuchen zu können, einsetzt, drückt sich darin ein Historizitätsbewusstsein aus, das die Schülerinnen und Schüler in der Gedenkstätte entwickeln oder weiter schärfen konnten. Insgesamt aber schreiben die jugendlichen Gäste die Wirkung von Auschwitz I »zu großen Teilen« dem Umstand zu, an einem museal aufbereiteten Ort zu sein, was sie »noch einmal auf eine andere Art und Weise« betroffen mache.[165] Je bewusster der Umstand geworden sei, sich nicht in einem »normalen« Museum zu befinden, sondern an einem Ort, an dem Menschen »vernichtet« wurden, desto intensiver seien die Gefühle gewesen, so eine andere Stimme.[166]
Während die Angst zunehmend verschwindet, verstärkt sich das Interesse an der inhaltlichen Auseinandersetzung mit dem besuchten Ort. Es ist offenkundig so intensiv, dass in keinem der untersuchten Berichte, die sich mit dem Erleben des früheren Lagers beschäftigen, von der Anwesenheit oder einer eventuellen Kontrolle durch Lehrkräfte gesprochen wird. Der eigentlich weiterhin bestehende feste Rahmen einer schulischen Exkursionsveranstaltung wird nicht mehr wahrgenommen.[167] Vielleicht kann man sogar so weit gehen und davon sprechen, dass die teilnehmenden Schülerinnen und Schüler durch ihre intensive Vorbereitung so sehr involviert sind, dass ihnen überhaupt nicht mehr bewusst ist, von Lehrerinnen und Lehrern begleitet zu werden. Der grundsätzlich

---

163 ASEE A11-098-441, Exkursionsbericht Käthe-Kollwitz-Gymnasium Dortmund, Februar 2012, S. 18.

164 ASEE A15-006-414, Exkursionsbericht Janusz-Korczak-Gesamtschule Neuss, Februar 2015, S. 2.

165 ASEE 14-080-515, Exkursionsbericht Homburgisches Gymnasium Nümbrecht, November 2014, S. 11.

166 ASEE A13-044-572_a, Exkursionsbericht Hauptschule Deuz Netphen, April 2013, S. 26.

167 Grundsätzlich zum Problem der Anwesenheit von Lehrkräften bei Gedenkstättenbesuchen: Haug, Am »authentischen« Ort, S. 282.

REZEPTION

schulische Charakter der Exkursionen tritt offenbar völlig in den Hintergrund. Aus dieser Beobachtung ist ein hohes Maß an intrinsischer Motivation abzulesen. Die Jugendlichen verspüren eine eigene Neugier gegenüber dem historischen Thema und seiner gegenwärtigen musealen Präsentation, da sie nun das Gelände des so prominenten historischen Ortes (wenngleich nur in Begleitung von Guides) erkunden können. In der Wahrnehmung der Gruppen stehen vor allem die historischen Sachquellen im Mittelpunkt. Bauwerke, die noch aus der Geschehenszeit in den 1940er Jahren erhalten sind, genießen durch ihre Permanenz deutlich vernehmbar Respekt.[168] Dass die Orte, die besucht werden, tatsächlich schon in der Zeit des NS-Terrors bestanden, trägt maßgeblich zu deren Wahrnehmung bei. Wie bereits an anderer Stelle für Gedenkstättenbesuche nachgewiesen,[169] sind in Auschwitz I die angeblichen »Originalgebäude« besonders eindrucksvoll.[170] Eine kritische Hinterfragung des »authentischen Status« des heutigen Geländes erfolgt indes weder in Auschwitz I noch unter den ganz anderen Bedingungen in Auschwitz II.[171] Dies zeigt sich bereits am ersten Überrest, dem die Besucherinnen und Besucher sich gegenübersehen, nachdem sie den Zugangsbereich des *Staatlichen Museums* verlassen haben: dem Eingangstor zum ehemaligen Lager.[172] Die Konstruktion mit der zynischen Aufschrift »Arbeit macht frei« ist den jungen Menschen aus der Vorbereitung und ihrer medialen Vorerfahrung, teilweise aus ihren schulischen Geschichtsschulbüchern,[173] vertraut. Aufbauend auf diesen vorhandenen Wissensbeständen schreiben die Jugendlichen der persönlichen Begeg-

---

168 Mayer, Historische Orte als Lernorte, in: Mayer/Pandel/Schneider (Hrsg.), Handbuch Methoden im Geschichtsunterricht, S. 392 f.
169 Mehr, »Dingsda. Schornsteine, das sagt alles, was es ist«, S. 323.
170 Stellvertretend für einige Äußerungen in diese Richtung: ASEE A18-05-0207-014, Exkursionsbericht Heisenberg-Gymnasium Dortmund, Februar 2018, A35.
171 Gerade in Auschwitz II sprechen die Schülerinnen und Schüler von einer Begegnung mit einem Areal, das »original erhalten« geblieben und zu besuchen sei. Vergleiche hierzu beispielsweise: ASEE A18-05-0207-014, Exkursionsbericht Heisenberg-Gymnasium Dortmund, Februar 2018, B58.
172 Ines Rensinghoff, Auschwitz-Stammlager. Das Tor »Arbeit macht frei«, in: Detlef Hoffmann (Hrsg.), Das Gedächtnis der Dinge. KZ-Relikte und KZ-Denkmäler 1945–1995, Frankfurt am Main 1998, S. 238–265.
173 Fotos des Tores werden vor allem im Kontext des Ortstermins des Frankfurter Auschwitz-Prozesses abgedruckt, siehe beispielsweise: Ulrich Baumgärtner u. a. (Hrsg.), Horizonte. Qualifikationsphase Geschichte Sekundarstufe II, Braunschweig 2015, S. 357; Elke Langendorf (Hrsg.), Buchners Geschichte Oberstufe. Ausgabe Nordrhein-Westfalen/Qualifikationsphase. Unterrichtswerk für die Sekundarstufe II, Bamberg 2015, S. 290.

GEDENKSTÄTTE IM RAHMEN SCHULISCHER AUSCHWITZFAHRTEN

Beim Betreten der Gedenkstätte passieren die Schulgruppen das Eingangstor, das in den Texten als »Tor zur Hölle« beschrieben wird. Quelle: ASEE A14-111-331

nung mit der Sachquelle, die ihnen bislang nur als Bildikone entgegengetreten war, eine außerordentliche Prägekraft zu.[174] Unter dem Schriftzug in das ehemalige Lager einzutreten, sei der emotionalste Moment des Tages gewesen, so formuliert es eine Dokumentation.[175] Innerhalb der Gruppe habe sich eine bedrückende und ungläubige Stille verbreitet.[176] Letztmalig ist hier am Beginn des Rundganges die Rede davon, es habe sich die Angst vor dem Bevorstehenden aufgebaut,[177] weil sich das Durchschreiten des Eingangstores angefühlt habe, als durchquere man das »Tor zur Hölle«.[178] Es »verkörpere«, so eine andere Schülerin, das höchste Maß an Unmenschlichkeit.[179] Demgemäß wird dem Portal eine

174 ASEE A11-098-441, Exkursionsbericht Käthe-Kollwitz-Gymnasium Dortmund, Februar 2012, S. 4 f.
175 ASEE 18-05-0207-014, Exkursionsbericht Heisenberg-Gymnasium Dortmund, Februar 2018, A51.
176 ASEE A13-029-520, Exkursionsbericht Viktoriaschule Aachen, Februar/März 2013, S. 8.
177 ASEE A13-112-525_b, Exkursionsbericht Willy-Brandt-Gesamtschule Übach-Palenberg, Oktober 2013, S. 35.
178 ASEE 18-05-0207-014, Exkursionsbericht Heisenberg-Gymnasium Dortmund, Februar 2018, A51.
179 ASEE A11-098-441, Exkursionsbericht Käthe-Kollwitz-Gymnasium Dortmund, Februar 2012, S. 14.

REZEPTION

geradezu »magische Kraft« attestiert.[180] Vor allem aber markiert es den Beginn dessen, wozu die Exkursion stattfindet – nämlich der persönlichen Erkundung des ehemaligen Lagerareals. Mit dem Durchschreiten des Eingangstores, so die Texte, würden Neugier und Anspannung der Gruppe besonders greifbar.[181] Eine Wertschätzung, die sich letztlich nur mit dem Vorwissen aus Geschichtsunterricht und wohl noch mehr aus der Geschichtskultur erklären lässt, da keiner der jugendlichen Gäste eine persönliche Vorerfahrung mit dem Tor haben konnte.

Besonders interessant an der hohen Wertschätzung für das Tor mit der zynischen Aufschrift ist, dass es keine Unterschiede in der Wahrnehmung gibt, die sich aus dem Diebstahl des Originals im Dezember 2009 hätten ergeben müssen. Immerhin passieren die Gedenkstättenbesucher seither nicht mehr das Relikt aus der NS-Zeit, sondern lediglich ein Replikat, das die Gedenkstätte seit der Entwendung einsetzt. Die »Authentizität« des vorgefundenen Objekts ist also denkbar gering – in den Aufzeichnungen allerdings spielt dies keinerlei Rolle. Alleine der Umstand, dass das Tor bekannt ist und es sich am historischen Ort befindet, genügt ganz offensichtlich, um aus der Nachbildung nicht weniger als ein »Tor zur Hölle« zu machen.

Ein Erklärungsansatz für das geringe Hinterfragen der tatsächlichen Originalität des Eingangstores kann die hohe organisatorische Lenkung von Gruppenbesuchen im *Staatlichen Museum Auschwitz-Birkenau* sein. Denn die Neugier der jungen Menschen wird beim Besuch im früheren Lager I stark kanalisiert. Wie schon im Zusammenhang mit den Reisen der *Falken* und den Schulexkursionen der 1980er und frühen 1990er Jahre gezeigt wurde, ist es bis heute nicht möglich, das Gelände als Gruppe ganztägig eigenständig zu erkunden.[182] Vielmehr bedarf es nach wie vor der Anmeldung zu einem durch einen Guide des *Staatlichen Museums* geführten Rundgang. Die Schülerinnen und Schüler folgen einer festgelegten Wegstrecke, deren Zusammensetzung sie nicht beeinflussen können. Praktisch bedeutet dies, dass sie den historischen Ort vor allem in passiver Form erkunden, indem sie die Ausführungen des Guides rezeptiv aufnehmen oder ihnen nur lauschen. Wenn allerdings der Diebstahl des originalen Eingangstores in der dargebotenen Erzählung nicht

180 ASEE 18-05-0207-014, Exkursionsbericht Heisenberg-Gymnasium Dortmund, Februar 2018, B37.
181 ASEE 18-05-0207-014, Exkursionsbericht Heisenberg-Gymnasium Dortmund, Februar 2018, B40.
182 Die Öffnungszeiten des *Staatlichen Museums Auschwitz-Birkenau* ermöglichen Einzelbesuchern das ungeregelte Betreten des Geländes von Lager I nur in der Zeit nach 16 Uhr bis zur Schließung um 18 Uhr.

auftaucht, schlägt sich dieser in den nachfolgenden schriftlichen Dokumentationen nicht nieder. Eigene Erschließungen des Geländes sind in diesem Setting kaum möglich, jedes eigenständige Forschungsinteresse muss gänzlich hinter die Aufnahme von Vortragsinformationen zurücktreten. Überspitzt lässt sich für Gruppenbesuche in Auschwitz I somit von einem Frontalunterricht vor historischer Kulisse sprechen.

Bemerkenswerterweise monieren die Teilnehmenden diese spezielle Form des reinen Vortragsstils kaum, obwohl er bestenfalls noch Rückfragen aus der Gruppe zulässt. Vereinzelt gibt es sogar ausdrückliches Lob für die Führungsgestaltung.[183] Wie sehr aber die Ortserkundung in Auschwitz I von den Vorgaben des *Staatlichen Museums* abhängt, lässt sich in den Dokumentationen gut nachweisen. Beschrieben sind dort nämlich durchgängig die stets gleichen Stationen mit den gängigen prominenten Stopps während der Rundgänge. Inhaltlich hat sich dabei im Vergleich zu den früheren Fahrten der 1980er und 1990er Jahre kaum etwas verändert. Neben dem Eingangstor sind weiterhin vor allem die Todesmauer,[184] die Gefangenenzellen (mit Schwerpunkt auf dem Trakt, in welchem der Franziskanerpater Maksymilian Kolbe inhaftiert war)[185] oder die Gaskammer bedeutsame Besuchsstationen,[186] die sich in den Berichten spiegeln. Erst wenn nach dem Ende des klassischen Rundgangs zeitliche Spielräume auftreten, in welchen die Jugendlichen die Gedenkstätte nachmittags individuell nach eigenen Interessen erkunden können, stellen sie die größeren Freiheiten der eigenständigen Erkundung des Ortes erfreut fest.[187] Dann konzentrieren sich viele auf den Besuch ausgewählter Länderausstellungen.[188] Gerade in ihnen aber fällt den Jugendlichen auf, wie unterschiedlich diese aufgebaut und konzipiert sind. Das ermöglicht es den Lernenden die Vielzahl von Opfergruppen zu erschließen. Dass sie aus ganz unterschiedlichen Regionen und Kulturen stammten und dass an den Holocaust heute sehr unterschiedlich erinnert

---

183 ASEE A12-019-331, Exkursionsbericht Von-Fürstenberg-Realschule Paderborn, Mai 2012, S. 58.
184 ASEE A13-088-570, Exkursionsbericht Hauptschule Siegen, Juni 2013, S. 31.
185 ASEE A12-018-421, Exkursionsbericht Hauptschule Am Katernberg Wuppertal, März 2012, S. 74.
186 ASEE A18-05-0207-014, Exkursionsbericht Heisenberg-Gymnasium Dortmund, Februar 2018, A85.
187 Stellvertretend: ASEE A13-001-414, Exkursionsbericht Janusz-Korczak-Gesamtschule Neuss, Februar 2013, S. 4; ASEE A13-131-481, Exkursionsbericht Ludwig-Erhard-Berufskolleg Münster, März 2014, S. 51.
188 ASEE A11-031-523, Exkursionsbericht Berufskolleg Kaufmännische Schulen Düren, Mai/Juni 2011, S. 6.

wird, erarbeiten sie in den national geprägten Länderausstellungen.[189] Vereinzelt verweisen Lernende sogar auf die unterschiedlichen musealen Inszenierungen, indem sie auf den Licht- und Toneinsatz oder die unterschiedliche Präsentation mit historischen Quellen rekurrieren.[190] Aus einem Leistungskurs bringt es eine Person auf den Punkt: »Viele Nationen trauern in verschiedenen Sprachen.«[191] Der Fachterminus der Multiperspektivität erhält vorrangig dann eine besondere Bedeutung, wenn (wie im konkreten Fall) Lernende mit doppelter Staatsangehörigkeit die unterschiedlichen Perspektiven der nationalen Narrative neben der ihnen aus dem Unterricht wohlvertrauten bundesdeutschen Narration kennenlernen.[192]

Trotz der unterbundenen Eigenbegehung schildern die handschriftlichen Notizen, wie sehr der Besuch des früheren Lagers Auschwitz I die jugendlichen Exkursionsteilnehmenden betroffen gemacht hat. Neben der historischen Bausubstanz trägt zu dieser Stimmung nicht zuletzt die museale Gestaltung des kasernenartigen Areals bei. Besonders die Inszenierung weiterer historischer Quellen ist – neben den Lageranlagen selbst – offenbar bedeutsam, denn als bewegende Momente werden beispielsweise die Konfrontation mit den ausgestellten Portraitaufnahmen von Häftlingen genannt.[193] Unmittelbar nach der Ankunft im Lager fotografiert, zeigen sie vor allem polnische Opfer. Ausgestellt werden sie heute in den Gängen der ehemaligen Lagergebäude und sind damit den Jugendlichen an vielen Punkten ihres Besuchs immer wieder präsent.[194] Eine andere Bildquelle, nämlich die bei der Befreiung von der *Roten Armee* gemachten Bilder von ausgemergelten und gequälten Körpern auf Leichenbergen, gehört ebenfalls zu den zentralen Ankerpunkten im Gedächtnis, die wiederholt als besonders prägend angeführt werden.[195] Unter den mobilen Sachquellen dominiert indes auch im 21. Jahrhundert

189 ASEE A11-098-441, Exkursionsbericht Käthe-Kollwitz-Gymnasium Dortmund, Februar 2012 S. 32.
190 ASEE A12-120-520, Exkursionsbericht Maria-Montessori-Gesamtschule Aachen, März 2013, S. 25.
191 ASEE A12-092-476, Exkursionsbericht Kardinal-von-Galen-Gymnasium Kevelaer, November 2012, S. 21.
192 ASEE A11-098-441, Exkursionsbericht Käthe-Kollwitz-Gymnasium Dortmund, Februar 2012, S. 21.
193 ASEE A12-081-407, Exkursionsbericht Erzbischöfliche Theresienschule Hilden, November 2012, S. 36.
194 ASEE A11-040-587, Exkursionsbericht Placida Viel Berufskolleg Menden, Juli 2011, S. 38.
195 Verwiesen wird dabei vor allem auf offenbar schockierende Fotos innerhalb der russischen Landesausstellung, siehe: ASEE A11-040-587, Placida Viel Berufs-

Die ausgestellten Portraitaufnahmen der Häftlinge hinterlassen bei den Schülerinnen und Schülern offenbar einen nachhaltigen Eindruck. Quelle: ASEE A14-108-514

noch der Raum, der schon die früheren Besuche extrem geprägt hatte: Der Block 5 mit seinen Exponaten. Doch die Relikte der Ermordeten, ihre Haare, Schuhe, Brillen, Koffer usw. spielen im Vergleich zu den älteren Dokumentationen der 1980er und 1990er Jahre eine geringere Rolle. Zwar beschreiben die Jugendlichen der 2010er Jahre die Gegenüberstellung mit den sehr persönlichen Hinterlassenschaften der Opfer ebenfalls als »grauenvoll«[196] oder »schockierend«[197]. Die Auseinandersetzung mit ihnen erzeuge »ein Bild zum Aufschreien«[198], während zugleich die Rede von einem völligen Verstummen der schulischen Gruppen[199] oder unvermeidbarem Weinen im Angesicht der Ausstellungsstücke[200] ist. Mit Blick

    kolleg Menden, Juli 2011, S. 38; sowie: ASEE A18-05-0207-014, Exkursionsbericht Heisenberg-Gymnasium Dortmund, Februar 2018, B37 und B47.
196 ASEE A13-111-580, Exkursionsbericht Albrecht-Dürer-Gymnasium Hagen, Oktober 2013, S. 8.
197 AHGD Bestand 2019, Exkursionsbericht Heisenberg-Gymnasium Dortmund, Februar/März 2019, B22.
198 ASEE A11-098-441, Exkursionsbericht Käthe-Kollwitz-Gymnasium Dortmund, Februar 2012, S. 18.
199 AHGD Bestand 2019, Exkursionsbericht Heisenberg-Gymnasium Dortmund, Februar/März 2019, B21.
200 ASEE A18-05-0207-014, Exkursionsbericht Heisenberg-Gymnasium Dortmund, Februar 2018, A85.

auf die eigene Herkunft formuliert eine Dokumentation sogar, als Gast aus Deutschland empfinde man im Block 5 »richtige Schuldgefühle«[201]. Dass die Gruppen diese Herausforderung angenommen und hinter sich gebracht haben, gehört indes nicht zu den Darstellungskennzeichen der hier untersuchten handschriftlichen Dokumentationen. Demgegenüber findet sich dies durchaus in den aufwändiger gestalteten Darstellungen, die erst mit deutlichem Abstand zur eigentlichen Fahrt entstanden. Sie nehmen die Möglichkeit auf, statt spontaner Notizen das Gesagte mithilfe von Internetbildmaterialien und vor allem selbst gemachter Handyfotografien in seiner Dramatik noch zu steigern. Die dort dokumentierten Fotos zeigen häufig neben den eigentlich ins Bild gerückten »Exponaten« gespiegelte Silhouetten junger Menschen in den Glasscheiben des Museums. Sie sind visueller Beleg dafür, dass die Verfasserinnen und Verfasser der Texte tatsächlich den letzten Hinterlassenschaften der Opfer gegenübergestanden hatten.[202] Damit bestätigen sie sich selbst als Zeuginnen und Zeugen des Leidens der Häftlinge, die »vor ihrem Tod noch buchstäblich ausgeschlachtet wurden«.[203] Doch fallen die Schilderungen zum Block 5 insgesamt knapper und weniger erschüttert aus, als dies bei den etwa drei Jahrzehnte zuvor verfassten Darstellungen der Fall war. Vor allem in den abschließenden Betrachtungen, die die Jugendlichen noch im Verlauf ihrer Heimreise formulieren, hat die Prominenz der Auseinandersetzung mit den »Exponaten« nachgelassen. Sie bilden nicht mehr den unumstrittenen emotionalsten Punkt der Reise, wie dies noch in den Fahrten der 1980er Jahre der Fall war. Dies ist inzwischen der obligatorische Besuch in Birkenau, worauf im nächsten Abschnitt noch einzugehen sein wird. Hingegen bleibt für die jüngeren Berichte ebenfalls zu konstatieren, dass kein Lernender oder keine Lerngruppe die museale Präsentation der Besitztümer im Lager I in Zweifel ziehen. Die »Authentizität« dieser Quellen und ihres Präsentationsraums im früheren Auschwitz I wird von den Schülerinnen und Schülern, wohl noch mehr als dies beim Eingangstor der Fall ist, als selbstredend akzeptiert. Zumindest in diesem Punkt besteht eine ungebrochene Kontinuität zwischen den älteren und den jüngeren Reisen.

---

201 ASEE A12-018-421, Exkursionsbericht Hauptschule am Katernberg Wuppertal, März 2012, S. 80.
202 Verschiedene derartige Aufnahmen finden sich beispielsweise in der Dokumentation: ASEE A14-108-514, Exkursionsbericht Otto-Hahn-Realschule Bergisch Gladbach, März 2015.
203 ASEE A13-140-331, Exkursionsbericht Von-Fürstenberg-Realschule Paderborn, Mai 2015, S. 5.

Zu den ergreifendsten Momenten der Exkursionen zählt der Aufenthalt in dem Teil der musealen Präsentation, in dem die letzten Besitztümer der Opfer ausgestellt werden. Die Schülerinnen und Schüler nehmen dabei Fotos auf, in deren Fokus nicht nur die Exponate stehen, sondern in der Spiegelung der Glasscheiben auch die Lernenden selbst ihre Anwesenheit dokumentieren. Quelle: ASEE A14-108-514

In der Bewertung des Besuchs der Gedenkstätte des früheren Lagers Auschwitz I sind sich die Jugendlichen jedoch nicht einig. Zwar sind die kritischen Stimmen seltener als diejenigen, die von durchgängig positiven Eindrücken berichten, doch gibt es durchaus enttäuschte Schülerinnen und Schüler. Als ein Beispiel hierfür kann eine Person angeführt werden, die berichtet, sie habe sich im Stammlager nicht in die damalige Zeit hineinversetzen können. Vor allem das Innere der Baracken erschien ihr bereits zu modern, zudem ermangelte es ihr an originalen Gegenständen, die präsentiert worden wären.[204] Es sei nicht gelungen, sich vorzustellen, wie die Menschen damals im Lager hätten leben und überleben müssen.[205] An anderer Stelle wird festgehalten, das Lager I habe man sich

---

204 ASEE A13-131-481, Exkursionsbericht Ludwig-Erhard-Berufskolleg Münster, März 2014, S. 51. Allerdings finden sich in den handschriftlichen Notizen auch exakt gegenteilige Aussagen, die vor allem Auschwitz I »viele originale Dinge« attestieren, siehe: A13-065-417_a, Exkursionsbericht Berufskolleg Viersen, November 2013, S. 56.
205 ASEE 12-120-520, Exkursionsbericht Maria-Montessori-Gesamtschule Aachen, März 2013, S. 20.

wesentlich größer vorgestellt.²⁰⁶ Insbesondere derartige Formulierungen deuten darauf hin, wie wenig die Besuchergruppen vor ihrer Ankunft in Oświęcim eine Differenzierung zwischen den beiden prägenden vormaligen Lagerbestandteilen vorzunehmen imstande sind. Die Größe des Areals ist im sogenannten Stammlager sicher nicht das beeindruckendste Element. Umso mehr gewinnt es an Bedeutung, wenn am darauffolgenden Tag die Exkursion in Birkenau fortgesetzt wird.

Trotz der genannten Monita ziehen die Reisenden zumeist eine positive Bilanz aus ihrer ersten Station innerhalb der Gedenkstätte. So beschreiben sie, sie hätten hier das Grauen der Vergangenheit besonders eindringlich nachempfinden können.²⁰⁷ Zum Teil wird der Besuch, bewusst rekurrierend auf den heutigen Gedenkstättencharakter des historischen Ortes, als »sehr spannend« gewertet.²⁰⁸ Sogar die Baracken, die, wie gerade erwähnt, zum Teil als zu modern eingeschätzt wurden, wirken bei anderen Gästen als sinnlicher Eindruck der Verbrechen.²⁰⁹ Insgesamt seien die Informationen, die im Verlauf des Tages aufgenommen wurden, »schon krass und unmenschlich«.²¹⁰ Sogar Teilnehmerinnen oder Teilnehmer, für die (nach ihren eigenen Worten) der Besuch nicht so schlimm wie erwartet ausfiel, bilanzieren, von den Eindrücken sehr betroffen gewesen zu sein.²¹¹ So formuliert eine Stimme aus dem Jahr 2019 ihren Eindruck nach dem Besuch von Auschwitz I pointiert: »Ich würde gerne passende Worte finden um meine Gefühle und Gedanken aufzuschreiben, aber das einzige, was ich sagen kann: Ich bin sprachlos«.²¹² In der Folge des Besuchs entwickelt sich die Forderung, Auschwitz müsse der Nachwelt unbedingt als »Mahnmal« erhalten bleiben.²¹³

---

206 ASEE A15-006-414, Exkursionsbericht Janusz-Korczak-Gesamtschule Neuss, Februar 2015, S. 3.
207 ASEE A13-044-572_a, Exkursionsbericht Hauptschule Deuz Netphen, April 2013, S. 26.
208 ASEE A15-006-414, Exkursionsbericht Janusz-Korczak-Gesamtschule Neuss, Februar 2015, S. 2.
209 ASEE A13-044-572_a, Exkursionsbericht Hauptschule Deuz Netphen, April 2013, S. 24.
210 ASEE A15-006-414, Exkursionsbericht Janusz-Korczak-Gesamtschule Neuss, Februar 2015, S. 3.
211 ASEE 18-05-0207-014, Exkursionsbericht Heisenberg-Gymnasium Dortmund, Februar 2018, A31.
212 AHGD Bestand 2019, Exkursionsbericht Heisenberg-Gymnasium Dortmund, Februar/März 2019, B21.
213 ASEE A12-081-407, Exkursionsbericht Erzbischöfliche Theresienschule Hilden, November 2012, S. 24.

Parallel zu dieser Fassungslosigkeit und Erschütterung, die sich bei den meisten Jugendlichen manifestiert, wächst offenbar bei einigen eine tiefe, innere Wut gegenüber den Tätern.[214] Je mehr sie über deren Verbrechen im Lager erfahren, desto intensiver entwickelt sich diese Gefühlsregung als Abschottung gegenüber den Menschen, die sich mit der Ideologie des Nationalsozialismus so sehr identifizierten, dass sie sogar innerhalb der Lager tätig waren.[215] Gerade auf sie richtet sich statt der von den Gästen zunächst erwarteten Betroffenheit deren zunehmende Wut.[216] An der Todesmauer, so berichtet es beispielsweise eine Person, sei sie richtig »sauer« geworden.[217] Während Matthias Heyl davon spricht, diese aggressive Regung bei seinen Führungen noch nicht wahrgenommen zu haben,[218] und sie in den früheren Texten der 1980er und 1990er Jahre nicht anzutreffen ist, spielt sie für die aktuelleren Reisen im Rahmen der Führungen ebenso wie für die weitere Reflexionsphase eine durchaus signifikante Rolle.[219] Über die Gründe für diese emotionale Verschiebung lässt sich nur spekulieren. Eine Theorie könnte aber sein, dass es die persönlichen Bindungen zwischen den Gästen aus Deutschland und den damaligen Tätern sind, die die Differenz begründen. Lernende der 1980er Jahre hatten ein noch weit engeres verwandtschaftliches Verhältnis zur Generation der Täter, ihnen lag also eine empathische Trauer über Gewalttaten und ihre Opfer vielleicht noch näher. Jugendlichen des 21. Jahrhunderts fehlt dieser persönliche, oft auch familiäre Bezug. Sie grenzen sich von den »Nazis« noch bewusster ab und prägen deshalb noch leichter Gefühle wie Wut und Abscheu aus.

Im Mittelpunkt der Wahrnehmung stehen gleichwohl nicht die Täter, die allenfalls als Unmenschen und Dämonen aufschimmern. Vielmehr identifizieren sich die Reisenden mit den Opfern. Sie zweifeln daran, ob sie selbst überhaupt dessen würdig sind, an den Orten, an denen jene gelitten hatten, anwesend zu sein oder den Boden des ehemaligen Lagers

---

214 ASEE A15-019-520, Exkursionsbericht Viktoriaschule Aachen, Februar 2015, S. 7.
215 In vergleichbarer Ausprägung bereits dargestellt in: Pampel, »Mit eigenen Augen sehen, wozu der Mensch fähig ist«, S. 102.
216 ASEE A18-05-0207-014, Exkursionsbericht Heisenberg-Gymnasium Dortmund, Februar 2018, A97.
217 ASEE A13-088-570, Exkursionsbericht Hauptschule Siegen, Juni 2013, S. 31.
218 Heyl, Mit Überwältigendem überwältigen?, in: Brauer/Lücke (Hrsg.), Emotionen, Geschichte und historisches Lernen, S. 249 f.
219 AHGD Bestand 2019, Exkursionsbericht Heisenberg-Gymnasium Dortmund, Februar/März 2019, B21 f.; hierzu mit ähnlichen Ergebnissen: Urban, »Schöne Landschaft mit schrecklicher Vergangenheit«, in: Ganzenmüller/Utz (Hrsg.), Orte der Shoah in Polen, S. 269 f.

zu berühren. Daneben fühlen sic sich schlecht, wenn sie im Sommer ausreichend Getränkevorräte für den Rundgang dabeihaben[220] oder im Winter trotz wärmender Kleidung und gefütterter Schuhe[221] die Empfindungen der Lagerinsassen nachvollziehen wollen. Insgesamt sind sich die Schülerinnen und Schüler jedoch sicher, bei ihrem Besuch in Auschwitz I die Botschaft vernommen zu haben, die Motiv ihres Reiseantritts gewesen war: Sie sollen dafür sorgen, dass sich Vergleichbares nicht nochmals ereignet.[222]

Die kanonische Formel des »Nie wieder!« ist indes eine Intention, die nicht nur das *Staatliche Museum Auschwitz-Birkenau* verfolgt, sondern der sich alle anderen Gedenkstätten und Erinnerungsorte zur Geschichte der NS-Diktatur verpflichtet fühlen. Blickt man auf den besonderen Status, den gerade die Institution in Oświęcim besitzt, so ist es relevant zu fragen, ob es ihr besser als anderen Einrichtungen gelingt, Jugendliche für ihre pädagogischen Ziele zu gewinnen. Überprüfen lässt sich dies zumindest in Ansätzen, wenn man die Reaktionen derjenigen Jugendlichen konsultiert, die von sich angeben, vor dem Besuch in Auschwitz I bereits eine andere Gedenkstätte besucht zu haben. Bemerkenswert an ihren Aussagen ist die übereinstimmende Einschätzung, der Aufenthalt in Auschwitz I, also schon der erste Tag eines längeren Aufenthalts, habe mehr an Eindrücken vermittelt als vorausgegangene Gedenkstättenbesuche.[223] Damit decken sich die Ergebnisse mit einer Erhebung im Kontext der *KZ-Gedenkstätte Neuengamme*. Bei einer Befragung war dort ebenfalls festgestellt worden, dass Reisende, die zuvor bereits das *Staatliche Museum Auschwitz-Birkenau* besucht hatten, die mangelnde Anschaulichkeit und Überzeugungskraft Neuengammes monierten.[224] Offenbar gilt dies bei einer nachgelagerten Exkursion ebenfalls. Das Phänomen Auschwitz, dessen Prominenz ebenso wie dessen drastische Formen der

---

220 AHGD Bestand 2019, Exkursionsbericht Heisenberg-Gymnasium Dortmund, Februar/März 2019, B24.
221 ASEE A15-005-471, Exkursionsbericht Max-Planck-Gymnasium Duisburg-Meiderich, Februar 2015, S. 2.
222 ASEE A15-006-414, Janusz-Korcak-Gesamtschule Neuss, Februar 2015, S. 3.
223 ASEE A15-006-414, Janusz-Korcak-Gesamtschule Neuss, Februar 2015, S. 4; gleichlautend: AHGD Bestand 2019, Exkursionsbericht Heisenberg-Gymnasium Dortmund, Februar/März 2019, B23. Leider finden sich keine Angaben dazu, welche Gedenkstätten die Personen zuvor bereits besucht hatten.
224 Anja Solterbeck, Weil in Neuengamme »nichts mehr so ist, wie es war«. Die Erwartungen von jugendlichen Gedenkstättenbesuchern an ein »echtes KZ«, in: Oliver von Wrochem/Lars Jockheck (Hrsg.), Das KZ Neuengamme und seine Außenlager. Geschichte, Nachgeschichte, Erinnerung, Bildung, Berlin 2010, S. 344-373, hier S. 363 f.

Immer wieder stellen die Schulgruppen die Wetterbedingungen heraus, wenn sie von ihren Eindrücken in der Gedenkstätte sprechen. Besonders eindringlich ist aus Sicht der Jugendlichen die Wahrnehmung des historischen Ortes während der Wintermonate.
Quelle: ASEE A10-011-421

musealen Präsentation führen offenbar dazu, dass Lernende sich (zumindest kurzfristig) stärker betroffen und emotional mehr in Kontakt zum eigentlichen Gegenstand gesetzt fühlen. Gerade die Emotion ergänzt dabei die vorausgehende kognitive Annäherung an den Lerngegenstand. Das nötige Vorwissen, so ist festzuhalten, müssen die Besucherinnen und Besucher allerdings bereits im Vorfeld ihrer Reisen grundgelegt haben. Denn, so Ruth Klüger zutreffend über jede Form des Reisens nach Oświęcim: »Gewiss, es zieht auch welche, die ohne Touristenneugier und Sensationslust kommen, zu den alten Lagern, aber wer dort etwas zu finden meint, hat es wohl im Gepäck schon mitgebracht.«[225]

Wirkungsmacht des historischen Raumes: Birkenau

Die geschichtskulturelle Prägung, die die Jugendlichen auf ihre Reise mitbringen, wiegt schwer. Sie ist umfangreich und wirkt schon vor der Ankunft. Anschaulich belegt dies ein Beispiel im Zusammenhang mit

---

225 Ruth Klüger, weiter leben. Eine Jugend, München 2019, S. 75.

der Gedenkstätte in Birkenau. Als nämlich in den frühen Morgenstunden des 28. Februar 2019 eine Gruppe des *Heisenberg-Gymnasiums Dortmund* in Oświęcim ankommt, notiert eine Schülerin eine sie offenbar sehr bewegende Situation in das Reisetagebuch. Der Bus sei an Birkenau vorbeigefahren und man habe die Gedenkstätte von Weitem sehen können. Schon aus der Ferne habe sie »riesig« gewirkt und habe in ihr ein »mulmiges Gefühl« ausgelöst. Besonders skurril und seltsam empfindet es die Autorin aber, vor der Kulisse des ehemaligen Lagers junge Hirsche bei Sonnenaufgang grasen zu sehen. »Der Kontrast war verwirrend«, resümiert sie ihre kognitive Differenzerfahrung.[226] Junges Wild, das in morgendlicher Stimmung friedlich in einem ruhigen Umfeld steht, wirkt aus einem Bus heraus betrachtet nicht bedrohlich. Eher im Gegenteil. Erst wenn man den Unterschied zwischen der Vergangenheit des spezifischen Raums und dessen Gegenwart einbezieht, wird die Reaktion verständlich. Nur wer, wie die Schülerin, weiß, was sich in Birkenau vor acht Jahrzehnten abgespielt hat, interpretiert die morgendliche Begegnung mit dem Hirsch nicht als romantischen Tagesauftakt, sondern als »verwirrenden Kontrast«. Eine Wahrnehmung, die schon im Lager I anzutreffen war, die sich aber in Auschwitz II ebenso festmachen lässt. Hier sind es vor allem die friedliche Stille und die Rückkehr der Natur in das Areal,[227] wie sie sich gerade am Beispiel der Hirsche zeigt, die den Schülerinnen und Schülern unerwartet und deshalb besonders bemerkenswert erscheinen.[228]

Jenseits des unerwarteten Ruhepols, der in Birkenau wohl daher noch weit ausgeprägter ist als im Lager Auschwitz I, weil weniger Besucherinnen und Besucher oder geführte Gruppen das Areal betreten, ist es aber vorrangig ein Eindruck, der die Wahrnehmung von Birkenau dominiert: dessen Größe. Anders als in Auschwitz I ist es dort gerade nicht die museale Präsentation, sondern der historische Ort selbst, der die Wahrnehmung bestimmt. Genauer gesagt stehen die Ausmaße des früheren Lagers im Mittelpunkt. Ein Text beschreibt beispielsweise, die Gruppe habe nach ihrer Ankunft den Eingangsturm bestiegen, um die Dimensionen des Lagers zu überblicken, doch war ihnen selbst von dort

---

226 AHGD Bestand 2019, Exkursionsbericht Heisenberg-Gymnasium Dortmund, Februar/März 2019, B19.
227 Stellvertretend: »Uns brachte besonders der Widerspruch zwischen Idylle und Grausamkeit durcheinander«, in: ASEE A12-034-421, Exkursionsbericht Berufskolleg Neandertal Mettmann, Juni 2012, S. 15.
228 ASEE A12-005-520, Exkursionsbericht Maria-Montessori-Gesamtschule Aachen, Februar/März 2012, S. 38.

Die Dimensionen des Lagers Auschwitz II in Birkenau erkennen die Jugendlichen bereits vom Turm des Torhauses aus.   Quelle: ASEE A14-III-331

ein wirklicher Überblick unmöglich.[229] Erst nachdem die Gäste sich den historischen Ort tatsächlich »ergangen« hatten, sie ihn dementsprechend selbst durchquert und erkundet hatten, konnten sie nach eigener Aussage erkennen, wie groß er tatsächlich gewesen war.[230] Regelrecht schockierend wirken die Dimensionen auch auf andere Lerngruppen. Immer wieder finden sich emotionale Aussagen in den handschriftlichen Texten, die zumeist mit dem Abstand von einigen Stunden entstanden. Es lassen sich umgangssprachliche Formulierungen nachweisen, aus denen das Entsetzen der Jugendlichen spricht, wie: »Mein erster Eindruck als wir angekommen sind: Ach Du meine Güte ist das groß!«[231] oder »Un-

---

229 Allerdings gibt es durchaus auch Schülerinnen und Schüler, die davon sprechen, vom Turm aus einen guten Überblick über die Dimensionen von Birkenau gehabt zu haben. Siehe beispielsweise: ASEE 18-05-0207-014, Exkursionsbericht Heisenberg-Gymnasium Dortmund, Februar 2018, A70.
230 ASEE 12-118-465, Exkursionsbericht Gymnasium Voerde, Februar 2013, S. 43.
231 ASEE A13-112-525_a, Exkursionsbericht Willy-Brandt-Gesamtschule Übach-Palenberg, Oktober 2013, S. 55.

REZEPTION

fassbar, wie riesig das Gelände ist!«.²³² Aus der Fülle von Zitaten, die die Dimensionen von Birkenau kommentieren, lässt sich folgern, wie wenig den Lernenden – trotz der umfangreichen Vorbereitung in Deutschland – die räumliche Dimension des Lagers tatsächlich bewusst war. Die Konfrontation mit dem schier endlos wirkenden Gelände beschäftigt die Jugendlichen daher nachhaltig.²³³ Im Vergleich zum Lager Auschwitz I sei Birkenau »viel größer und noch furchtbarer«²³⁴, es sei realistischer und trotzdem unbegreiflich.²³⁵ Die Größe und Weite des primär zur Ausbeutung und Ermordung von Menschen angelegten Areals bewegt die Jugendlichen offenkundig.²³⁶ Die eigenen Gefühle zu beschreiben, fällt vielen dennoch oder gerade deshalb schwer. In einer längeren Reflexion entschied sich deshalb eine Person für den Begriff der »Fassungslosigkeit«. Es sei der einzige Ausdruck, der das eigene Empfinden zumindest annähernd ausdrücke.²³⁷

Allerdings ist für Birkenau die Rezeption ebenfalls nicht einhellig. Es gibt durchaus eine kritische Rezeption seitens der Schülerinnen oder Schüler. Einige fühlen sich von dem Areal nicht berührt und ringen deshalb mit sich, weil sie sogar am Ort des Massenmordens keine größeren Gefühlsausbrüche durchleben.²³⁸ Andere monieren, in Birkenau gebe es, besonders im Vergleich zum Gedenkstättenbereich Auschwitz I, jenseits der Bausubstanz keine zeitgenössischen Sachquellen. Deshalb sei der Zugang tags zuvor leichter gefallen.²³⁹

---

232 ASEE A13-001-414, Exkursionsbericht Janusz-Korczak-Gesamtschule Neuss, Februar 2013, S. 3.
233 ASEE A15-052-471, Exkursionsbericht Gottfried-Wilhelm-Leibniz-Gesamtschule Duisburg-Nord, Mai 2015, S. 7.
234 ASEE A14-097-516, Exkursionsbericht Realschule Wiehl-Bielstein, März 2015, S. 48.
235 ASEE A13-001-414, Exkursionsbericht Janusz-Korczak-Gesamtschule Neuss, Februar 2013, S. 3.
236 In ähnlicher Form ausgeführt bei: Krist, »… und man sieht kein Ende! Es scheint so endlos … und man selbst ist so klein, so unglaublich winzig!«, in: Hilmar (Hrsg.), Ort, Subjekt, Verbrechen, S. 266.
237 ASEE A12-064-441, Exkursionsbericht Max-Plank-Gymnasium Dortmund, Juli 2012, S. 26.
238 Diese deutliche Form von Selbstzweifel an den eigenen »Nicht-Gefühlen« findet sich bei einer Schülerin, die das Fach Geschichte als Leistungskurs belegt hatte. Siehe: ASEE A12-092-476, Exkursionsbericht Kardinal-von-Galen-Gymnasium Kevelaer, November 2012, S. 15 f.
239 ASEE A13-065-417_a, Exkursionsbericht Berufskolleg Viersen, November 2013, S. 56.

War dieser Teil der Gedenkstätte bis 1989 von aus Deutschland kommenden Schulgruppen kaum besucht worden, so nimmt er inzwischen eine zentrale Position innerhalb der Exkursionen ein. Vorrangig ist dies sicher der erinnerungspolitischen Konzentration auf die Shoah in der bundesdeutschen Geschichtskultur ebenso wie im schulischen Geschichtsunterricht geschuldet. Im Zentrum steht dabei stets das Schicksal der Juden. In diesem Sinne gilt den Schülerinnen und Schülern Birkenau, der Ort des tausendfachen industriell ausgeführten Mordens, als der eigentliche Fluchtpunkt ihrer Reise. Dementsprechend schildern die meisten Texte der 2010er Jahre, die bewegendsten Momente der Exkursion hätten sich nicht im ehemaligen Stammlager zugetragen, sondern erst in Birkenau. Gerade die Größe und die Leere des Raumes sind es, die weniger überfordern, denn zum Nachdenken anregen: »Es ist erstaunlich, wie ein Ort wie Auschwitz-Birkenau ohne Bilder, ohne Dokumente o. ä. mich eher erreichen konnte als Auschwitz I. Ich habe von einem Tag auf den anderen auf einmal Emotionen empfunden, die ich bis zu dem Tag nicht empfunden hatte«.[240] Obwohl gerade die Wege in Birkenau lang und zeitintensiv sind – ein Schüler offenbart den subjektiven Eindruck, bei der Erkundung des Lagers Birkenau mutmaßlich mehr als zehn Kilometer gegangen zu sein[241] – berichten die Texte von einer schweigsamen, ruhigen und konzentrierten Atmosphäre innerhalb der Gruppen.[242]

Die geschilderte Eindringlichkeit hat sicher vielfältige Ursachen. Ein wesentliches Motiv dürfte aber die Möglichkeit zum multisensorischen Lernen sein.[243] Dass Schülerinnen und Schüler nicht nur passiv die Informationen des Guides aufnehmen und ihm von einer Station des Rundganges zur nächsten folgen, sondern sie sich weit mehr auf den historischen Ort einlassen können, spricht sehr für den Ertrag einer Exkursion nach Birkenau. Zwar nutzen dort die meisten Gruppen erneut die Hilfe eines Guides, jedoch ist die »Sachquelle« dort weit präsenter und weniger museal überformt. Natürlich haben in Birkenau seit dem 27. Januar 1945 vielfältige und tiefgreifende Veränderungen baulicher, musealer und denkmalschützerischer Art stattgefunden, doch wirkt es auf die Jugendlichen weit weniger als Museum. Vielmehr erscheint es

---

240 ASEE 18-05-0207-014, Exkursionsbericht Heisenberg-Gymnasium Dortmund, Februar 2018, A73.
241 ASEE A13-112-525_b, Exkursionsbericht Willy-Brandt-Gesamtschule Übach-Palenberg, Oktober 2013, S. 8.
242 ASEE A12-011-338_c, Exkursionsbericht Peter-August-Böckstiegel-Gesamtschule Werther, März 2012, S. 27.
243 Kuchler, Historische Orte im Geschichtsunterricht, S. 34 ff.

den Gruppen, als lasse es eine eigenständige Erschließung leichter zu. Dies beginnt bereits mit dem Begehen und Erwandern der unvorstellbaren Ausmaße des Lagers, die direkte Rückschlüsse auf die historischen Ereignisse und die enorm hohe Zahl an Opfern zulassen (»Die Größe machte mir wirklich Angst«[244]). Zudem können die ehemaligen Baracken im wörtlichen Sinne »be-griffen« werden. Sie sind keine musealen Exponate hinter Glasvitrinen, sondern als Bauwerke zugänglich. Aus dieser direkten Begegnung mit den Überresten beziehen die Jugendlichen offenbar eine große Motivation zur vertieften Beschäftigung. Angeblich ermöglichen sie es ihnen sogar, Eindrücke zu sammeln, die sie als so bedeutsam wahrnehmen, dass sie davon sprechen, ihr gesamtes Leben über würden sie die Atmosphäre in Birkenau nicht mehr vergessen.[245]

Ursache der besonderen Dignität scheinen vor allem die »einzigen Zeugen der Grausamkeit«[246] zu sein, die sich heute aus Sicht der Jugendlichen noch vorfinden lassen: die Überreste der Bauwerke des vormaligen Lagers.[247] Wie schon im Stammlager sind es hier erneut zunächst die prominenten »Ikonen der Vernichtung«[248], vor allem das Eingangstor mit seinen auf die Rampe zulaufenden Schienen, die wahrgenommen werden.[249] Doch geht der Eindruck darüber hinaus und greift ins Grundsätzliche aus. Obwohl die Rede davon ist, außer Ruinen sei nichts mehr vom ursprünglichen Lager zu sehen,[250] ist es gerade die noch vorhandene Bausubstanz, die offenbar eine enge Anbindung an das Geschehene ermöglicht. Der zeitbedingte Verfallsprozess der Relikte wird von den Jugendlichen nicht als Manko gesehen, sondern als Nachweis für die Originalität des Vorgefundenen gewertet. So notiert beispielsweise ein Teilnehmender, die Todesbaracke ebenso wie die Kinderbaracke seien für ihn besonders bewegend gewesen, da dort »alles so erhalten war wie

---

244 ASEE A13-112-525_b, Exkursionsbericht Willy-Brandt-Gesamtschule Übach-Palenberg, Oktober 2013, S. 8.
245 ASEE A14-080-515, Exkursionsbericht Homburgisches Gymnasium Nümbrecht, November 2014, S. 10.
246 ASEE A13-029-520, Exkursionsbericht Viktoriaschule Aachen, Februar/März 2013, S. 9.
247 Vergleiche: Urban, »Schöne Landschaft mit schrecklicher Vergangenheit«, in: Ganzenmüller/Utz (Hrsg.), Orte der Shoah in Polen, S. 271 f.
248 Brink, Ikonen der Vernichtung.
249 ASEE A13-140-331, Exkursionsbericht Von-Fürstenberg-Realschule Paderborn, Mai 2015, S. 15.
250 ASEE A13-029-520, Exkursionsbericht Viktoriaschule Aachen, Februar/März 2013, S. 9.

Gelenkte Führungen der Guides der Gedenkstätte prägen die Exkursionen der Schulen. Dies gilt für beide ehemaligen Lagerteile, im Bild eine Gruppe in Birkenau.
Quelle: ASEE A11-061-453

es früher so stand«.[251] Neben die emotionale Argumentation tritt vereinzelt eine intellektuell-kognitive. Dabei wird vorgetragen, das historische Geschehen könne nun, da man die »original erhaltenen« Bauten gesehen habe, leichter nachempfunden werden.[252] Der höhere Verfallsprozess des Ortes vermittelt mithin den Anschein eines »authentischen« Raums, der zugleich als ein bedrohlich wahrgenommenes Areal beschrieben wird.[253]

Insgesamt überwiegt aber der emotionale Zugang zum Gelände. Die Eindrücke vor Ort, so schildern es einzelne Texte, seien unfassbar gewesen und jede zusätzliche Information zur Geschichte des Ortes habe die Erwartung, es könne nicht noch schlimmer kommen, erneut

---

251 ASEE 18-05-0207-014, Exkursionsbericht Heisenberg-Gymnasium Dortmund, Februar 2018, B48.
252 ASEE 18-05-0207-014, Exkursionsbericht Heisenberg-Gymnasium Dortmund, Februar 2018, B58.
253 ASEE A13-126-595_b, Exkursionsbericht Gymnasium der Stadt Warstein, Februar/März 2014, S. 18.

übertroffen.[254] Die Emotionalität geht so weit, dass Jugendliche davon sprechen, der Konfrontation mit ihr nicht standgehalten und den Besuch abgebrochen zu haben. Besonders die mangelhaften Hygieneeinrichtungen, die Kinderbaracke und die Gaskammern wirken demnach ähnlich dramatisch wie in Auschwitz I die »Exponate« in Block 5.[255] Eine Schülerin bilanziert mit Blick auf die Zeit in Birkenau sogar, für sie sei der Aufenthalt der schlimmste Tag in ihrem ganzen Leben gewesen.[256] Auffällig ist allerdings, dass diese Einschätzung weitgehend singulär ist. Während für die Haare, Koffer etc. noch eine Fülle von Berichten von Lernenden vorliegen, die die Ergriffenheit der Jugendlichen dokumentieren, ist deren Zahl für Birkenau überraschend gering. Begründet sein kann das in einer Art Abstumpfung oder einer Übersättigung mit Reizen, Emotionen und Informationen. »Der KZ-Besuch in Birkenau war auch sehr emotional und interessant, jedoch hat mich alles gestern zu emotional bzw. psychisch mitgenommen, sodass mich dies heute nicht so schlimm mitgenommen hat«[257], resümiert beispielsweise ein Schüler seine zurückgehende Empathie mit den Opfern und ihrem Leid während des zweiten Tages seines Aufenthalts im *Staatlichen Museum*.

Als signifikante Form der Emotionalisierung beim Besuch des Gedenkstättenteils in Birkenau berichten die Schülerinnen und Schüler vor allem von einer zunehmenden Verunsicherung. Sie resultiert aus der Weite des Raums und dem Umstand, dass dort weit weniger klar definiert ist, wo sich kanonische Sehenswürdigkeiten ausweisen lassen. Vielmehr nehmen die Gruppen das gesamte Gelände als einen Ort des Verbrechens und Mordens wahr, weshalb es ihnen nicht als größter Friedhof der Welt erscheint, sondern als ein großflächig mit Blut getränkter Raum. Erneut zweifeln sie daran, ob sie überhaupt würdig sind, diese Erde zu betreten.[258] Noch häufiger findet sich allerdings das Motiv der Unsicherheit, über einen Untergrund zu gehen, auf welchem Tausende Menschen gequält und ermordet wurden. Dass mit jedem Schritt, den die Gäste machen, der Ort weiterer Verbrechen berührt wird, bewegt und verun-

---

254 AHGD Bestand 2019, Exkursionsbericht Heisenberg-Gymnasium Dortmund, Februar/März 2019, B15.
255 Exemplarisch: ASEE A13-001-414, Exkursionsbericht Janusz-Korczak-Gesamtschule Neuss, Februar 2013, S. 3.
256 ASEE A13-089-531, Exkursionsbericht Maria im Walde Bonn, Juli 2013, S. 59.
257 ASEE 18-05-0207-014, Exkursionsbericht Heisenberg-Gymnasium Dortmund, Februar 2018, B46.
258 AHGD Bestand 2019, Exkursionsbericht Heisenberg-Gymnasium Dortmund, Februar/März 2019, B15.

sichert die Jugendlichen tiefgreifend.[259] Ihre Gefühle, so schreibt eine Person, hätten dabei »Achterbahn gespielt«[260]. Immer wieder thematisieren die Jugendlichen, wie sehr ihre Blicke auf den Boden gerichtet geblieben seien und wie unwirklich es ihnen erschien, nun an einem Ort zu sein, der früher Schauplatz solch unermesslicher Verbrechen gewesen sei.[261] Obwohl sie weiterhin daran zweifeln, sich das Leiden vorstellen zu können,[262] wird die Option, persönlich das Areal besuchen und sich von den topografischen Gegebenheiten einen Eindruck verschaffen zu können, zumeist als sehr anregend beurteilt.[263] Nicht aufgegriffen wird hingegen, dass es neben den Stätten des Mordens in den Lagern vielfältige andere Schauplätze des Massenmordes während der Shoah gab.

Vereinzelt denken die Teilnehmerinnen und Teilnehmer während ihres Besuchs bereits an dessen Bedeutung für die eigene Zukunft. Dies artikulieren sie beispielsweise, wenn sie formulieren, sie würden die in der Gedenkstätte gesammelten Eindrücke bis an das Ende ihres Lebens nicht vergessen.[264] Ausweislich ihrer Notizen planen andere bereits, die Reise nach Oświęcim zu wiederholen, um noch mehr über den historischen Ort zu erfahren[265] oder sehen die Exkursion als derartig bedeutsam an, dass sie davon sprechen, ihren (wohl noch nicht geborenen) Kindern von den Erlebnissen während des Aufenthalts einmal erzählen zu wollen.[266] Wieder andere schreiben der schulischen Fahrt sogar einen prägenden Stellenwert in ihrer Adoleszenzphase zu, wenn sie die Zeit in Oświęcim als eines der eindrücklichsten Ereignisse ihrer Jugend einordnen.[267]

Die Chronologie der aktuellen Besuche bedingt es, dass das Ende der Zeit in Auschwitz II häufig das Ende des Gedenkstättenaufenthalts

---

259 Stellvertretend: ASEE A12-092-476, Exkursionsbericht Kardinal-von-Galen-Gymnasium Kevelaer, November 2012, S. 19; sowie: ASEE A15-062-539_a, Exkursionsbericht Clara-Fey-Gymnasium Schleiden, Juni 2015, S. 39.
260 ASEE A13-089-531, Exkursionsbericht Maria im Walde Bonn, Juli 2013, S. 59.
261 ASEE A11-080-465, Exkursionsbericht Gymnasium Voerde, Februar 2012, S. 52.
262 ASEE A15-019-520, Exkursionsbericht Viktoriaschule Aachen, Februar 2015, S. 9.
263 ASEE 18-05-0207-014, Exkursionsbericht Heisenberg-Gymnasium Dortmund, Februar 2018, B58.
264 ASEE A11-020-525, Exkursionsbericht Anita-Lichtenstein-Gesamtschule Geilenkirchen, Juli 2011, S. 20.
265 ASEE A14-097-516, Exkursionsbericht Realschule Wiehl-Bielstein, März 2015, S. 62.
266 ASEE A13-140-331, Exkursionsbericht Von-Fürstenberg-Realschule Paderborn, Mai 2015, S. 57.
267 AHGD Bestand 2019, Exkursionsbericht Heisenberg-Gymnasium Dortmund, Februar/März 2019, B34.

markiert. Zwar treffen viele Gruppen in ihren Übernachtungsquartieren noch mit Überlebenden zusammen (worauf noch einzugehen sein wird), doch kommt es zu keinen weiteren Ortserkundungen mehr. Hervorzuheben ist hierbei jedoch, dass der zweifache Kontakt zu verschiedenen Teilen des historischen Ortes bzw. zur Gedenkstätte stark emotional berührt. Wie sehr das der Fall ist, zeigen die Aussagen zum Bedürfnis nach formalen Abschiedsritualen: Vor dem Verlassen des ehemaligen Lagergeländes wollen die Gruppen ganz offenkundig den Endpunkt ihrer Fahrt mit einer Geste des Trauerns und des Gedenkens formal markieren. Dies mag an den Ritualen liegen, die sich in Deutschland nach wie vor an den Riten des Christentums orientieren, doch äußern die Jugendlichen selbst, wie zentral es für sie ist, sich auch formell zu verabschieden. Nachdem der Besuch in beiden Lagern so emotional gewesen sei, sei ein Verlassen der Gedenkstätte ohne eine angemessene Abschiedszeremonie nur sehr schwer möglich, schildert beispielsweise ein Text unumwunden.[268] Demgegenüber variieren die Abschiedszeremonien in ihrer Form ganz erheblich. Während die älteren Berichte der 1980er und 1990er Jahre häufig vom gemeinsamen Gebet in Auschwitz sprechen, tritt dieses direkte religiöse Ritual in den 2010er Jahren deutlich zurück. Gemeinsames Beten findet nur noch bei Schulen in katholischer Trägerschaft statt.[269] Weit häufiger als auf Gebete stößt man inzwischen auf sehr spezifische Rituale, die von den Lerngruppen selbst gestaltet werden. So entscheiden sich Gruppen, beispielsweise Bäume zu pflanzen,[270] Blumen zu hinterlassen und Kerzen anzuzünden. Oder sie legen, bewusst angelehnt an den jüdischen Totenkult,[271] Steine nieder, um an die Ermordeten zu erinnern.[272] Teilweise zelebrieren sie dies in der Gemeinschaft und umrahmen ihre Trauerriten mit Musik.[273] Es finden sich Beispiele, nach denen die Jugendlichen ihre in Oświęcim gekauften

---

268 ASEE 18-05-0207-014, Exkursionsbericht Heisenberg-Gymnasium Dortmund, Februar 2018, B57.
269 ASEE A12-081-407, Exkursionsbericht Erzbischöfliche Theresienschule Hilden, November 2012, S. 24. Für Schulen evangelischer Trägerschaft finden sich in den untersuchten Quellen keine vergleichbaren Hinweise.
270 ASEE A13-131-481, Exkursionsbericht Ludwig-Erhard-Berufskolleg Münster, März 2014, S. 6.
271 ASEE 18-05-0207-014, Exkursionsbericht Heisenberg-Gymnasium Dortmund, Februar 2018, A87.
272 ASEE A13-140-331, Exkursionsbericht Von-Fürstenberg-Realschule Paderborn, Mai 2015, S. 29; sowie: ASEE A13-044-572_a, Exkursionsbericht Hauptschule Deuz Netphen, April 2013, S. 26.
273 ASEE A13-112-525_b, Exkursionsbericht Willy-Brandt-Gesamtschule Übach-Palenberg, Oktober 2013, S. 10.

Schulgruppen stellen Kerzen als Symbole der Trauer und des Gedenkens an den Gleisen von Birkenau ab. *Quelle: ASEE A14-111-331*

Blumen selbst an einem Punkt des Lagers Auschwitz II ablegen, den sie für besonders passend erachten.[274] Ebenso vielfältig sind die Lokalitäten, an denen die Feierlichkeiten abgehalten werden. Neben so prominenten Plätzen wie der Selektionsrampe[275] oder den museal inszenierten Zugwaggons[276] wählten andere Gruppen weniger bekannte oder weniger klar umrissene Orte aus, so etwa die Aschewiese.[277] Mit den Installationen ihrer Gedenk- und Abschiedsfeiern schufen die Gruppen (zumindest temporär bestehende) Denkmäler.[278] Diese geschichtskulturelle Dimension des eigenen Agierens wird in den Texten aber nicht thematisiert, sie konzentrieren sich darauf darzustellen, wie wichtig ihnen eine formalisierte Abschiedszeremonie war. Zugleich nehmen sie bei ihren Rundgängen in

---

274 ASEE A13-089-531, Exkursionsbericht Maria im Walde Bonn, Juli 2013, S. 59.
275 ASEE A13-112-525_b, Exkursionsbericht Willy-Brandt-Gesamtschule Übach-Palenberg, Oktober 2013, S. 10.
276 AHGD Bestand 2019, Exkursionsbericht Heisenberg-Gymnasium Dortmund, Februar/März 2019, B33.
277 ASEE A14-097-516, Exkursionsbericht Realschule Wiehl-Bielstein, März 2015, S. 53.
278 Kößler, Auschwitz als Ziel von Bildungsreisen?, in: Fritz Bauer Institut (Hrsg.), Auschwitz: Geschichte, Rezeption und Wirkung, S. 309.

Birkenau sehr genau wahr, wie viele Orte dort mit Kerzen und Blumen geschmückt sind und damit als Gedenkorte markiert werden.[279]

Vertiefung und Reflexion: Zeitzeugenbegegnungen am historischen Ort und gemeinsame Gesprächsrunden

Wesentlichen Beitrag zur Emotionalität der Reisen trägt neben den Ortsbesichtigungen der Kontakt zu Überlebenden bei. Hatten diese für die Exkursionen in den 1980er und selbst noch in den 1990er Jahren keine bedeutende Rolle gespielt, so nehmen inzwischen etwa 40 Prozent der untersuchten Gruppen an einem Zeitzeugengespräch teil. Vor allem Gäste, die längere Zeit in Oświęcim verweilen, nutzen diese Gelegenheit. Gefördert wird das, weil Zeitzeuginnen und Zeitzeugen in der öffentlichen Geschichtskultur immer mehr zu einer moralischen Autorität aufstiegen.[280] Diese Erwartung nehmen die Schulen zunehmend auf, zumal seit der Eröffnung der *Internationalen Jugendbegegnungsstätte* die notwendige Infrastruktur für derartige Unterredungen besteht. Es ist möglich, den Ortsbesuch unmittelbar mit einem Zeitzeugengespräch zu koppeln. Die Vorteile von Oral History für das historische Lernen sind umfassend dokumentiert,[281] im konkreten Fall tritt jedoch neben die allgemeinen Argumente besonders die zeitliche und räumliche Nähe zum Besuch am historischen Ort. Ausgehend von den Aussagen der Lernenden scheint diese Kombination den Eindruck des Gesprächs nochmals zu verstärken. Übereinstimmend berichten die Schülerinnen und Schüler von sehr bewegenden Unterredungen,[282] deren wahrgenommene Authentizität besonders davon unterstrichen wird, wenn die Überlebenden die ihnen eintätowierte Häftlingsnummer vorzeigen.[283] Nicht selten werden die Unterhaltungen sogar als Höhepunkte der Reisen herausgestellt,[284] weil die Jugendlichen durchaus erkennen, dass derartige direkte Kontakte

---

279 ASEE A12-005-520, Exkursionsbericht Maria-Montessori-Gesamtschule Aachen, Februar/März 2012, S. 27
280 Jan Taubitz, Holocaust Oral History und das lange Ende der Zeitzeugenschaft, Göttingen 2016.
281 Gerhard Henke-Bockschatz, Oral History im Geschichtsunterricht, Schwalbach/Ts. 2014.
282 Stellvertretend: ASEE A10-010-452_a, Exkursionsbericht Erich-Kästner-Gesamtschule Essen, Oktober 2010, S. 53; ASEE A15-062-539_a, Exkursionsbericht Clara-Fey-Gymnasium Schleiden, Juni 2015, S. 43.
283 ASEE A12-118-465, Exkursionsbericht Gymnasium Voerde, Februar 2013, S. 46.
284 Exemplarisch: ASEE A13-131-481, Exkursionsbericht Ludwig-Erhard-Berufskolleg Münster, März 2014, S. 52.

mit Überlebenden nicht mehr lange möglich sein werden. Vor diesem Verstummen der Zeitzeugen noch in den Kontakt mit einem von ihnen treten zu können, nehmen sie daher umso positiver auf.[285] Nachdem sie, vor allem im Gedenkstättenteil Auschwitz I, viele Fotos von Gefangenen gesehen hatten, beschreiben es die an der Exkursion Teilnehmenden als bereichernd, exemplarisch einen Menschen hinter dem anonymen historischen Terminus »Häftling« persönlich kennenzulernen.[286]

Wie sehr die Gespräche offenbar auf die Jugendlichen wirken, belegt besonders der direkte Vergleich des Umfangs der Ausführungen und der dargestellten Emotionalität in den Berichten zu den Besuchen im Gedenkstättenteil Auschwitz II im Verhältnis zum Zeitzeugentermin, wenn beide Anlässe an einem Tag stattfinden. Das Ergebnis ist eindeutig: Obwohl generell die Besuche in Auschwitz II als sehr emotional beschrieben werden, können sie in dieser Hinsicht nicht mit dem persönlichen Austausch Schritt halten oder gar konkurrieren. Ein handschriftlicher Bericht, der beide Programmpunkte gemeinsam abhandelt, bestätigt das in besonderem Maße. Während er dem Dialog mit dem Überlebenden fast eine halbe Seite widmet, findet sich zum Besuch in Birkenau nur ein einziger, wenig aussagekräftiger Satz.[287] Dennoch ist davon auszugehen, dass die Gespräche sehr an die emotionalen Erfahrungen aus den Besichtigungen der beiden ehemaligen Lagerteile anknüpfen. Wie es zeitgenössisch war, im Lager leben zu müssen, werde durch die Schilderung nachvollziehbarer. Die Schülerinnen und Schüler sprechen in ihren Texten davon, bei den Gesprächen die Opferbiografien als Einzelschicksale erneut »durchlebt« zu haben.[288] Gerade das eröffnete ihnen »unglaublich emotional[e]« Momente, die »keinen von uns kalt« ließen.[289]

Zugleich blenden die Jugendlichen bei ihren Gesprächen mit den Überlebenden alle potenziellen Konfliktlinien offenbar aus. So wird nicht hervorgehoben und eingeordnet, dass sie Auschwitz-Birkenau selbst zumeist als Ort des Völkermords an den europäischen Juden beschreiben,

---

285 ASEE A12-094-408, Exkursionsbericht Carl-Friedrich-von-Weizsäcker-Gymnasium Ratingen, Oktober 2012, S. 23.
286 ASEE A13-126-595_b, Exkursionsbericht Gymnasium der Stadt Warstein, Februar/März 2014, S. 21.
287 ASEE A13-112-525_b, Exkursionsbericht Willy-Brandt-Gesamtschule Übach-Palenberg, Oktober 2013, S. 18.
288 ASEE A10-010-452_a, Exkursionsbericht Erich-Kästner-Gesamtschule Essen, Oktober 2010, S. 53.
289 ASEE A13-029-520, Exkursionsbericht Viktoriaschule Aachen, Februar/März 2013, S. 11.

es sich bei den Personen, mit welchen sie sprechen, hingegen um keine jüdischen Überlebenden handelt. Dass sie auf Zeitzeugen des polnischen Widerstands treffen, könnte aber ein Impuls für schulische Reisen nach Oświęcim werden, wenn nämlich eine differenziertere Perspektive auf die Fülle von Opfergruppen der nationalsozialistischen Gewaltherrschaft entwickelt würde. Zwar ist es gerade in Auschwitz-Birkenau unumstößlich, dass die Hauptopfer der NS-Diktatur die Juden Europas waren, doch litten noch weit mehr Personengruppen. Welche Gräuel vor allem das Gastland Polen während des Überfalls und der Besetzung durch die Wehrmacht zu erdulden gehabt hatte, war in den 1980er und frühen 1990er Jahren zentraler Gegenstand der Schulbesuche gewesen. Beispielsweise forderte schon Mitte der 1980er Jahre Tadeusz Szymanski – einer der Gründungsväter der Gedenkstätte Auschwitz-Birkenau und früh als polnischer Zeitzeuge im Kontakt mit internationalen Besuchergruppen –, den Völkermord in Auschwitz nicht nur auf die Juden zu verengen, sondern das Leid der polnischen Bevölkerung gleichfalls zu berücksichtigen.[290] In seinem Sinne wirken bis heute nicht nur die Gedenkstätte, sondern besonders die polnischen Überlebenden bei ihren Gesprächen mit den deutschen Schulgruppen. Vertieft problematisiert wird diese Ergänzung des Opfernarrativs aber nicht – zumindest findet sich dazu nichts in den handschriftlichen Dokumentationen. Andererseits regen vielleicht die Gespräche bei den Jugendlichen einen Reflexionsprozess an. Dann wird ihnen klar, dass in Auschwitz-Birkenau Menschen nicht nur ihrer Religion bzw. der von den Nationalsozialisten ausgewiesenen Rasse wegen umgebracht worden sind.[291] Vielmehr nehmen die Jugendlichen wahr, wie vielfältig die Bandbreite der Verfolgten war.[292] In ihren Ausführungen bemühen sie sich sichtlich um eine Ausdifferenzierung, wenn etwa von »Juden, Zigeunern, Polen und anderen Opfern« gesprochen wird.[293] Wie sie diesen vielfältigen Massenmord jedoch benennen sollen, überfordert die Lernenden, weshalb sie alle Delikte unter dem ihnen vertrauten Terminus »Holocaust« subsumieren. Demgemäß bringen sie im Rahmen der Reisedokumentationen ihr Erstaunen zum Ausdruck, erst im Verlauf des Gedenkstättenbesuchs sei ihnen bewusst geworden,

290 Szymanski, Jugendliche in Auschwitz, in: Rathenow/Weber (Hrsg.), Erziehung nach Auschwitz, S. 143.
291 AHGD Bestand 2019, Exkursionsbericht Heisenberg-Gymnasium Dortmund, Februar/März 2019, B14.
292 ASEE A13-044-572_a, Exkursionsbericht Hauptschule Deuz Netphen, April 2013, S. 27.
293 ASEE A13-001-414, Exkursionsbericht Janusz-Korczak-Gesamtschule Neuss, Februar 2013, S. 3.

»dass zum Holocaust nicht nur der Mord an Juden zählt«.[294] Auffällig ist, dass der Begriff hier unzutreffend verwendet wird. Andere Fachtermini, wie etwa »Porajmos« für den Genozid an den Sinti und Roma während der NS-Zeit, sind den Jugendlichen indes nicht bekannt und werden offenbar im Verlauf des Gedenkstättenbesuchs nicht eingeführt. Sogar die von jüdischer Seite präferierte Formulierung »Shoah« an Stelle von »Holocaust« wird in den Texten nur sehr selten genutzt.

Die emotionalen Momente der Fahrtteilnehmenden beschränken sich aber nicht auf die Besuche in der Gedenkstätte oder den Kontakt zu den Zeitzeugen. Vielmehr erstrecken sie sich sogar bis hin zum Kontakt zur Stadt Oświęcim, in der die meisten Gruppen zumindest einige Nächte verbringen. Zwar wird sie tendenziell wohlwollend wahrgenommen,[295] doch steht immer die Frage des Umgangs der Stadt mit ihrer schwer belasteten Geschichte im Raum (»Wird Oświęcim jemals wahrgenommen werden, ohne eine Verbindung zum Konzentrationslager Auschwitz?«[296]) oder es wird problematisiert, wie es möglich sein kann, im 21. Jahrhundert noch immer direkt neben dem Areal des früheren Lagers zu leben. Für sich äußern die Reisenden bereits Bedenken, wenn sie für einige Nächte beispielsweise in der *Internationalen Jugendbegegnungsstätte Auschwitz* übernachten und damit nur wenige Meter entfernt vom Schauplatz der Gräueltaten schlafen sollen.[297]

Die Jugendlichen müssen erst einmal dem Druck, sich selbst ständig in der räumlichen Nähe zur Shoah zu verorten und zugleich dem Zwang, die Vielzahl an Informationen zu verarbeiten, die während der sehr eng geplanten Tage in Oświęcim auf sie eindringen, standhalten. Zwar schätzen sie die umfangreichen Vorbereitungen zur Reise als ertragreich ein, doch bewahren sie die Teilnehmenden nicht davor, von den auftretenden Emotionen mitgerissen zu werden.[298] Von einer »Gefühlslawine«[299] sprechen sie dementsprechend am Ende ihres Besuchs. Umso dankbarer

---

294 ASEE A12-092-476, Exkursionsbericht Kardinal-von-Galen-Gymnasium Kevelaer, November 2012, S. 18.
295 ASEE 18-05-0207-014, Exkursionsbericht Heisenberg-Gymnasium Dortmund, Februar 2018, A21.
296 ASEE A13-126-595_b, Exkursionsbericht Gymnasium der Stadt Warstein, Februar/März 2014, S. 6.
297 ASEE A13-126-595_b, Exkursionsbericht Gymnasium der Stadt Warstein, Februar/März 2014, S. 10.
298 AHGD Bestand 2019, Exkursionsbericht Heisenberg-Gymnasium Dortmund, Februar/März 2019, B37.
299 ASEE A10-007-402, Exkursionsbericht Lore-Lorentz-Schule Düsseldorf, September 2010, S. 17.

sind sie, wenn ihr Programm nicht nur aus einer Aneinanderreihung von Besichtigungsterminen besteht, sondern sie zwischen den einzelnen, als sehr belastend wahrgenommenen Stationen vor allem nachmittags Zeit zur individuellen Verfügung erhalten. Diese Freizeit sei nötig, um das Gesehene zu verarbeiten, so betonen es die Berichte.[300] Der Reflexion und Verarbeitung des Besuchs dienen aber nicht nur die Freizeiten oder das ergänzende Besuchsprogramm in Krakau, sondern vor allem die abendlichen Besprechungsrunden. Zwar finden sich noch im Jahr 2012 Gruppen, die davon berichten, diese Reflexionsgespräche ungelenkt in öffentlichen Restaurants in der Nähe der eigenen Übernachtungsgelegenheit durchgeführt zu haben,[301] bei den meisten Reisen sind reguläre Treffen zum gemeinsamen Gespräch in den eigenen Quartieren eingeplant. Damit heben sich die aktuellen Exkursionen deutlich von den Polenrundreisen der 1980er und frühen 1990er Jahre ab, die derartige Formate noch nicht gekannt hatten. Wie wesentlich für die emotionale Verarbeitung Gesprächsrunden sind, zeigen einzelne Stimmen bereits vor Reiseantritt. Unsicher, was die Exkursion ihnen abverlangen werde, formulieren die Schülerinnen und Schüler die Hoffnung, dass abends in den Gruppen über den Aufenthalt und über die daraus resultierenden emotionalen Belastungen gesprochen werden würde.[302] Bis zur Abreise bestätigt sich diese Erwartung. Dementsprechend betonen die Schülerinnen und Schüler in ihren spontanen Äußerungen, sich mit anderen in den gemeinsamen Gesprächen austauschen zu können, habe sehr geholfen, die Tage zu verarbeiten.[303] Die Erlebnisse sowohl in Auschwitz I als auch in Auschwitz II seien in den Gruppen umfassend erörtert worden.[304] Insbesondere die Gruppendynamik innerhalb der Gleichaltrigen, die die Exkursion als gemeinsame Erfahrung wahrnahmen, habe dazu geführt, die enormen emotionalen Herausforderungen zu bewältigen.[305] Ausgehend von den Schilderungen der Schülerinnen

300 ASEE A14-080-515, Exkursionsbericht Homburgisches Gymnasium Nümbrecht, November 2014, S. 2 und S. 19.
301 Um keine Stigmatisierung der betroffenen Schule vorzunehmen, wird an dieser Stelle auf einen direkten Nachweis verzichtet.
302 ASEE A12-092-476, Exkursionsbericht Kardinal-von-Galen-Gymnasium Kevelaer, November 2012, S. 31.
303 ASEE A13-112-525_b, Exkursionsbericht Willy-Brandt-Gesamtschule Übach-Palenberg, Oktober 2013, S. 6.
304 ASEE A 12-018-421, Exkursionsbericht Hauptschule Am Katernberg Wuppertal, März 2012, S. 84.
305 ASEE A13-029-520, Exkursionsbericht Viktoriaschule Aachen, Februar/März 2013, ohne Seitenangabe.

und Schüler ist es für sie ein zentrales Bedürfnis, in der Gruppe die gesammelten Tageserfahrungen zu teilen.[306] Nicht berichtet wird hingegen über den exakten Verlauf der Gespräche, deren Inhalte oder deren Moderationsform. Offenbar spielen diese Aspekte gegenüber dem Umstand, sich überhaupt austauschen zu können, für die Schülerinnen und Schüler, die sich in ihren Texten zur Frage der Abendrunden äußerten, keine größere Rolle. Allerdings gilt gerade für die abendlichen Reflexionen, was grundsätzlich für die Berichte gilt: Wer mit dem Vorgehen der Lehrkräfte nicht einverstanden ist, muss sich nicht artikulieren. Schon in den Runden kann dieser Personenkreis schweigen, noch leichter fällt dies dann in den handschriftlichen Dokumentationen. Und tatsächlich finden sich vergleichsweise wenige Stellungnahmen zu den Gesprächsrunden. Dies lässt sich wohl auch darauf zurückführen, dass sie nach dem Abendessen spätabends stattfinden und man von den Jugendlichen nach den sie sehr beanspruchenden Tagen wohl billigerweise nicht mehr erwarten kann, dass sie nach 22 Uhr noch umfangreiche Notizen in die Reisetagebücher schreiben. Vielmehr steht am nächsten Morgen bereits wieder die nächste Besichtigung oder der nächste Termin an, sodass die Reflexionsrunden in der Wahrnehmung und Darstellung etwas zurücktreten. Insgesamt aber lässt sich, so die Schlussfolgerung dieser Auswertung, sehr wohl sagen, dass seitens der Teilnehmerinnen und Teilnehmer ein hohes Bedürfnis nach Austausch besteht und sie dankbar für derartige Angebote sind, die wohl zumeist als Gruppengespräche im Plenum durchgeführt werden. Schließlich gelingt es so, die bereits angesprochene Flut an Emotionen zu kanalisieren, wozu der vertraute Raum der Klassen-, Kurs- oder Schulgemeinschaft eine stabile Basis darstellt. »Die Gruppendynamik hat jederzeit jede Gefühlslawine aufgefangen«[307], bringt dies ein Bericht nachvollziehbar auf den Punkt.

---

306 Zur hohen Bedeutung von Reflexionsrunden siehe auch: Augner, Schüler/innen leiten Gedenkstättenfahrten nach Kraków und Auschwitz, in: Rathenow/Wenzel/Weber (Hrsg.), Handbuch Nationalsozialismus und Holocaust, S. 389.
307 ASEE A10-007-402, Exkursionsbericht Lore-Lorentz-Schule Düsseldorf, September 2010, S. 17.

REZEPTION

2.3 Zusammenfassende Bewertung der Schwerpunkte aktueller schulischer Besuche der Gedenkstätte Auschwitz-Birkenau

Emotion und kognitives Wissen

Angst ist die vorherrschende Gefühlsregung während der Anreise der Schülerinnen und Schüler nach Oświęcim. Doch sie tritt sehr schnell zurück, wenn die Gruppen ihr Ziel erreichen und das *Staatliche Museum Auschwitz-Birkenau* besuchen. An die Stelle der Unsicherheit gegenüber dem, was im Rahmen der schulischen Exkursion auf die Jugendlichen zukommt, schiebt sich eine tiefe, emotionale Berührtheit. Wahrscheinlich bereits ab dem Durchschreiten des Tores mit der zynischen Aufschrift »Arbeit macht frei« im Lager Auschwitz I, spätestens aber nach dem Besuch beider Gedenkstättenteile und ihrer Abreise aus Oświęcim rücken die Wahrnehmung und die Reflexion der eigenen Gefühle im Verlauf des Aufenthalts in den Vordergrund. Nimmt man die handschriftlichen Berichte als Grundlage, so ist eindeutig: Kernthema der Fahrt ist nicht der Erwerb rein deklarativen Wissens über Täter und Opfer, über die Lagerverbrechen oder den Aufbau des Tötungsapparats.[308] Vielmehr steht die Wahrnehmung des historischen Ortes ebenso im Zentrum wie die – zumindest subjektiv empfundene – mentale Annäherung an die dort verübten Taten. Gemeinsam initiieren beide ein offensichtlich emotional motiviertes Interesse an der Geschichte des Ortes.[309] Wenn einzelne Reisende sogar schreiben, während der Exkursion hätten sie in den früheren Lagern förmlich das dort Geschehene riechen und sehen können,[310] belegt dies die Suggestion, die dem Besuch des Ortes vorausgeht. Der Schauplatz der Verbrechen binde derartig ein, so beschreiben es die Besucherinnen und Besucher, dass man sich ihm nicht entziehen könne.[311] Dafür seien einige Sachinformationen während der Gelände-

---

[308] Nur sehr vereinzelt wird auf sogenanntes Faktenwissen, das im Rahmen der Führungen erworben wurde, verwiesen, wenn Schülerinnen und Schüler zum Ertrag der Fahrten schreiben. Singulär, zugleich nicht näher auf die exakten Inhalte der kognitiven Wissenszuwächse eingehend: ASEE A15-003-453, Exkursionsbericht Leibniz Gymnasium Essen, Februar 2015, S. 112.

[309] ASEE A13-044-572_a, Exkursionsbericht Hauptschule Deuz Netphen, April 2013, S. 26.

[310] ASEE A13-048-448, Exkursionsbericht Maria-Sibylla-Merian-Gesamtschule Bochum/Wattenscheid, April 2013, S. 19.

[311] ASEE A14-080-515, Exkursionsbericht Homburgisches Gymnasium Nümbrecht, November 2014, S. 22.

rundgänge zu »krass und unmenschlich« gewesen.³¹² Offenbar erfasst die Betroffenheit sogar Personen, die von sich selbst sagen, sie hätten vor der Exkursion die Shoah als historisches Thema nicht an sich herangelassen oder sie ignoriert.³¹³ Auch wenn manche Teilnehmende nach den intensiven Erlebnissen »sehr glücklich« waren, die Exkursion gewählt zu haben, da deren Ertrag so groß gewesen sei,³¹⁴ konstatieren die Jugendlichen, die Fahrt habe »in gleichen Teilen lehrreich und traumatisierend«³¹⁵ gewirkt. Der Erwerb zusätzlichen Wissens über die NS-Verbrechen ist also um den Preis einer Emotionalisierung erkauft, der von einzelnen Autorinnen und Autoren sogar als Traumatisierung beschrieben wird.³¹⁶ Der Gedenkstättenbesuch wirkt damit in zweifacher Hinsicht. Zunächst spricht er die kognitive Ebene an. Auf ihr werden die NS-Verbrechen während des Zweiten Weltkriegs am Beispiel des Lagers Auschwitz-Birkenau thematisiert. Die intellektuelle Dimension wird von den Guides ebenso wie von der musealen Präsentation des *Staatlichen Museums* jedoch nur dann verlässlich erreicht, wenn die Reisenden bereits im Vorfeld ein solides Fundament an Vorwissen zur Geschichte des Nationalsozialismus und seiner Verbrechen mitbringen. Die Auswertung der schulischen Reiseberichte belegt, dass diese Vorabinformation bei den Schulgruppen schon vorhanden war. Dementsprechend souverän gehen sie mit den dichten Informationen um, die ihnen zu den ungeheuerlichen Vorgängen in den beiden Lagern weitergegeben werden.

312 ASEE A15-006-414, Exkursionsbericht Janusz-Korczak-Gesamtschule Neuss, Februar 2015, S. 3.
313 Da alle schulischen Exkursionsfahrten, die von der *Stiftung Erinnern ermöglichen* finanziert wurden, auf freiwilliger Basis stattfanden, ist es kaum anzunehmen, dass sich die betreffende Person tatsächlich noch nie mit der Geschichte von Auschwitz beschäftigt hat. Dennoch ist die Selbsteinschätzung durchaus eine Bestätigung für das intrinsisch motivierende Potenzial des Besuchs des historischen Ortes Auschwitz-Birkenau. Siehe: ASEE A13-140-331, Exkursionsbericht Von-Fürstenberg-Realschule Paderborn, Mai 2015, S. 7.
314 ASEE A13-112-525_b, Exkursionsbericht Willy-Brandt-Gesamtschule Übach-Palenberg, Oktober 2013, S. 12.
315 Formuliert zwar im Kontext eines einzelnen Gedenkstättenrundgangs, doch ist der Dualismus auf die Ebene der Gesamtbewertung ebenfalls anwendbar: ASEE A14-080-515, Exkursionsbericht Homburgisches Gymnasium Nümbrecht, November 2014, S. 28.
316 In diesem Sinn kann von »durchgehend negativen Emotionen« gesprochen werden, doch erscheint dies zu einseitig, da die Emotionalität auch Interesse für historische Zusammenhänge zu wecken vermag: Urban, »Schöne Landschaft mit schrecklicher Vergangenheit«, in: Ganzenmüller/Utz (Hrsg.), Orte der Shoah in Polen, S. 270.

Unmittelbar vor Ort notieren die Schülerinnen und Schüler kaum etwas zu den »Fakten« der Lagerzeit. Wenn dies stattfindet, beschränkt es sich auf Referate einzelner Lernender, etwa zu prominenten Inhaftierten wie Edith Stein.[317] Erst in den Dokumentationen, die mit deutlichem Abstand zum Aufenthalt in Oświęcim entstanden, finden sich hierzu umfangreiche Darstellungen. Im Rahmen des Besuchs hingegen steht eindeutig die zweite, emotionale Ebene im Vordergrund. Auschwitz wird demnach für die Schulgruppen während ihres Besuchs zu einem Ort der Emotionen und der emotionalen Herausforderung.[318]

Demnach ging es vor Ort vorrangig darum, den intellektuell-kognitiven Zugang, wie er bereits in der schulischen Vorbereitung erworben wurde, emotional zu ergänzen. Noch weit intensiver sollte die Komponente der Emotion, die inzwischen zu den grundlegenden Dimensionen des Geschichtsbewusstseins gezählt wird,[319] auch für das historische Lernen genutzt werden.[320] Just vor dieser zusätzlichen Ebene war es den Jugendlichen indes zunächst bang, da sie ihre Gefühle und Reaktionen auf die gewonnenen Eindrücke vor Reiseantritt nicht abzuschätzen vermochten.[321] Nach dem Besuch bestätigen sich ihre Vorannahmen. Übereinstimmend betonen sie nämlich, weder mit dem klassischen Geschichtsunterricht noch mit der Lektüre von Geschichtsschulbüchern könne ein auch nur annähernd vergleichbarer Eindruck des historischen Geschehens erreicht werden.[322] Selbst Filmen, wie sie in der Vorbereitung und während der Reise einge-

317 ASEE A11-098-441, Exkursionsbericht Käthe-Kollwitz-Gymnasium Dortmund, Februar 2012, S. 23.
318 Aleida Assmann/Juliane Brauer, Bilder, Gefühle, Erwartungen. Über die emotionale Dimension von Gedenkstätten und den Umgang von Jugendlichen mit dem Holocaust, in: Geschichte und Gesellschaft 37 (2011), S. 72-103, hier S. 73.
319 Pandel, Geschichtsdidaktik, 148 ff.
320 Zur Bedeutung von Emotionen für das historische Lernen zuletzt: Bracke/Flaving/Jansen/Köster/Lahmer-Gebauer/Lankes/Spieß/Thünemann/Wilfert/Zülsdorf-Kersting, Theorie des Geschichtsunterrichts, S. 126 ff.
321 ASEE A12-092-476, Exkursionsbericht Kardinal-von-Galen-Gymnasium Kevelaer, November 2012, S. 20.
322 Stellvertretend: A13-112-525_b, Exkursionsbericht Willy-Brandt-Gesamtschule Übach-Palenberg, Oktober 2013, S. 26. Diese Wahrnehmung scheint ein Topos in den Antworten von Schülerinnen und Schülern nach Gedenkstättenexkursionen zu sein, da er sich beispielsweise schon in den zentralen Ergebnissen findet bei: Cornelia Fischer/Hubert Anton, Auswirkungen der Besuche von Gedenkstätten auf Schülerinnen und Schüler. Breitenau – Hadamar – Buchenwald, Wiesbaden/Erfurt 1992, S. 120.

GEDENKSTÄTTE IM RAHMEN SCHULISCHER AUSCHWITZFAHRTEN

setzt wurden,[323] wird eine derartige Eindringlichkeit nicht zugestanden.[324] Hingegen habe erst der eigene Besuch es ermöglicht, durch die am historischen Ort herrschende ganz besondere »Atmosphäre«[325] und dessen »sehr traurige Aura«[326], neben das bestehende Wissen um die Fakten eine emotionale Verbindung zum Thema zu stellen.[327] Zugespitzt formuliert ließe sich sagen: Im Staatlichen Museum Auschwitz-Birkenau stehend, erschien den Jugendlichen alles »größer als auf Bildern und in Erzählungen«[328]. Damit erreicht es der Besuch, die Schülerinnen und Schüler, die sich in den hier untersuchten Berichten eintrugen, von der Tatsächlichkeit des am historischen Ort Geschehenen zu überzeugen. Sicher einer der größten Erfolge der schulischen Fahrten.

Doch trotz der persönlichen Annäherung und der offenbar starken emotionalen Ansprache der jungen Gäste durch die Gedenkstätte verbleibt eine zentrale Frage, die zahlreiche Reisende an den Schluss ihrer Ausführungen stellen: Warum? Sie kann letztlich auch nach dem Erkunden des historischen Ortes nicht besser beantwortet werden.[329] Vielleicht gilt sogar, dass alles, was zur Frage diskutiert wird, nachdem die Jugendlichen den historischen Ort besucht hatten, noch größer und unwirklicher erscheint als vor dem Besuch. Weder das kognitive Wissen um die NS-Ideologie noch die emotionale Annäherung an den Geschehensort ermöglichen es, befriedigende Antworten auf die Frage

323 Spielfilme wurden in unterschiedlichen Stationen der Exkursionen eingesetzt. So wurde beispielsweise Der Pianist (Frankreich/ Großbritannien, 2002) im Vorfeld gemeinsam gesehen (ASEE A12-023-517, Exkursionsbericht Ganztageshauptschule Lindlar, April 2012), während eine Gruppe im Bus Der letzte Zug (Deutschland/ Tschechien, 2006) sah (ASEE A13-140-331, Exkursionsbericht Von-Fürstenberg-Realschule Paderborn). Zudem wurde bisweilen das Tagesprogramm von gemeinsamen Filmabenden, bei welchen vor allem Schindlers Liste (USA, 1993) auf dem Programm stand, ergänzt (A12-120-520, Exkursionsbericht Maria-Montessori-Gesamtschule Aachen, März 2013).
324 ASEE A15-062-539_a, Exkursionsbericht Clara-Fey-Gymnasium Schleiden, Juni 2015, S. 49.
325 ASEE A14-080-515, Exkursionsbericht Homburgisches Gymnasium Nümbrecht, November 2014, S. 22.
326 ASEE A13-079-521, Exkursionsbericht Berufskolleg Herzogenrath, S. 19
327 ASEE 18-05-0207-014, Exkursionsbericht Heisenberg-Gymnasium Dortmund, Februar 2018, A88; AHGD Bestand 2019, Exkursionsbericht Heisenberg-Gymnasium Dortmund, Februar/März 2019, B43.
328 ASEE A13-140-331, Exkursionsbericht Von-Fürstenberg-Realschule Paderborn, Mai 2015, S. 17.
329 Diese ernüchternde und doch zentrale Erkenntnis legt beispielsweise vor: ASEE A12-054-570, Exkursionsbericht Gesamtschule Eiserfeld Siegen, August/September 2012, S. 65.

nach dem »Warum« des am besuchten Ort verübten Massenmordens zu finden. Doch trotz des auf den ersten Blick unbefriedigenden Umstands, selbst in Oświęcim keine endgültigen Antworten gefunden zu haben, sondern sogar noch auf der Heimreise mit Fragen und Gedanken beschäftigt zu sein, scheinen die Jugendlichen zufrieden. Sie sind stolz auf sich, den Ort besucht zu haben, »an dem die Menschlichkeit verloren ging«.[330] Teilnehmende an der Exkursion sprechen davon, noch nach Tagen über die Erfahrungen während der Reise zu sinnieren,[331] während andere offenbar das Thema spätestens im Bus abgehakt hatten und nach den intensiven Tagen erstmals wieder durchatmen konnten. Jener Teil der Gruppen beschreibt die Abreise aus Oświęcim deshalb als eine »innerliche Befreitheit«.[332]

Nationale Verankerung der Reisen bei Ausklammerung der polnischen und internationalen Perspektiven

Allerdings bleiben aus geschichtsdidaktischer Perspektive einige Punkte offen, die zu diskutieren sind. Dazu zählt zunächst der starke nationale Bezugsrahmen der Reisen. Denn obwohl sich die Schulgruppen zu einer polnischen Gedenkstätte aufmachen, bleiben die Eindrücke der Schülerinnen und Schüler sehr im deutschen Diskurs um die NS-Geschichte und das Gedenken an sie verhaftet. Das offenbart bereits den größten und offensichtlichsten Unterschied zwischen den untersuchten Polenrundreisen der 1980er und frühen 1990er Jahre einerseits und den Auschwitz-Exkursionen der 2010er Jahre andererseits. Wenn sich die aktuellen Reisen auf das *Staatliche Museum Auschwitz-Birkenau* konzentrieren und abschließend einige Stunden oder einen Tag im nahe gelegenen Krakau einplanen, weil das helfe, in den Alltag zurückzufinden und die schönen Dinge des Lebens wieder wahrzunehmen,[333] wie es Lernende ausdrücken,

---

330 ASEE A13-156-453, Exkursionsbericht Leibniz Gymnasium Essen, Februar 2014, S. 83.
331 Hier bezieht sich die Auswertung auf einen Eintrag, der offensichtlich erst mehrere Tage nach der Rückkehr ins Reisetagebuch nachgetragen wurde. Siehe: ASEE 18-05-0207-014, Exkursionsbericht Heisenberg-Gymnasium Dortmund, Februar 2018, A96.
332 AHGD Bestand 2019, Exkursionsbericht Heisenberg-Gymnasium Dortmund, Februar/März 2019, B29.
333 Stellvertretend zur Einschätzung der Rolle Krakaus für die Planung aktueller Reisen: AHGD Bestand 2019, Exkursionsbericht Heisenberg-Gymnasium Dortmund, Februar/März 2019, B31.

Die Exkursion zur Gedenkstätte wird als eine Reise durch eine ausschließlich deutsche Geschichte interpretiert. *Quelle: ASEE A13-133-525*

belegt das die weitgehende Ausklammerung des Gastlandes. Wenn allerdings selbst die Weltkulturerbestadt Krakau mit ihren Kulturschätzen und ihrer kosmopolitischen Atmosphäre nicht mehr ist als eine Ablenkung von den eigentlichen Exkursionsintentionen, nämlich der Opfer zu gedenken und die Hinterlassenschaften des größten NS-Lagers zu sehen, dann rückt Polen völlig ins Abseits. Deutsche Gruppen fahren nach Oświęcim, um dort deutscher Geschichte zu »begegnen« – so empfinden sie es.[334] Dies führt so weit, dass in den Dokumentationen selbst erstellte Karten zu finden sind, in welchen die Reiserouten vom Schulstandort bis in den Süden Polens pauschal als »2400 km durch die deutsche Geschichte ...«[335] beschrieben werden.

334 ASEE A11-080-465, Exkursionsbericht Gymnasium Voerde, Februar 2012, S. 54.
335 ASEE A13-133-525, Exkursionsbericht Kreisgymnasium Heinsberg, Februar 2014, S. 2. Hier handelt es sich allerdings um eine Dokumentation, die nicht unmittelbar im Kontext der Fahrt entstand. Vielmehr nutzen die Lernenden hier eine Google-Anwendung, um ihre Reiseroute, die sie über Berlin nach Oświęcim und Krakau führte, zu illustrieren. Gleichwohl erscheint die Auffassung, bei einer Reise zum *Staatlichen Museum Auschwitz-Birkenau* handle es sich ausschließlich um eine Exkursion in die deutsche Geschichte, weit verbreitet zu sein. Sie findet sich sogar sehr explizit in manchen Feedback-Bögen des

Polen scheint in den Beschreibungen der Schulgruppen also bestenfalls am Rande auf. Es wird zur Fußnote. Wird das Land doch thematisiert, beschreiben es die Schülerinnen und Schüler zumeist als grau, arm oder trostlos[336] – wenn sie nicht vom Innenstadtbereich der Stadt Krakau sprechen. Allerdings stützt sich ihr hier wiedergegebenes Urteil lediglich auf den Eindruck während des Transfers vom Flughafen Krakau oder Kattowitz nach Oświęcim – teilweise ist mehr an Landesbegegnung bei den aktuellen Exkursionen nicht vorgesehen. Zwangsläufig thematisieren die Jugendlichen im Zusammenhang mit dem Leben in Polen vor allem die eigenen Unterkünfte sowie die polnische Küche. Damit aber findet kein interkulturelles Lernen statt, weil das Probieren der nationalen Kulinarik nur einen höchst oberflächlichen Eindruck der Kultur des Gastlandes zulässt. Die Idee, den wohl im 21. Jahrhundert für die meisten deutschen Schülerinnen und Schüler weiterhin »unbekannten Nachbarn«[337] im Osten umfassender kennenzulernen, wie dies noch Intention der *Robert Bosch Stiftung* gewesen war, ist gänzlich verloren. Die Exkursion nach Polen dient ausschließlich dazu, das vormalige Lager zu besuchen und dann (unter den Vorzeichen der gymnasialen Schulzeitverkürzung während des »G8-Abiturs« vielleicht sogar verständlich) schnellstmöglich wieder in die Klassenzimmer in Deutschland zurückzukehren.

Dem entspricht, dass die spezifische polnische Erinnerungskultur in den Texten der Schülerinnen und Schüler kaum aufscheint. Dass ein Besuch im *Staatlichen Museum Auschwitz-Birkenau* keine Reise in die deutsche Geschichte sein kann, verbürgt nicht nur die Historie des dort verübten Gewaltverbrechens, an dem aufseiten der Opfer wie sogar der Täter nicht nur Deutsche beteiligt waren.[338] Zwar gilt dies in ähnlicher Form ebenfalls für alle Gedenkstätten innerhalb der Bundesrepublik,[339]

Deutsch-Polnischen Jugendwerks, wenn Dozierende angeben, warum sie keine binationalen Gedenkstättenfahrten geplant hätten, sondern nur mit deutschen Schülerinnen und Schülern nach Auschwitz gereist seien. Siehe: ADPJW Z-60458-14.

336 ASEE A13-029-520, Exkursionsbericht Viktoriaschule Aachen, Februar/März 2013, S. 1.

337 Wolfgang Keim/Klaus Matußek (Hrsg.), Polen – der unbekannte Nachbar. Dimensionen deutsch-polnischer Vergangenheit und Gegenwart. Eine Dokumentation zur Studien- und Gedenkstättenfahrt nach Nordpolen und Warschau vom 17. bis 27. Oktober 2003, Paderborn 2005.

338 Zusammenfassend zu aktuellen Forschungsergebnissen: Bajohr, Trends der Holocaustforschung seit den 1990er Jahren, S. 487.

339 Die Fülle an Gedenkstätten dokumentiert die weiterhin einschlägige, dreibändige Zusammenstellung: Ulrike Puvogel/Martin Stankowski, Gedenkstätten für die Opfer des Nationalsozialismus. Eine Dokumentation, Bonn 1995-1999.

die die Schulgruppen zur Thematik hätten besuchen können, doch sind die bundesdeutschen Institutionen wesentlicher Teil der nationalen Gedenkkultur an die NS-Zeit. Wer sich aber für eine Fahrt nach Oświęcim entscheidet, entscheidet sich für einen Schritt heraus aus dem rein deutschen Diskurs und hinein in die internationale Dimension des Gedenkens.[340] Zunächst aber entscheidet man sich für eine Auseinandersetzung mit einem primär von polnischen Stellen verantworteten musealen Raum. Das bleibt bei den untersuchten Schulexkursionen jedoch ebenso ausgeblendet wie die sehr spezifische, besonders ausgeprägte Geschichts- und Erinnerungskultur in ganz Polen.[341] Sie wird von den deutschen Schulgruppen bei ihren Reisen nach Oświęcim weder wahrgenommen oder gar reflektiert – noch wird die Wahrnehmung der polnischen Perspektive von den betreuenden Lehrkräften, so legen es die Dokumentationen nahe, dezidiert eingefordert.

Die weitgehende Konzentration auf die nationale deutsche Geschichte blendet gewiss nicht nur die polnischen Perspektiven auf die NS-Zeit aus, sie ermöglicht Besuchenden kaum den Blick auf die internationale Gedenk- und Erinnerungskultur.[342] Nirgendwo sonst könnte sie besser wahrgenommen und zum Gegenstand des historischen und geschichtskulturellen Lernens gemacht werden als im *Staatlichen Museum Auschwitz-Birkenau*. Beginnen kann dies mit einem ausdrücklichen Blick auf die museale Darstellung des polnischen Leids. Im Vergleich zu den Zeiten der Volksrepublik Polen wird es inzwischen deutlich zurückhaltender inszeniert, doch selbst die reduzierte nationale Prägung der Darstellung wird von den Schulgruppen kaum rezipiert. Allenfalls zeigen sich in einigen Reflexionen der Autorinnen und Autoren sogar relativierende Äußerungen. Die Gäste aus Deutschland monieren eine zu kritische Darstellung »der Deutschen«[343] oder weisen dezidiert auf die angeblich

---

340 Bei dieser Überlegung wird bewusst ausgeklammert, wie sehr auch die innerhalb der Bundesrepublik liegenden Gedenkstätten von internationalen Einflüssen geprägt sind.
341 Anna Wolff-Poweska/Piotr Forecki (Hrsg.), Der Holocaust in der polnischen Erinnerungskultur, Frankfurt am Main 2012.
342 Einen Überblick über Europa gibt beispielsweise: Arnd Bauerkämper, Das umstrittene Gedächtnis. Die Erinnerung an Nationalsozialismus, Faschismus und Krieg in Europa seit 1945, Paderborn 2012.
343 ASEE A13-029-520, Exkursionsbericht Viktoriaschule Aachen, Februar/März 2013, S. 12.

mangelhafte Thematisierung der Rolle der polnischen Bevölkerung während des Zweiten Weltkriegs hin.[344]

Die naheliegende Chance, nationale geschichtskulturelle Prägungen Polens am Beispiel der musealen Gestaltung von Auschwitz I zu erarbeiten, lassen die Schulen verstreichen. Just an diesem Punkt anzusetzen und die internationale Dimension des eigenen Reiseziels in den Fokus der Auseinandersetzung zu rücken, gehört zu den sicherlich größten, bislang völlig ungenutzten Potenzialen deutscher Schulfahrten nach Oświęcim. Folgerichtig verwundert nicht, wie selten die an sich oft besuchten Landesausstellungen als Beiträge unterschiedlichster Nationen innerhalb einer differenzierten internationalen Erinnerungskultur gelesen werden. Zu Unterrichtsthemen werden die Länderausstellungen und ihre national verankerten Narrative – jedenfalls ausweislich der Berichte – nicht. Den Arbeitsauftrag, auf diese Unterschiede besonders zu achten, haben die mitreisenden Lehrkräfte nicht erteilt. Zudem finden sich in den Unterlagen keine Hinweise, wonach in den Nachbesprechungen die unterschiedlichen Narrative jemals Thema gewesen wären. Damit bleibt es bei individuellen Wahrnehmungen zur unterschiedlichen Präsentation von Geschichte in den verschiedenen nationalen Pavillons.[345] Das gilt offensichtlich auch für Block 23, der die jüdische Perspektive auf Auschwitz wiedergibt und in zahlreichen Berichten erwähnt wird.[346] Die Ausstellung zu Kindern wurde von der israelischen Gedenkstätte *Yad Vashem* erarbeitet und könnte dezidiert als israelischer Blick auf die Shoah gedeutet werden. Weil viele Gruppen sie besuchen und sie allgemein als außerordentlich emotional beschrieben wird, könnte ihre Darstellung ein geeigneter Anlass sein, um zumindest die israelische Narration mit jener der polnischen Ausstellung zu vergleichen. Allerdings unterbleibt eine derartige reflektierte Betrachtung.

Dass dieser internationale und interkulturelle Aspekt während der Fahrten vernachlässigt wird, bestätigen die Darstellungen, wenn man sie nach ihrer Wahrnehmung anderer Personen außerhalb der eigenen Reisegruppe befragt. Auffällig ist zunächst, wie wenig Kontakt die Ju-

---

344 ASEE A13-126-595_a, Exkursionsbericht Gymnasium der Stadt Warstein, Februar/März 2014, S. 10.
345 Stellvertretend anzutreffen: ASEE 12-120-520, Exkursionsbericht Maria-Montessori-Gesamtschule Aachen, März 2013, S. 25.
346 Stellvertretend: ASEE A10-010-452_a, Exkursionsbericht Erich-Kästner-Gesamtschule Essen, Oktober 2010, S. 52; ASEE A15-019-529, Exkursionsbericht Viktoriaschule Aachen Februar 2015, S. 7.

gendlichen zur einheimischen Bevölkerung haben.³⁴⁷ Wenn dies doch eintritt, ist der Austausch – dies ist in den Berichten allerdings nur für die Zeit außerhalb der Gedenkstätte dokumentiert – von einer großen Gastfreundschaft gegenüber Deutschen geprägt, wovon die Gäste durchaus überrascht sind.³⁴⁸ Bei ihren Gedenkstättenrundgängen hingegen nehmen die Lerngruppen andere Gäste kaum wahr. Dies gilt nicht nur für Polen, sondern auch für sämtliche anderen Nationalitäten. Wenn es doch zu Kontakten zu anderen Besuchergruppen kommt, sind es zumeist rein zufällige Begegnungen. Auf Basis der Berichte steht zu vermuten, dass die deutschen Reisenden dabei besonders vom Gespräch mit israelischen Gästen beeindruckt sind. Die oft in die Flagge ihres Staates gehüllt durch die Gedenkstätte gehenden Personen, die sich damit bewusst als Israelis zu erkennen geben, werden als Dialogpartner überproportional oft erwähnt.³⁴⁹ Insgesamt aber scheinen die Gruppen mit den Eindrücken und Erfahrungen ihrer Exkursion so beschäftigt zu sein, dass sie keine Aufnahmefähigkeit mehr besitzen, um mit Personen außerhalb ihrer eigenen Reisegruppe in einen intensiveren Austausch zu treten.

Wie sehr verhaftet – zumindest beim Thema Auschwitz-Birkenau – der deutsche Geschichtsunterricht noch immer an einer Nationalgeschichte ist,³⁵⁰ belegt die Selbstwahrnehmung der Jugendlichen als Deutsche. Schon vor der Ankunft räumen sie ein, sich wegen ihrer Nationalität zu einer Exkursionsteilnahme verpflichtet zu sehen,³⁵¹ da sie ein »Schamgefühl gegenüber der deutschen Geschichte« plage.³⁵² Wenig verwunderlich also, wenn die spezifische Zugehörigkeit, als Deutsche an diesen

---

347 An der grundsätzlichen Feststellung verändern auch die organisierten Gespräche mit den zumeist aus der Region stammenden Zeitzeugen nichts, da diese nicht als Vertreter der Lokalbevölkerung wahrgenommen werden.
348 ASEE A13-029-520, Exkursionsbericht Viktoriaschule Aachen, Februar/März 2013, S. 12.
349 ASEE 12-120-520, Exkursionsbericht Maria-Montessori-Gesamtschule Aachen, März 2013, S. 19.
350 Als generelle Kritik am chronologisch organisierten und zu national ausgerichteten Geschichtsunterricht kann beispielsweise angeführt werden: Bärbel Völkel, Immer mehr desselben? Einladung zu einer kritischen Auseinandersetzung mit dem chronologischen Geschichtsunterricht, in: Geschichte in Wissenschaft und Unterricht 62 (2011), S. 353-362.
351 ASEE A13-044-572_a, Exkursionsbericht Hauptschule Deuz Netphen, April 2013, S. 27.
352 ASEE A13-112-525_a, Exkursionsbericht Willy-Brandt-Gesamtschule Übach-Palenberg, Oktober 2013, S. 10.

Ort zu fahren, für ein mulmiges Gefühl sorgt,[353] zumal die Lernenden angeben, gerade in Auschwitz sei so viel Schreckliches geschehen, das die deutsche Geschichte präge.[354] Nachdem die Gruppen dann in Oświęcim angekommen sind, steigert sich dieses nationale Zugehörigkeitsgefühl nochmals. Ganz im Stil eines Lehrers, der seine Hauptschulklasse im Jahr 1990 ermahnt hatte, sie würden gerade »im KZ [Anm.: in der Gedenkstätte] als Vertreter Deutschlands angesehen« und sollten sich deshalb angemessen verhalten,[355] verspüren Reisende noch drei Jahrzehnte später einen moralischen Druck zu einem angemessenen Auftreten – wenngleich dies in den Texten nicht direkt verbalisiert wird. Dennoch scheint es für Reisende aus Deutschland weiterhin eine sehr besondere Erfahrung zu sein, das *Staatliche Museum Auschwitz-Birkenau* zu besuchen. Navid Kermani hat dies sehr nachdrücklich beschrieben. Der deutsche Schriftsteller iranischer Herkunft spricht davon, sich niemals in seinem ganzen Leben stärker als Deutscher gefühlt zu haben, denn beim Eintreten in die Gedenkstätte Auschwitz-Birkenau.[356] Dies deckt sich mit den Beschreibungen in den schulischen Dokumentationen. Sie berichten, die Gruppen seien unabhängig von der Frage, ob ihre Vorfahren seit mehreren Generation in Deutschland gelebt hatten oder ob sie Migrationshintergrund aufwiesen, von anderen Personen als »Deutsche« eingeordnet worden, da sie alle mit einer Schule aus Deutschland in das *Staatliche Museum Auschwitz-Birkenau* gekommen waren.[357] Offensichtlich sorgt schon die interne Kommunikation der Gruppe in deutscher Sprache dafür, in der Gedenkstätte als Angehörige des »Tätervolkes« identifiziert und »komisch angeschaut« zu werden.[358] Vereinzelt kam es offenbar sogar zu verbalen Anfeindungen, die von Gästen anderer Nationalität ausgingen.[359]

353 ASEE A 12-018-421, Exkursionsbericht Hauptschule Am Katernberg Wuppertal, März 2012, S. 69.
354 ASEE A11-080-465, Exkursionsbericht Gymnasium Voerde, Februar 2012, S. 54.
355 ARBS 2001-315, Exkursionsbericht Hauptschule Mommsenstraße Köln, September 1990, S. 4.
356 Navid Kermani, Entlang den Gräben. Eine Reise durch das östliche Europa bis nach Isfahan, München 2018, S. 23 ff.
357 Zum Gedenken in der Migrationsgesellschaft: Bünyamin Werker, Gedenkstättenpädagogik im Zeitalter der Globalisierung, Münster 2016.
358 ASEE A13-140-331, Exkursionsbericht Von-Fürstenberg-Realschule Paderborn, Mai 2015, S. 20.
359 Stellvertretend: ASEE A12-084-581, Exkursionsbericht Christian-Rohlfs-Realschule Soest, Oktober 2012, S. 17.

Nichtsdestoweniger bedarf es der Einwirkung von außen nicht. Bereits der Bezugspunkt der deutschen Sprache reicht aus, die Schulgruppen vor die massive Herausforderung zu stellen, sich ihrer nationalen Zugehörigkeit zu vergewissern. Schließlich schreiben einige Schülerinnen und Schüler, für sie sei es besonders belastend gewesen, die Gedenkstätte und ihre historischen Quellen zu besuchen und – anders als Gäste aus Polen oder anderen Teilen der Welt –, alle menschenverachtenden Texte oder Tondokumente, etwa eine Rede Hitlers,[360] direkt und ohne Übersetzung lesen und sprachlich verstehen zu können.[361] Sich als Deutscher oder Deutsche auf diese Weise entdecken zu müssen, stellt die Jugendlichen vor eine erkennbare Herausforderung. Ihr begegnen sie mit einer klaren Bewältigungsstrategie: Die Jugendlichen legen Wert auf eine größtmögliche Distanz zwischen den Nationalsozialisten der 1930er und 1940er Jahre und sich selbst. Nachdrücklich tritt dies zutage, wenn die Rede auf die Täter in den früheren Lagern kommt. Reflexartig wehren die Schülerinnen und Schüler dann jede Verbindung oder auch nur nationale Gemeinsamkeit mit diesem Personenkreis ab. Sie betonen beispielsweise, wie schwer es ihnen falle nachzuvollziehen, wie Menschen in der Lage waren, andere Menschen dermaßen zu quälen, wie dies in Auschwitz-Birkenau geschah.[362] Ihr Blick richtet sich fast ausschließlich auf die Opfer. Die vor Fahrtbeginn angeführte nationale Verwurzelung in Deutschland, dem Land der Täter also, spielt dabei dann kaum mehr eine Rolle. Im Verlauf der Fahrt resümieren sie kaum über ihren Erkenntnisgewinn hinsichtlich der Täterperspektive, obwohl vereinzelt der Gedenkstätte sogar attestiert wird, einen guten Einblick in deren Gedankenwelt zu ermöglichen.[363] Ausgeblendet bleiben daneben fast gänzlich die von Raul Hilberg als »Bystander« bezeichneten Personenkreise.[364] Um eine Perspektivübernahme im Sinne einer geschichtsdidaktischen Multiperspektivität bemühen sich die Autorinnen und Autoren nicht.

360 AHGD Bestand 2019, Exkursionsbericht Heisenberg-Gymnasium Dortmund, Februar/März 2019, A 23 f.
361 ASEE 18-05-0207-014, Exkursionsbericht Heisenberg-Gymnasium Dortmund, Februar 2018, B38.
362 ASEE A12-081-407, Exkursionsbericht Erzbischöfliche Theresienschule Hilden, November 2012, S. 7 und S. 20.
363 ASEE A13-080-515, Exkursionsbericht Homburgisches Gymnasium Nümbrecht, November 2014, S. 17.
364 Die Ausklammerung dieser Gruppe scheint sich nicht nur auf Gedenkstättenbesuche zu beschränken, sondern wurde zuletzt auch für andere Bestandteile des historischen Lernens moniert: Etienne Schinkel, Holocaust und Vernichtungskrieg. Die Darstellung der deutschen Gesellschaft und Wehrmacht in Geschichtsbüchern für die Sekundarstufe I und II, Göttingen 2017, S. 29.

Sie konzentrieren sich einzig auf die Opfer und verharren in dieser moralisch privilegierten Position. Die Fokussierung auf sie ermöglicht eine weit bessere emotionale Zugänglichkeit, während eine Perspektivübernahme oder gar eine ggf. mögliche Identifikation mit den eigenen Vorfahren, die in ihrer Mehrheit wohl eher Täter als Opfer waren, dagegen weit schwieriger wäre.[365] Demzufolge ist es vielleicht nur folgerichtig, wenn die Lernenden versuchen, nicht nur die Täterinnen und Täter von Auschwitz-Birkenau, sondern alle Nationalsozialisten und ihre Anhänger insgesamt zu dämonisieren. Jedoch ist ein historisches Lernen oder eine adäquate Annäherung an die Erfolgsmöglichkeiten der NS-Ideologie damit unterbunden, wenn Jugendliche des 21. Jahrhunderts für sich die einfachste aller Antworten finden, die Täter zu verteufeln und sich mit dieser Argumentation zu begnügen: »Auschwitz ist die Bestätigung das die Nazis Idioten waren und vollkommen irre«[366] oder »Das waren keine Menschen, sondern sadistische Bestien mit krankem Geist und noch krankhafterer Phantasie«.[367] Dem entspricht, wenn die Lernenden – entgegen dem innerhalb der Geschichtsdidaktik als Konsens geltenden Verzicht auf eine Personalisierung von Geschichte im Geschichtsunterricht[368] – die Dämonisierung der Täter noch zuspitzen und nicht nach der Verantwortung aller Beteiligten in Auschwitz fragen, sondern sich auf die Staatsspitze konzentrieren.[369] Das Forschungsergebnis, wonach die Personen mit Regierungsämtern als »dämonisierte Überfiguren«[370] behandelt werden, wird von den vorliegenden Daten bestätigt. Die optimistische Hoffnung hingegen, derartig simplifizierende Interpretationen der NS-Geschichte würden nach Gedenkstättenfahrten hinterfragt,[371] erscheint sich nicht zu bewahrheiten. Entsprechend erklärt sich, warum Schülerinnen und Schüler, wenn sie aufgefordert werden, Bedeutungs-

---

365 Vor einer überschnellen Identifikation mit den Opfern warnt beispielsweise: Messerschmidt, Geschichtsbesetzungen in der pädagogischen Vermittlung der NS-Verbrechen, S. 90.
366 ASEE A12-081-407, Exkursionsbericht Erzbischöfliche Theresienschule Hilden, November 2012, S. 11.
367 ASEE A13-001-414, Exkursionsbericht Janusz-Korczak-Gesamtschule Neuss, Februar 2013, S. 3
368 Klaus Bergmann, Personalisierung im Geschichtsunterricht. Erziehung zur Demokratie?, Stuttgart 1977.
369 ASEE A15-062-539_a, Exkursionsbericht Clara-Fey-Gymnasium Schleiden, Juni 2015, S. 49; ähnlich: ASEE A12-081-407, Exkursionsbericht Erzbischöfliche Theresienschule Hilden, November 2012, S. 48.
370 Zülsdorf-Kersting, Sechzig Jahre danach: Jugendliche und Holocaust, S. 472.
371 Pampel, Gedenkstätten als »außerschulische Lernorte«, in: Pampel (Hrsg.), Erschrecken – Mitgefühl – Distanz, S. 41.

paare herzustellen, ähnlich zu »Auschwitz – Tod« eine Parallele herstellen in der Form von: »Hitler – Arschloch«.[372] Für die betreuenden Lehrkräfte sollte aus diesen Beschreibungen ihrer Lernenden folgen, nach der Rückkehr im Unterricht die Rolle der aus Deutschland stammenden »ganz normalen Männer«[373], die als Täter (und Täterinnen) nicht nur in den Lagern, sondern an vielen Orten der NS-Diktatur zu Massenmördern wurden, nachzugehen. In Oświęcim mag es verständlich sein, die eigene emotionale Betroffenheit mit einer Identifikation mit den Opfern eins werden zu lassen. Jedoch kann und muss daran gerade im Nachklang zu der Fahrt angeknüpft werden, um tatsächlich historisches Lernen anzuregen.

Zu den größten Defiziten des hier untersuchten Quellenbestandes gehört es, nicht differenzieren zu können, welche Positionen zu den Fragen des »Deutschseins« in Oświęcim von Jugendlichen, deren Familien seit mehreren Generationen in Deutschland leben, vorgetragen werden und welche von Schülerinnen und Schülern mit Zuwanderungsgeschichte. Für Letztere stellt oft gerade die geschichtskulturelle Beschäftigung mit der deutschen Schuld eine Herausforderung dar,[374] wenn ihre Vorfahren meist weder Opfer, Täter noch Zuschauer der Shoah waren.[375] Der vielleicht größte Vorteil der hier analysierten Quellen, ihre anonyme Entstehung aus dem regulären Schulbetrieb heraus, verkehrt sich zum Manko. Bei der Auswertung der Texte kann zwischen den beiden Gruppen nicht unterschieden werden.[376] Die wenigen Beispiele, in welchen sich Lernende eigenständig als Personen mit Zuwanderungsgeschichte bezeichnen, reichen nicht für eine hinreichende Datenbasis. Zudem wären sie

372 ASEE A13-126-595_b, Exkursionsbericht Gymnasium der Stadt Warstein, Februar/März 2014, S. 20.
373 Christopher R. Browning, Ganz normale Männer. Das Reserve-Polizeibataillon 101 und die »Endlösung« in Polen, Reinbek bei Hamburg 1994.
374 Viola B. Georgi, Entliehene Erinnerung. Geschichtsbilder junger Migranten in Deutschland, Hamburg 2003, S. 299 ff.
375 Viola B. Georgi, Migration und Geschichte. Geschichtsaneignung und interkulturelles Lernen in der deutschen Einwanderungsgesellschaft, in: Thomas Schaarschmidt (Hrsg.), Historisches Erinnern und Gedenken im Übergang vom 20. zum 21. Jahrhundert, Frankfurt am Main 2008, S. 109-130, hier S. 112.
376 Die wenigsten Quellen im Archiv der *Stiftung Erinnern ermöglichen* verfügen über detaillierte Angaben. Zumeist beschränken sich die Informationen auf den Schulstandort, namentlich gekennzeichnete Texte liegen nur sehr wenige vor. Doch selbst für jene Erfahrungsberichte, deren Autorinnen oder Autoren ihre Namen angeben, lassen sich keine Angaben zur Familiengeschichte ableiten. Gänzlich unklar bleibt mithin, wer Lernender mit oder ohne familiäre Zuwanderungsgeschichte ist.

REZEPTION

methodisch verfälscht, da man von den Autorinnen und Autoren in der geschilderten Erhebungsumgebung nicht erwarten kann, ihren eigenen familiären Hintergrund (der den Mitreisenden wohl zumeist ohnehin bekannt war) unaufgefordert nochmals schriftlich offenzulegen. Mithin lassen sich gesicherte Aussagen zur Rezeption der Gedenkstättenfahrten nach Auschwitz-Birkenau mit dem spezifischen Blick auf Jugendliche mit und ohne Migrationshintergrund nicht vorlegen.

Auffällig ist einzig, dass die Teilnehmenden mit Zuwanderungsgeschichte, die sich äußern, ebenfalls vor allem Empathie mit den Opfern artikulieren. Übertragen auf die eigene Lebenswelt sehen sie sich als potenzielle Opfer, wenn sie, wie eine Schülerin schreibt, als »Ausländerin« im NS-Deutschland gelebt hätte.[377] Eigene Erfahrungen mit Ungleichbehandlung und Rassismus werden angewandt, um zu versuchen, die historische Situation zu erklären. Daraus entwickelt sich offenbar das Bedürfnis, spätestens nach dem Besuch der Gedenkstätte den Ungerechtigkeiten der Gegenwart etwas entgegenzusetzen. Die Schülerinnen und Schüler fragen sich, ob sie genügend dazu beitragen würden, die Welt zu einem besseren Ort zu machen.[378] Der Vorsatz beschränkt sich indes nicht auf Personen mit Migrationshintergrund. Vielmehr prägt er fast alle spontanen Äußerungen nach dem Besuch im *Staatlichen Museum Auschwitz-Birkenau*. Immer wieder wird das Wissen darum, was man in den zurückliegenden Tagen in der Gedenkstätte über Ausgrenzung, Unmenschlichkeit und Verbrechen gelernt hat, auf die eigene Lebenswelt übertragen. »Heute habe ich gelernt, wieso ich diese Reise antrat, nämlich um zu sorgen, dass sowas nicht nochmal passiert«[379], fasst beispielsweise eine Jugendliche ihre Wahrnehmung der Tage in Oświęcim zusammen. Um das Ziel zu erreichen, formulieren die Reisenden nicht nur kleine Schritte, wie etwa gegen Witze über Juden einzuschreiten,[380] sondern auch fachspezifische Vorsätze. Beispielsweise will eine Person

---

[377] ASEE A12-011-338_c, Exkursionsbericht Peter-August-Böckstiegel-Gesamtschule Werther, März 2012, S. 33. Allerdings ist zu bemerken, dass nicht der Status als Ausländerin zeitgenössisch zur Verfolgung und Deportation geführt hätte, sondern der jüdische Glaube. Hier liegt gegebenenfalls eine Gleichsetzung von »ausländisch« und »andere Religion« vor, was historisch aber ebenfalls unkorrekt ist.

[378] AHGD Bestand 2019, Exkursionsbericht Heisenberg-Gymnasium Dortmund, Februar/März 2019, B29.

[379] ASEE A15-006-414, Exkursionsbericht Janusz-Korczak-Gesamtschule Neuss, Februar 2015, S. 3.

[380] AHGD Bestand 2019, Exkursionsbericht Heisenberg-Gymnasium Dortmund, Februar/März 2019, B32.

sich künftig aktiv gegen Respektlosigkeiten gegenüber Gedenkstätten einsetzen.³⁸¹ In globalerem Sinn lassen sich die Auskünfte der Jugendlichen sehr klar zusammenfassen: Wenn man schon nicht dazu in der Lage sei, das Leid der vorgefallenen Geschichte zu verändern, so gelte es zumindest, ihre Wiederholung zu vermeiden. Als Folge der Erfahrungen sagen die Jugendlichen zu, künftig alle Menschen zu respektieren und »immer für die Gerechtigkeit [zu] kämpfen«³⁸² sowie gegen Intoleranz, Rassismus und Antisemitismus vorzugehen.³⁸³ Dies sei man den Toten von Auschwitz-Birkenau schuldig. Daher nehmen sich die Reisenden vor, ihre Eindrücke im Freundes- und Familienkreis weiterzutragen. Ein Vergessen der NS-Verbrechen zu verhindern, sei nun ihre Aufgabe, sodass sich die teilnehmenden Jugendlichen künftig als »die neuen Zeitzeugen« ansehen und als solche auftreten wollen, indem sie anderen Personen von ihren Eindrücken während der Exkursion erzählen.³⁸⁴

Doch die »neuen Zeitzeugen« sind in ihrer Wahrnehmung voreingenommen. Immer wieder dokumentieren sie, wie glücklich sie, gerade im Vergleich zum Lagerleben, mit ihrer eigenen Lebenssituation sind (»Ich weiß jetzt, wie gut es mir geht«³⁸⁵). Jedoch ist unzweifelhaft, dass jeder Alltag in einer demokratischen Gesellschaft im Vergleich zu jenem in Auschwitz-Birkenau zwangsläufig privilegiert erscheinen muss. Zu ausgeprägt ist der Kontrast zwischen dem Menschheitsverbrechen und den alltäglichen Problemen des 21. Jahrhunderts. Die Gefahr, dass unsere eigene Gegenwart im Vergleich zu sehr in einem hellen und positiven Glanz erstrahlt, ist evident.³⁸⁶ Die Gefahr einer Relativierung der NS-Verbrechen wird offensichtlich. Dementsprechend problematisch ist es, wenn die Jugendlichen aus ihrem Besuch direkte Folgen für ihren Alltag

---

381 ASEE A15-003-453, Exkursionsbericht Leibniz Gymnasium Essen, Februar 2015, S. 97.
382 ASEE A13-156-453, Exkursionsbericht Leibniz Gymnasium Essen, Februar 2014, S. 80 und 88.
383 Stellvertretend: ASEE 18-05-0207-014, Exkursionsbericht Heisenberg-Gymnasium Dortmund, Februar 2018, B69; AHGD Bestand 2019, Exkursionsbericht Heisenberg-Gymnasium Dortmund, Februar/März 2019, B32.
384 ASEE A13-156-453, Exkursionsbericht Leibniz Gymnasium Essen, Februar 2014, S. 64. Bemerkenswerterweise findet sich schon im Jahr 2000 ein sehr ähnlich gelagerter Aufruf des damaligen Ministerpräsidenten von Nordrhein-Westfalen, Wolfgang Clement. Siehe: Westdeutsche Allgemeine Zeitung vom 4. September 2000, »Erst zehn Jahre Nachbarn«, S. 6.
385 ASEE A12-081-407, Exkursionsbericht Erzbischöfliche Theresienschule Hilden, November 2012, S. 5.
386 Messerschmidt, Geschichtsbesetzungen in der pädagogischen Vermittlung der NS-Verbrechen, S. 84.

ableiten wollen. Dies scheint aus den Texten aber sehr deutlich hervor. Liest man die Selbstbeschreibungen, so drängt sich der Eindruck auf, die Schülerinnen und Schüler hätten in Oświęcim eine grundlegende Veränderung erfahren. In ihren eigenen Worten paraphrasieren sie die oft stereotyp genutzte Formel des »Nie wieder!«, sie belassen es allerdings bei diesen pathetischen Formulierungen.[387] Im Sinne des klassischen Topos der *historia magistra vitae* sei es ihnen im Verlauf der Exkursion gelungen, aus der Geschichte für das eigene Leben zu lernen.[388] Bezeichnenderweise stellen sie jedoch nicht dar, was sie konkret gelernt hätten und in welchen Bereichen sich ihr Leben nun verändert habe, sondern sie belassen es bei den hoch greifenden Formulierungen.

Während sich die Geschichtswissenschaft von der Pathosformel *historia magistra vitae* weitgehend verabschiedet hat,[389] wird sie offenbar in der Auseinandersetzung mit der NS-Vergangenheit und der Shoah bisweilen bedenkenlos reanimiert.[390] Dass Schülerinnen und Schüler aus dem Besuch des historischen Ortes Auschwitz-Birkenau nicht nur historisches Wissen um den NS-Terror und die Erinnerung an ihn aufnehmen, sondern auch Rückschlüsse und Orientierung für ihr weiteres Leben erwerben,[391] wird fast zwangsläufig angenommen, was nicht zuletzt die Selbstauskünfte in den Berichten der 2010er Jahre dokumentieren. Resümiert man alle Texte der Lernenden, so scheint es fast, als sei Jörn Rüsens Zielsetzung zum Nutzen von Gedenkstättenfahrten vollauf erfüllt, da die Schülerinnen und Schüler anscheinend die Überzeugung gewonnen haben, durch ihr eigenes Leben zu einer Welt beizutragen, in der ein Schrecken von der Art des Erinnerten sich nicht mehr ereignen

---

387 Wolfgang Meseth, Aus der Geschichte lernen. Über die Rolle der Erziehung in der bundesdeutschen Erinnerungskultur, Frankfurt am Main 2005, S. 168 ff.
388 Benjamin Herzog, Historia magistra vitae, in: Stefan Jordan (Hrsg.), Lexikon Geschichtswissenschaft. Hundert Grundbegriffe, Stuttgart 2007, S. 145-148.
389 Reinhart Koselleck, Historia Magistra Vitae. Über die Auflösung des Topos im Horizont neuzeitlich bewegter Geschichte, in: Reinhart Koselleck (Hrsg.), Vergangene Zukunft. Zur Semantik geschichtlicher Zeiten, Frankfurt am Main 1979, S. 38-66.
390 Hierzu bewusst kritisch: Holger Thünemann, Unannehmbare Geschichte begreifen. Überlegungen zur historischen Auseinandersetzung mit NS-Vergangenheit und Holocaust, in: Volkhard Knigge (Hrsg.), Verbrechen begreifen. Nationalsozialismus, institutionalisiertes Gedächtnis und historisches Lernen nach der Zeitgenossenschaft, Göttingen 2020, S. 42-51, hier S. 50 f.
391 In der geschichtsdidaktischen Literatur unterstreicht dies: Pleitner, Außerschulische historische Lernorte, in: Barricelli/Lücke (Hrsg.), Handbuch Praxis des Geschichtsunterrichts, S. 305.

dürfe und könne.[392] Doch heißt es skeptisch zu bleiben und nicht die formulierten Zielsetzungen unüberprüft als langfristig gültig anzunehmen. Schließlich sind die teilweise sehr pathetischen Formulierungen unter dem unmittelbaren Eindruck des Besuchs entstanden und damit nicht nur geprägt von kognitiven Impulsen, sondern vor allem von der emotionalen Annäherung an den Täterort.[393] Nicht minder bedeutsam ist der schulische Entstehungskontext der Texte. Die schon mehrfach thematisierte sozial erwünschte Kommunikation in der Auseinandersetzung mit den NS-Verbrechen muss selbst in den spontan entstandenen, handschriftlichen Notizen berücksichtigt werden. Schon ob alle formulierten Vorsätze so gefasst und Versprechen ernst gemeint waren, ist unklar. Noch zweifelhafter ist, ob sie langfristig bestanden und weiterverfolgt wurden. Schließlich wussten bei ihrer Niederschrift noch nicht einmal die Autorinnen und Autoren die Validität ihrer Vorsätze abzuschätzen. Jede Lehrkraft kann bestätigen, wie gering manche Halbwertszeit eines scheinbar gesicherten Wissenszuwachses in der schulischen Alltagswelt zuweilen ist. Dies gilt umso mehr, wenn die Zusage für eine innere Wandlung aufgrund des Besuchs in einer Gedenkstätte spontan und unter enormer emotionaler Einwirkung geschieht. Deshalb ist zu klären, ob es sich bei den geschilderten Äußerungen um valide und langfristige Vorsätze oder doch nur um floskelhafte Bestätigungen gegenüber von Lehrkräften, Schule und Geldgebern handelte. Das nachfolgende Kapitel will sich dieser Frage nach langfristigen Effekten von Gedenkstättenfahrten widmen. Überprüft werden soll damit nichts weniger als die Stabilität der noch im Kontext der Exkursion gemachten Versprechen.

392 Rüsen, Über den Umgang mit den Orten des Schreckens, in: Hoffmann (Hrsg.), Das Gedächtnis der Dinge, S. 336.
393 So ist dies für Gedenkstätten in der Bundesrepublik festgestellt worden, für das ungleich emotionaler ausgerichtete *Staatliche Museum Auschwitz-Birkenau* gilt dies daher wohl noch verstärkt. Zum allgemeinen Befund: Renata Barlog-Scholz, Historisches Wissen über die nationalsozialistischen Konzentrationslager bei deutschen Jugendlichen. Empirische Grundlage einer Gedenkstättenpädagogik, Frankfurt am Main 1994, S. 116 f.

REZEPTION

3 Wahrnehmung schulischer Gedenkstättenfahrten mit zeitlichem Abstand

Exkursionen zählen zu den eher flüchtigen Elementen des schulischen Alltags. Was auf Wandertagen, in Landschulheimen oder bei Abschlussfahrten pädagogisch sinnvoll ist,[394] spielt im Schulleben oft nur die Rolle des außercurricularen Sonderbereichs, dem keine besondere Bedeutung zugemessen wird. Innerschulisch mag dies sogar für Gedenkstättenexkursionen gelten, doch sind sie in der öffentlichen Wahrnehmung wesentlich präsenter. Gleichwohl gilt auch für sie, dass nach Wochen und Monaten kaum mehr nach ihrem langfristigen Beitrag zur Ausbildung eines reflektierten Geschichtsbewusstseins gefragt wird; zu sehr fallen sie aus dem gängigen Schema des schulischen Alltags. Am offensichtlichsten ist das, weil bei ihnen – durchaus im Unterschied zum Regelunterricht der Sekundarstufen I und II, in dem das Erheben von Noten weiterhin ein zentrales Signum der pädagogischen Tätigkeit darstellt[395] – gerade keine Leistungsmessungen vorgenommen oder Zensuren verteilt werden.[396] Dennoch sollen Studienfahrten zu ehemaligen NS-Lagern langfristige Lernziele erreichen, doch ist bislang nicht hinreichend überprüft, ob dies tatsächlich der Fall ist. Die von dieser Untersuchung bislang ausgewerteten Quellenbestände lassen darauf ebenfalls keine Rückschlüsse zu, weil sie eher spontane Momentaufnahmen der Rezeption in relativer Zeitnähe zur Exkursion darstellen. Um Aussagen über langfristige Veränderungen zu machen, müssen Informationen mit einem größeren zeitlichen Abstand herangezogen werden.

Für eine vertiefte Erhebung erscheint es daher unerlässlich, weitere Daten zu akquirieren, die über die diskutierten Reisedokumentationen hinausgehen. Damit verlässt die Untersuchung aber den zunächst eingeschlagenen Weg der Analyse bestehender Quellen. Wenn nach dem langfristigen Ertrag der Auschwitz-Reisen gefragt wird, diskutiert sie nachfolgend erstmals selbst generierte Daten. Um sie zu gewinnen und dabei einen längeren Zeithorizont zu erfassen, mussten zu befragende Personen

---

394 Christian Stolz/Benjamin Feiler, Exkursionsdidaktik. Ein fächerübergreifender Praxisratgeber für Schule, Hochschule und Erwachsenenbildung, Stuttgart 2018.

395 Klein, »Wir sind in Oświęcim gewesen und haben Auschwitz gesehen«, in: Karpa/Overwien/Plessow (Hrsg.), Außerschulische Lernorte in der politischen und historischen Bildung, S. 147.

396 Kößler, Menschenrechtsbildung, moralische Erziehung und historisches Lernen, in: Meseth/Proske/Radtke (Hrsg.), Schule und Nationalsozialismus, S. 247 ff.

rekrutiert werden, die bereits lange vor dem Erhebungszeitpunkt mit schulischen Reisegruppen in Oświęcim gewesen sind. Im Großraum Köln/Aachen wurden deshalb Bildungseinrichtungen ausgemacht, die das Kriterium erfüllen. Allerdings stellte sich heraus, dass Interviews mit Teilnehmerinnen und Teilnehmern, die inzwischen ihre Abschlüsse gemacht und die Schulen verlassen hatten, an datenschutzrechtlichen Problemen scheitern würden. Daraus zog die Untersuchung die Konsequenz, ausschließlich Personen zu konsultieren, die ihre Schullaufbahn noch nicht beendet, dennoch aber im Verlauf der zurückliegenden zwei Jahre an einer Gedenkstättenexkursion nach Oświęcim teilgenommen hatten.[397] An drei Schulen konnten tatsächlich Personen identifiziert werden, sodass die nachfolgenden Ergebnisse auf den Erfahrungen und langfristigen Erinnerungen von Schülerinnen und Schülern eines Gymnasiums und zweier Gesamtschulen beruhen. Zwangsläufig gehörten sie alle der Sekundarstufe II an, zudem hatten alle Befragten einen Leistungskurs im Fach Geschichte belegt. Sie müssen daher als besonders interessiert am Fach angesehen werden, was bei der kritischen Reflexion der Aussagekraft der Analyseergebnisse zu beachten sein wird.[398]

Insgesamt aber soll aus den getätigten Antworten versucht werden, die langfristige »Wirkung« der Reisen zu erfassen. Was haben die Teilnehmenden der Gedenkstättenreisen so intensiv internalisiert, dass es von ihnen noch längere Zeit nach der eigentlichen Zeit in Oświęcim erinnert wird? Zehn bis zweiundzwanzig Monate lagen die Exkursionen zurück, als sich die insgesamt 33 Personen freiwillig für die wissenschaftliche Erhebung bereit erklärten, unter ihnen befanden sich 21 Gesprächspartnerinnen und 12 Gesprächspartner.

Methodisch erfasst wurden die Erinnerungen der Jugendlichen an ihre Besuche in Form leitfadengestützter, strukturierter Gruppendiskussionen. Während der Debatten, die in den schulischen Räumlichkeiten der Lernenden stattfanden, dokumentierte ein Audiogerät ihre Aussagen. Die Aufnahmen wurden im Anschluss transkribiert, um sie einer hermeneutisch-inhaltsanalytischen Untersuchung zu unterziehen. Für die einzelnen Gesprächsrunden wurden drei bis fünf Schülerinnen und Schüler jeweils zu Diskussionsgruppen zusammengenommen. Diesen

397 Die Exkursionen, an denen die Gesprächspartnerinnen und Gesprächspartner teilgenommen hatten, lagen zum Zeitpunkt der Befragung zwischen 10 und 22 Monate zurück.
398 Ebenfalls auf die besseren Lerneffekte bei Geschichtsinteressierten verweisen: Marx/Sauer, Lerneffekte von Gedenkstättenbesuchen im Kontext des Geschichtsunterrichts, in: Pampel (Hrsg.), Erschrecken – Mitgefühl – Distanz, S. 144.

wurden stets identische Fragen gestellt, sodass acht Unterredungen entstanden, deren inhaltliche Schwerpunkte nachfolgend ausgewertet und vorgestellt werden. Die Gruppenzusammensetzung erfolgte auf freiwilliger Basis, die Gefahr der Binnendynamik in Freundschaftsgruppen ist also zu bedenken.[399] Die Entscheidung für die Methode der Gruppendiskussionen fiel, weil den befragten Schülerinnen und Schülern die Möglichkeit eröffnet werden sollte, nicht nur die eigenen Wahrnehmungen zu artikulieren, sondern auch Gedanken von damaligen Mitreisenden aufzunehmen und zu würdigen. In der Planung war davon ausgegangen worden, dass die höchst unterschiedlich wahrnehmbaren Reisen nach Oświęcim als geeignete Katalysatoren für einen regen, lebhaften und vielleicht sogar kontroversen Austausch über die gemeinsame Zeit in der Gedenkstätte wirken könnten. Doch diese Hoffnung erfüllte sich nicht im erwarteten Maß. Nur in einigen wenigen Runden entstanden tatsächlich Debattenansätze, während die meisten Gespräche eher als konsensualer Austausch abliefen. Häufig betrieb in den Gruppen eine Person ein prägendes »Agendasetting«, das die weitere Kommunikation der beteiligten Gesprächspartner nachhaltig lenkte. Einzelne Befragte schlossen sich entweder völlig der bereits artikulierten Position an oder vermieden es, sich überhaupt an der Gruppendiskussion zu beteiligen. Mit dem Wissen um den Verlauf der Gespräche muss eingeräumt werden, dass es wünschenswert gewesen wäre, weitere Interviews als Einzelgespräche zu führen. Eine solche methodische Ergänzung war jedoch, bedingt von der Covid-19-Pandemie, im Rahmen der vorliegenden Untersuchung nicht mehr möglich. Daher beruhen die nachfolgenden Ergebnisse auf qualitativen Auswertungen der bereits dokumentierten Gruppendiskussionen. Die vorliegende Studie nutzt sie vor allem zur Ergänzung des archivierten Quellenmaterials und der Überprüfung der ausgeführten gesellschaftlichen Hoffnungen mit Blick auf Gedenkstättenfahrten.

Als Basis für die Auswertung dienen die offen gestellten Fragen, mit denen sich die Gruppen im Gespräch beschäftigten. Konzeptionell zielten sie zunächst darauf, anfangs eher allgemein gehaltene Fragen zu stellen, die nicht unmittelbar auf die Intention der Forschung ausgerichtet waren oder Rückschlüsse auf sie zuließen. Nur im Mittelteil fokussieren die Fragen auf die langfristige Verankerung im Gedächtnis. Eruiert werden sollte, ob die Erfahrungen im Verlauf der Exkursion nicht nur als schulisches Wissen abgespeichert wurden, sondern tatsächlich weitrei-

---

399 Vogl, Gruppendiskussion, in: Baur/Blasius (Hrsg.), Handbuch Methoden der empirischen Sozialforschung, S. 698.

chende Konsequenzen bis hin in das private und persönliche Leben der Jugendlichen nach sich zogen. Aus diesen Überlegungen heraus wurden die nachfolgend aufgelisteten Fragen formuliert und den teilnehmenden Schülerinnen und Schülern in den Gruppendiskussionen zur Erörterung gestellt:
- Am Beginn eine sehr allgemeine Frage: Kann man aus Geschichte lernen?
- Können Sie uns noch die Beweggründe nennen, warum Sie sich entschieden haben an der Fahrt nach Auschwitz teilzunehmen?
- Beschreiben Sie, welche Erinnerung an die Fahrt vor mehr als zehn Monaten bei Ihnen heute noch vorhanden sind!
- Hatte die Gedenkstättenfahrt einen Einfluss auf persönliche Entscheidungen, die Sie heute im Alltag treffen?
- Wenn Sie heute von jüngeren Schülerinnen oder Schülern gefragt werden, würden Sie ihnen empfehlen, an der Exkursion teilzunehmen?
- Benennen Sie, welchen Zweck der Ort Auschwitz-Birkenau zur Zeit des Nationalsozialismus erfüllte und welchen er heute erfüllt?

Bei der Auswertung fällt unmittelbar ins Auge, wie unterschiedlich lang die einzelnen Gruppen sich mit den gestellten Fragen beschäftigten. Die Bandbreite erstreckte sich von 13:09 Minuten bis hin zu 34:15 Minuten. Bereits aus den divergierenden Zeitangaben lässt sich schließen, wie unterschiedlich die Gespräche abliefen. Während sich in manchen Fällen alle Personen sehr intensiv mit eigenen Beiträgen einbrachten, trugen andere Forschungspartnerinnen und Forschungspartner quantitativ eher wenig zum Austausch bei. Allerdings sollte die Gesprächsanordnung niemanden zwingen, seine Meinung zu artikulieren. Vielmehr sollte ein Arrangement geschaffen werden, das die Gespräche in einer positiven und wertschätzenden Atmosphäre ablaufen ließ.

Um einen ungestörten Austausch zu ermöglichen, nahmen an den Gesprächsrunden ausschließlich die befragten Schülerinnen und Schüler sowie die interviewende Person teil. Die Lehrkräfte der jeweiligen Lerngruppen waren nicht zugegen, sie hatten im Vorfeld nur den Kontakt zwischen Universität und Lernenden hergestellt, nicht aber Kenntnis von den geplanten Fragen. Bedeutsam für den Forschungskontext ist aber, dass die Schülerinnen und Schüler, ehe sie ihre Bereitschaft signalisierten, an der Studie teilzunehmen, von ihren Lehrkräften grundsätzlich über die Intention der Erhebung informiert wurden. Ihnen war also bekannt, dass ihre Aussagen als Informationen für wissenschaftliche Forschungen zum Ertrag von schulischen Reisen zum *Staatlichen Museum Auschwitz-*

Birkenau genutzt werden würden. Es ist davon auszugehen, dass sie sich vor dem Interview nochmals an die schon einige Zeit zurückliegende schulische Exkursion erinnert oder innerhalb der Peer-Group über die Erfahrungen unterhalten hatten. Gegenüber den bislang behandelten archivierten Reiseberichten verändert sich also die Ausgangslage, da nun erstmals Informationen ausgewertet werden, die genuin für den akademischen Forschungszusammenhang entstanden.

3.1 Lernen aus der Geschichte oder Lehren aus der NS-Diktatur

Die inhaltliche Ausrichtung der Befragung auf das Thema NS-Geschichte war den Probanden damit bekannt. Dennoch sollte die erste Frage sich nicht ausschließlich auf dessen zwölfjährige Geschichte beziehen. Vielmehr hätte sie als Eisbrecher fungieren und grundsätzlich Diskussionen anregen sollen, inwiefern aus der Geschichte gelernt werden könne oder nicht – durchaus im Sinne der bereits problematisierten *historia magistra vitae*-Tradition. Die Schülerinnen und Schüler sollten also erörtern, ob man ihrer Meinung nach aus der Beschäftigung mit Geschichte für sich Rückschlüsse auf die Gegenwart oder Zukunft ziehen könne. Das Ergebnis fällt eindeutig aus: Alle an den Gesprächen Beteiligten bestätigen den Optimismus, wonach ein Lernen aus der Geschichte tatsächlich möglich sei. Kein einziger negiert diese Auffassung, eher zeigt sich die Tendenz, sich ihr ohne Bedenken vollumfänglich anzuschließen (»Man kann aus Geschichte definitiv lernen«[400]). Vereinzelt fordern die Befragten sogar, man könne nicht nur aus der Vergangenheit lernen, sondern solle und müsse es sogar.[401] Epochaler Bezugspunkt der Aussagen ist vor allem der Nationalsozialismus. Wahrscheinlich, weil sie wissen, dass sie im Kontext ihrer Auschwitz-Fahrt befragt werden, reduzieren die Jugendlichen die Frage zum »Lernen aus der Geschichte« auf eine Frage zu Lehren aus der NS-Diktatur. In diesem Sinne warnen viele vor einer drohenden Wiederkehr dieser Vergangenheit.[402] Doch es finden sich durchaus auch grundsätzliche Relativierungen, die beispielsweise infrage stellen, dass sich »die Dinge eins zu eins wiederholen«[403] würden. Ob neben der NS-Zeit aus anderen historischen Epochen für die Gegenwart oder die Zukunft gelernt werden könne, wird nur indirekt beantwortet, indem von

---

400 Gruppendiskussion I, Schülerin B, S. 1, Z. 26.
401 Gruppendiskussion VII, Schülerin Z, S. 44, Z. 10; ähnlich: Gruppendiskussion VIII, Schülerin CC, S. 52, Z. 6-8.
402 Gruppendiskussion VI, Schülerinnen V, W und X, S. 35, Z. 12-25.
403 Gruppendiskussion V, Schülerin P, S. 28, Z. 3-4.

einzelnen Befragten auf als positiv konnotierte Institutionen verwiesen wird, die offenbar als Ergebnisse historischer Prozesse angesehen werden. Ausdrücklich genannt werden in diesem Zusammenhang die Vereinten Nationen und die Europäische Union.[404] Wenig überraschend ist es vor diesem Hintergrund, dass die Befragten nicht nur in der Zuversicht hinsichtlich der allgemeinen Lernpotenziale von Geschichte übereinstimmen, sondern diese gerade in einer schulischen Exkursion zum *Staatlichen Museum Auschwitz-Birkenau* erfüllt sehen. Unisono empfehlen sie nämlich anderen Schülerinnen und Schülern, an künftigen Fahrten dorthin ebenfalls teilzunehmen, da aus ihnen vielfältiger Lernerfolg zu ziehen sei. Zudem sei es in der Gruppe leichter, diese schwierige Reise anzutreten.[405] Insgesamt habe sich die intensive schulische Vorbereitung auf die Reisen ausgezahlt,[406] denn erst sie habe es ermöglicht, die Exkursion zum Erfolg werden zu lassen.[407] Gewarnt wird einzig vor der Einbindung zu junger Kinder,[408] benannt wird an einer Stelle ausdrücklich die 6. Jahrgangsstufe.[409] Da dies aber in der Unterrichtspraxis deutscher Schulen ohnehin sehr unwahrscheinlich ist (die Shoah wird frühestens in der 8. Jahrgangsstufe zum Thema des Geschichtsunterrichts) und weil das *Staatliche Museum Auschwitz-Birkenau* erst ab 14 Jahren betreten werden soll bzw. darf,[410] können derartige Hinweise als pädagogische Überlegungen wahrgenommen werden, für die künftige Exkursionsgestaltung sind sie jedoch eher von geringerem Wert.

Die geäußerten Einschätzungen zu schulischen Exkursionen nach Oświęcim zielen hingegen nicht nur auf andere Kinder und Jugendliche, sondern zugleich auf einzelne Schulen oder die staatliche Schuladministration. So wünschen einige Teilnehmende, Reisen zum *Staatlichen Museum Auschwitz-Birkenau* sollten zum curricularen Pflichtprogramm deutscher Bildungseinrichtungen gehören (»Ab der zehnten, elften Klasse würde ich auf jeden Fall. Ich bin auch eigentlich der Meinung, dass es vielleicht eine Art Pflichtveranstaltung werden sollte eigentlich und ja, das ist auf jeden Fall ein sehr gut bildender Teil.«[411]), doch regt

---

404 Gruppendiskussion I, Schülerin C, S. 1, Z. 33-36.
405 Gruppendiskussion II, Schülerin D, S. 8, Z. 35-37.
406 Gruppendiskussion I, Schülerin B, S. 4, Z. 48.
407 Gruppendiskussion I, Schülerin C, S. 2, Z. 12-21.
408 Gruppendiskussion V, Schüler S, S. 31, S. 11-17; Gruppendiskussion VIII, Schülerin CC, S. 58, Z. 28-31.
409 Gruppendiskussion II, Schülerin G, S. 11, Z. 19-20.
410 http://www.auschwitz.org/gfx/auschwitz/userfiles/_public/visit/16_en.pdf (Stand: 10. Juli 2020).
411 Gruppendiskussion II, Schülerin G, S. 11, Z. 20-22.

sich dagegen in der Gruppendiskussion bereits Widerspruch, der die freiwillige Teilnahme an Gedenkstättenfahrten betont.[412] Eine Person lehnt ausdrücklich den Zwang, an einer solchen Reise teilzunehmen, ab.[413] Vielmehr sei es nicht günstig, Menschen ohne eigene Bereitschaft nach Oświęcim zu schicken, denn: »Man muss wissen, was einen da erwartet.«[414]

Unabhängig davon artikuliert sich in den Gesprächen ein gewisser Stolz auf die jeweils eigene Schule, die mit den Auschwitz-Exkursionen ein allgemein wertgeschätztes Angebot ihren Lernenden unterbreite.[415] Um zukünftig derartige optionale Angebote noch ausbauen zu können und an weiteren Schulen zu etablieren, fordern die Befragten vom Bundesland Nordrhein-Westfalen, hierfür weitere Mittel bereitzustellen.[416] Wie bereits im Abschnitt zur aktuellen Entwicklung dargestellt, ist diese Forderung inzwischen von der Landespolitik im bevölkerungsreichsten Bundesland tatsächlich umgesetzt worden.[417]

Spannend wird es hingegen, wenn man nach Antworten danach sucht, warum sich alle Befragten so einig sind in ihrer Beurteilung des Wertes schulischer Exkursionen nach Oświęcim. Weshalb empfehlen sie der ihnen nachfolgenden Generation von Schülerinnen und Schülern das Angebot so einhellig? Bezeichnenderweise sind die Antworten der Jugendlichen den Statements sehr ähnlich. Ob dies an sozial erwünschter Kommunikation liegt, kann letztlich nicht beantwortet werden.

Als Argumente für schulische Reisen nach Oświęcim werden mit dem Abstand von zehn bis zweiundzwanzig Monaten vor allem die erhöhte Attraktivität des Lernens am historischen Ort angeführt. Wenn man das Areal erkunden könne, wirke der Geschehensort weit denkwürdiger als dies gedruckte Lehrwerke jemals könnten.[418] Neben den schulischen Geschichtsbüchern attestieren die Befragten den im Unterricht zu historischen Themen meist konsultierten schriftlichen Quellen ebenfalls keinen hohen Ertrag für ihr subjektives Lernen. Dieser stelle sich hingegen ein, wenn die historischen Schauplätze der Verbrechen selbst besucht werden: »Also einfach nur irgendwelche Quellen darüber zu lesen, das ist, finde ich, nicht mal im Ansatz, vermittelt nicht mal im Ansatz

---

412 Gruppendiskussion II, Schüler F, S. 11, Z. 30-42.
413 Gruppendiskussion VI, Schülerin V, S. 40, Z. 19.
414 Gruppendiskussion IV, Schüler L, S. 25, Z. 1.
415 Gruppendiskussion IV, Schülerin M, S. 25, Z. 25.
416 Gruppendiskussion I, Schülerin C, S. 5, Z. 10-12.
417 https://www.landtag.nrw.de/portal/WWW/dokumentenarchiv/Dokument/ MMV17-2888.pdf (Stand: 10. Juli 2020).
418 Gruppendiskussion VI, Schülerin V, S. 36, Z. 26-30.

Besonders erwähnenswert erscheint den Gruppen das Auftreten der Besucherinnen und Besucher aus Israel. Vereinzelt kommt es offensichtlich zu einem direkten Austausch.
Quelle: ASEE A14-III-331

dieses Ausmaß, wie es diese Orte, diese Schauplätze selber auch tun.«[419] Bezeichnend für die Wahrnehmung des besuchten Ortes ist, wenn unter den 33 Forschungspartnerinnen und Forschungspartnern dieser Auffassung nur eine einzige Schülerin widerspricht. Während alle anderen die scheinbare Ausstrahlung des Ortes betonen und dessen »Aura« herausstellen, ohne den Terminus zu nutzen, stellt die besagte Schülerin eines Gymnasiums gerade diese Ausstrahlung gänzlich in Abrede. Im Rahmen ihrer Gruppenreise sei sie beispielsweise zur Aschewiese gegangen, habe dort aber überhaupt nichts empfunden. »Man hätte mich auch auf irgendeine andere Wiese stellen können und hätte mir erzählen können, hier sind massenhaft Menschen ermordet worden.« Eine spezifische oder individuelle Annäherung an Geschichte war ihr am historischen Ort nicht möglich. Emotionalität habe sich erst später entwickelt, so erinnert sich die Schülerin im Abstand von zwölf Monaten nach ihrer Reise noch immer, als verschiedene jüdische Gruppen Trauerzeremonien abhielten und hebräische Lieder sangen. Gemeinsam mit dem Besuch der israelischen Nationalausstellung seien dies die Momente gewesen, die sie be-

---

419 Gruppendiskussion VIII, Schülerin CC, S. 53, Z. 12-14.

sonders bewegt hätten.⁴²⁰ Ihre Ausführungen sind zugleich die einzigen in den langfristigen Erinnerungen, die ausdrücklich Formen von Trauer erwähnen. Sie finden dann aber außerhalb der eigenen Reisegruppe statt und werden von Nachkommen der Opfer bestimmt. Gleichzeitig zeigt die Stimme der Schülerin, wie wenig selbstverständlich die pädagogische Wirksamkeit des historischen Ortes ist. Um sie zu steigern, wird in der geschichtsdidaktischen Literatur angeraten, die Erkundung vormaliger Geschehensorte um die Arbeit mit weiteren historischen Quellen zu ergänzen.⁴²¹ Doch scheint dies ebenfalls nicht der Königsweg zu sein, um die Historizität des Geländes zu betonen. Eine Gruppe hatte nämlich neben den obligatorischen Geländerundgängen einen zusätzlichen Abend mit intensiver Quellenarbeit verbracht, woran sich eine Person noch lebhaft erinnern kann – wenngleich nicht im positiven Sinn: »[…] fand ich halt schon eher überflüssig«⁴²². Die unterschiedliche Wertschätzung gegenüber den verschiedenen Quellengattungen belegt zugleich, wie wenig der Terminus »Quelle« in seiner ganzen Breite von den Schülerinnen und Schülern wahrgenommen wird. Bei den besuchten Überresten der NS-Lager handelt es sich natürlich ebenfalls um historische Quellen. Doch diese Sachquellen werden ausdrücklich von den aus dem Unterricht bekannten Schriftquellen unterschieden. Dass immobile Quellen ebenfalls, auf andere Weise freilich, gelesen werden müssen, um aus ihnen Informationen über die Vergangenheit abzuleiten, blenden die Jugendlichen in der Rückschau auf den eigenen Gedenkstättenaufenthalt vollständig aus.

Aber auch andere Vorurteile gegenüber dem Geschichtsunterricht scheinen weiter zu bestehen und sogar für die langfristige Wirkung von schulischen Gedenkstättenfahrten bedeutsam zu sein. Dass es dem Fach nur darum gehe, Zahlen zu pauken, scheint ebenfalls in den Antworten auf, wenn vorgebracht wird, die Gedenkstättenfahrt könne besser memoriert werden, da sie im Gedächtnis stärker verhaftet bleibe als das reine Auswendiglernen, das das historische Lernen im schulischen Kontext dominiere.⁴²³ Einem vergleichbaren Argumentationsstrang folgt die Wahrnehmung einzelner Befragter, in der Gedenkstätte seien im Kontrast zum schulischen Geschichtsunterricht, der stets nur mit abstrakten Zahlen, nicht aber mit konkreten Menschen operiere, vor allem individuelle Schicksale von Opfern thematisiert worden. Damit sei es gelun-

---

420 Gruppendiskussion III, Schülerin J, S. 16, Z. 29-51.
421 Mayer, Historische Orte als Lernorte, in: Mayer/Pandel/Schneider (Hrsg.), Handbuch Methoden im Geschichtsunterricht, S. 401 ff.
422 Gruppendiskussion III, Schüler H, S. 17, Z. 41-43.
423 Gruppendiskussion VI, Schülerin W, S. 37, Z. 7-8.

gen, die Jugendlichen für das Grauen des Lagers zu sensibilisieren und den Verbrechen ein »konkretes Gesicht« zu geben.[424] Den Zugang über Einzelbiografien nutzt offenbar der israelische Nationalpavillon sehr nachhaltig. Wie bereits in den schriftlichen Darstellungen stellen ihn die Schülerinnen und Schüler in den Gruppendiskussionen als höchst einprägsam heraus. Besonders langfristig erinnert werden dabei die filmischen Inszenierungen des jüdischen Lebens vor der Verfolgung.[425] Damit tritt das vielleicht deutlichste Übereinstimmungsmerkmal zwischen den zeitnah erstellten schriftlichen Berichten und den mündlichen Erinnerungen in den Blick: Beide Rückblicke sind geprägt von der emotionalen Ergriffenheit im Angesicht des Schauplatzes der Verbrechen. Dies wird offenbar, wenn sich die Befragten noch nach Monaten erinnern, welch seltsames Gefühl es gewesen sei, unmittelbar neben dem Lager in einem Jugendgästehaus zu übernachten[426] oder sie sich vor allem der eigenen Überraschung entsinnen, welch ordentlichen und sauberen Eindruck die Gedenkstätte vermittele[427] – obwohl sie sich »das Ganze viel grauer und unordentlicher […] und auch dreckiger«[428] vorgestellt hatten. Innerhalb der früheren Lager sind es besonders emotional wahrgenommene Orte, etwa die ehemaligen Gaskammern[429] oder die ausgestellten letzten Besitztümer der Ermordeten im Block 5 von Auschwitz I,[430] die nach Monaten noch präsent sind. Noch häufiger angeführt werden aber die räumlichen Dimensionen des Schauplatzes der Massenmorde in Birkenau.[431] Die Größe des Ortes hinterlässt offenbar einen langfristigen Eindruck, den eine Person in jugendsprachlichem Jargon ausdrückt: »Für mich war Birkenau schon ziemlich das Event.«[432] Wie schon die handschriftlichen Aufzeichnungen verdeutlichen, ermöglicht das Areal eine intensive thematische Verknüpfung von eigenen Emotionen und Gefühlen mit Geschichte.[433] Deshalb erscheint es den Befragten so wichtig, das Gelände selbst gesehen zu haben. Vereinzelt sprechen sie sogar davon, es

---

424 Gruppendiskussion I, Schülerin A, S. 5, Z. 29-35.
425 Gruppendiskussion I, Schülerin C, S. 3, Z. 30-33; Gruppendiskussion VIII, Schülerin FF, S. 56, Z. 8-10.
426 Gruppendiskussion I, Schülerin B, S. 3, Z. 4-6.
427 Gruppendiskussion VIII, Schüler GG, S. 53, Z. 40.
428 Gruppendiskussion VIII, Schülerin FF, S. 54, Z. 4-5.
429 Gruppendiskussion VIII, Schülerin DD, S. 53, Z. 1-2.
430 Gruppendiskussion VII, Schülerin BB, S. 45, Z 1-4.
431 Gruppendiskussion II, Schülerin D, S. 12, Zeile 28-33; Gruppendiskussion IV, Schülerin O, S. 23, Z. 8.
432 Gruppendiskussion IV, Schüler N, S. 23, Z. 20.
433 Gruppendiskussion V, Schülerin P, S. 29, Z. 3-5.

»erlebt«[434] zu haben. Demnach überrascht es nicht, wenn sie betonen, wie sehr die Eindrücke »im Kopf« bleiben und sie es als das Wichtigste ansehen, wie man sich am historischen Ort fühle,[435] da das weit intensiver zu wirken vermöge, als dies im schulischen Umfeld je gelingen könne.[436] Noch mehr als bei den schriftlichen Darstellungen rückt das deklarative Wissen in den Hintergrund. In den Gesprächen werden, obwohl die Fragen durchaus Raum geben, um »Faktenwissen« zu präsentieren, keine derartigen Daten dargeboten. Ganz offenkundig kann bezüglich eines langfristigen Lernens von Daten und Fakten über die NS-Herrschaft von den Gedenkstättenexkursionen kaum ein Beitrag erhofft werden. Bestätigt wird damit erneut die Bedeutung der Vorbereitung. Nur wenn sie eine solide Basis gelegt hat, kann daran anschließend eine enge Verknüpfung von Emotionen und kognitiven Lernprozessen erfolgen, wie sie bei regulären Museumsbesuchen ebenfalls angestrebt wird.[437] Im Zentrum der Gedenkstättenbesuche steht aber nicht der Erwerb von deklarativem Wissen, sondern die Annäherung an den historischen Ort, mithin die Wahrnehmung der Tatsächlichkeit der dort verübten Verbrechen. Wenn aber im Vorfeld bereits ein breites Wissen zum NS-Staat aufgebaut wurde (immerhin reisen die meisten Gruppen in der Sekundarstufe II, das Thema Nationalsozialismus ist dann wiederholt behandelt worden), ist das ein bedeutsamer Beitrag zur demokratischen Sozialisation. Ausführungen der Lernenden zur Eindringlichkeit des Besuches in den Gaskammern oder der Lebenssituation im Lager Birkenau legen jedenfalls nahe, dass die Fahrten eines erreichen: die Wahrnehmung des Massenmords in Auschwitz-Birkenau.

3.2 Konsequenzen des Gedenkstättenbesuchs für das alltägliche Leben?

Während die bislang diskutierten Aussagen aus der Gruppendiskussion vor allem jene Befunde bestätigen, die aus den schriftlichen Dokumentationen bereits vorliegen, zielt die Befragung der Schülerinnen und Schüler noch auf eine weitere Ebene. Herausgefunden werden soll, ob die Fahrten die in sie gesetzten gesellschaftlichen Erwartungen erfüllen. Wenn die Schülerinnen und Schüler mit dem Abstand von mindestens

---

434 Gruppendiskussion VI, Schülerin W, S. 40, Z. 12-14.
435 Gruppendiskussion V, Schüler R, S. 30, Z. 17-18.
436 Gruppendiskussion VII, Schülerin Z, S. 53, Z. 1-2.
437 Olaf Hartung, Museen und Geschichtsunterricht, Stuttgart 2019, S. 83.

zehn Monaten auf die Fahrt zurückblicken, sind sie angehalten anzugeben, ob die Fahrt einen Einfluss auf ihr alltägliches oder gesellschaftliches Leben hat.[438] Fand tatsächlich eine Veränderung statt, wie dies gerade für Auschwitzexkursionen immer wieder angeführt wird[439] und wie es eine befragte Person pauschal für die eigene Gruppe in Anspruch nahm?[440] Oder ist diese Hoffnung, wie vergleichbare Studien für Aufenthalte in der österreichischen *KZ-Gedenkstätte Mauthausen* es nahelegen, zu hoch gegriffen, zumal Schülerinnen und Schüler der Institution Schule grundsätzlich nicht die Möglichkeit zuschreiben, langfristig ihre Haltungen oder Einstellungen zu verändern.[441]

Um dies zu erfahren, sollten die Interviewpartner erörtern, ob die Erlebnisse während der Exkursionen bei ihnen bewusste Veränderungen angestoßen haben, die sich nun bis hinein in das alltägliche Leben manifestieren. Es sollte schwer möglich sein, in den bekannten rhetorischen Phrasen zu verweilen und mit dem klassischen »Nie wieder!« zu antworten. Bezeichnenderweise fallen die Reaktionen auf die Frage nach den alltagsweltlichen Konsequenzen der Exkursionsteilnahme bereits bei der Reaktionszeit aus dem Rahmen. Während alle anderen Fragen zügig und schnell beantwortet wurden, trat bei der Frage nach den Konsequenzen im privaten Alltag zunächst ein beredtes Schweigen ein, die Schülerinnen und Schüler brauchten eine besonders lange Bedenkzeit. Ganz offensichtlich empfinden es die Jugendlichen als Herausforderung, das eigene Leben zu hinterfragen und diesbezüglich eine Einschätzung zu formulieren. Deshalb dauert es zum Teil bis zu zehn Sekunden, ehe eine erste Person sich entschließt, eigene Erfahrungen zu artikulieren.

Diejenigen, die sich dann äußern, weisen zurück, von der Fahrt besonders nachdrücklich geprägt worden zu sein.[442] Eine Person führt an, sie habe während der Reise die Erfahrungen nicht zu nahe an sich herangelassen, weshalb sich auch keine Auswirkungen eingestellt

---

438 Zur Schwierigkeit, langfristige Wirkungen von Gedenkstättenfahrten zu erheben: Klaus Ahlheim, Prävention von Rechtsextremismus, Fremdenfeindlichkeit und Antisemitismus, in: Wolfgang Sander (Hrsg.), Handbuch politische Bildung, Schwalbach/Ts. 2015, S. 379-391, hier S. 381.
439 Petzold, Das hat mich verändert.
440 Gruppendiskussion V, Schüler T, S. 31, Z. 28.
441 Helga Amesberger/Brigitte Halbmayr/Helene Miklas, »Als wir gestern in Mauthausen waren, war dies schrecklich, aber auch informativ« – Der Gedenkstättenbesuch aus Sicht der SchülerInnen, in: Heribert Bastel/Brigitte Halbmayr (Hrsg.), Mauthausen im Unterricht. Ein Gedenkstättenbesuch und seine vielfältigen Herausforderungen, Wien 2014, S. 109-143, hier S. 139.
442 Gruppendiskussion I, Schülerin C, S. 4, Z. 20; Gruppendiskussion III, Schüler I, S. 18, Z. 44-45; ähnlich: Gruppendiskussion V, Schüler S, S. 31, Z. 11-12.

haben,⁴⁴³ steht ebenso vereinzelt wie eine Person, die feststellt, in der Gedenkstätte habe die Gruppe nichts grundsätzlich Neues erfahren, die Inhalte seien aus dem Geschichtsunterricht bereits bekannt gewesen, weshalb eine völlige Neuorientierung nicht nötig geworden sei.⁴⁴⁴ Ein anderer Schüler nimmt die Reise als »isolierte Erfahrung« wahr, weshalb er als einzige Veränderung an sich feststelle, nun bei Witzen, die er mache, stärker zu differenzieren und vorsichtiger zu agieren.⁴⁴⁵ Derartige Einschätzungen, die keine Konsequenzen für sich festmachen oder sie auf sehr kleine Lebensbereiche eingrenzen, überwiegen.

Eine kleinere Gruppe von Diskussionsteilnehmenden antwortet deutlich zurückhaltender. Sie treten nicht gänzlich dem Eindruck entgegen, die Beschäftigung mit dem Schauplatz des größten Menschheitsverbrechens habe bei ihnen eine Veränderung bewirkt. Diese Personen sind sich jedoch weniger sicher, woran sie diesen Wandel festmachen sollen. So verweisen sie beispielsweise auf eine allgemeine Bewusstseinsbildung, die von der Fahrt ausgehe.⁴⁴⁶ Eine derart subtile Form des Einflusses macht ein anderer Schüler aus, wenn er betont, die Prozesse, die der Aufenthalt in der Gedenkstätte angestoßen habe, seien nicht vordergründig sichtbar, sondern würden unterbewusst ablaufen. Dementsprechend formuliert er, dass sie »im Hinterkopf passieren«⁴⁴⁷. Als einzige Person, die eine direkte Veränderung im Zuge der Fahrt benennen kann, muss ein Schüler gelten, der angibt, seit der Reise neue Informationen und Themen, die er aufnehme, gründlicher zu prüfen. Er hinterfrage weit mehr und recherchiere intensiver, ehe er sich ein abschließendes Urteil bilde. Zwar führt der Schüler am Beginn seiner Ausführungen an, er sei nicht sicher, ob dieser verstärkt kritische Umgang nur mit Auschwitz zu tun habe, er habe sich aber in jedem Fall in etwa zeitgleich mit der Exkursion entwickelt, sodass die Argumentation doch plausibel klingt.⁴⁴⁸ Sollte es tatsächlich so sein, dass die Gedenkstättenexkursion zumindest noch einen erheblichen Teil zu der Entwicklung dieser kritischen Haltung beigetragen hat, so ist wohl annähernd das Maximum dessen erreicht worden, wozu historisches Lernen befähigen kann.

Doch dieser Erfolg ist singulär. Bei den meisten Stimmen, die eine persönliche Prägung bei sich im Nachgang zur Exkursion ausmachen, ist das nicht in alltäglichen Dingen verortet, sondern im engeren Feld

---

443 Gruppendiskussion V, Schülerin Q, S. 30, Z. 24-25.
444 Gruppendiskussion III, Schüler H, S. 18, Z. 30-31.
445 Gruppendiskussion IV, Schüler N, S. 24, Z. 22-23.
446 Gruppendiskussion III, Schülerin J, S. 18, Z. 24-26.
447 Gruppendiskussion IV, Schüler L, S. 24, Z 7-13.
448 Gruppendiskussion II, Schüler F, S. 10, Z. 43-49.

des politischen Engagements. Besonders die grundlegende Abgrenzung »gegen rechts« scheint den Schülerinnen und Schülern ein bedeutsames Ergebnis ihrer Reisen zu sein.[449] Auffällig dabei ist das Bedürfnis der Gesprächspartnerinnen und Gesprächspartner, zu betonen, dass ihr Einsatz gegen rechtsextreme oder rechtsradikale Tendenzen bereits länger besteht. Die Exkursionserfahrungen initiieren demnach keinen neuen Impuls, sondern bestätigen vor allem bereits bestehende Überzeugungen.[450] Dementsprechend definieren sich die Jugendlichen als »falsche Zielgruppe«, da es nicht mehr nötig sei, sie »umzuerziehen«[451] – wie es tatsächlich eine Person wörtlich formuliert. Vielmehr gehen die Befragten zumeist davon aus, die »richtige« politische Positionierung bereits zu besitzen. Die Fahrt zur Gedenkstätte habe dies nicht mehr bewirken müssen. Sie sehen sich ausdrücklich als weltoffen, tolerant und frei von rassistischen oder antisemitischen Neigungen. Sie schlussfolgern, die schulischen Reisen hätten für sie keine privaten Konsequenzen. Umso mehr sehen sie sich in ihrem politischen Engagement gegen demokratiegefährdende Tendenzen bestätigt. Doch gibt es im Rahmen der Gruppendiskussionen eine Person, die diese Argumentationslinie nicht akzeptiert. Sie stößt sich an der aus ihrer Sicht zu pauschalen Diffamierung konservativer Gedanken und dem fast »neurotisch« anmutenden Versuch, alle Gedanken, die nur im Ansatz in eine »falsche Richtung« gehend angesehen würden, zu unterbinden.[452] Jedoch handelt es sich bei dieser Einschätzung dezidiert um eine Einzelmeinung.

Ergänzend artikulieren die Schülerinnen und Schüler als Konsequenzen aus den Reisen die positive Wahrnehmung der eigenen stabilen Lebensverhältnisse.[453] Angeführt wird, dass die Häftlinge im Lager Auschwitz-Birkenau eine so schlimme Umgebung erleiden mussten,[454] dass das damit verbundene Leid nur nachvollziehbar werde, wenn man selbst den historischen Ort besucht habe.[455] Fast zwangsläufig ziehen die Jugendlichen dann den Vergleich zu ihrem Leben und würdigen dieses als besonders positiv. Just vor diesem Rückschluss warnt zwar die bildungswissenschaftliche Forschung mit Nachdruck,[456] ausgehend von den Darstellungen der befragten Schülerinnen und Schülern prägt er

---

449 Gruppendiskussion VII, Schülerin BB, S. 48, Z. 5-9.
450 Gruppendiskussion I, Schülerin A, Z. 4, Z. 20-24.
451 Gruppendiskussion VIII, Schüler GG, S. 56, Z. 37-40.
452 Gruppendiskussion III, Schüler I, S. 17, Z. 27-31.
453 Gruppendiskussion VI, Schülerin W, S. 39, Z. 4-6.
454 Gruppendiskussion I, Schülerin C, S. 4, Z. 25-34.
455 Gruppendiskussion VI, Schülerin W, S. 39, Z. 9-10.
456 Messerschmidt, Geschichtsbesetzungen in der pädagogischen Vermittlung der NS-Verbrechen, S. 84.

dennoch den Eindruck schulischer Gedenkstättenfahrten nachhaltig. Einzelne Personen leiten gerade aus dieser Feststellung ab, sich nach den Erfahrungen der Reise stärker um das Wohlergeben schwächerer und schlechter gestellter Menschen kümmern zu wollen oder sich grundsätzlich zum Ziel zu setzen, im Leben mehr positive denn negative Dinge zu bewirken,[457] da alle Menschen gleichwertig seien.[458]

Die zitierten Prägungen der Schülerinnen und Schüler entsprechen noch am nächsten den gesellschaftlichen Zielen in Deutschland und Europa, die nach Gedenkstättenfahrten erwartet werden.[459] Besonders die Bedeutung der universellen Menschenrechte, wie sie seit deren Deklaration durch die Vereinten Nationen am 10. Dezember 1948 verstanden werden, könnte daran anknüpfen, da sie in der gedenkstättenpädagogischen Diskussion in den letzten Jahren besonders nachdrücklich unterstrichen wurde.[460] Zugleich können sich aber auch Bedenken gegen dieses Konzept bestätigt fühlen,[461] denn in den mündlichen Ausführungen der Schülerinnen und Schüler spielt das Thema bestenfalls eine Nebenrolle, wenn etwa formelhaft das »Fehlen der Menschlichkeit«[462] in Auschwitz beklagt wird. Eine feststellbare und unbestreitbare Verankerung hat es, ausweislich der Gruppeninterviews, jedoch nicht in den Köpfen der Schülerinnen und Schüler gefunden. Es erscheint dementsprechend mehr ein Modethema einer akademischen Debatte zu sein denn die Zukunft der historischen Bildung über die NS-Zeit.[463] Zumindest wurde es offenbar weder im Rahmen der Exkursionen noch in der schulischen Vor- und Nachbereitung so in den Mittelpunkt gerückt, dass

---

457 Gruppendiskussion VI, Schülerin W, S. 39, Z. 11-12.
458 Gruppendiskussion VI, Schülerin W, S. 39, Z. 15-16.
459 Haug, Staatstragende Lernorte, in: Thimm/Kößler/Ulrich (Hrsg.), Verunsichernde Orte.
460 Oliver von Wrochem, Menschenrechtsbildung an Gedenkstätten, die an nationalsozialistische Verbrechen erinnern, in: Elke Gryglewski/Verena Haug/Gottfried Kößler/Thomas Lutz/Christa Schikorra (Hrsg.), Gedenkstättenpädagogik. Kontext, Theorie und Praxis der Bildungsarbeit zu NS-Verbrechen, Berlin 2015, S. 277-289. Helen Esther Zumpe, Menschenrechtsbildung in der Gedenkstätte. Eine empirische Studie zur Bildungsarbeit in NS-Gedenkstätten, Schwalbach/Ts. 2016.
461 Monique Eckmann, Menschenrechtsbildung in Verbindung mit historischer Bildung zum NS-Regime, in: Politisches Lernen (2012), H. 3/4, S. 14-18.
462 Gruppendiskussion VI, Schülerin X, S. 38, Z. 26-27.
463 Wolf Kaiser/Thomas Lutz, Menschenrechtsbildung und Gedenkstättenpädagogik. Modethema oder Zukunft der historischen Bildung über die NS-Zeit?, in: Politisches Lernen 30 (2012), H. 3/4, S. 5-13.

sich die Teilnehmenden mit dem Abstand einiger Monate noch daran hätten erinnern können oder es als erwähnenswert empfunden hätten.

Doch nicht nur die nicht zuletzt von der *Holocaust Education* eingeforderte Orientierung an den Menschenrechten findet kaum Widerhall in den mit zeitlichem Abstand erhobenen Aussagen, genuin geschichtsdidaktische Prinzipien finden sich ebenfalls kaum. Wie schon in den schriftlichen Dokumentationen so lässt sich in den langfristigen Einschätzungen der Fahrt kaum eine multiperspektivische Wahrnehmung von Geschichte nachweisen. Weiterhin wird deutlich, wie sehr sich die Besucherinnen und Besucher nur auf die Opfer konzentrieren, während sie die Täter und ihre Motive ausklammern. Fast durchgängig erklären Befragte, der Besuch spiegele in erster Linie die Situation der Gefangenen.[464] Nur eine einzige Schülerin weist darauf hin, dass es notwendig sei, die anderen zeitgenössischen Wahrnehmungen zu reflektieren.[465] Zumeist aber, so das vielleicht besonders niederdrückende Ergebnis, wurde die Perspektivität der Museumsrundgänge kaum hinterfragt, sondern der Expertise der Guides, die den Gruppen »die« Geschichte präsentierten, unreflektiert vertraut.[466]

Dennoch kann auf Basis der schriftlichen Dokumentationen wie auch der mündlichen Interviewaussagen rekapituliert werden, dass die Schülerinnen und Schüler den Fahrten sehr aufgeschlossen gegenüberstehen.[467] Dazu trägt nicht zuletzt bei, dass es inzwischen in Oświęcim keine Kurzbesuche in Gedenkstätten mehr gibt, sondern mehrtägige Aufenthalte die Regel geworden sind.[468] Doch gerade diese Entwicklung scheint für die Zukunft keineswegs gesichert, wenngleich dies nicht mehr von gesellschaftlichen Widrigkeiten verursacht wird, denn mehr eine Folge gesundheitspolitischer Maßnahmen sein könnte.

---

464 Gruppendiskussion II, Schülerin E, S. 13, Z. 49-54.
465 Gruppendiskussion VII, Schülerin Y, S. 45, Z. 18-20.
466 Gruppendiskussion VI, Schülerin V, S, 40, Z. 22-23.
467 Amesberger/Halbmayr/Miklas, »Als wir gestern in Mauthausen waren, war dies schrecklich, aber auch informativ« – Der Gedenkstättenbesuch aus Sicht der SchülerInnen, in: Bastel/Halbmayr (Hrsg.), Mauthausen im Unterricht, S. 139.
468 Sylvia Heitz/Helmut Rook, Der Gedenkstättenbesuch im historisch-politischen Unterricht, in: Benedikt Widmaier/Gerd Steffens (Hrsg.), Politische Bildung nach Auschwitz. Erinnerungsarbeit und Erinnerungskultur heute, Schwalbach/Ts. 2015, S. 101-121, hier S. 102.

Virtuelle Realitäten

1 Plötzliches Ende schulischer Gedenkstättenfahrten und Kompensationsmöglichkeiten mittels Augmented Reality und Virtual Reality

Der historische Rückblick im Kapitel Geschichte konnte belegen, wie beständig das Interesse deutscher Schulen an Exkursionen zum *Staatlichen Museum Auschwitz-Birkenau* alle politischen Zäsuren und Wandlungen im deutsch-polnischen Verhältnis überdauerte. Seit mehr als vier Jahrzehnten veranstalten deutsche Bildungseinrichtungen nun Reisen nach Oświęcim, um historisches Lernen am historischen Ort zu betreiben. Abhängig von den jeweiligen Fördermöglichkeiten schwankte die Nachfrage nach den kosten- und zeitintensiven Reisen in den Süden Polens, doch besonders zuletzt hatte sich deren Zahl auf hohem Niveau bei mehreren zehntausend Lernenden jährlich stabilisiert. Selbst nach dem Ende der Kooperation zwischen dem Schulministerium des Landes Nordrhein-Westfalen und der *Stiftung Erinnern ermöglichen* blieb dieser Trend ungebrochen, sodass Auschwitz-Reisen zu einem regulären Teil des schulischen Alltags in vielen Bundesländern wurden.

Gedenkstättenfahrten – nicht nur jene zum *Staatlichen Museum Auschwitz-Birkenau* – wurden vor allem seit den 1990er Jahren fast »obligatorisch«[1]. Schulische Exkursionen zu Orten, an denen Gewaltverbrechen während der NS-Zeit verübt worden waren, stellen damit prägende Elemente des Geschichtsunterrichts in Deutschland dar. Somit ist anzunehmen, dass mindestens für die Sekundarstufe II dieser Exkursionstyp den größten Teil der außerschulischen Lernanlässe im Fach Geschichte ausmacht. Zwar kann die wachsende staatliche Unterstützung solcher Reisen ebenso wie die zunehmende institutionelle Absicherung der Gedenkstätten selbst als Gefahr angesehen werden, da sich aus ihr eine fragwürdige Geschichtsteleologie entwickeln könnte,[2] doch scheint dies in der Öffentlichkeit, die ganz offensichtlich schulische Gedenk-

---

1 Mit latent kritischem Unterton stellt dies beispielsweise fest: Pandel, Geschichtsdidaktik, S. 150.
2 Cornelia Siebeck, 50 Jahre »arbeitende« NS-Gedenkstätten in der Bundesrepublik. Vom gegenkulturellen Projekt zur staatlichen Gedenkstättenkonzeption – und wie weiter?, in: Elke Gryglewski/Verena Haug/Gottfried Kößler/Thomas Lutz/Christa Schikorra (Hrsg.), Gedenkstättenpädagogik. Kontext, Theorie und Praxis der Bildungsarbeit zu NS-Verbrechen, Berlin 2015, S. 19-43, hier S. 42 f.

stättenfahrten nachdrücklich unterstützt,[3] nicht als Problem wahrgenommen zu werden. Bis zum Jahresbeginn 2020 war zu konstatieren: Schulische Reisen zu Gedenkstätten sind in der Bundesrepublik integraler Bestandteil des Jahresprogramms vieler Bildungseinrichtungen der Sekundarstufen I und II.

Seit Frühjahr 2020 scheint aber alles anders zu sein. Denn mit dem Ausbruch der Corona-Pandemie fanden alle Gedenkstättenfahrten ein ebenso unerwartetes wie jähes Ende. Gesundheitspolitisch begründet schlossen für mehrere Wochen alle Schulen. Damit entfielen zwangsläufig alle außerschulischen Aktivitäten, darunter die zuvor üblichen Gedenkstättenfahrten. Für Reisen ins benachbarte Ausland, wie sie für Exkursionen zum *Staatlichen Museum Auschwitz-Birkenau* unverzichtbar sind, fehlte jede Grundlage. Danach unterbanden administrative Verbote schulische Reisen ins Ausland.[4] Wann an die Tradition der intensiven schulischen Exkursionstätigkeit, wie sie vor der Pandemie bestanden hatte, angeknüpft werden kann, ist bislang völlig unklar. Dies gilt umso mehr, als nach der Wiederaufnahme des »regulären« Unterrichts in virtueller Form auf Plattformen wie *Zoom*, *Mebis* oder *SchulCloud* sich das Schulleben noch mehr als sonst auf die sogenannten »Kernfächer« konzentrierte. Am virtuellen Schulleben nahm das Fach Geschichte oftmals nicht oder nur in reduziertem Umfang teil.

Neben dem schulischen Leben betraf die vom Covid-19-Virus ausgelöste Krise allerdings auch die Gedenkstätten selbst. Jenseits ihrer Arbeit in der Betreuung von Schulklassen verloren sie ihre Tätigkeitsgrundlage, als die jeweiligen Regierungen ihre temporäre Schließung anordneten. Die einzelnen Institutionen gingen damit ganz unterschiedlich um. In Bergen-Belsen beispielsweise entstand eine neue Internetpräsenz, die zusätzliche Angebote eröffnet.[5] Die *KZ-Gedenkstätte Mauthausen* erstellte mehr als 30 kurze Videos, die sich, sogar um Begleitmaterial ergänzt, dezidiert an Schulgruppen richten,[6] während für Dachau »live-Rundgänge« auf Facebook angeboten wurden, die die Möglichkeit zu Rückfragen an

---

3   75 Prozent aller Bundesdeutschen unterstützen ausweislich einer Umfrage zum Holocaustgedenktag im Januar 2020 die Idee, Pflichtbesuche in Gedenkstätten für Schülerinnen und Schüler einzuführen. Siehe: https://www.dw.com/de/die-deutschen-wollen-keinen-schlussstrich/a-52094901 (Stand: 10. Juli 2020).
4   http://www.bezreg-duesseldorf.nrw.de/Schule_EU-Geschaeftsstelle/service/2020_05_28-Runderlass_Schulfahrten_nach_den_Sommerferien.pdf (Stand: 10. Juli 2020).
5   www.geschichte-bewusst-sein.de/ (Stand: 10. Juli 2020).
6   https://www.mauthausen-memorial.org/de/Aktuell/KZ-Gedenkstaette-Mauthausen-Bildungsarbeit-nun-digital (Stand: 10. Juli 2020).

die Guides einräumten.⁷ Das *Staatliche Museum Auschwitz-Birkenau* hingegen hatte schon zuvor eine virtuelle Tour angeboten, die weiterhin für Internetnutzer abrufbar ist.⁸

Anders als Auschwitz-Birkenau, das im Januar 2020 noch mit großem Aufwand des Jahrestages der Befreiung durch die *Rote Armee* gedenken konnte,⁹ mussten fast alle anderen Gedenkstätten sogar die für ihr Selbstverständnis so zentralen Feierlichkeiten zur 75. Wiederkehr des Befreiungstages – dem wohl letzten »runden« Jubiläum, an welchem noch Überlebende hätten teilnehmen können – absagen.¹⁰ Virtuelle Feiern traten an ihre Stelle, vereinzelt entstanden zudem neue digitale Angebote zur Erschließung der historischen Orte. Der *Bayerische Rundfunk* erarbeitete zusammen mit der *KZ-Gedenkstätte Dachau* beispielsweise den audio-visuellen Guide *Die Befreiung*, um des Endes des Konzentrationslagers vor den Toren Münchens zu gedenken.¹¹ Einen Animationsfilm hingegen legten die Gedenkstätten in Ravensbrück und Sachsenhausen vor. Der mehr als neun Minuten lange Film greift die Erinnerungen zweier Zeitzeugen auf und versucht damit, das Thema der Befreiung der Lager für eine junge Generation im Comicstil neu zu erschließen.¹²

Erst mit dem erzwungenen Ende des regulären Betriebs der Gedenkstätten stieß ein Bereich auf verstärktes Interesse, der davor einer breiteren Öffentlichkeit kaum aufgefallen war: die erstaunlich große Zurückhaltung der institutionalisierten Gedenkorte gegenüber der virtuellen Welt des 21. Jahrhunderts.¹³ Während beispielsweise die Präsenz internationaler Einrichtungen, wie des *U. S. Holocaust Memorial Museums Washington* oder der israelischen Gedenkstätte *Yad Vashem*, sich auf die Bereitstellung umfangreicher Angebote im Web und Social Media

---

7   https://www.facebook.com/watch/live/?v=280398542997933&ref=watch_permalink (Stand: 10. Juli 2020).
8   http://panorama.auschwitz.org/ (Stand: 10. Juli 2020).
9   http://auschwitz.org/en/home-page75/ (Stand: 10. Juli 2020).
10 https://www.juedische-allgemeine.de/politik/videobotschaften-tv-gottesdienst-und-stiller-festakt/ (Stand: 10. Juli 2020).
11 https://diebefreiung.br.de/ (Stand: 10. Juli 2020).
12 https://www.youtube.com/watch?v=R4DVcWIrjW4 (Stand: 10. Juli 2020).
13 Schon im Jahr 2009 hatte eine wissenschaftliche Untersuchung beklagt, dass der Einfluss der digitalen Welt auf die Erinnerungskultur in Deutschland weitgehend unbeachtet geblieben war. Daran hat sich bis heute nichts fundamental verändert. Siehe zur Diagnose: Dörte Hein, Erinnerungskulturen online. Angebote, Kommunikatoren und Nutzer von Websites zu Nationalsozialismus und Holocaust, Konstanz 2009, S. 10.

ausgedehnt hat,[14] stehen die deutschen Gedenkstätten dem deutlich nach.[15] Der Kölner Zeithistoriker und ehemalige Geschäftsführer der *Stiftung niedersächsische Gedenkstätten*, Habbo Knoch, wirft ihnen sogar vor, sie seien weiterhin im analogen Stadium gefangen und würden bestenfalls eine »Version 1.0« ihrer Angebote für Interessierte online zur Verfügung stellen.[16] Die grundsätzliche Zurückhaltung zeigt sich im 2015 publizierten aktuellen Kompendium der Gedenkstättenpädagogik in Deutschland.[17] Darin findet sich ein einziger Beitrag, der virtuelle Aufgabenstellungen in den Mittelpunkt rückt. Doch selbst er ist geprägt von einer tiefen Skepsis gegenüber dem Neuen. Dies offenbart sich besonders eklatant, wenn der Einsatz von Smartphones oder Tablets nur deshalb für die gedenkstättenpädagogische Arbeit erwogen wird, weil die digitalen Endgeräte in den Schulen inzwischen flächendeckend genutzt würden und damit »Gedenkstätten unter Zugzwang gesetzt werden, die neuen Möglichkeiten zu nutzen und adäquate pädagogische Angebote zu entwickeln«.[18] Andererseits ist inzwischen weitgehend unbestritten, dass das Gedenken an die Shoah im Zeitalter der digitalen Medien neu auszuloten ist.[19] Damit aber gelangt die pädagogische Auseinandersetzung mit dem Nationalsozialismus erneut an eine mediale Schwelle, wie sie sich erstmals am Ende der 1970er Jahre mit der TV-Serie *Holocaust*

---

14 Siehe: https://www.ushmm.org/learn; sowie: https://www.yadvashem.org/ (Stand: 10. Juli 2020).

15 Eine eigene Bestandsaufnahme noch aus dem Jahr 2011: Matthias Kriest, Der Einsatz von neuen Medien und Multimedia in KZ-Gedenkstätten, in: Katja Köhr/Hauke Petersen/Karl Heinrich Pohl (Hrsg.), Gedenkstätten und Erinnerungskulturen in Schleswig-Holstein. Geschichte, Gegenwart und Zukunft, Berlin 2011, S. 169-185.

16 Habbo Knoch, Grenzen der Immersion. Die Erinnerung an den Holocaust und das Zeitalter der Digitalität, in: Jahrbuch für Politik und Geschichte 7 (2016/2019), S. 15-44, hier S. 24.

17 Elke Gryglewski/Verena Haug/Gottfried Kößler/Thomas Lutz/Christa Schikorra (Hrsg.), Gedenkstättenpädagogik. Kontext, Theorie und Praxis der Bildungsarbeit zu NS-Verbrechen, Berlin 2015.

18 Fabian Müller/Martina Ruppert-Kelly, Gelände erkunden. Virtuelle Medien bei der Vermittlung an Gedenkstätten, in: Elke Gryglewski/Verena Haug/Gottfried Kößler/Thomas Lutz/Christa Schikorra (Hrsg.), Gedenkstättenpädagogik. Kontext, Theorie und Praxis der Bildungsarbeit zu NS-Verbrechen, Berlin 2015, S. 251-262, hier S. 256.

19 Andrew Hoskins (Hrsg.), Digital Memory Studies. Media pasts in Translation, New York 2018. Für den engeren Bereich des historisch-politischen Lernens im deutschsprachigen Raum einschlägig: Hanna Liever, Erinnerungskultur online, in: Daniel Bernsen/Ulf Kerber (Hrsg.), Praxishandbuch Historisches Lernen und Medienbildung im digitalen Zeitalter, Opladen 2017, S. 110-118.

gezeigt hat. Etwa ein Jahrzehnt später trat mit *Maus – Die Geschichte eines Überlebenden*, dem Comic von Art Spiegelman,[20] erneut eine mediale Herausforderung auf, der in den 1990er Jahren die cineastische Inszenierung der Shoah in *Schindlers Liste* folgte. Für Konflikte in der veränderten Mediennutzung während der 2000er Jahre steht beispielhaft der Überlebende Adam Kohn, der zu Gloria Gayners Song »I will survive« an den prominentesten Stätten des NS-Terrors tanzt. Millionenfach bei *YouTube* gesehen, blieb die künstlerische Performance dennoch sehr umstritten.[21] Dies gilt gewiss für alle genannten Medieninhalte, die zunächst kontrovers debattiert wurden, inzwischen aber als selbstverständlicher Teil der Geschichts- und Gedenkkultur anerkannt sind.

Anders als bei den zurückliegenden, jeweils sehr singulär gelagerten Debatten um einzelne Inhalte und Präsentationsformen in »alten« Medien, scheint die aktuelle Herausforderung tiefer zu gehen und grundsätzlichere Fragen aufzuwerfen. Denn zu fundamental neu sind die Möglichkeiten, aber auch Probleme, die die technischen Innovationen während des letzten Jahrzehnts eröffnet haben. Die Digitalisierung aller Lebensbereiche macht vor dem Geschichtsunterricht nicht Halt,[22] verspricht doch gerade der sich anbahnende Medienwandel im Umgang mit Geschichte eine »Vergegenwärtigung«[23], hinter der sowohl Raum als auch Zeit zurücktreten würden. Eine Annäherung an diese Zukunftsvision erlauben inzwischen digital generierte Hologramme. Hergestellt aus einer Fülle von Videomitschnitten von Zeitzeugengesprächen, sollen sie künftig den Dialog zwischen den aktuell Lebenden und der letzten Generation von Holocaust-Überlebenden sicherstellen.[24] Für den Bereich der historischen Orte haben sich ebenfalls Neuerungen ergeben, weshalb ihr digitaler Besuch als »virtueller Schauplatz« von Geschichte in der einschlägigen Literatur inzwischen zu den außerschulischen Lern-

---

20 Zahlreiche Nachdrucke, wie etwa: Art Spiegelman, My father bleeds history, New York 1992.
21 https://zeitgeschichte-online.de/kommentar/dancing-auschwitz (Stand: 10. Juli 2020).
22 Markus Bernhardt/Sven Alexander Neeb, Medienwandel. Digitale Lernumgebungen im Geschichtsunterricht, in: Geschichte lernen 33 (2020), H.194, S. 2-11.
23 Wolfgang Schmale, Digitale Geschichtswissenschaft, Wien 2010, S. 13.
24 Bilanzierend mit Blick auf die deutschen Bemühungen in diesem Feld: Anja Ballis/Michele Barricelli/Markus Gloe, Interaktive digitale 3-D-Zeugnisse und Holocaust Education. Entwicklung, Präsentation und Erforschung, in: Anja Ballis/Markus Gloe (Hrsg.), Holocaust Education Revisited. Wahrnehmung und Vermittlung – Fiktion und Fakten – Medialität und Digitalität, Wiesbaden 2019, S. 403-436.

orten gerechnet wird.²⁵ In der technischen Umsetzung stehen derzeit Augmented Reality, 360°-Filme und Virtual Reality besonders im Fokus.²⁶ Sie sollen, so das optimistische Versprechen, den sie nutzenden Personen eine vertiefte Annäherung an die Vergangenheit ermöglichen. Was also spätestens seit dem 19. Jahrhundert in der populärkulturellen Beschäftigung mit Geschichte von Wandpanoramen, Historienromanen und Spielfilmen prophezeit wurde, scheint in der digitalen Welt endlich Realität zu werden. Versprochen wird nicht weniger, als in Geschichte eintauchen zu können und sie neu zu erleben.²⁷

Um dies zu ermöglichen, bietet sich zunächst die Augmented Reality (AR) an.²⁸ Dabei greifen die Nutzerinnen und Nutzer auf ihre eigenen mobilen Endgeräte zurück, also zumeist Smartphones oder Tablets. Sie müssen lediglich über eine Kamerafunktion sowie über eine stabile Internetverbindung verfügen. Attraktiv ist AR vor allem, wenn der Einsatz am historischen Ort selbst erfolgt. Eine Erkundung kann dann neue Dimensionen eröffnen, die von einem klassischen Rundgang innerhalb einer Gedenkstätte oder eines Museums nicht erreicht werden könnten. Schließlich beschränken sich AR-Applikationen nicht auf die Wiedergabe von inhaltlichen Informationen im Sinne eines Audio-Guides. Vielmehr erlauben sie eine wesentlich umfassendere Auseinandersetzung mit dem historischen Ort, indem er als Quelle wahrgenommen und mit früheren Zuständen verglichen werden kann. Möglich wird es, Besucherinnen und Besuchern die unterschiedlichen Schichten von Geschichte plastisch vor Augen zu führen. Ein »Rückwärtslesen von Versteinerungen«²⁹, wie es insbesondere für das historische Lernen mit schulischen Exkursionen schon häufiger eingefordert wurde,³⁰ in der Unterrichtspraxis hingegen

---

25 Pleitner, Außerschulische historische Lernorte, in: Barricelli/Lücke (Hrsg.), Handbuch Praxis des Geschichtsunterrichts, S. 292.
26 Edith Blaschitz/Erich Herber, Vermittlung und Aneignung der Geschichte des Holocaust. Überlegungen zu transmedialen Konzepten im Alltagsraum, in: Zeitschrift für Genozidforschung 14 (2013), S. 168-199.
27 https://www.zeitfenster-app.de/geschichte-neu-erleben/ (Stand: 10. Juli 2020).
28 Josef Buchner, Augmented Reality – technische Spielerei oder Bereicherung für den Unterricht? https://www.bpb.de/lernen/digitale-bildung/werkstatt/283819/augmented-reality-technische-spielerei-oder-bereicherung-fuer-den-unterricht (Stand: 10. Juli 2020); inzwischen erscheinen in den einschlägigen Zeitschriften erste unterrichtspraktische Einsatzvorschläge zum Einsatz von AR-Anwendungen. Siehe hierzu: Rebecca Quick, Von der »flachen Erzählung« hin zu »erlebbarer Erzählung«, in: Geschichte lernen 33 (2020), H. 194, S. 53-57.
29 Schlögel, Im Raume lesen wir die Zeit, S. 304.
30 Kuchler, Historische Orte im Geschichtsunterricht, S. 39 ff.

VIRTUELLE REALITÄTEN

oft kaum umsetzbar war, erscheint nun erreichbar.³¹ Ermöglicht wird dies, weil mit Augmented Reality-Applikationen den aktuellen räumlichen Gegebenheiten digital generierte Informationen beifügt werden. Die gegenwärtige Topografie wird um digitalisierte historische Bild- oder Filmquellen ergänzt und von ihnen überlagert. Auf diese Weise lassen sich nicht nur Veränderungen in der Bodenstruktur nachweisen, sondern sogar ehemalige, heute nicht mehr bestehende Gebäude oder Areale werden an ihrem historischen Standort sichtbar. Weil es technisch zudem durchführbar ist, sich während der Nutzung der AR-Applikation zu drehen, sind sogar 360°-Ansichten möglich. Die virtuellen 3-D-Anwendungen binden die sie nutzenden Personen sehr persönlich ein und erlauben es, die menschliche Wahrnehmung zu erweitern.³²

Wenig verwunderlich ist es demnach, wenn bereits zahlreiche AR-Apps vorliegen, die zum Teil sogar von der universitären Geschichtsdidaktik entwickelt wurden.³³ Zu den jüngeren Entwicklungen zählt beispielsweise *MauAR*, die aus Anlass des 30. Jahrestages ihres Falls die Berliner Mauer wieder erfahrbar und sogar begehbar machen will.³⁴ Daneben finden sich erste Ansätze, mit Augmented Reality an deutschen Gedenkstätten zu arbeiten.³⁵ Besonders engagiert zeigt sich auf diesem Feld bislang die KZ-*Gedenkstätte Bergen-Belsen*.³⁶ Damit können gegenwärtiger Zustand und historisches Bildmaterial verknüpft werden, um den Zeugnischarakter der historischen Orte zu erhöhen und zu bestätigen.³⁷ Insgesamt liegt es nahe, AR für die Vermittlung von historischen

---

31 Daniel Seitz/Ulf Kerber/Daniel Bernsen, Augmented Reality. Historisches Lernen wird »lebendig«?, in: Daniel Bernsen/Ulf Kerber (Hrsg.), Praxishandbuch Historisches Lernen und Medienbildung im digitalen Zeitalter, Opladen 2017, S. 127-138.
32 Edith Blaschitz/Josef Buchner, Augmented Reality in der zeitgeschichtlichen Erinnerungs- und Vermittlungsarbeit, in: historisch-politische bildung. Themendossiers zur Didaktik von Geschichte, Sozialkunde und politischer Bildung 9 (2018), H. 1/2, S. 37-41, hier S. 38f.
33 https://www.gko.uni-leipzig.de/historisches-seminar/seminar/geschichtsdidaktik/histodigitale.html (Stand: 10. Juli 2020).
34 https://mauar.berlin/ (Stand: 10. Juli 2020).
35 Hier kann nochmals auf die bereits thematisierte Produktion *Die Befreiung* des *Bayerischen Rundfunks* verwiesen werden: https://diebefreiung.br.de/ (Stand: 10. Juli 2020).
36 http://www.belsen-project.specs-lab.com (Stand: 10. Juli 2020).
37 Habbo Knoch stellt die für Bergen-Belsen entwickelte App als besonders positiv heraus. In seinem Text weist er indes nicht darauf hin, dass diese noch unter seiner Ägide als Geschäftsführer der *Stiftung niedersächsische Gedenkstätten* grundgelegt wurde. Zur Einschätzung der App: Knoch, Grenzen der Immersion, S. 31.

PLÖTZLICHES ENDE SCHULISCHER GEDENKSTÄTTENFAHRTEN

3-D-Aufnahmen zu »Inside Auschwitz« auf dem Gelände des Staatlichen Museums Auschwitz-Birkenau. Quelle: Gerhard Schick

Informationen zu nutzen, zumal offenbar erste Studien einen positiven Einfluss auf den Lernerfolg nachgewiesen haben.[38]

Augmented Reality ist demnach ein erster Schritt, um eine »Verlebendigung«[39] früherer Zeiten mit digitalen Mitteln herzustellen. Hingegen geht im Streben nach einer »medialen Authentizität« die Virtual Reality noch einen Schritt weiter. Sie versucht ihre Nutzerinnen oder Nutzer vollständig aus der Gegenwart zu lösen, indem sie nicht nur auf den Einsatz eines mobilen Endgerätes baut, sondern zudem eine VR-Brille erfordert und mithilfe eines Headsets oder eines Kopfhörers die sie nutzenden Personen von der realen Umwelt weitgehend abkoppelt.[40]

38 Auf entsprechende Ergebnisse verweisen: Blaschitz/Buchner, Augmented Reality in der zeitgeschichtlichen Erinnerungs- und Vermittlungsarbeit, S. 39.
39 Edith Blaschitz, Mediale Zeugenschaft und Authentizität: Zeitgeschichtliche Vermittlungsarbeit im augmentierten Alltagsraum, in: Hamburger Journal für Kulturanthropologie 5 (2017), H. 1, S. 51-67, hier S. 51.
40 Zur möglichen Nutzung von VR ohne spezifische Brillen: Ralf Dörner/Frank Steinicke, Wahrnehmungsaspekte von VR, in: Ralf Dörner, Wolfgang Broll, Paul Grimm und Bernhard Jung (Hrsg.), Virtual und Augmented Reality (VR/AR). Grundlagen und Methoden der Virtuellen und Augmentierten Realität, Wiesbaden 2014, S. 43-78, hier S. 53 ff.

Anders als AR-Anwendungen bedarf es für die Virtual Reality umfassenderer technischer Voraussetzungen, aus denen zugleich finanzielle Anforderungen resultieren. Wenn ein gewisser technischer Anspruch erfüllt sein soll, ist eine Hardwareausstattung im Wert von mehreren hundert Euro notwendig. Das gilt zugleich für die in der Bildungsarbeit derzeit besonders oft eingesetzten Filme mit 360°-Optik, die hier als spezifische Form der Virtual Reality behandelt wird.[41] Mit dem Abschotten der Nutzerinnen und Nutzer gegenüber ihrer eigentlichen Lebensumwelt versucht die Virtual Reality die Immersion in eine andere Umgebung zu garantieren. Die von der Geschichtsdidaktik immer wieder herausgestellte Imaginationsfähigkeit tritt dagegen zurück,[42] während die Augmented Reality sie geradezu unabdingbar einfordert.

Vielleicht überrascht es daher nicht, dass sich die staatlichen Gedenkstätten bislang vorrangig mit Anwendungen im Feld der Augmented Reality beschäftigen, während sie sich der Virtual Reality nur zögerlich zuwenden.[43] Dort sind vor allem kommerzielle Anbieter aktiv.[44] Die Einschätzung, wonach sich das Online-Gedenken ausschließlich oder zumindest primär in den Händen von staatlichen und historischen Eliten

41 Verena Lucia Nägel/Sanna Stegmaier, AR und VR in der historisch-politischen Bildung zum Nationalsozialismus und Holocaust – (Interaktives) Lernen oder emotionale Überwältigung? https://www.bpb.de/lernen/digitale-bildung/werkstatt/298168/ar-und-vr-in-der-historisch-politischen-bildung-zum-nationalsozialismus-und-holocaust-interaktives-lernen-oder-emotionale-ueberwaeltigung (Stand: 10. Juli 2020).
42 Zur Imagination im Zusammenhang mit »Neuen« Medien: Vadim Oswalt, Imagination im historischen Lernen, in: Michele Barricelli/Martin Lücke (Hrsg.), Handbuch Praxis des Geschichtsunterrichts, Bd. 1, Schwalbach/Ts. 2012, S. 121-135, hier S. 127 f.; Christian Bunnenberg, Mittendrin im historischen Geschehen? Immersive digitale Medien (Augmented Reality, Virtual Reality, 360°-Filme) in der Geschichtskultur und Perspektiven für den Geschichtsunterricht, in: Geschichte für alle 13 (2020), H. 4, S. 45-58.
43 Steffi de Jong, Witness Auschwitz? How VR is changing Testimony. https://public-history-weekly.degruyter.com/8-2020-4/witness-auschwitz-vr/#comment-15968 (Stand: 10. Juli 2020).
44 Prominentester Player in diesem Bereich ist sicher Google, das bereits früh mit Streetview und Maps erste Programme vorlegte, die genutzt werden konnten. Inzwischen stehen auch umfangreiche virtuelle Angebote in der App Google Expeditions bereit. Siehe: https://edu.google.com/products/vr-ar/expeditions/?modal_active=none (Stand: 10. Juli 2020); als aktueller Praxisbericht zu einem VR-Projekt an einer deutschen Gedenkstätte kann gelten: Thomas Altmeyer/Tilo Bödigheimer, Der Einsatz von Virtual Reality-Brillen in Gedenkstätten. Das Beispiel der KZ-Gedenkstätte Neckarelz. http://lernen-aus-der-geschichte.de/Lernen-und-Lehren/content/14862 (Stand: 29. Juli 2020).

befinde, wie dies noch im Jahr 2013 konstatiert wurde,[45] beschreibt die aktuelle Mediensituation demzufolge nicht mehr zutreffend. Vielmehr differenziert sich das Feld nicht nur hinsichtlich der technischen Möglichkeiten, sondern auch aufseiten der Anbieter immer weiter aus. Hatte es lange Zeit einen deutlichen Schwerpunkt auf der Entwicklung von VR-Software im Bereich der Gaming-Industrie gegeben, wobei »historische« Bezüge bestenfalls in Shooter-Angeboten zu finden waren, rücken in den letzten Jahren verstärkt Bildungsinhalte in den Blick. Dies gilt sogar für den engeren Bereich der PC-Games. Wenn sie historische Inhalte thematisieren, bemühen sie sich zunehmend um exakte Rekonstruktionen und umfangreiche inhaltliche Erklärungen. Neben dem sicher prominentesten Beispiel *Assassins Creed*, das sich in seinem Entdeckungstour-Modus zuletzt sehr um eine triftige Darstellung des Alten Ägypten oder des Antiken Griechenland bemühte, finden sich auf dem Spielemarkt sogar Inszenierungen rund um das zeitgenössische NS-Lager Auschwitz-Birkenau. Das Online-Game *Minecraft* beispielsweise nutzt die bekannten Ikonen des Lagers Auschwitz II in Birkenau als Hintergrund für ein PC-Game.[46]

Doch wirft die Nutzung der NS-Lager in virtuellen Angeboten ebenso wie in Computerspielen grundsätzliche moralische, ethische und lerntheoretische Fragen auf. Wenn sich Softwarefirmen der NS-Zeit zuwenden oder gar versuchen, heutigen Nutzerinnen und Nutzern die Möglichkeit zur Immersion in die Verbrechen der Shoah zu ermöglichen, kommt dies einer neuen Qualität in der Erinnerungskultur gleich. Wie schon bei den älteren Debatten um medienpolitische Zulässigkeiten stehen erneut die früheren Lager Auschwitz I und Auschwitz II im Zentrum, was wohl dem medienikonischen Status der Lager(-bilder) und der Signalwirkung des Ortsnamens geschuldet ist. Eindringlich unterstrichen wurde dies im Herbst 2017, als das italienische Softwareentwicklerteam *Studio 101%* seine Homepage *Witness: Auschwitz* vorstellte. Es handelt sich dabei um die Inszenierung einer Szene, die auf dem Vorplatz des ehemaligen Lagers Auschwitz II in Birkenau spielt. Dem Betrachter wird suggeriert, er finde in der Gegenwart einen aus der NS-Zeit stammenden, mit einem jüdischen Namen versehenen Koffer. Ganz offensichtlich anknüpfend an die weltweit bekannte Ausstellungspraxis der Gedenkstätte im Block 5 wird

---

45 Jennifer Heiberger, Holocaust-Erinnerung online – eine Utopie? Der Internetauftritt der Gedenkstätte Auschwitz, in: Wolfgang Form/Kerstin von Lingen/Krzysztof Ruchniewicz (Hrsg.), Narrative im Dialog. Deutsch-polnische Erinnerungsdiskurse, Dresden 2013, S. 223-239, hier S. 238.
46 https://www.planetminecraft.com/project/auschwitz-birkenau-1657871/ (Stand: 10. Juli 2020).

ikonografisch das Leid der Opfer aufgegriffen und zum Sujet gemacht. Indem eine imaginierte Hand den Koffer an sich nimmt, verfinstert sich die Umgebung. Aus einer friedlichen, von zwitschernden Vögeln aufgelockerten Sommerlandschaft wird ein schneebedecktes Umfeld. Zeitgleich nimmt die Kamera Fahrt auf. Unweigerlich setzt sich die Bewegung fort und führt hinein unter das sich öffnende Torhaus von Birkenau,[47] wo die ohnehin schon durch das Vorwissen um dessen Geschichte belastete Atmosphäre noch um in deutscher Sprache artikulierte Befehle und schrille Sirenentöne ergänzt wird. Mit dieser drastischen Situation endet *Witness: Auschwitz* bislang.[48] Doch obwohl die Homepage auch drei Jahre nach ihrer ersten Vorstellung nicht mehr an Inhalten bietet, war und ist *Witness: Auschwitz* Gegenstand kontroverser Debatten. Die Aussicht, die Gräueltaten in Birkenau könnten virtuell dargestellt und kommerziell genutzt werden, löste bereits bei ihrer Präsentation im Rahmen der *Gamescom 2017* öffentlichkeitswirksam Empörung aus.[49] Zugleich erwuchsen daraus neues wissenschaftliches Erkenntnisinteresse sowie neue Forschungsanstrengungen, die einen Wandel hin zu einer neuen, digital-somatischen Ebene vorhersagen.[50] Dies nicht zuletzt, weil sich die neuartigen Angebote so massiv von dem unterscheiden, was das *Staatliche Museum Auschwitz-Birkenau* lange Jahre als Internetangebote auf seiner Seite offerierte.[51]

Nach dem Corona-bedingten »Shutdown« aller schulischen Gedenkstättenfahrten und aufgrund der Unsicherheit, ob und in welcher Form Schulexkursionen künftig stattfinden werden, drängt sich geradezu die Frage auf, inwieweit Virtual Reality eine Möglichkeit bietet, den Wegfall des physischen Besuchs an Orten des NS-Terrors zu kompensieren. Wenn Unterricht über Monate hinweg über *Zoom* & Co. nur virtuell stattfindet und dies – angeblich – für die Bildungsbiografien keine Nachteile aufweist, ließe sich doch mit dem gleichen Recht fragen, ob es nicht ebenso möglich ist, außerschulisches Lernen ohne eine physische Präsenz der Lernenden am thematisierten Ort umzusetzen. Es geht dabei weniger

47 Christoph Hamann, Torhaus Auschwitz-Birkenau. Ein Bild macht Geschichte, in: Gerhard Paul (Hrsg.), Das Jahrhundert der Bilder, Bd. 1, Göttingen 2009, S. 682–689.
48 http://witnessauschwitz.com/ (abgerufen: 10. Juli 2020).
49 https://www.fluter.de/studio-baut-vr-modell-von-kz-auschwitz (Stand: 10. Juli 2020).
50 http://www.grimme-forschungskolleg.de/portfolio/witness-auschwitz-2020/ (Stand: 10. Juli 2020).
51 Heiberger, Holocaust-Erinnerung online – eine Utopie?, in: Form/Lingen/Ruchniewicz (Hrsg.), Narrative im Dialog, S. 226ff.

MIT 360°-PERSPEKTIVE »INSIDE« AUSCHWITZ

um den Reiz des neuen Mediums oder der Einbeziehung technischer Innovationen in den Unterrichtsalltag, denn mehr um die konkreten Potenziale für das historische Lernen.[52] Vonseiten der Gedenkstättenpädagogik steht man solchen Überlegungen skeptisch gegenüber,[53] doch ist unklar, ob unter den aktuellen Gegebenheiten noch immer zutrifft, was im Jahr 2009 noch als unumstößlich gesichert erschien: dass nämlich die Realität die Virtualität beim Besuch historischer Orte um das Tausendfache übertreffe.[54] Oder ermöglicht die Virtual Reality inzwischen eine neue Dimension der virtuellen Exkursion, sodass die Jugendlichen während des Tragens einer VR-Brille eine inhaltliche Annäherung an den Geschehensort vollziehen können? Ob das gelingt, soll nachfolgend am Beispiel eines 360°-Films überprüft werden.

2 Mit 360°-Perspektive *»Inside« Auschwitz*: Möglichkeiten und Grenzen des virtuellen Besuchs

Als größter singulärer Schauplatz der NS-Verbrechen zog das frühere Lager Auschwitz-Birkenau seit dem Erfolg der TV-Serie *Holocaust* eine besondere mediale Aufmerksamkeit auf sich. Daran hat sich bis heute nichts geändert. Es ist daher nicht überraschend, dass den Versuch, mittels Virtual Reality eine Immersion in den dortigen historischen Ort zu erreichen, nicht nur die Programmierer von *Witness: Auschwitz* unternommen haben. Gleichwohl ist ihre Idee einer Zeitreise in die Geschehenszeit zwischen 1940 und 1945 bislang einzigartig. Die anderen Versuche, Auschwitz-Birkenau mittels Virtual Reality zu behandeln, beziehen sich auf die heutige Gedenkstättensituation. Mittels einer VR-Brille soll man einem Besuch in Oświęcim nahekommen, so die Hoffnung. In einer Kombination aus eingeblendeten Informationen zum Lager und VR-Aufnahmen tragen die VR-Produktionen ihre Narration zum historischen Geschehen vor. So präsentieren sich beispielsweise die Angebote von *The Telegraph* und *Discover Cracow*.[55] Von ihnen unterscheidet sich das vielleicht prominenteste deutsche Projekt, der Dokumentarfilm *In-*

---

52 Diese Möglichkeiten virtueller Exkursionen für das historische Lernen skizzierte bereits vor zwei Jahrzehnten: Vadim Oswalt, Multimediale Programme im Geschichtsunterricht, Schwalbach/Ts. 2002, S. 69 f.
53 Müller/Ruppert-Kelly, Gelände erkunden, in: Gryglewski/Haug/Kößler/Lutz/Schikorra (Hrsg.), Gedenkstättenpädagogik, S. 262.
54 Hein, Erinnerungskulturen online, S. 214.
55 Siehe: https://www.youtube.com/watch?v=ov_5DgvS3TU (Stand: 10. Juli 2020). sowie: https://www.youtube.com/watch?v=a9oWJJVLjZQ (Stand: 10. Juli 2020).

side Auschwitz – Das ehemalige Konzentrationslager in 360°, insofern, als es sich in seiner eigenen Erzählung ausdrücklich zurücknimmt. Es nutzt weder Texteinblendungen noch eine kommentierende Erzählerstimme aus dem Off. Der etwa neun Minuten lange Film stützt sich neben den 360°-Aufnahmen vor allem auf drei Zeitzeuginnen, die ihre Erlebnisse im Lager schildern. Mit diesem Zugriff ist *Inside Auschwitz* nicht nur singulär, sondern das Angebot kommt zudem der exponierten Stellung entgegen, die Überlebende als Gesprächspartnerinnen und Gesprächspartner bei den schulischen Auschwitz-Exkursionen der letzten Jahre eingenommen hatten. Die inhaltliche Überschneidung ermöglicht es, exemplarisch an *Inside Auschwitz – Das ehemalige Konzentrationslager in 360°* zu untersuchen, ob Virtual-Reality-Angebote eine geschichtsdidaktisch gleichrangige Alternative zu den bislang üblichen schulischen Gedenkstättenfahrten darstellen können.

Inside Auschwitz erfuhr eine sehr positive Rezeption, die sich nicht nur auf wichtige Auszeichnungen, wie den *Grimme Online Award*, beschränkte, sondern daneben in die Breite wirkte. Mehr als eine Million Klicks hat der Dokumentarfilm inzwischen auf dem Videoportal *YouTube* erzielt, die Publikumsbewertungen dort sind ebenfalls insgesamt sehr wohlwollend.[56] Wie schon im Fall von *Die Befreiung* ist *Inside Auschwitz* aber kein klassisches kommerzielles Werk. Zwar wurde es von der Kölner Firma *Film und Kontext* produziert, doch entstand es im Auftrag des *Westdeutschen Rundfunks*, was das Engagement der öffentlich-rechtlichen Fernsehanstalten im Bereich der digitalen Angebote mit Bildungsinhalten unterstreicht.[57]

Inside Auschwitz – Das ehemalige Konzentrationslager in 360° unternimmt den Versuch, die heutige Bausubstanz der Gedenkstätte mit den Mitteln der Virtual Reality ins Bild zu setzen. Dazu filmt die Kamera das ehemalige Lager in menschenleerem Zustand. Zu jeder Zeit ist es möglich, die Perspektive zu erweitern und den Blick um die eigene Achse zu drehen. Neben einem sehr kurzen Einleitungskommentar setzt der Film vor allem auf die Erzählungen von drei Frauen, die als Inhaftierte das Lager überlebt haben. Philomena Franz, Anita Lasker-Wallfisch und Walentyna Nikodem berichten während der Kamerafahrten über die verschneite ebenso wie die sommerliche Gedenkstätte von ihrem Leben. Zudem treten die Zeitzeuginnen mit dem Publikum in einen Dialog, sie stehen den Zuschauerinnen und Zuschauern zum Teil scheinbar direkt

---

56 https://www.youtube.com/watch?v=QwC5d75iTcA (Stand: 10. Juli 2020).
57 Ergänzend: https://www1.wdr.de/fernsehen/unterwegs-im-westen/ar-app/kriegskinder-info-100.html (Stand: 10. Juli 2020).

gegenüber. Wenn einzelne Bereiche des ehemaligen Lagers angesprochen werden, so etwa die Kinderbaracke, Waschräume oder das Krematorium, zeigt der Film diese historischen Orte und lässt auf sie einen 360°-Blick zu. *Inside Auschwitz* endet damit, dass die drei interviewten Damen nochmals auftreten und ihre Namen nennen.

Bereits diese knappe Inhaltsangabe ist Beleg für die klare Bildungs- und Lernorientierung des VR-Angebots. Daher überrascht es nicht, dass der *Westdeutsche Rundfunk* auf der Plattform *Planet Schule* umfangreiche Begleitmaterialien zum Film vorlegt, die dezidiert auf dessen Nutzung im schulischen Unterricht hin ausgerichtet sind.[58] Tatsächlich hat ein solcher Einsatz offenbar stattgefunden, denn als beispielsweise die *YouTube*-nutzende Person mit dem Pseudonym *cy8berpunk* vortrug: »Sowas sollte in den Schulen gezeigt werden!«, berichteten in der Kommentarfunktion Lehrende wie Lernende, den Film bereits in der Schule gezeigt bzw. gesehen zu haben.[59] Das schulische Interesse an der medialen Umsetzung in Form eines 360°-Films scheint demnach vorhanden zu sein.

Für die vorliegende Studie ist aber bedeutsam, wie Schülerinnen und Schüler das neuartige Angebot rezipieren und welchen Ertrag sie erzielen, wenn sie mittels einer VR-Brille und eines 360°-Films den historischen Ort erkunden. Dies sollte im Jahr 2020 eine umfangreichere Erhebung ausloten, was allerdings nach den landesweiten Schulschließungen unmöglich war. Daher muss es vorerst bei den Ergebnissen eines explorativen Pre-Tests aus dem Jahr 2019 bleiben. Selbst wenn dessen Datenbasis sehr schmal ist, soll dieser genutzt werden, um nachfolgend ein Schlaglicht auf die Rezeption eines VR-Films zu werfen und erste Überlegungen für dessen Nutzung im schulischen Kontext zu ermöglichen.

Im Rahmen der Pilotstudie sahen zwei Kleingruppen der Sekundarstufe II aus zwei Aachener Schulen unabhängig voneinander *Inside Auschwitz*. Die Vorführung mittels VR-Brille fand für jede Person nur einmal statt, sodass die Eindrücke vergleichbar blieben. Alle Beteiligten nahmen freiwillig an der wissenschaftlichen Erhebung teil. Um die Ergebnisse nicht zu verfälschen, erhielten die Befragten im Vorfeld keine näheren Informationen zum Film oder seiner Machart, allerdings lag

---

58 https://www.planet-schule.de/wissenspool/zeitzeugen-des-nationalsozialismus/inhalt/unterricht-ar/inside-auschwitz-im-unterricht.html# (Stand: 10. Juli 2020).

59 Zur deutschsprachigen Fassung des Videos, ebenso wie zu der Empfehlung, die Applikation im schulischen Unterricht einzusetzen und einer mehr als 100 Stellungnahmen zu dem Vorstoß umfassenden Debatte: https://www.youtube.com/watch?v=QwC5d75iTcA (Stand: 10. Juli 2020); weitere Informationen finden sich unter: https://www1.wdr.de/fernsehen/hier-und-heute/inside-auschwitz-110.html (Stand: 10. Juli 2020).

den im Verlauf der Studie auszufüllenden Fragebögen eine Inhaltszusammenfassung bei, um die Möglichkeit des Wegsehens oder Weghörens bei einzelnen Sequenzen zu eröffnen. Der entscheidende Unterschied zwischen den beiden Gruppen bestand in den eigenen Erfahrungen mit der Gedenkstätte Auschwitz-Birkenau. Während von den Schülerinnen und Schülern des *Anne-Frank-Gymnasiums* (n1=12) noch niemand persönlich in Oświęcim war, hatten alle Befragten der *Maria-Montessori-Gesamtschule Aachen* (n2=17) ein Jahr zuvor an einer Studienexkursion zum *Staatlichen Museum Auschwitz-Birkenau* teilgenommen. Das Setting zielte darauf ab, zu überprüfen, wie *Inside Auschwitz* auf Personen wirkt, die den Ort bislang noch nicht persönlich kennen bzw. auf jene, die sich dort bereits mehrere Tage lang aufgehalten und intensiv den Geschehensort erkundet hatten. Konkret befragt wurden die Schülerinnen und Schüler in zwei Erhebungen vor und nach dem Filmeinsatz. In einem ersten Schritt wurden die bisherigen Erfahrungen mit VR-Brillen und das Vorwissen zum Lager Auschwitz-Birkenau aufgenommen. Nach dem Schauen des Films wurde erfragt, welche optischen Eindrücke das ehemalige Lager in *Inside Auschwitz* auf die Jugendlichen gemacht habe, welche Bedeutung den Zeitzeuginnen in der Filmrezeption zukomme und wie der digital basierte Besuch in der Virtual Reality empfunden worden sei.

Hinsichtlich der Medienerfahrung unterscheiden sich die Antworten beider Kohorten kaum. Weniger als ein Drittel der Lernenden besitzt vor dem Versuch bereits persönlich Kenntnis von Virtual-Reality-Angeboten (n1: 33 Prozent, n2: 24 Prozent). Dennoch können fast alle Befragten erklären, welche Möglichkeiten Virtual Reality grundsätzlich eröffne. Wenn Vorerfahrungen mit VR-Brillen vorliegen, stammen sie nicht aus dem schulischen Alltag, sondern aus dem Spielen von PC-Games. Die Stichprobe legt dementsprechend nahe, dass VR-Angebote in der schulischen Arbeit noch keine bedeutendere Position innehaben.

Deutliche Unterschiede im Vorwissen zeigen sich dann allerdings bei den Fragen nach dem ehemaligen Lagerkomplex. Während die Personen, die selbst bereits in Oświęcim waren, auf ein relativ breites Wissen um die spezifische Geschichte des ehemaligen Lagers zurückgreifen können, vermögen die Schülerinnen und Schüler ohne eigene Besuchserfahrung kaum etwas Konkretes beizusteuern. Ihren eigenen Aussagen nach basiere ihr Kenntnisstand vorrangig auf Filmen, Bildern und Büchern sowie auf den Informationen aus dem schulischen Geschichtsunterricht. Zwar gibt es Aspekte des Lagers, die offenbar allgemein sehr geläufig sind, beispielsweise die Inschrift »Arbeit macht frei«. Doch selbst diese Ikonen werden in der Studie von Schülerinnen und Schülern unzutref-

MIT 360°-PERSPEKTIVE »INSIDE« AUSCHWITZ

fend zugeordnet, da sich der Schriftzug nicht am Zugang zu Auschwitz II befindet, sondern am Eingangstor des Lagers Auschwitz I. Insgesamt stellt sich vor dem Film das deklarative Wissen um den historischen Ort bei der Gruppe ohne eigene Besuchserfahrung als sehr vage dar. Ganz besonders gilt dies, wenn nach dem heutigen Zustand des Areals gefragt wird. Die Antworten reichen dann von »sehr gut« bis hin zu »alt« oder »verfallen«, »einer Geisterstadt gleichend«.

Im Anschluss an die Filmbegegnung sollen die Jugendlichen ihren optischen Eindruck über Aussehen und Aufbau des Lagers in Schlagwörtern wiedergeben. Dabei gibt es bemerkenswerterweise keine größeren Unterschiede zwischen den beiden Gruppen. Übereinstimmend nutzen sie Adjektive wie »groß«, »kalt«, »überwältigend« oder »menschenunwürdig« bzw. »menschenverachtend«, um den visuellen Eindruck zu verbalisieren. Das wiederum kommt dem sehr nahe, was in den handschriftlichen Dokumentationen aus dem Archiv der *Stiftung Erinnern ermöglichen* nachgewiesen werden konnte. Wird der historische Ort vor allem über Birkenau definiert (wie es *Inside Auschwitz* tut), drängt sich offenbar besonders die räumliche Dimension des Geländes auf. Indes unterbleibt nach dem ersten Eindruck eine hinterfragende Analyse der historisch-politischen Zusammenhänge. Diese Rekonstruktion leistet *Inside Auschwitz* nicht. Sie gelingt aber auch vielen Schülerinnen und Schülern im Falle eines persönlichen Besuchs nicht.

Unterschiede in der Rezeption des Films ergeben sich zwischen den beiden Testgruppen jedoch bei der Frage nach dem persönlichen Empfinden während der Filmvorführung. Unter den Jugendlichen, die selbst noch nicht in Oświęcim waren, gibt nur eine Person an, sich mithilfe der VR-Brille »in eine andere Welt versetzt« zu fühlen, während die Jugendlichen der Vergleichsgruppe das virtuelle Angebot wesentlich positiver beurteilen. Sie kennen den im Film gezeigten Raum aus eigener Anschauung und müssen deshalb nicht alle Informationen erst aus der virtuellen Inszenierung entnehmen. Das erklärt zudem die Diskrepanz in der Einschätzung der Zeitzeuginnen. Ihnen widmet die Gruppe mit Ortskenntnissen weit mehr Aufmerksamkeit. Daraus eine Geringschätzung der Erzählungen der Überlebenden seitens der Vergleichsgruppe abzuleiten, wäre jedoch falsch. Vielmehr sprechen die Lernenden, die den historischen Ort noch nicht persönlich besucht haben, von einer völligen Überforderung durch die Kombination aus (Virtual-Reality-)Bild und Ton. Sie seien von einer solchen Fülle an sie interessierenden Bildern so eingenommen worden, dass es ihnen bei der ersten Begegnung mit dem Film nicht möglich gewesen sei, neben den visuellen Eindrücken noch die Aussagen der Überlebenden zu würdigen. Ganz offensichtlich überlagern die Bilder die mündlichen Aussagen, obwohl die Lernenden sogar zugestehen, die subjektiven Schilderungen der drei Damen hätten sie weit mehr angesprochen, als das einer klassischen Kommentierung aus dem Off eines Dokumentarfilms normalerweise gelänge. Doch anders als bei mehrtägigen Schulexkursionen folgen Gedenkstättenbesuch und Gespräch mit den Überlebenden nicht mit zumindest einigen Stunden Abstand aufeinander, sondern laufen in extrem komprimierter Form zeitgleich ab. Diese große Intensität des Dargestellten kann innerhalb von nur neun Minuten von den Lernenden nicht verarbeitet werden. Für die schulische Unterrichtspraxis hieße das aber, dass *Inside Auschwitz*, so es im Geschichtsunterricht genutzt wird, mehrfach gesehen werden muss, um sein volles Lernpotenzial zu entfalten. Im Versuchsablauf war dies nicht möglich.

Um zu beurteilen, wie die Befragten *Inside Auschwitz* einschätzen, sollten sie zuletzt angeben, was sie ihren Freunden über den Gegenstand der wissenschaftlichen Untersuchung erzählen, an der sie teilgenommen hätten. Zur priorisierenden Auswahl stand, dass es sich um Gespräche mit Zeitzeuginnen, um eine Besichtigung der Gedenkstätte Auschwitz-Birkenau oder um die Nutzung einer VR-Brille gehandelt habe. Bezeichnenderweise fällt das Urteil in beiden Gruppen sehr ähnlich aus. Mit 58 bzw. 41 Prozent votiert jeweils eine Mehrheit für die Nutzung des technischen Equipments als dem eigentlichen Kern der Versuchsanordnung. Die Möglichkeit, die Gedenkstätte gesehen zu haben, spielt bei der Personengruppe, die physisch bereits das *Staatliche Museum* besucht hatte, erwartungsgemäß eine untergeordnete Rolle (n2=12 %), während die Kontaktaufnahme zu den Zeitzeuginnen in beiden Gruppen nur jeweils von einer Person herausgestellt wird. Fazit dieser kurzen Ergebnisauswertung kann also sein: Zentral für beide Gruppen ist weniger der historische Inhalt, sondern mehr der Einsatz der VR-Brille und die Möglichkeit, einen historischen Ort in 360°-Perspektive zu sehen.

3 Virtual Reality als Ergänzung und Zukunftsoption

In der aktuellen Situation ist es primär die Technik, die für die Schülerinnen und Schüler den Anreiz bildet, sich mit *Inside Auschwitz* zu beschäftigen. Diese aus dem wenig bekannten Medium resultierende Motivation dürfte, sollten sich die Erwartungen, die in Virtual Reality-Angeboten im Bildungsbereich gesetzt werden, erfüllen, schnell erlahmen. Wenn die VR-Brille nicht ungewöhnlicher ist als heute ein TV-Gerät, dann ließe sich der Einsatz von 360°-Filmen nicht mehr rechtfertigen. Es sei denn, sie erzeugen einen tatsächlichen Mehrwert. Dieser müsste, so legt es das Ergebnis der Kleinstudie nahe, auf den Bildern liegen. Reizvoll für den alltäglichen Einsatz des Mediums ist gerade die Möglichkeit, sich dynamisch und eigenständig am fremden Ort zu bewegen, eigene Wege zu beschreiten und die Einbettung des historischen Ortes in seinem Umfeld zu erkunden. Aspekte, die einzelne Personen besonders ansprechen und interessieren, können individuell vertieft werden. Im Moment jedoch sind die Wege der Besucherinnen und Besucher innerhalb des Films klar definiert. Nur in einem sehr engen Rahmen bestehen tatsächlich eigene Erkundungsmöglichkeiten, zumal ein multisensorisches Annähern nicht möglich ist, es verbleibt auf der visuellen Ebene. Deshalb kommt der virtuelle Besuch mittels *Inside Auschwitz* nicht einer eigenen, physischen Begegnung gleich. Das gilt umso mehr, als Besuche in Oświęcim zumeist mehrere Tage dauern und zahlreiche Programmpunkte umfassen. Damit kann ein nur neun Minuten umfassendes Medienprodukt vielleicht nie konkurrieren.

Für die Zukunft hingegen ist keineswegs auszuschließen, im Geschichtsunterricht diese Art von »Exkursion 4.0« zu nutzen. Der inhaltliche Fokus kann dann noch viel weiter greifen. Virtuell können historische Orte aller Epochen besucht werden, selbst wenn solche Reisen bislang wegen der Entfernung gänzlich unmöglich erschienen. So ließe sich der virtuelle Besuch der Pyramiden von Gizeh ebenso andenken wie eine Exkursion zum Colosseum in Rom, zu einer mittelalterlichen Burg oder dem Schloss in Versailles.[60] Damit würde der Rang historischer Orte als Quellen im Geschichtsunterricht deutlich gesteigert und es bliebe nicht bei der aktuellen Situation, in der Exkursionsziele des Faches in den Sekundarstufen I und II vorrangig Gedenkstätten des Nationalsozialismus oder der DDR sind. Virtuelle Angebote könnten das wesentlich erweitern, wenngleich dann der Hinweis, das Dargestellte am historischen Ort müsse sorgfältig überprüft werden, noch wichtiger werden würde.[61]

Unabhängig von solchen Zukunftsvisionen um virtuelle Exkursionen der Dimension 4.0 können bereits in der aktuellen Gegenwart mediale Angebote wie *Inside Auschwitz – Das ehemalige Konzentrationslager in 360°* durchaus zur Verbesserung von schulischen Gedenkstättenangeboten beitragen. Möglich ist dies nicht nur bei einem Besuch im *Staatlichen*

---

60 Daniel Bernsen, Virtuelle Exkursionen, in: Daniel Bernsen/Ulf Kerber (Hrsg.), Praxishandbuch Historisches Lernen und Medienbildung im digitalen Zeitalter, Opladen 2017, S. 274-282.
61 Mayer, Historische Orte als Lernorte, in: Mayer/Pandel/Schneider (Hrsg.), Handbuch Methoden im Geschichtsunterricht, S. 401.

Museum Auschwitz-Birkenau, sondern auch, sobald für andere nationale und internationale Gedenkstätten vergleichbare Filmproduktionen vorliegen.[62] Genutzt werden kann die neue Technik zunächst in der Vorbereitung. Wie schwierig gerade die Zeit bis zur Ankunft in der Gedenkstätte ist, haben die vorgelegten Ergebnisse am Beispiel der Reisen nach Oświęcim gezeigt. Um die in den Berichten immer wieder fassbare Angst der Schülerinnen und Schüler vor der Zeit am Exkursionsziel zu reduzieren, könnte gerade *Inside Auschwitz* wertvolle Dienste leisten. Es stellt ein niederschwelliges Angebot dar, mit welchem die jungen Besucherinnen und Besucher bereits lange vor ihrer Ankunft an der Gedenkstätte einen realistischen Blick auf die heutige Bausubstanz und die Relikte des vormaligen Lagers werfen können. Dabei sammeln sie bereits erste Eindrücke des historischen Ortes und lernen ihn in seinem heutigen Zustand kennen. Wichtig ist dies, weil bislang in der Vorbereitung auf die schulischen Exkursionen vor allem Spielfilme eingesetzt werden, deren dargestellte Handlung in der NS-Zeit angesiedelt ist und mithin den angehenden Reisenden nur eine filmische Inszenierung des Raumes in der Geschehenszeit bieten. Wer aber die offenbar im Rahmen der Schulexkursionen häufig genutzten Spielfilme *Schindlers Liste* (USA, 1993), *Das Leben ist schön* (Italien, 1997), *Der Pianist* (Frankreich/ Vereinigtes Königreich/ Deutschland/ Polen, 2002) oder *Der letzte Zug* (Deutschland/ Tschechien, 2006) zur Vorbereitung gesehen hat, kann daraus kaum eine konkrete Vorstellung ableiten, was in einer heutigen Gedenkstätte zu erwarten ist. Der einzige eingesetzte Spielfilm, der den aktuellen Zustand des historischen Ortes als Kulisse nutzt, *Am Ende kommen Touristen* (Deutschland, 2007), wird offenbar nur höchst selten im schulischen Kontext genutzt. Er könnte aber (zumindest bei Klassen der Sekundarstufe II) für die Arbeit von Gedenkstätten sensibilisieren. Noch besser erscheint aber der Einsatz von VR-Filmen, weil sie dem Charakter des eigenen Besuchs weit näher kommen und damit den diffusen Ängsten entgegenwirken können, indem sie den Jugendlichen einen ersten Eindruck gewähren, worauf sie sich in Oświęcim einstellen müssen.

Zudem lassen sich bereits im Klassenverband einzelne Teile des historischen Ortes auswählen, die besonders betrachtet oder analysiert werden sollen, wenn sich die Gruppe in der Gedenkstätte befindet. Hierzu, wie für alle anderen vorbereitenden Untersuchungsschritte, empfiehlt es

---

62 Vom selben Studio liegt beispielsweise ein Film zur ehemaligen NS-Schulungsanstalt Vogelsang in der Eifel vor, siehe: https://www.youtube.com/watch?v=vhxdSa1v6p8 (Stand: 10. Juli 2020).

sich, *Inside Auschwitz* mehrfach zu sehen und detailliert auszuwerten. Wie sich die Wahrnehmung der medial vermittelten Quelle und der physisch präsenten Quellen verändert, ist dann ein wichtiger Punkt, wenn die Reisenden im ehemaligen Lager das Relikt selbst sehen. Damit erfahren sie die besondere Dignität historischer Quellen und werden, so die Hoffnung, für die Idee gewonnen, historische Bausubstanz und Denkmäler zu schätzen und zu schützen. Weit über die inhaltliche Auseinandersetzung mit Auschwitz-Birkenau hinaus sollen Jugendliche damit für einen sensiblen Umgang mit historischen Quellen erreicht werden.

Der Gedanke des Denkmalschutzes kann darüber hinaus diskutiert werden, wenn beim Besuch von Gedenkstätten, wie dies beispielsweise in der *KZ-Gedenkstätte Bergen-Belsen* der Fall ist, die bestehende Situation um Augmented Reality-Elemente ergänzt wird. Die Option zur Nutzung von AR, die in Oświęcim derzeit nur für die jüdische Prägung der Innenstadt möglich,[63] nicht aber in der Gedenkstätte selbst anwendbar ist, zeigt eindringlich auf, wie stark die Eingriffe in die historische Substanz einzelner Orte waren. Damit eröffnet sich zugleich der Blick auf die Nachgeschichte. Mit ihr stellt sich unmittelbar die Frage, warum mit den Lagern nach Kriegsende in so unterschiedlicher Weise umgegangen wurde. Und: Warum – gerade in der Bundesrepublik – ihre Existenz lange verschwiegen und negiert wurde, statt sie als historisches Erbe der jeweiligen Orte anzunehmen und als Orte des Gedenkens zu bewahren.

Ebenfalls spannend kann es sein, wenn die Schülerinnen und Schüler bei einem persönlichen Besuch den vielleicht zentralsten Unterschied zwischen eigenem Besuch als Schulklasse und dem virtuellen Besuch mit *Inside Auschwitz* wahrnehmen: die anderen Besucherinnen und Besucher. Während im Film nur drei ausgewählte Zeitzeuginnen mit dem Eindruck des Lagers konkurrieren, sind es in der physischen Gedenkstätte (zumindest vor Corona) immer Menschenmassen, mit welchen sich die Gäste die »Aura« des Ortes teilen. Wie sehr diese Form des intensiven Tourismus nach Oświęcim aber die individuelle Wahrnehmung eines Gedenkstättenbesuchs prägt, unterstreicht der Kontrast zu den menschenleeren Bildern der filmischen Inszenierung. Dieser Vergleich kann bereits im Vorfeld einer Reise angebahnt werden, es wird indes zu einer fundierteren Besprechung wohl sinnvollerweise erst nach der durchgeführten Fahrt kommen können – womit sich der Blick auf die Einsatzmöglichkeiten von 360°-Filmen im Nachklang zu gemeinsamen Schulexkursionen richtet. Mit ihnen ist es nämlich möglich, weit über statische Fotos hinaus, eine Nachbetrachtung von Details des histori-

---

63 http://app.oshpitzin.pl/ (Stand: 10 Juli 2020).

schen Ortes zu erreichen. Sie können den Lernenden helfen, sich an Einzelheiten des besuchten Raums noch genauer zu erinnern. Gegebenenfalls können sogar Details, die beim Besuch noch nicht wahrgenommen wurden, recherchiert werden.

Vor allem aber kann die nachbereitende Auseinandersetzung mit den VR-Aufnahmen des Geschehensortes die eigene Wahrnehmung hinterfragen. Wenn nämlich Jugendliche mit einem gewissen Abstand die Filmaufnahmen ansehen, erhalten sie nicht nur eine Erinnerung an die eigene Anwesenheit am historischen Ort, sondern auch einen distanzierteren Blick auf die oft sehr emotionale Zeit in der Gedenkstätte. Der Film sollte dazu beitragen, die eigenen Gefühle während des Besuchs zu reflektieren. Dabei kann überlegt werden, warum an welchen Stellen besondere emotionale Wahrnehmungen erfolgten, während andere Abschnitte des besuchten Raums sehr rational aufgenommen wurden. Mittels des dreidimensional erschließbaren Films über die heutige Gestalt der Gedenkstätte kann fundiert überprüft werden, ob den ehemaligen Lagern tatsächlich eine besondere »Aura« innewohnt und wie diese genauer beschrieben und analysiert werden kann.[64] Die Möglichkeit, mit zeitlicher Distanz nochmals virtuell an den Besuchsort zurückzukehren, vermag dementsprechend die eigene Emotionalität auf einer kognitiven Ebene zu hinterfragen.

Insgesamt aber sind derartige Überlegungen noch immer primär eine Ergänzung zur klassischen Exkursion. Sie vertiefen die Erfahrungen am historischen Ort, ihre neuen technischen Möglichkeiten der Virtual Reality sind derzeit aber noch Zukunftsoptionen. Eine vollständige Kompensation für die Annäherung an ehemalige Geschehensorte vermögen sie (noch) nicht darzustellen. Zumindest derzeit erreichen virtuelle Fahrten nicht die Eindringlichkeit von persönlichen Erkundungen. Dem stimmen im Pre-Test die befragten Personen zu, nachdem sie »Inside« Auschwitz gewesen waren. Unisono sprechen sie zwar von einer interessanten Ergänzung, aber für Orte, an denen Gewaltverbrechen der NS-Diktatur stattgefunden haben, präferieren und plädieren sie für eigenständige, physische Exkursionen.

---

64 Sehr kritisch hierzu: Heyl, »Forensische Bildung« am historischen Tat- und Bildungsort, in: Geißler/Overwien (Hrsg.), Elemente einer zeitgemäßen politischen Bildung.

Zukunft

1 Befunde

Auschwitz als Lernort zu entdecken, fiel in Deutschland keineswegs leicht. Nicht zuletzt taten sich Schulen als die bedeutendsten Bildungseinrichtungen schwer, den Ort und zugleich das Symbol des größten im deutschen Namen begangenen Verbrechens im Rahmen von schulischen Exkursionen zu besuchen. Lange reisten aus der Bundesrepublik nur politische oder kirchliche Gruppen nach Oświęcim, um dort das *Staatliche Museum Auschwitz-Birkenau* zu erkunden, während in der DDR Gruppenfahrten gänzlich unterbunden wurden. Erst eine Initiative der *Robert Bosch Stiftung* änderte das für die Bundesrepublik ab dem Jahr 1980. In der Folge konnten westdeutsche Schulgruppen bis zum Ende des Programms im Jahr 1991 umfangreiche Studienreisen durch die Volksrepublik Polen unternehmen, Tausende Schülerinnen und Schüler besuchten dabei unter anderem die Gedenkstätte Auschwitz-Birkenau.

Der Förderung des *Deutsch-Polnischen Jugendwerks* ist es zuzuschreiben, dass die Traditionslinie nicht mit dem Ende des Förderprogramms der *Robert Bosch Stiftung* abbrach, sondern mit Schwerpunkt auf dem binationalen Austausch weitergeführt wurde. Als dann mit der *Stiftung Erinnern ermöglichen* eine Institution auftrat, die explizit schulische Gedenkstättenexkursionen ins heutige Polen unterstützte, erhöhte sich die Nachfrage deutlich. Zwischen 2010 und 2019 stieg das *Staatliche Museum Auschwitz-Birkenau* deshalb in die Gruppe der meistbesuchten internationalen Exkursionsziele deutscher Schulen auf. In einigen Bundesländern stellt es sogar den am häufigsten frequentierten historischen Ort im Rahmen des Geschichtsunterrichts dar.

Beim Blick auf die Rezeption der Gedenkstättenbesuche fällt zunächst ins Auge, dass diese von den frühen Reisenden noch nicht als besonders exponiertes Ereignis innerhalb ihrer Rundreisen durch Polen wahrgenommen wurden. Erst mit dem Ende der Volksrepublik Polen und des zeitgleichen Bedeutungszuwachses der internationalen Erinnerung an den Nationalsozialismus und die Shoah gewannen die Gedenkstättenbesuche deutlich an Wertschätzung. Dennoch wird ihnen im Rahmen der frühen Reisen nicht die Bedeutung zugeschrieben, wie das bei den Fahrten nach dem Jahr 2010 der Fall ist. Sie besitzen eine völlig neue Qualität, die bis hin zu einer überhöhten Erwartungshaltung gegenüber dem Reiseziel reicht, die sich in den Berichten in einer oft artikulierten Angst vor dem Aufenthalt manifestiert. Nachdem aber die Gedenkstätte erreicht ist, wird die Chance, den historischen Ort selbst besuchen zu können, intensiv wahrgenommen. Im früheren Lager Auschwitz I ist es vor allem die museale Gestaltung des Areals, die die Schülerinnen und Schüler beschreiben, während in Auschwitz II die offenbar zunächst unvorstellbare Größe des Geländes die Darstellungen bestimmt. Ausweislich der unter dem unmittelbaren Eindruck des Besuchs erstellten Texte gelingt es dabei, die Tatsächlichkeit des am historischen Ort Geschehenen zu bestätigen. Deshalb schildern die Jugendlichen ihren Aufenthalt als Erlebnis, bei dem vertiefte Einblicke in die Geschichte des historischen Ortes, der Shoah und des Zweiten Weltkriegs erworben worden seien.

Insgesamt wird die in Oświęcim verbrachte Zeit als sehr intensiv geschildert. Die emotionale Wucht, die die Konfrontation mit den Verbrechen der Jahre 1940 bis 1945 hervorrief, habe der geschützte Binnenraum der Exkursionsgruppe abgemildert. Die Intensität der Zeit und der Wechsel des Lernsettings zu einem Ort, der von internationalem Gedenken und einer anderen nationalen, nämlich der polnischen, Erinnerungskultur geprägt ist, ändert bei den Jugendlichen jedoch nicht die Art, wie sie sich selbst zu den Verbrechen des Nationalsozialismus positionieren: Obwohl häufig Gespräche mit polnischen Überlebenden geführt werden, nehmen die deutschen Gruppen das polnische Motiv in der Narration zum Lager, zur Shoah und zum Zweiten Weltkrieg kaum wahr. Sie beschränken sich auf eine primär deutsche Interpretation der Ereignisse, bei der vor allem die Empathie für die jüdischen Opfer im Mittelpunkt steht.

Die Reisenden sehen ihren Aufenthalt mit zeitlichem Abstand weiterhin als erfolgreich an. Am Beispiel des Lernerfolgs dort leiten sie den Anspruch ab, man könne aus Geschichte lernen, was sie fast ausschließlich in Bezug auf die nationalsozialistische Diktatur auslegen. Deshalb empfehlen sie jüngeren Lernenden, Möglichkeiten zu einer Exkursion zum *Staatlichen Museum Auschwitz-Birkenau* in jedem Fall zu nutzen. Umso bemerkenswerter ist es, dass es den Befragten schwerfällt, unmittelbare und alltägliche Konsequenzen zu benennen, die sie selbst aus der Fahrt gezogen hätten. Von vielen wird persönliches gesellschaftliches Engagement gegen politische Extrempositionen angeführt. Allgemeinere Auswirkungen jenseits des politischen Raums werden zunächst negiert und dann erst im weiteren Verlauf der Gespräche vereinzelt bestätigt.

Weil die Lernenden von den Erfahrungen rund um ihre Exkursionen zum *Staatlichen Museum Auschwitz-Birkenau* sehr angetan sind, stehen sie einer Kompensation der Fahrten durch neue technische Mittel eher reserviert gegenüber. Aktuell erkennen sie in virtuellen Formaten wie Augmented oder Virtual Reality keine attraktiven Alternativen. Gleiches gilt für Filme mit 360°-Perspektive, wie etwa *Inside Auschwitz*. Insgesamt lässt es sicher aufhorchen, wenn eine technikaffine Generation den persönlichen Besuch von historischen Orten einem digitalen Zugriff vorzieht. In den Reisedokumentationen fordert sie sogar, Fahrten nach Oświęcim als obligatorische Exkursion zu etablieren. Das belegt die Zustimmung der Lernenden zu derartigen Exkursionen. Besuche in Gedenkstätten erzielen damit inzwischen einen so breiten gesellschaftlichen Konsens, dass sie nicht nur von der Politik oder den Bildungsbehörden, von Schulleitungen, Lehrkräften und Eltern unterstützt werden, sondern die Lernenden an ihrem Ertrag ebenfalls kaum zweifeln. Allerdings werden Aufenthalte in Oświęcim dabei oftmals – was auf ein weitgehend positivistisches Geschichtsverständnis der Teilnehmenden schließen lässt – als Besuche in einer lange zurückliegenden, abgeschlossenen Zeit beschrieben, die heute Lebende ohnehin nicht mehr verändern könnten. Für Jugendliche des 21. Jahrhunderts seien die historischen Orte ohnehin nur zum Zwecke des Lernens interessant (»Im Endeffekt kann man heute sowieso nichts mehr machen außer daraus zu lernen«[1]). In den Augen der schulischen Besuchergruppen ist Auschwitz primär ein Lernort. Alle anderen Aufgaben und Funktionen einer Gedenkstätte treten dagegen zurück. Folgt man ihrer Argumentation, so mutiert der frühere Geschehensort zunehmend zu einem zu besichtigenden Objekt, das entpolitisiert und für pädagogische Zielsetzungen herangezogen wird. Obwohl vor dieser erzieherischen Instrumentalisierung gewarnt wird,[2] ist sie als Gefahr an den Geschehensorten aber nicht von der Hand zu weisen.

Unabhängig von der Zuspitzung auf pädagogische Inhalte ist festzustellen: Die Zeiten, in welchen die Rolle von Gedenkstätten gesellschaftlich kontrovers diskutiert war, gehören seit Langem – zumindest in Deutschland – der Vergangenheit an. Vielmehr sind sie inzwischen fest etablierte Institutionen des Gedenkens, aber auch des historischen Lernens. Diese Aufwertung führt andererseits dazu, dass aus dem Umgang mit ihnen kaum mehr kritische Potenziale erwachsen.[3] Das gilt nicht nur für Institutionen innerhalb Deutschlands, sondern auch für jene im

---

1 ASEE A14-III-331, Exkursionsbericht Von-Fürstenberg-Realschule Paderborn, Mai 2015, ohne Seitenangabe.
2 Jörn Rüsen, Auschwitz: Den Sinn des Sinnlosen begreifen, in: Gewerkschaftliche Monatshefte (1995), H. 11, S. 657-663, hier S. 663.
3 Cornelia Siebeck, »Im Raume lesen wir die Zeit«? Zum komplexen Verhältnis von Geschichte, Ort und Gedächtnis (nicht nur) in KZ-Gedenkstätten, in: Alexandra Klei/Katrin Stoll/Annika Wienert (Hrsg.), Die Transformation der Lager. Annäherungen an die Orte nationalsozialistischer Verbrechen, Bielefeld 2011, S. 69-97, hier S. 73.

Ausland – zumal deren nationale Prägungen, wie die vorliegende Studie nachweisen konnte, von deutschen Gästen oft nicht wahrgenommen werden. Insgesamt ist deshalb zu konstatieren: Gedenkstätten sind inzwischen nicht mehr zwangsläufig »verunsichernde Orte«[4], weit häufiger dienen sie gerade Schulen im Einvernehmen mit ihren Schülerinnen und Schülern als »staatstragende Lernorte«[5].

2 Neue Schwerpunkte für schulische Gedenkstättenexkursionen

Die Tendenz, immer weniger das Gedenken am Geschehensort zu betonen, sondern vielmehr die ehemaligen NS-Lager vor allem als Lernorte zu begreifen und mit Schulklassen zu besuchen, scheint in der Öffentlichkeit und unter Lernenden akzeptiert. Das zumindest legen die schriftlichen Reiseberichte ebenso wie die zeitversetzten Befragungen nahe. Beide Erhebungen dokumentieren eine große Zufriedenheit der Schülerinnen und Schüler mit ihrer Reise zum *Staatlichen Museum Auschwitz-Birkenau*. Naheliegende Konsequenz daraus könnte sein, die Exkursionspraxis in ihrer bislang bestehenden Form weiterzuführen. Doch sprechen dagegen mindestens zwei gewichtige Argumente.

Ganz offenkundig ist, erstens, eine reine Fortsetzung der bisherigen schulischen Reisetätigkeit nicht möglich, weil sie in Zeiten der Corona-Pandemie schlicht nicht durchführbar ist. Über eine längere Zeit hinweg werden alle Schulfahrten unterbleiben, diese radikale Zäsur im Unterrichtsalltag wird sich selbst nach einer weitgehenden Aufhebung der Beschränkungen auf die künftige schulische Reisetätigkeit auswirken. Dann wird es wohl einige Zeit dauern, ehe außerschulische Lernorte in den Unterricht wieder so umfassend integriert sind, wie dies in der Vergangenheit der Fall war. Nicht zuletzt, so steht zu befürchten, wird diese schulpolitische Entwicklung das scheinbare »Nebenfach« Geschichte treffen. Damit stünden dann aber auch die zuletzt gesellschaftlich so unumstrittenen Gedenkstättenfahrten vor der Herausforderung, ihren Lernerfolg neu nachzuweisen, um die Notwendigkeit künftiger Exkursionen zu untermauern. Die Ergebnisse der vorliegenden Studie liefern hierfür eine gute Ausgangsbasis, doch erscheint ein einfaches Fortführen der bisherigen Exkursionspraxis kaum umsetzbar. Vor allem ist damit zu

---

4 Barbara Thimm/Gottfried Kößler/Susanne Ulrich (Hrsg.), Verunsichernde Orte. Selbstverständnis und Weiterbildung in der Gedenkstättenpädagogik, Frankfurt am Main 2010.
5 Haug, Staatstragende Lernorte, in: Thimm/Kößler/Ulrich (Hrsg.), Verunsichernde Orte.

rechnen, dass insbesondere Abstriche gemacht werden müssen, wenn die Reisen ins Ausland führen. Viele Eltern werden nach den Erfahrungen der Pandemie ihre Kinder wohl nicht mehr ohne Bedenken wegfahren lassen. Neben den gesundheitspolitischen Überlegungen tragen dazu wohl auch die relativ hohen Kosten von umfangreicheren Reisen bei. In ökonomisch schwieriger werdenden Zeiten ist zu erwarten, dass Schulen bei der Beschaffung von Mitteln für aufwändigere, ins Ausland führende Exkursionsfahrten zunehmend Probleme haben werden.

Neben dieser institutionellen, organisatorischen und letztlich schulpolitischen Herausforderung drängt sich eine inhaltliche Überlegung auf, die bedacht werden muss, wenn nach dem temporären Stillstand aller Exkursionen an eine Wiederbelebung schulischer Gedenkstättenexkursionen gedacht werden kann. Sie resultiert aus der wachsenden Kritik am gesellschaftlichen Umgang mit der NS-Vergangenheit. Provokativ wird er vor allem von Vertretern der sogenannten *Alternative für Deutschland* vorgetragen, wenn etwa eine »erinnerungspolitische Wende« eingefordert oder die gesellschaftliche Beschäftigung mit der NS-Zeit als unnötige Betonung eines »Vogelschisses« verunglimpft wird. Doch auch jenseits dieser populistischen Agitation, die den schulischen Unterricht in vielfältiger Weise herausfordert,[6] hat sich in den letzten Jahren zunehmend ein skeptischer Blick auf das bisherige Gedenken entwickelt, das Aleida Assmann zugespitzt sogar als ein »neue[s] Unbehagen an der Erinnerungskultur«[7] bezeichnet hat.

Wenn aber Erinnerungskultur als der aktive Umgang der (bundesdeutschen) Gesellschaft mit der Geschichte des Nationalsozialismus und seinen Nachwirkungen definiert ist,[8] so umfasst sie zusätzlich zu öffentlichkeitswirksamen Feldern wie der Politik, der Denkmal- und Gedenkstättengestaltung oder den Medien und der Kunst auch die Arbeit in der Schule. Nur hier müssen sich alle Bürgerinnen und Bürger gezwungenermaßen in einem staatlich regulierten Maß an Wochenstunden mit Geschichte beschäftigen und die administrativ festgelegten Curricula bestimmen einen inhaltlichen Schwerpunkt in der Auseinandersetzung mit der NS-Geschichte. Nirgendwo sonst können staatliche Gremien so unmittelbar auf die Beschäftigung mit Geschichte einer ganzen Bevölke-

---

6 Christine Barp/Tim Engartner, Haltung statt Zurückhaltung: Mehr politische Bildung wagen, in: Blätter für deutsche und internationale Politik 64 (2019), H. 12, S. 9-12.
7 Aleida Assmann, Das neue Unbehagen an der Erinnerungskultur. Eine Intervention, München 2020.
8 Christoph Cornelißen, Was heißt Erinnerungskultur? Begriff, Methoden, Perspektiven, in: Geschichte in Wissenschaft und Unterricht 54 (2003), S. 548-563.

rungskohorte einwirken wie hier. Wenn es also stimmt, dass sich in der Gesamtgesellschaft zunehmend eine Unzufriedenheit mit dem Umgang mit der NS-Vergangenheit ausbildet, müsste sich das im schulischen Kontext ebenfalls bemerkbar machen – zumal der kritische Druck auf die tradierten Formen des Gedenkens nicht primär von den populistischen Agitatoren komme, sondern von den Trägern des Umgangs mit Geschichte selbst ausgehe, so Martin Sabrow in einer kritischen Analyse.[9]

Sollte diese These des Direktors des *Zentrums für Zeithistorische Forschung Potsdam* zutreffen, müsste sich die Kritik am gesellschaftlichen Gedenken ganz besonders im schulischen Rahmen artikulieren und insbesondere vor den Gedenkstättenreisen nicht haltmachen. Doch bleiben, nimmt man die aktuellen Stellungnahmen der Schülerinnen und Schüler als Maßstab, derartige Monita bislang weitgehend aus. Während in der akademischen Debatte nicht nur kritisiert wird, es herrsche innerhalb der deutschen Erinnerungskultur eine zu starke Identifizierung mit den Opfern vor und es werde der Blick auf die Täter vernachlässigt, sondern auch moniert wird, es werde eine geradezu religiöse Hoffnung auf eine Erlösung von der überlieferten Schuld bei einer ausreichend intensiven Erinnerungspraxis geweckt,[10] problematisieren die Schülerinnen und Schüler, die die untersuchten Berichte zu den schulischen Gedenkstättenfahrten erstellten, ähnliche Bedenken nicht. Dass sich eine »fiktive Identifikation mit Opfern« und eine »artifizielle Betroffenheit« entwickeln könne, die von echter Trauerarbeit weit entfernt sei,[11] wird ebenso wenig problematisiert wie der Vorwurf, die deutsche Mehrheitsgesellschaft erwerbe durch eine bewusste Inanspruchnahme des jüdischen Leids für sich eine positivere Position innerhalb des eigenen Gedenkens.[12] Dennoch muss am konkreten Beispiel festgestellt werden, dass diese allgemeinen Vorbehalte gegenüber einigen Tendenzen der Erinnerungskultur gerade durch die Äußerungen der Schülerinnen und Schüler vor, bei und nach schulischen Aufenthalten in Auschwitz-Birkenau erhärtet werden. Zu denken ist dabei etwa, wenn sie im Vorfeld mit Ängsten gegenüber dem Reiseziel ringen, sie bei ihren Aufenthalten die Rolle der Täter völlig aus-

---

9   Martin Sabrow, Die Krise der Erinnerungskultur, in: Merkur 72 (2018), H. 835, S. 92-99, hier S. 98.
10 Ulrike Jureit/Christian Schneider, Gefühlte Opfer. Illusionen der Vergangenheitsbewältigung, Stuttgart 2010, 10 f.
11 Dana Giesecke/Harald Welzer, Das Menschenmögliche. Zur Renovierung der deutschen Erinnerungskultur, Hamburg 2012, S. 49.
12 Max Czollek, Desintegriert euch!, München 2018; im engeren, wissenschaftlichen Kontext mit sehr ähnlicher Argumentation: Samuel Salzborn, Kollektive Unschuld. Die Abwehr der Shoah im deutschen Erinnern, Leipzig 2020.

blenden oder einige Lernende nach dem Ende der Exkursion das Thema Auschwitz als für sich persönlich abgehakt ansehen.

Zudem sind die schulischen Reisen in einer strikten Einhaltung der *political correctness* gefangen; sie sind geprägt von einer streng austarierten Gestaltung aller Gedenkformen und leiden an einer zunehmend perfektionierten Ritualisierung. Alle Kennzeichen, die für die allgemeine Erinnerungskultur zutreffen, wenn ihr ein Festhalten an überholten und verkrusteten Formen und Riten attestiert wird,[13] sind für die Schulexkursionen ebenfalls nachzuweisen. Offensichtlich wird das am Beispiel der untersuchten Exkursionen, wenn große Teile des historischen Ortes, dessentwegen die Gruppen weit angereist sind, nicht eigenständig, sondern nur in geführten Rundgängen besucht werden können. Inhalte und Wege sind dabei vom *Staatlichen Museum Auschwitz-Birkenau* vorgegeben und können weder von Lehrenden noch von Lernenden beeinflusst oder verändert werden. Eine eigenständige Erkundung am besuchten Ort ist den Schülerinnen und Schülern dabei ebenso wenig möglich wie eine eigenständige Auseinandersetzung mit dem Erbe der NS-Zeit. Dass dies von den Schulgruppen nicht noch häufiger aufgegriffen und kritisiert wird, ist auffällig. Es sagt aber nichts darüber aus, ob eine solche Kritik, die sich in Ansätzen durchaus in den Quellen findet, nicht statt in offiziellen Berichten an die Fördermittelgeber bevorzugt hinter vorgehaltener Hand artikuliert wird.

Daher werden nachfolgend sieben Vorschläge für neue Schwerpunktsetzungen bei künftigen Schulfahrten zu Gedenkstätten unterbreitet. Sie entwickeln sich aus den Ergebnissen der vorgelegten Analyse und wollen die Motive des »neuen Unbehagens« aufnehmen, sie aber produktiv wenden und für das historische Lernen nutzbar machen. Sie richten sich vor allem an Lehrerinnen und Lehrer, die planen, mit ihren Lerngruppen zu einer Gedenkstättenexkursion aufzubrechen. Ziel dieser Fahrten muss nicht zwingend das *Staatliche Museum Auschwitz-Birkenau* sein, sondern die Ergebnisse, die hier für schulische Arbeit vor Ort vorgelegt wurden, lassen sich auch auf andere Gedenkstätten übertragen. Es ist also zweitrangig, ob die schulischen Reisen innerhalb Deutschlands verweilen oder ins Ausland gehen, ob sie zu großen oder kleinen Gedenkstätten führen, sogenannte Täter- bzw. Opferorte zum Ziel haben oder ob sie Tötungsanstalten der »Euthanasie« oder ehemalige NS-Lager besuchen.

Unabhängig vom Reiseziel soll also versucht werden, auf Basis der empirisch gestützten Auswertung eine Erweiterung des aktuell bestehenden, (gerade in der Gedenkstätte Auschwitz-Birkenau) zu oft in rituellen For-

---

13 Assmann, Das neue Unbehagen an der Erinnerungskultur, S. 59 ff.

men verharrenden, stets gleich ablaufenden Gedenkstättenbesuchs deutscher Bildungseinrichtungen anzuregen. Im Zuge der fortschreitenden zeitlichen Entfernung vom historischen Geschehen zielen die Vorschläge darauf, weiterhin eine intrinsisch motivierte Beschäftigung mit der NS-Zeit zu erreichen. Dabei wird bewusst eine hierarchische Reihung der Vorschläge vermieden, sie sind als gleichrangig anzusehen und sollen eine Diskussionsgrundlage bilden. Neben die klassische Formulierung vom »Erinnern«[14] soll dabei der Ansatz vertreten werden, dezidiert mit einem historischen Zugang an die Exkursion heranzugehen und dabei zu versuchen, das Unbegreifliche sowohl intellektuell wie auch emotional zu durchdringen. Die Hoffnung ist es also, die im Verlauf des Untersuchungszeitraums auch an anderer Stelle konstatierte Entwicklung von einem gerade im 21. Jahrhundert feststellbaren reinen Lernen aus der Geschichte wieder verstärkt ein Lernen über Geschichte zu machen.[15] Ziel aller Überlegungen ist es also, ein historisches Lernen anzuregen und damit zum Aufbau eines reflexiven Geschichtsbewusstseins bei den Schülerinnen und Schülern beizutragen. Um dies zu erreichen, werden die nachfolgenden Vorschläge formuliert.

Historischer Ort im Mittelpunkt

Der historische (Geschehens-)Ort muss der Mittelpunkt von Gedenkstättenfahrten sein. Bislang tritt er oft hinter die museale Präsentation oder die Ausführungen von Gedenkstätten-Guides zurück, was bedauerlich ist. Schließlich haben die Jugendlichen den weiten Weg deshalb angetreten, weil sie die Überreste des Schauplatzes von historischen Ereignissen kennenlernen und erkunden wollen. Sie erhoffen sich von der Auseinandersetzung mit ihm neue Impulse für sich und eine intensive Beschäftigung mit der NS-Geschichte, wie sie sich im Klassenzimmer nie würden entwickeln können. Ihre Lehrerinnen und Lehrer erhoffen sich von der Begegnung mit den Überresten der Vergangenheit positive Beiträge zum Geschichtsbewusstsein ihrer Lernenden. Ausgehend von den Schilderungen der Teilnehmenden gelingt das gerade dann beson-

14 Volkhard Knigge/Norbert Frei (Hrsg.), Verbrechen erinnern. Die Auseinandersetzung mit Holocaust und Völkermord, Bonn 2005.
15 Norbert H. Weber, Auschwitz als Lernort. Ein generationenspezifischer Vergleich zweier Gedenkstättenfahrten (1985 und 2005) mit angehenden Pädagoginnen und Pädagogen, in: Christian Geißler/Bernd Overwien (Hrsg.), Elemente einer zeitgemäßen politischen Bildung. Festschrift für Prof. Hanns-Fred Rathenow zum 65. Geburtstag, Berlin, Münster 2010, S. 219-240, hier S. 236.

ders gut, wenn sich die Jugendlichen selbstständig dem besuchten Ort nähern und versuchen, ihr im Vorfeld erworbenes Wissen anzuwenden. Daneben könnte noch weit öfter innerhalb der Gedenkstätte mit ergänzenden historischen Quellen oder Darstellungen gearbeitet werden. Einzubeziehen wären nicht nur zeitgenössisch entstandene schriftliche Quellen oder Lebenserinnerungen von Überlebenden aus der Nachkriegszeit, sondern gerade auch Bildquellen. Insbesondere diese müssen allerdings kontextualisiert werden, sodass klar wird, ob es sich um Aufnahmen der Täter oder der Opfer handelt.[16] Mit fortschreitender technischer Entwicklung wird es denkbar, die Spurensuche am historischen Ort um technische Neuerungen, wie etwa der Augmented Reality, zu ergänzen. In jedem Fall aber ermöglicht die Einbeziehung von weiteren Quellen eine Ergänzung der am Ort befindlichen immobilen Sachquellen und Darstellung mit demokratiepädagogischer Intention, die gemeinsam in einer multisensorischen Begegnung am Geschehensort analysiert werden können.

Schulen müssen deshalb in der Planung ihrer Exkursionen zusätzlich Freiräume vorsehen, in welchen die Gruppen eigenständige Ortsbegegnungen durchführen können. Diese ersten, nicht formal gebundenen Erschließungen sollen es den Jugendlichen ermöglichen, sich einen Eindruck vom Areal zu machen und das eigene Vorwissen sowie eventuell bereitgestellte zusätzliche Quellen oder Darstellungen mit dem historischen Ort zu verbinden. Erst nachdem diese eigenständige Arbeit an der besuchten Sachquelle, dem Gelände der Gedenkstätte, erfolgt ist und sie auch die Darstellungen der Gedenkstätte in Form von Schrift- oder Bildtafeln einsehen konnten, sollte sich ein geführter Rundgang anschließen. Nur so ist es möglich, dass Schülerinnen und Schüler – im Sinne eines subjektorientierten Lernens – ihre eigenen Fragen formulieren und eigene Antworten finden, die sie dann mit den die lokale Expertise besitzenden Guides diskutieren und vertiefen können. Und nur so wird es langfristig gelingen, an die Stelle eines einseitigen Vermittelns von Fakten künftig ein individuelles und gemeinschaftliches Erfüllen von Orientierungsbedürfnissen der Schülerinnen und Schüler zu rücken. Problematisch ist im konkreten Fall des *Staatlichen Museums Auschwitz-Birkenau* dessen Einlasspolitik vor allem im Gedenkstättenabschnitt Auschwitz I, wo der historische Ort nur zusammen mit Guides besucht werden darf.

---

16 Die Bedeutung von Multiperspektivität bei der Arbeit mit Bildquellen aus Auschwitz-Birkenau zeigt prägnant auf: Christoph Hamann, Bildquellen im Geschichtsunterricht, in: Michele Barricelli/Martin Lücke (Hrsg.), Handbuch Praxis des Geschichtsunterrichts, Schwalbach/Ts. 2012, S. 108-124, hier S. 119f.

Daher wäre zu überdenken, ob nicht die Reihenfolge innerhalb der Gedenkstättenreisen umgestellt werden kann, sodass der wesentlich freier zugängliche Bereich in Birkenau den Beginn schulischer Studienreisen nach Oświęcim markiert und erst im zweiten Schritt die obligatorisch geführte Begegnung mit dem früheren Stammlager erfolgt. Eigenständige Erkundungen des besuchten historischen Ortes beschränken sich zudem nicht auf die Zeit der Lager, sondern beziehen zwangsläufig die Zeit nach der Befreiung mit ein. Damit richtet sich der Blick auf deren Historizität, was zusätzliche Erkenntnismöglichkeiten eröffnet. Im Falle des Besuchs in der Gedenkstätte Auschwitz-Birkenau rückt bei einem Tausch des Besuchsablaufs neben der Geschehenszeit gerade die Nachgeschichte verstärkt in den Blick. Im Sinne der multisensorischen Erschließung des historischen Ortes wird offensichtlich, wie unterschiedlich die musealen Konzepte für beide Lagerteile waren und sind. Hervor tritt damit die Bedeutung der Geschichtskultur, wie sie Jugendlichen des 21. Jahrhunderts heute in vielfältiger Weise begegnet. Am besonders prominenten Ort können sie aber erfahren, dass es gerade dieses gesellschaftliche Interesse ist, das für die langfristige Bewahrung historischer Sachquellen von zentraler Bedeutung ist. Aus der Analyse der Veränderungen in der Gedenkstättengestaltung kann sich damit ein Impuls für eine Diskussion des gegenwärtigen und künftigen Umgangs mit der Geschichte der NS-Verbrechen entwickeln.

Es muss nicht immer Auschwitz sein

Orte des NS-Terrors finden sich in vielen Teilen Europas, allerdings sagen deren Namen den meisten Menschen nichts – ganz anders als dies bei Auschwitz der Fall ist. Doch ließe sich just aus dieser Unwissenheit pädagogisches Potenzial ableiten und ein tatsächlich forschend-entdeckendes Vorgehen am historischen Ort andenken, das nicht von diffusen, ortsbezogenen Präkonzepten überlagert ist. Zugespitzt heißt das: Es muss nicht immer Auschwitz-Birkenau sein. Sollte ein ehemaliges Tötungslager als Ziel einer schulischen Fahrt ausgewählt werden, ließen sich beispielsweise mit Bełżec, Chełmno oder Sobibór im heutigen Polen neben Oświęcim noch andere Orte aufsuchen, die weniger im touristischen Fokus liegen, geringere Besucherzahlen aufweisen und damit bessere Erkundungsmöglichkeiten zulassen – aber sicherlich auch mehr Vorbereitung seitens der Lehrenden verlangen. Trotz der weniger vorhandenen Infrastruktur können schulische Exkursionen dorthin bei entsprechender Vorbereitung gelingen und die Schülerinnen und

NEUE SCHWERPUNKTE FÜR SCHULISCHE GEDENKSTÄTTENEXKURSIONEN

Schüler erschließen sich dort Osteuropa wahrscheinlich intensiver als in Oświęcim als das Zentrum der Shoah. Zugleich birgt die schulische Exkursion in den Osten Europas die Gefahr einer Wahrnehmungsverzerrung bei den Lernenden in sich. Wenn die Schülerinnen und Schüler Hunderte von Kilometern hinter sich bringen, um die besonders exponierten Stätten der Shoah zu besuchen, kann der Eindruck entstehen, nur dort habe sich die Verfolgung und Ermordung der europäischen Juden zugetragen und Deutschland hätte mit den dort verübten Verbrechen nichts zu tun. Schließlich befinden sich alle Orte vergleichsweise weit entfernt in Osteuropa. Ein solcher Rückschluss wäre jedoch fatal. Ihm kann man entgegenwirken, wenn bewusst Stätten des NS-Terrors in der unmittelbaren Umgebung der Schulen als Exkursionsziele dienen. Gut umzusetzen ist das, weil inzwischen in der Bundesrepublik ein sehr engmaschiges Netz an Gedenkstätten zur Erinnerung an den Nationalsozialismus besteht. Es zu nutzen, bedeutet nicht nur einen weit geringeren zeitlichen und finanziellen Aufwand für An- und Abreise, sondern vor allem den Ursprung der NS-Ideologie und ihrer Folgen klar zu benennen. Schüler und Schülerinnen erkennen bei ihren regionalen Besuchen, dass Plötzensee zu Berlin gehört wie Neuengamme zu Hamburg oder Dachau zu München. Neben den exponierten KZ-Gedenkstätten können allerdings auch andere Gedenkorte aufgesucht werden. Vor allem in Nordrhein-Westfalen existiert eine reichhaltige und differenzierte Landschaft an kommunalen Einrichtungen.[17] Besuche dort bringen lokal- und regionalgeschichtliche ebenso wie lebensweltliche Motive in die Beschäftigung mit der NS-Zeit ein, was die Lernbereitschaft der Schülerinnen und Schüler zusätzlich steigern kann.

Zumindest für Gymnasien und Gesamtschulen eröffnet ein erster Besuch an einem regionalen Gedenkort zudem die Möglichkeit, zu einem späteren Zeitpunkt als Vertiefung der Erfahrungen und des Wissens nach Oświęcim (oder einem anderen osteuropäischen Ort) zu reisen. Ein solches Vorgehen, das etwa in der Sekundarstufe I ein regionales Ziel ansteuert und dann in der Sekundarstufe II das *Staatliche Museum Auschwitz-Birkenau* besucht, kombiniert die beiden räumlichen Zugriffe. In diesem Sinne könnte es sogar doch wieder die Gedenkstätte Auschwitz-Birkenau sein, die deutsche Schulen als vertiefendes Reiseziel für ihre Lernenden nutzen. Dann ließen sich auch Lebenslinien von Häftlingen nachverfolgen, die in beiden Lagern einsaßen, womit dann erneut die

---

[17] Arbeitskreis der NS-Gedenkstätten und -Erinnerungsorte in Nordrhein-Westfalen (Hrsg.), Geschichte in Verantwortung. NS-Gedenkstätten und -Erinnerungsorte in Nordrhein-Westfalen, Wuppertal 2013.

Verbindung zwischen Deutschland und dem größten ehemaligen NS-Lager herausgestellt werden kann.

Ängste vermeiden

Zu den fundamentalen Ergebnissen der Auswertung der Reisedokumentationen muss gezählt werden, dass viele Jugendliche im Vorfeld ihrer schulischen Exkursionen nach Oświęcim ein tiefes Unwohlsein empfinden. Oftmals sprechen die Quellen sogar wörtlich von einer Angst, die Schülerinnen und Schüler beim Gedanken, in den kommenden Tagen Auschwitz zu besuchen, befällt. Obwohl das Exkursionsziel sicher kein positiv konnotierter Punkt ist, erscheint diese an unterschiedlichen Schulen immer wieder festzustellende Einschätzung doch alarmierend. Offenbar erwarten nicht wenige Reisende in der Gedenkstätte keine museal-distanzierte Auseinandersetzung mit den am historischen Ort begangenen Verbrechen, sondern einen Ort des Grauens. Diese Vermutung drängt sich auf, wenn man von der Verwunderung liest, mit welcher die Reisenden bei ihrer Ankunft wahrnehmen, dass das Areal der Gedenkstätte gerade nicht trist, düster und dunkel ist, sondern – gerade an sonnigen Tagen – durchaus als freundlicher Ort erscheinen kann, wenn man nicht um seine Geschichte wüsste. Daher räumen die schriftlichen Dokumentationen der jeweiligen Wetterlage großen Raum ein, eine Tendenz, die bereits seit den frühesten Reisen im Kontext der *Robert Bosch Stiftung* festgestellt werden kann. Offenbar hatten die Jugendlichen einen mehrtägigen Ausflug in ein apokalyptisches Horrorszenario erwartet, da sie sich vom heutigen Zustand des früheren Geschehensortes kein eigenes Bild machen konnten.

Der geschichtskulturelle Terminus »Gedenkstätte« war offenbar nicht wirklich vertraut; nur diejenigen Personen, die bereits zuvor andere Gedenkstätten besucht hatten, konnten sich darunter etwas vorstellen. Sie sprechen im Vorfeld dezidiert nicht von Ängsten, was eindeutig für das zuvor skizzierte Modell spricht, mit Schulgruppen zunächst lokale Gedenkstätten zu besuchen. Die Lernenden werden dann nicht nur an die regionale Geschichte herangeführt, sondern machen sich mit den Aufgaben einer Gedenkstätte vertraut. Eine Gleichsetzung zwischen »KZ« bzw. »Konzentrationslager« und »Gedenkstätte« ist, obwohl sie sich bis hin zu Dokumentationen von Geschichtsleistungskursen immer wieder in den Quellen findet, nicht nur sachlich falsch, sondern auch Beleg mangelnder geschichtskultureller Kompetenz. Ein Vorwurf, der nicht die Schülerinnen und Schüler trifft, sondern ihre Lehrkräfte, die im Zuge der Exkursionsvorbereitung den Charakter von Gedenkstätten noch stärker thematisieren müssen.

In der Vorbereitung sollte daher die Differenzierung zwischen Geschehensort und heutiger Gedenkstätte noch stärker von den Lehrerinnen und Lehrern aufgegriffen werden, um den Ängsten bereits zu begegnen, ehe sie entstehen. Unterstützend wirken kann hierzu moderne Technik. Gerade Angebote der Virtual Reality, wie sie im Rahmen der Studie am Beispiel *Inside Auschwitz – Das ehemalige Konzentrationslager in 360°* thematisiert wurden, vermögen einen wirklichkeitsnahen Eindruck dessen zu vermitteln, was bei einem Besuch in Oświęcim heute anzutreffen ist. Zum Ertrag der Exkursion trägt also entscheidend bei, wenn nicht nur das historische Geschehen der Jahre 1940 bis 1945 besprochen werden, sondern bereits in der Vorbereitung auf die Nachgeschichte des musealen Raums bis in die Gegenwart eingegangen wird.

Emotionen sinnvoll nutzen,
Zeit für Wahrnehmung und Austausch gewähren

Emotionen sind zentraler Bestandteil des historischen Lernens. Wer glaubt, mit Geschichte könne man sich nur auf einer rein kognitiv-rationalen Ebene auseinandersetzen, der irrt. Diese grundsätzliche Auffassung gilt für alle Epochen, in der Auseinandersetzung mit dem Nationalsozialismus trifft sie aber noch verstärkt zu. Dem entsprach schon der inzwischen veraltete museums- und gedenkstättenpädagogische Zugang der Betroffenheitspädagogik, die sich in Ansätzen noch immer in der musealen Präsentation der Gedenkstätte Auschwitz-Birkenau nachweisen lässt. Doch auch für die Gegenwart müssen die Emotionen, die ein Gedenkstättenbesuch hervorruft, bedacht werden. Die jungen Besucherinnen und Besucher bedürfen ausreichender Gelegenheit, ihren eigenen Gefühlen nachzugehen und ihnen Ausdruck zu verleihen.

Aus der emotionalen Ergriffenheit, beispielsweise nach der Erkundung von Birkenau, kann eine neue Motivation für die genauere Beschäftigung mit Geschichte erwachsen. Was davor nur abstraktes Wissen war, erfährt durch den Besuch am ehemaligen Geschehensort eine neue Dimension in Form einer zusätzlichen, subjektiv relevanten Auflading. Zwar kann die zeitliche Distanz damit nicht überbrückt werden, doch ermöglicht die räumliche Annäherung an das Geschehen eine neue multisensorische Wahrnehmung. Die Baracken können gesehen und berührt, die Enge der Zellen verspürt, die Weite des Geländes wahrgenommen sowie Hitze und Kälte auf dem Gelände (nach-)empfunden werden. Im

Verlauf der Reise ist es vor allem Aufgabe der Lehrkräfte, dieses positive Potenzial, das sich aus der intensiven Beschäftigung mit der belastenden Vergangenheit ergeben kann, zu nutzen und für ein generelleres Interesse am Fach Geschichte und an der Auseinandersetzung mit der NS-Zeit zu gewinnen. Wenn am Ende dieses Prozesses dann eine engere Verzahnung von emotionalem Zugang und kognitivem Wissen über die Geschichte des Lagers, der Shoah, des Nationalsozialismus und des Zweiten Weltkriegs steht, so ist viel gewonnen.

Zugleich sind Aufenthalte in Gedenkstätten für Schülerinnen und Schüler emotionale Kraftproben, die die betreuenden Lehrkräfte gleichfalls vor enorme Herausforderungen stellen. Deshalb bedarf es ausreichender Zeitkapazität. Nicht nur auf dem Gelände selbst, sondern vor allem nach dem Besuch muss genügend Raum zur Reflexion der eigenen Erlebnisse und Gefühle bestehen. Daneben müssen Möglichkeiten zum Austausch innerhalb der Gruppen eingeräumt werden.

Exakt diese Zeit hatten die schulischen Gruppen der 1980er Jahre bei ihren Besuchen in der Gedenkstätte nicht, weshalb sie eher unzufrieden mit ihrer Zeit in Oświęcim waren oder ihr keine besondere Bedeutung im Rahmen der umfangreichen Polenreisen zuschrieben. Heute ist dies schon deshalb anders, weil die Gedenkstätte der überragende Programmpunkt der Exkursionen ist. Trotzdem gilt es beim Besuch, genügend Raum für Gespräche zu reservieren und im Gegenzug lieber auf den einen oder anderen inhaltlichen Gesichtspunkt, der ebenfalls noch der Erwähnung wert sein könnte, zu verzichten. Reflexion und Kommunikation tragen mehr zum Lernerfolg von Gedenkstättenfahrten bei als eine übergroße Themen- und Terminfülle – ein Gesichtspunkt, der von Lehrkräften auch bei mehrtägigen Fahrten noch stärker berücksichtigt werden muss.

Internationale Dimension des Gedenkens

Wenn sich deutsche Schulgruppen auf den Weg in Gedenkstätten machen, verlassen sie ihr Schulhaus, um am historischen Ort zusätzliche Erfahrungen zu sammeln. Zu den größten Potenzialen, die sie sich dabei eröffnen, zählt zweifellos, bisher unbekannte oder unbeachtete Phänomene der Erinnerungskultur kennenzulernen. Neben familiären und medialen Einflüssen prägen wohl vor allem die Informationen des schulischen Geschichtsunterrichts die Präkonzepte der Jugendlichen. Häufig sind sie noch immer sehr stark innerhalb nationaler Horizonte verortet. Schließlich behandeln beispielsweise deutsche Schulgeschichtsbücher die

NEUE SCHWERPUNKTE FÜR SCHULISCHE GEDENKSTÄTTENEXKURSIONEN

Zeit zwischen 1933 und 1945 ebenso wie die Erinnerung an sie aus einem sehr nationalen, einem genuin deutschen Blickwinkel. Internationale oder vergleichende Perspektiven auf das »umstrittene Gedächtnis« (Arnd Bauerkämper), wie sie in Europa und darüber hinaus noch immer bestehen und die Gegenwart prägen, spielen in der alltäglichen Schulsituation kaum eine Rolle, obwohl in zunehmend heterogenen Klassen gerade aus der Diversität der Gedenkkulturen neue Zugänge zum Thema NS-Geschichte und Shoah rekrutiert werden könnten.

Direkt in den Kontakt mit den unterschiedlichen nationalen Zugängen kommen die Schülerinnen und Schüler, wenn sie am historischen Ort selbst verschiedene Gedenkformen wahrnehmen und erleben. Gelegenheit dazu geben wohl alle Gedenkstätten früherer NS-Lager. Im *Staatlichen Museum Auschwitz-Birkenau* kann dies zunächst in Form der unterschiedlichen Nationalausstellungen erfolgen. Unmittelbar benachbart zu den historischen Geschehensorten präsentieren elf Nationen ihre jeweilige Narration der Geschichte.[18] Wie umstritten das sein kann, zeigt das Beispiel des seit Jahren geschlossenen Pavillon Österreichs. Erst jetzt wird eine Ausstellung erarbeitet, die nicht nur die Rolle des Landes als Opfer des NS-Terrors postuliert, sondern vor allem seine Position auf der Seite der Täter problematisiert.[19]

Weitere internationale Perspektiven eröffnet der direkte Kontakt zu anderen Besucherinnen und Besuchern der Gedenkstätte. Die Schuldokumentationen unterschiedlicher Jahrzehnte belegen, wie beeindruckt die deutschen Gruppen vor allem vom Auftreten der Gäste aus Israel sind. Immer wieder kommt es offenbar zu einem Austausch über den Umgang mit Geschichte und die Bedeutung der Shoah für die eigene Lebenswelt. Allerdings beschränken sich die Einblicke auf sehr kurze Gespräche, eine fundiertere Auseinandersetzung mit anderen Lesarten der Shoah und des Zweiten Weltkriegs, wie sie außerhalb Deutschlands gepflegt werden, findet kaum statt. Hier muss künftig ein weit größerer Schwerpunkt in der Beschäftigung mit dem NS-Staat gelegt werden. Die ganz unterschiedlichen Sichtweisen auf den Zweiten Weltkrieg, die den Jugendlichen aus den eigenen Familien mit auf den Weg gegeben werden, müssen weit stärker beachtet und besprochen werden. Schließlich kann es nicht sein, dass deutsche Lerngruppen mehr als 1.000 Kilometer Reiseweg in Kauf nehmen und dann, wie in der Studie nachgewiesen,

---

18 Kucia, Die Symbolhaftigkeit von Auschwitz in der polnischen Erinnerungskultur von 1945 bis heute, in: Schoor/Schüler-Springorum (Hrsg.), Gedächtnis und Gewalt, S. 177; sowie: http://www.auschwitz.org/en/visiting/national-exhibitions/ (Stand: 10. Juli 2020).

19 https://www.nationalfonds.org/auschwitz (Stand: 10. Juli 2020).

ZUKUNFT

kaum etwas von der polnischen Wahrnehmung der Jahre 1939 bis 1945 rezipieren. Doch lässt sich eine internationale Perspektive auf das Gedenken an den NS-Terror nicht nur im Ausland gewinnen. Natürlich fällt sie leichter an einem Ort wie dem *Staatlichen Museum Auschwitz-Birkenau*, dessen Tradition als Gedenkstätte bis in die unmittelbare Nachkriegszeit zurückreicht und das seit Jahrzehnten zentraler Ort der Internationalisierung des Gedenkens an die NS-Zeit ist, doch bieten Gedenkstätten in Deutschland vergleichbare Ansätze. Schließlich finden sich in sehr vielen Einrichtungen Denkmäler internationaler Provenienz für spezifische Opfergruppen. Lerngruppen könnten sich mit deren historischem Hintergrund beschäftigen und recherchieren, wie und wann es zur Errichtung der einzelnen Erinnerungsorte gekommen ist. Vorstellbar ist zudem, die Biografien von Opfern nachzuverfolgen. Vor allem in den letzten Monaten des Zweiten Weltkrieges stiegen die Zahlen von ausländischen Häftlingen in den Lagern in Deutschland erheblich an. Ihre Lebenswege nachzuzeichnen und zu prüfen, ob und wie ihrer in ihren Heimatländern gedacht wird, wäre ein lohnendes Unterfangen, das den Blick über den nationalen Rahmen hinaus weitet und neue Impulse für das historische Lernen verspricht. Daraus kann ein internationaler Zugang zum Thema erwachsen, der nicht nur bei Gedenkstättenbesuchen in Oświęcim möglich ist, sondern an allen anderen ehemaligen Lagern ebenfalls eingeschlagen werden kann.

Täter nicht vergessen

Aktuelle Forschungstendenzen aufnehmen könnten Gedenkstättenexkursionen, wenn sie nicht nur den Opfern umfangreichen Raum bieten, sondern den Blick weiten und zudem die Täterinnen und Täter in ihren Lebenswegen kennenlernen. Den ad hoc verfassten schriftlichen Dokumentationen oder den mit größerem Abstand formulierten Interviewaussagen nach zu urteilen, unterbleibt dies fast vollständig oder wird zumindest nicht als erwähnenswert erachtet. Doch ein umfassenderes Bild des historischen Ortes ergibt sich nur, wenn nicht ausschließlich die Opfer (durchaus in ihrer Differenziertheit) wahrgenommen werden, sondern wenn diejenigen, die für die Verbrechen die Verantwortung tragen, klar benannt werden. Ebenso wie es inzwischen üblich geworden ist, die Erinnerung an die Opfer aus der lokalen Umgebung der Schulen mit biografischen Zugriffen, etwa durch Referate der Teilnehmenden, ein Gesicht geben, sollte künftig Täterinnen und Tätern aus der Region eine vergleichbare Aufmerksamkeit gelten. Stellvertretend könnten sie für die »ordinary men« (Christopher R. Browning) stehen, die den Massenmord überhaupt erst möglich gemacht hatten. Ein solcher Zugangsweg könnte bewirken, die Verwurzelung der NS-Bewegung bis in die Heimatregionen der Schülerinnen und Schüler nachvollziehbar zu machen. An die Stelle von mehr oder weniger aus der *Wikipedia* übernommenen Inhalten bei Referaten zu den Hauptprotagonisten des NS-Staates – beispielsweise finden sich in den älteren wie den aktuelleren Reisedokumentationen Belege für zahlreiche Referate zu Personen wie Adolf Hitler, Heinrich Himmler oder Adolf Eichmann – könnten dann selbst erarbeitete Beiträge zu Personen treten, die nicht abstrakte Staatsämter bekleideten, sondern als scheinbare Befehlsempfänger agierten, die aber aus der Region der Lernenden stammten. Damit kann neben eine gerade bei der Wahrnehmung von NS-Geschichte noch immer dominierende Personalisierung eine bewusste Personifizierung treten.

Derartige lokale Zugriffe auf Täter wirken zudem dem leichtesten Ausweichversuch deutscher Jugendlicher (wie aber auch älterer Personen) entgegen: Sie verhindern es, die Schuld an den Massenmorden einer kleinen Gruppe von Menschen zuzuschreiben, denen man dann jeden Verstand und jede Menschlichkeit absprechen kann. So leicht sollte man es Jugendlichen des 21. Jahrhunderts aber nicht machen, selbst wenn ihre Opas, schon aufgrund des Alters, tatsächlich keine Nazis mehr waren. Dass aber an der industriellen Ermordung von Millionen von Menschen nicht nur eine kleine Führungselite beteiligt war, muss mit Schülerinnen und Schülern immer wieder herausgearbeitet werden. Dies zum Inhalt einer Gedenkstättenfahrt zu machen und damit den Blick auf die Täter zu profilieren, erscheint mehr als gerechtfertigt.

Dabei muss sich die Beschäftigung mit den Tätern nicht auf die Auseinandersetzung mit Deutschen beschränken. Gerade die aktuelle Holocaustforschung hat herausgearbeitet, wie essenziell die Unterstützung von internationalen Verbündeten für die Abwicklung des Massenmords war. Zu einer Internationalisierung des Blickes auf die NS-Zeit kann es deshalb gehören, diese Kollaborateure in den Blick zu nehmen und ihre Rolle zu thematisieren. Damit soll keineswegs die deutsche Verantwortung an den Verbrechen relativiert oder geleugnet werden, aber es kann ein differenzierteres Bild von den Geschehnissen in den Lagern entstehen. Vor dem Hintergrund der aktuellen geschichtspolitischen Instrumentalisierung, die beispielsweise in Polen betrieben wird, wenn jegliche Beteiligung der polnischen Bevölkerung am Mord an ihren früheren Nachbarn jüdischen Glaubens abgestritten wird, erscheint es geboten, diesem schlichten Schwarz-Weiß-Denken entgegenzutreten und die Grautöne zu betonen, die den historischen Gegebenheiten weit näher kommen. Dazu müssen Schülerinnen und Schüler bei ihren Fahrten zu Gedenkstätten jedoch die moralisch privilegiertere Position einer völligen Identifikation mit den Opfern verlassen und sich (zumindest während eines Teils ihrer Aufenthalte am ehemaligen Geschehensort) auch mit den Taten der verantwortlichen Täter beschäftigen.

Gedenkstättenexkursionen als integraler Teil des schulischen Geschichtsunterrichts

Schon der zuletzt genannte Aspekt der Thematisierung der Täter zeigt, wie wichtig es ist, schulische Fahrten zu Gedenkstätten nicht als losen, vielleicht nur obligatorischen Bestandteil einer bundesdeutschen Schulbiografie aufzufassen, sondern ihn an den Geschichtsunterricht anzubinden. Nur so ist gewährleistet, dass auch im Rahmen der außerschulischen Erkundung das zentrale Unterrichtsprinzip der Multiperspektivität berücksichtigt und eine verkürzte Wahrnehmung des Ortes vermieden wird.

Vorderhand mag es wohl verwunderlich anmuten, die Anbindung von Gedenkstättenexkursionen an das Fach Geschichte überhaupt als einen wesentlichen Schritt in die Zukunft der Arbeit an diesen »Lernorten« herauszustellen. Zu selbstverständlich scheint es zu sein, dass an Fahrten zu bedeutsamen historischen Orten, wie dem *Staatlichen Museum Auschwitz-Birkenau* oder jede andere Gedenkstätte für ein NS-Lager, stets Lehrkräfte mit Unterrichtsbefähigung im Fach Geschichte teilnehmen. Doch dies ist keineswegs immer der Fall, wie die im Rahmen der hier vorliegenden Studie untersuchten Dokumentationen belegen. Offenbar nutzen zahlreiche andere Fächer inzwischen Themen der NS-Geschichte so intensiv, dass es ihnen als naheliegend erscheint, den eigenen Unterricht um eine Exkursion nach Oświęcim zu ergänzen. Dagegen ist zunächst nichts einzuwenden. Allerdings sollte sich die Beschäftigung mit Auschwitz nicht darauf beschränken, sich im Deutschunterricht über fiktionale Kinder- und Jugendbuchliteratur oder einschlägige Biografien dem Thema anzunähern oder es im Religionsunterricht zum Gegenstand des moralischen Lernens zu machen. Vielmehr bedarf es eines reflektierten Geschichtsbewusstseins, um tatsächlich historisches Lernen anzuregen. Primär ist die Shoah damit ein Thema des historischen Lernens und sie kann auch nicht erschlossen werden, wenn sie ohne eine umfassende, multiperspektivische und am Forschungsstand orientierte Einbettung in ihren historischen Kontext erfolgt. Notwendig ist das Wissen um die Entstehungsgeschichte und den Aufstieg der NSDAP, um die wirtschaftlichen und politischen Rahmenbedingungen der 1920er und 1930er Jahre, die zunehmende Radikalisierung und die Interdependenz zwischen rassistischer Ideologie und dem Verlauf des Zweiten Weltkriegs. Zwar kann selbst dann keine Garantie bestehen, dass Exkursionen immer zu einem Lernerfolg führen, doch ist ein historisches Lernen ohne eine historische Verankerung nicht möglich. Andere Fächer können dazu im Sinne des fächerverbindenden und fächerübergreifenden Lernens einen wertvollen Beitrag leisten, jedoch sollte die Federführung bei der Konzeption der Exkursionen auf geschichtswissenschaftlichen, damit also auch geschichtsdidaktischen, Prämissen basieren.

Ansätze der *Holocaust Education*, die gerade eine Abkapselung vom historischen Kontext forcieren und primär auf eine Fokussierung auf die Shoah unter Ausklammerung aller anderen NS-Verbrechen zielen, greifen daher zu kurz. Dies belegen gerade die Langfristerhebungen der vorliegenden Studie. Das Ziel, mit Exkursionen nach Oświęcim eine grundlegende Menschenrechtsbildung anzustoßen, scheint wenig erfolgreich zu sein. Zugleich scheint die gesellschaftliche Annahme, der einmalige Besuch einer Gedenkstätte immunisiere gegen Antisemitismus, Rassismus oder Nationalismus, sich ebenfalls nicht zu bestätigen. Doch ist es ohnehin naiv anzunehmen, derartig hohe Ziele ließen sich innerhalb einer einzigen Studienfahrt erreichen. Vielmehr kann ein solcher Ertrag wohl nur erzielt werden, wenn der Gedenkstättenaufenthalt eingebettet ist in eine längere Vor- und Nachbereitung, die vor allem vom historischen Lernen getragen ist. Die Wahrnehmung der Strukturen, Abläufe und Geschehnisse der Vergangenheit eröffnen Zugänge, die gerade von jungen Menschen aufgenommen werden können, um sich in der aktuellen und zukünftigen Umwelt zu orientieren. Der Fall des Schülers, der davon spricht, im Nachklang zu seiner Fahrt zur Gedenkstätte Auschwitz-Birkenau bei sich selbst eine zunehmend kritischere Vorgehensweise bei der Erschließung neuer Themenfelder wahrgenommen zu haben, belegt, wie grundsätzlich die Ausprägung eines reflektierten Geschichtsbewusstseins auch für die politische Sozialisation junger Menschen ist.

3 Gedenken als bleibende Aufgabe

25 Jahre liegt inzwischen die Entscheidung des damaligen Bundespräsidenten Roman Herzog zurück, den 27. Januar in den Rang eines nationalen Gedenktags zu erheben. Symbolisch wählte das Staatsoberhaupt den Jahrestag der Befreiung des größten NS-Lagers Auschwitz-Birkenau,

um einen »Tag des Gedenkens an die Opfer des Nationalsozialismus« zu etablieren, damit war das Gedenken zu einer bleibenden Aufgabe geworden. Hintergrund der Entscheidung war das Geschichtsjahr 1995 mit all seinen Gedenktagen und Jubiläen, sie unterstrich zugleich die enge Verklammerung des Ortsnamens Auschwitz bzw. des früheren Lagernamens Auschwitz-Birkenau mit der Geschichts- und Erinnerungskultur des wiedervereinigten Deutschlands. Zentrale Intention der damaligen Entscheidung war es, die Erinnerung an die NS-Verbrechen wach zu halten und daraus eine erhöhte Aufmerksamkeit für den Erhalt der Demokratie zu entwickeln. Doch betonte schon die damalige Verlautbarung die Notwendigkeit, für jede Generation neue und zeitgemäße Formen des Gedenkens zu finden, die in die Zukunft wirken könnten.[20]

Seither wird der 27. Januar alljährlich mit großem Aufwand begangen. Neben einem zentralen Gedenkakt im Bundestag finden landesweit unzählige Veranstaltungen statt, die an die Shoah und an die Geschichte des Lagers Auschwitz-Birkenau erinnern. Zugleich war das zurückliegende Vierteljahrhundert aber eine Zeit, in welcher vor allem im schulischen Bereich immer wieder der Rotstift beim historischen Lernen angesetzt wurde. Das Fach Geschichte wurde innerhalb der Stundentafel beschnitten oder ganz aufgelöst und mit benachbarten Disziplinen zu Kombifächern vereinigt. Zeitgleich hat sich die gesellschaftliche und politische Situation in Deutschland verändert. Der vielleicht schon immer »fragile Konsens« (Meron Mendel/Astrid Messerschmidt) eines bewussten Kampfes gegen Antisemitismus ist zerbrochen. Es gibt wieder Gewalt gegen Juden in Deutschland, während zeitgleich nationalistische Strömungen an Zustimmung gewinnen und antidemokratische Kräfte in die Parlamente einziehen. In einem derartigen Umfeld entsinnt sich sogar die Bildungspolitik wieder der Bedeutung des historischen und des politischen Lernens. Ihnen soll nun wieder mehr Gewicht zugemessen werden. Ob die Ankündigungen tatsächlich umgesetzt werden, bleibt vorerst freilich abzuwarten.

Bemerkenswerterweise gelang es dem Geschichtsunterricht trotz der schlechteren Rahmenbedingungen in den letzten Jahren, den außerschulischen Lernort Gedenkstätte deutlich zu stärken. Vielleicht lässt sich das als eine Antwort auf Roman Herzogs Appell interpretieren, sich stets um zeitgemäße Formen des Gedenkens zu bemühen. Gerade in den letzten Jahren knüpften Fahrten zum *Staatlichen Museum Auschwitz-Birkenau* zudem an den zentralen Geschehensort an, der auch den Bezugspunkt

---

20 Proklamation des Bundespräsidenten vom 3. Januar 1996, in: Bundesgesetzblatt vom 16. Januar 1996, Nr. 2/1996, S. 1.

GEDENKEN ALS BLEIBENDE AUFGABE

für den Gedenktag am 27. Januar darstellt. Die vorliegende Arbeit bestätigt den Ertrag solcher Fahrten. Ganz offenbar schaffen sie es, anders als dies die wesentlich kürzeren Besuche in den 1980er Jahren, die Schülerinnen und Schüler für die Beschäftigung mit der Gewaltgeschichte des historischen Ortes zu gewinnen. Zwar dürften keine zu hohen Erwartungen an eine unmittelbare Wirkung des Gedenkstättenbesuchs formuliert werden, doch trägt er zur Ausbildung eines reflektierten Geschichtsbewusstseins bei den Schülerinnen und Schülern bei. Die abschließend formulierten Ratschläge, die sich primär an Lehrkräfte richten und zur Gestaltung künftiger Exkursionen beitragen sollen, verstehen sich als Anregung, weiter jungen Menschen die Gelegenheit zu geben, innerhalb eines gestärkten historischen Lernens im schulischen Kontext auch Orte des NS-Terrors zu besuchen. In Zeiten des wachsenden Antisemitismus und der zunehmenden Radikalisierung und Nationalisierung der europäischen Gesellschaften erscheint es notwendig, schulische Exkursionsangebote beizubehalten und sie als Beitrag zum Geschichtsunterricht auch nach den Verwerfungen der Corona-Pandemie erneut aufzubauen. Aus dem historischen Lernen sind dann Rückschlüsse auf die eigene Gegenwart möglich, die jungen Menschen die Gefahr des Missbrauchs von politischer Macht vor Augen führen und zu einem demokratisch fundierten Geschichtsbewusstsein beitragen. In diesem Sinn plädiert das vorliegende Werk dafür, weiterhin schulische Exkursionen zu Gedenkstätten in Deutschland und im Ausland anzubieten. Ihr Ertrag rechtfertigt die Mühen ebenso wie den »Ausfall von Unterrichtszeit«, den ihre Organisation hervorruft.

Quellenverzeichnis

1. Archiv des Bundesbeauftragten für die Stasiunterlagen, Berlin (ABStU)

   Bestand Ministerium für Staatssicherheit, Hauptabteilung XX, Nr. 11473

2. Archiv Deutsches Polen Institut, Darmstadt (ADPI)

   Bestand Förderung Bundesländer
   Bestand Schüleraustausch, 1982-1990

3. Archiv Deutsch-Polnisches Jugendwerk, Potsdam (ADPJW)

   Bestand Arbeitspapier Runder Tisch, 2014
   Bestand Jahresberichte
   Bestand Reiseanträge 2014, Nr. Z- 60188-14 bis Z-60646-14

4. Archiv Heisenberg-Gymnasium, Dortmund (AHGD)

   Reisetagebücher 2019

5. Archiv Robert Bosch Stiftung, Stuttgart (ARBS)

   Bestand 2001, Fördergebiet Völkerverständigung: deutsch-polnische Projekte
   Bestand 4001, Kuratorium allgemein

6. Archiv Stiftung Erinnern ermöglichen, Bergisch Gladbach (ASEE)

   Bestand Reisedokumentationen 2010-2018

7. Bischöfliches Diözesanarchiv Aachen (BDA)

   Bestand Pax Christi

8. Evangelisches Zentralarchiv, Berlin (EZA)

   Bestand Aktion Sühnezeichen/Friedensdienste, EZA 97
   Bestand Nachlass Franz von Hammerstein (1921-2011), EZA 820

9. Registratur Ministerium für Schule und Weiterbildung Nordrhein-Westfalen, Düsseldorf (RMSW)

   Akt Stiftung Erinnern ermöglichen, 2011-2017

Literaturverzeichnis

Paul Ackermann, Einführung: Außerschulische Lernorte – ungenutzte Chancen politischer Bildung, in: Paul Ackermann (Hrsg.), Politisches Lernen vor Ort. Außerschulische Lernorte im Politikunterricht, Stuttgart 1988, S. 8-24.

Theodor W. Adorno, Erziehung nach Auschwitz, in: Theodor W. Adorno (Hrsg.), Gesammelte Schriften, Bd. 10.2, Frankfurt am Main 1977, S. 674-690.

Klaus Ahlheim, Prävention von Rechtsextremismus, Fremdenfeindlichkeit und Antisemitismus, in: Wolfgang Sander (Hrsg.), Handbuch politische Bildung, Schwalbach/Ts. 2015, S. 379-391.

Aktion Sühnezeichen Friedensdienste (Hrsg.), Berichte aus Polen. Freiwillige der Aktion Sühnezeichen/Friedensdienste in den Gedenkstätten Auschwitz – Majdanek – Stutthof, Berlin 1972.

Thomas Altmeyer/Tilo Bödigheimer, Der Einsatz von Virtual Reality-Brillen in Gedenkstätten. Das Beispiel der KZ-Gedenkstätte Neckarelz. http://lernen-aus-dergeschichte.de/Lernen-und-Lehren/content/14862 (Stand: 29. Juli 2020).

Helga Amesberger/Brigitte Halbmayr/Helene Miklas, »Als wir gestern in Mauthausen waren, war dies schrecklich, aber auch informativ« – Der Gedenkstättenbesuch aus Sicht der SchülerInnen, in: Heribert Bastel/Brigitte Halbmayr (Hrsg.), Mauthausen im Unterricht. Ein Gedenkstättenbesuch und seine vielfältigen Herausforderungen, Wien 2014, S. 109-143.

Tobias Arand u. a. (Hrsg.), Geschichte und Geschehen. Qualifikationsphase Oberstufe Nordrhein-Westfalen, Stuttgart 2011.

Arbeitskreis der NS-Gedenkstätten und -Erinnerungsorte in Nordrhein-Westfalen (Hrsg.), Geschichte in Verantwortung. NS-Gedenkstätten und -Erinnerungsorte in Nordrhein-Westfalen, Wuppertal 2013.

Aleida Assmann, Erinnerungsräume. Formen und Wandlungen des kulturellen Gedächtnisses, München 2010.

Aleida Assmann, Das neue Unbehagen an der Erinnerungskultur. Eine Intervention, München 2020.

Aleida Assmann/Juliane Brauer, Bilder, Gefühle, Erwartungen. Über die emotionale Dimension von Gedenkstätten und den Umgang von Jugendlichen mit dem Holocaust, in: Geschichte und Gesellschaft 37 (2011), S. 72-103.

Aleida Assmann/Sebastian Conrad (Hrsg.), Memory in a Global Age. Discourses, Practices and Trajectories, Basingstoke 2010.

Peter Atteslander, Methoden der empirischen Sozialforschung, Berlin 1975.

Jens Augner, Schüler/innen leiten Gedenkstättenfahrten nach Kraków und Auschwitz, in: Hanns-Fred Rathenow/Birgit Wenzel/Norbert H. Weber (Hrsg.), Handbuch Nationalsozialismus und Holocaust. Historisch-politisches Lernen in Schule, außerschulischer Bildung und Lehrerbildung, Schwalbach/Ts. 2013, S. 383-397.

Jochen August, »Auschwitz verändert Menschen«. Die Internationale Jugendbegegnungsstätte in Oświęcim, in: Dachauer Hefte. Studien und Dokumente zur Geschichte der nationalsozialistischen Konzentrationslager 6 (1990), S. 73-84.

Frank Bajohr, Trends der Holocaustforschung seit den 1990er Jahren. Errungenschaften, Wandel, Probleme und Herausforderungen, in: Geschichte in Wissenschaft und Unterricht 70 (2019), S. 485-496.

Anja Ballis, »I cannot say enjoy but I can say look and learn«. Touristen schreiben auf TripAdvisor über Besuche in KZ-Gedenkstätten, in: Frank Bajohr/Axel Drecoll/ John Lennon (Hrsg.), Dark Tourism. Reisen zu Stätten von Krieg, Massengewalt und NS-Verfolgung, Berlin 2020, S. 66-79.

Anja Ballis/Michele Barricelli/Markus Gloe, Interaktive digitale 3-D-Zeugnisse und Holocaust Education. Entwicklung, Präsentation und Erforschung, in: Anja Ballis/Markus Gloe (Hrsg.), Holocaust Education Revisited. Wahrnehmung und Vermittlung – Fiktion und Fakten – Medialität und Digitalität, Wiesbaden 2019, S. 403-436.

Renata Barlog-Scholz, Historisches Wissen über die nationalsozialistischen Konzentrationslager bei deutschen Jugendlichen. Empirische Grundlage einer Gedenkstättenpädagogik, Frankfurt am Main 1994.

Christine Barp/Tim Engartner, Haltung statt Zurückhaltung: Mehr politische Bildung wagen, in: Blätter für deutsche und internationale Politik 64 (2019), H. 12, S. 9-12.

Władysław Bartoszewski, The convent at Auschwitz, London 1990.

Arnd Bauerkämper, Das umstrittene Gedächtnis. Die Erinnerung an Nationalsozialismus, Faschismus und Krieg in Europa seit 1945, Paderborn 2012.

Ulrich Baumgärtner, Reden nach Hitler. Theodor Heuss – Die Auseinandersetzung mit dem Nationalsozialismus, Stuttgart 2001.

Ulrich Baumgärtner, Historische Orte, in: Geschichte lernen 19 (2005), H. 106, S. 12-18.

Ulrich Baumgärtner u. a. (Hrsg.), Horizonte. Qualifikationsphase Geschichte Sekundarstufe II, Braunschweig 2015.

Olwen Barbara Beazley, Drawing a Line Around a Shadow? Including Associative, Intangible Cultural Heritage Values on the World Heritage List, Canberra 2006.

Martina Becker, Deutsch-polnischer Schüleraustausch in der Erinnerung – nur Versöhnungskitsch?, in: Hans Henning Hahn (Hrsg.), Erinnerungskultur und Versöhnungskitsch, Marburg 2008, S. 271-281.

Marc Behrendt/Teresa Franklin, A Review of Research on School Field Trips and their Value in Education, in: International Journal of Environmental & Science Education 9 (2014), S. 235-245.

Wolfgang Benz, Gedenkstättenbesuche als Patentrezept der historisch-politischen Bildung?, in: Politische Bildung 8 (2018), H. 3, S. 40-43.

Klaus Bergmann, Personalisierung im Geschichtsunterricht. Erziehung zur Demokratie?, Stuttgart 1977.

Markus Bernhardt/Sven Alexander Neeb, Medienwandel. Digitale Lernumgebungen im Geschichtsunterricht, in: Geschichte lernen 33 (2020), H. 194, S. 2-11.

Daniel Bernsen, Virtuelle Exkursionen, in: Daniel Bernsen/Ulf Kerber (Hrsg.), Praxishandbuch Historisches Lernen und Medienbildung im digitalen Zeitalter, Opladen 2017, S. 274-282.

Edith Blaschitz, Mediale Zeugenschaft und Authentizität: Zeitgeschichtliche Vermittlungsarbeit im augmentierten Alltagsraum, in: Hamburger Journal für Kulturanthropologie 5 (2017), H. 1, S. 51-67.

Edith Blaschitz/Josef Buchner, Augmented Reality in der zeitgeschichtlichen Erinnerungs- und Vermittlungsarbeit, in: historisch-politische bildung. Themendossiers

LITERATURVERZEICHNIS

zur Didaktik von Geschichte, Sozialkunde und politischer Bildung 9 (2018), H. 1/2, S. 37-41.
Edith Blaschitz/Erich Herber, Vermittlung und Aneignung der Geschichte des Holocaust. Überlegungen zu transmedialen Konzepten im Alltagsraum, in: Zeitschrift für Genozidforschung 14 (2013), S. 168-199.
Axel Böing, Auschwitz. Unterrichtseinheit für den Schulgebrauch, Berlin 1976.
Wlodzimierz Borodziej, Geschichte Polens im 20. Jahrhundert, München 2010.
Bodo von Borries, Historisch denken lernen – Welterschließung statt Epochenüberblick. Geschichte als Unterrichtsfach und Bildungsaufgabe, Opladen 2008.
Frank Bösch, Zeitenwende 1979. Als die Welt von heute begann, München 2019.
Sebastian Bracke/Colin Flaving/Johannes Jansen/Manuel Köster/Jennifer Lahmer-Gebauer/Simone Lankes/Christian Spieß/Holger Thünemann/Christoph Wilfert/Meik Zülsdorf-Kersting, Theorie des Geschichtsunterrichts, Frankfurt am Main 2018.
Cornelia Brink, Ikonen der Vernichtung. Öffentlicher Gebrauch von Fotografien aus nationalsozialistischen Konzentrationslagern nach 1945, Berlin 1998.
Christopher R. Browning, Ganz normale Männer. Das Reserve-Polizeibataillon 101 und die »Endlösung« in Polen, Reinbek bei Hamburg 1994.
Micha Brumlik, Vorwort, in: Bettina Schaefer (Hrsg.), Lass uns über Auschwitz sprechen. Gedenkstätte, Museum, Friedhof: Begegnungen mit dem Weltkulturerbe Auschwitz, Frankfurt am Main 2009, S. 9-13.
Christina Brüning, Holocaust Education in der heterogenen Gesellschaft. Eine Studie zum Einsatz videographierter Zeugnisse von Überlebenden der nationalsozialistischen Genozide im Unterricht, Frankfurt am Main 2018.
Josef Buchner, Augmented Reality – technische Spielerei oder Bereicherung für den Unterricht? https://www.bpb.de/lernen/digitale-bildung/werkstatt/283819/augmented-reality-technische-spielerei-oder-bereicherung-fuer-den-unterricht (Stand: 10. Juli 2020).
Christian Bunnenberg, Mittendrin im historischen Geschehen? Immersive digitale Medien (Augmented Reality, Virtual Reality, 360°-Filme) in der Geschichtskultur und Perspektiven für den Geschichtsunterricht, in: Geschichte für alle 13 (2020), H. 4, S. 45-58.
Tim Cole, Selling the Holocaust. From Auschwitz to Schindler: How History is Bought, Packaged, and Sold, New York 1999.
Johann Amos Comenius, Große Unterrichtslehre. Pädagogische Schriften. Bd. I, Langensalza 1905.
Alain Confino, Traveling as a Culture of Remembrance. Traces of National Socialism in West Germany, 1945-1960, in: History and Memory 12 (2000), H. 2, S. 92-121.
Christoph Cornelißen, Was heißt Erinnerungskultur? Begriff, Methoden, Perspektiven, in: Geschichte in Wissenschaft und Unterricht 54 (2003), S. 548-563.
Piotr Cywiński, Auschwitz – »pars pro toto«, in: Bogusław Dybaś (Hrsg.), Gedenkstätten für die Opfer des Nationalsozialismus in Polen und Österreich. Bestandsaufnahme und Entwicklungsperspektiven, Frankfurt am Main 2013, S. 187-198.
Max Czollek, Desintegriert euch!, München 2018.
Ingo Dammer/Cornelia Stein, Blinde Flecken beim Gedenken. Zur Notwendigkeit von Wirkungsforschung, in: Annegret Ehmann (Hrsg.), Praxis der Gedenkstättenpädagogik. Erfahrungen und Perspektiven, Opladen 1995, S. 323-334.

LITERATURVERZEICHNIS

Joachim Detjen, Indoktrinationsverbot und Kontroversitätsgebot vor »Beutelsbach«. Äußerungen der frühen Politikwissenschaft zur politischen Bildung in der Demokratie, in: Siegfried Frech/Dagmar Richter (Hrsg.), Der Beutelsbacher Konsens. Bedeutung, Wirkung, Kontroversen, Schwalbach/Ts. 2017, S. 179-194.

Deutscher Bildungsrat, Empfehlungen der Bildungskommission. Zur Neuordnung der Sekundarstufe II. 38. Sitzung der Bildungskommission, 13./14. Februar 1974 in Bonn, Stuttgart 1974.

Deutsch-polnisches Jugendwerk (Hrsg.), Begegnung und gemeinsames Lernen in Auschwitz. Ist das möglich?, Potsdam/Warschau 1996.

Barbara Distel, Gedenkstättenarbeit – Lernen für die Zukunft, in: Hanns-Fred Rathenow/Norbert H. Weber (Hrsg.), Erziehung nach Auschwitz, Pfaffenweiler 1988, S. 145-154.

Ralf Dörner/Frank Steinicke, Wahrnehmungsaspekte von VR, in: Ralf Dörner, Wolfgang Broll, Paul Grimm und Bernhard Jung (Hrsg.), Virtual und Augmented Reality (VR/AR). Grundlagen und Methoden der Virtuellen und Augmentierten Realität, Wiesbaden 2014, S. 43-78.

Axel Drecoll/Thomas Schaarschmidt/Irmgard Zündorf (Hrsg.), Authentizität als Kapital historischer Orte? Gedenkstätten, Dokumentationszentren und die Sehnsucht nach dem unmittelbaren Erleben von Geschichte, Göttingen 2019.

Peter Dudek, »Der Rückblick auf die Vergangenheit wird sich nicht vermeiden lassen«. Zur pädagogischen Verarbeitung des Nationalsozialismus in Deutschland (1945-1990), Opladen 1995.

Bernd Dühlmeier, Außerschulische Lernorte in der Grundschule, Baltmannsweiler 2008.

Joanna Dybiec, Guidebook gazes. Poland in American and German travel guides, 1945-2002, Münster 2004.

Annette Eberle, »Ich fand es schrecklich, weil es sind Menschen so wie wir«. Eine Befragung über »Fühlen« und »Denken« bei einem Besuch der KZ-Gedenkstätte Dachau, in: Bert Pampel (Hrsg.), Erschrecken – Mitgefühl – Distanz. Empirische Befunde über Schülerinnen und Schüler in Gedenkstätten und zeitgeschichtlichen Ausstellungen, Leipzig 2011, S. 97-114.

Jan Eckel/Claudia Moisel (Hrsg.), Universalisierung des Holocaust? Erinnerungskultur und Geschichtspolitik in internationaler Perspektive, Göttingen 2008.

Gerhard Eckert, Besuch in Polen. Reisetips und Tourenvorschläge für ein ungewöhnliches Ferienland, Lübeck 1974.

Monique Eckmann, Menschenrechtsbildung in Verbindung mit historischer Bildung zum NS-Regime, in: Politisches Lernen (2012), H. 3/4, S. 14-18.

Jacob S. Eder/Philipp Gassert/Alan E. Steinweis, Holocaust Memory in a Globalizing World, Göttingen 2017.

Thorsten Eitz/Georg Stötzel, Wörterbuch der »Vergangenheitsbewältigung«. Die NS-Vergangenheit im öffentlichen Sprachgebrauch, Hildesheim 2007.

Stephan Erb, Eine Erfolgsstory mit offenem Ausgang. 20 Jahre deutsch-polnische Jugendzusammenarbeit, in: Dieter Bingen/Peter Oliver Loew/Krzysztof Ruchniewicz/Marek Zybura (Hrsg.), Erwachsene Nachbarschaft. Die deutsch-polnischen Beziehungen 1991 bis 2011, Wiesbaden 2011, S. 209-221.

Peter Faulstich, Lernorte – Flucht aus der Anstalt, in: Peter Faulstich/Mechthild Bayer (Hrsg.), Lernorte. Vielfalt von Weiterbildungs- und Lernmöglichkeiten, Hamburg 2009, S. 7-27.

LITERATURVERZEICHNIS

Bernd Feige, Lernorte außerhalb der Schule, in: Karl-Heinz Arnold/Uwe Sandfuchs/Jürgen Wiechmann (Hrsg.), Handbuch Unterricht, Bad Heilbrunn 2006, S. 375-381.

Jackie Feldman, Above the death pits, beneath the flag. Youth voyages to Poland and the performance of the Israeli National identity, New York 2008.

Corinna Felsch, Reisen in die Vergangenheit? Westdeutsche Fahrten nach Polen 1970-1990, Berlin 2015.

Linda Ferchland, Auschwitz: Plädoyer für die Entmystifizierung eines Un-Ortes, in: Jörg Ganzenmüller/Raphael Utz (Hrsg.), Orte der Shoah in Polen. Gedenkstätten zwischen Mahnmal und Museum, Köln 2016, S. 219-241.

Cornelia Fischer/Hubert Anton, Auswirkungen der Besuche von Gedenkstätten auf Schülerinnen und Schüler. Breitenau – Hadamar – Buchenwald, Wiesbaden/Erfurt 1992.

Norbert Frei, Auschwitz und Holocaust. Begriff und Historiographie, in: Hanno Loewy (Hrsg.), Holocaust: die Grenzen des Verstehens. Eine Debatte über die Besetzung der Geschichte, Reinbek bei Hamburg 1992, S. 101-109.

Norbert Frei, 1945 und wir. Das Dritte Reich im Bewusstsein der Deutschen, München 2005.

Ute Frevert/Anne Schmidt, Geschichte, Emotionen und die Macht der Bilder, in: Geschichte und Gesellschaft 37 (2011), S. 5-25.

Margrit Frölich/Ulrike Jureit/Christian Schneider (Hrsg.), Das Unbehagen an der Erinnerung. Wandlungsprozesse im Gedenken an den Holocaust, Frankfurt am Main 2012.

Marek Frysztacki, Warum lernen wir wenig aus Auschwitz?, in: Deutsch-polnisches Jugendwerk (Hrsg.), Begegnung und gemeinsames Lernen in Auschwitz. Ist das möglich?, Potsdam/Warschau 1996, S. 13-18.

Jörg Ganzenmüller/Raphael Utz, Orte der Shoah: Überlegungen zu einem auratischen Missverständnis, in: Jörg Ganzenmüller/Raphael Utz (Hrsg.), Orte der Shoah in Polen. Gedenkstätten zwischen Mahnmal und Museum, Köln 2016, S. 7-24.

Peter Gautschi/Meik Zülsdorf-Kersting/Béatrice Ziegler (Hrsg.), Shoa und Schule. Lehren und Lernen im 21. Jahrhundert, Zürich 2013.

Viola B. Georgi, Entliehene Erinnerung. Geschichtsbilder junger Migranten in Deutschland, Hamburg 2003.

Viola B. Georgi, Migration und Geschichte. Geschichtsaneignung und interkulturelles Lernen in der deutschen Einwanderungsgesellschaft, in: Thomas Schaarschmidt (Hrsg.), Historisches Erinnern und Gedenken im Übergang vom 20. zum 21. Jahrhundert, Frankfurt am Main 2008, S. 109-130.

Dana Giesecke/Harald Welzer, Das Menschenmögliche. Zur Renovierung der deutschen Erinnerungskultur, Hamburg 2012.

Martin Greschat, Vom Tübinger Memorandum (1961) zur Ratifizierung der Ostverträge (1972). Protestantische Beiträge zur Aussöhnung mit Polen, in: Friedhelm Boll/Wiesław Jan Wysocki/Klaus Ziemer (Hrsg.), Versöhnung und Politik. Polnisch-deutsche Versöhnungsinitiativen der 1960er-Jahre und die Entspannungspolitik, Bonn 2009, S. 29-51.

Valentin Groebner, Retroland. Geschichtstourismus und die Sehnsucht nach dem Authentischen, Frankfurt am Main 2018.

LITERATURVERZEICHNIS

Olaf Groehler, Erblasten: Der Umgang mit dem Holocaust in der DDR, in: Hanno Loewy (Hrsg.), Holocaust: die Grenzen des Verstehens. Eine Debatte über die Besetzung der Geschichte, Reinbek bei Hamburg 1992, S. 110-127.

Zehavit Gross/Doyle Stevick (Hrsg.), As the Witnesses fall Silent. 21rst Century Holocaust Education in Curriculum, Policy and Practice, New York 2015.

Jorge Groß, Orte zum Lernen. Ein kritischer Blick auf außerschulische Lehr-/Lernprozesse, in: Kurt Messmer/Raffael von Niederhäusern/Armin Rempfler/Markus Wilhelm (Hrsg.), Ausserschulische Lernorte. Positionen aus Geographie, Geschichte und Naturwissenschaften, Wien, Berlin 2011, S. 25-49.

Klaus Große Kracht, Die zankende Zunft. Historische Kontroversen in Deutschland nach 1945, Göttingen 2005.

Elke Gryglewski, Erinnerung und Geschichtsbewusstsein in der Migrationsgesellschaft: Eine Momentaufnahme, in: Meron Mendel/Astrid Messerschmidt (Hrsg.), Fragiler Konsens. Antisemitismuskritische Bildung in der Migrationsgesellschaft, Frankfurt am Main 2017, S. 188-199.

Elke Gryglewski/Verena Haug/Gottfried Kößler/Thomas Lutz/Christa Schikorra (Hrsg.), Gedenkstättenpädagogik. Kontext, Theorie und Praxis der Bildungsarbeit zu NS-Verbrechen, Berlin 2015.

Christian Gudehus, Methodische Überlegungen zu einer Wirkungsforschung in Gedenkstätten, in: Ralph Gabriel/Elissa Mailänder Koslov/Monika Neuhofer/Elise Rieger (Hrsg.), Lagersystem und Repräsentation. Interdisziplinäre Studien zur Geschichte der Konzentrationslager, Tübingen 2004, S. 206-219.

Christoph Hamann, Torhaus Auschwitz-Birkenau. Ein Bild macht Geschichte, in: Gerhard Paul (Hrsg.), Das Jahrhundert der Bilder, Bd. 1, Göttingen 2009, S. 682-689.

Christoph Hamann, Bildquellen im Geschichtsunterricht, in: Michele Barricelli/Martin Lücke (Hrsg.), Handbuch Praxis des Geschichtsunterrichts, Schwalbach/Ts. 2012, S. 108-124.

Imke Hansen, Das Kreuz in Auschwitz. Ein polnischer Gedächtnisdiskurs der 1990er Jahre, in: Zeitschrift für Ostmitteleuropa-Forschung 59 (2010), S. 366-393.

Imke Hansen, »Nie wieder Auschwitz!«. Die Entstehung eines Symbols und der Alltag einer Gedenkstätte 1945-1955, Göttingen 2015.

Marianne Hartung, Mit Zehntklässlern in Auschwitz, in: Katechetische Blätter 135 (2010), H. 2, S. 8-9.

Olaf Hartung, Museen und Geschichtsunterricht, Stuttgart 2019.

Verena Haug, Staatstragende Lernorte. Zur gesellschaftlichen Rolle der NS-Gedenkstätten heute, in: Barbara Thimm/Gottfried Kößler/Susanne Ulrich (Hrsg.), Verunsichernde Orte. Selbstverständnis und Weiterbildung in der Gedenkstättenpädagogik, Frankfurt am Main 2010, S. 33-37.

Verena Haug, Am »authentischen« Ort. Paradoxien der Gedenkstättenpädagogik, Berlin 2015.

Verena Haug, Ortsgebundene Vermittlung. Ein Blick in die Gedenkstättenpädagogik, in: Meike Sophia Baader/Tatjana Freytag (Hrsg.), Erinnerungskulturen. Eine pädagogische und bildungspolitische Herausforderung, Köln 2015, S. 157-168.

Verena Haug/Gottfried Kößler, Vom Tatort zur Bildungsstätte. Gedenkstätten und Gedenkstättenpädagogik, in: Sabine Horn/Michael Sauer (Hrsg.), Geschichte und Öffentlichkeit. Orte – Medien – Institutionen, Stuttgart 2009, S. 80-88.

LITERATURVERZEICHNIS

Jennifer Heiberger, Holocaust-Erinnerung online – eine Utopie? Der Internetauftritt der Gedenkstätte Auschwitz, in: Wolfgang Form/Kerstin von Lingen/Krzysztof Ruchniewicz (Hrsg.), Narrative im Dialog. Deutsch-polnische Erinnerungsdiskurse, Dresden 2013, S. 223-239.

Dörte Hein, Erinnerungskulturen online. Angebote, Kommunikatoren und Nutzer von Websites zu Nationalsozialismus und Holocaust, Konstanz 2009.

Sylvia Heitz/Helmut Rook, Der Gedenkstättenbesuch im historisch-politischen Unterricht, in: Benedikt Widmaier/Gerd Steffens (Hrsg.), Politische Bildung nach Auschwitz. Erinnerungsarbeit und Erinnerungskultur heute, Schwalbach/Ts. 2015, S. 101-121.

Thomas Heldt, Aktion Sühnezeichen Friedensdienste, in: Albrecht Riechers/Christian Schröter/Basil Kerski (Hrsg.), Dialog der Bürger. Die gesellschaftliche Ebene der deutsch-polnischen Nachbarschaft, Osnabrück 2005, S. 387-393.

Gesine Hellberg-Rode, Außerschulische Lernorte, in: Astrid Kaiser/Detlef Pech (Hrsg.), Unterrichtsplanung und Methoden, Baltmannsweiler 2012, S. 145-150.

Gerhard Henke-Bockschatz, Oral History im Geschichtsunterricht, Schwalbach/Ts. 2014.

Ulrich Herbert, Geschichte Deutschlands im 20. Jahrhundert, München 2014.

Jeffrey Herf, Divided Memory. The Nazi Past in the Two Germanys, Cambridge, London 1997.

Benjamin Herzog, Historia magistra vitae, in: Stefan Jordan (Hrsg.), Lexikon Geschichtswissenschaft. Hundert Grundbegriffe, Stuttgart 2007, S. 145-148.

Anette Hettinger, »Die Mechanismen erkennen«. Überlegungen zum historischen Lernen an Biografien von NS-Täterinnen und -Tätern, in: Zeitschrift für Geschichtsdidaktik 11 (2012), S. 77-97.

Bernd Hey, Die historische Exkursion. Zur Didaktik und Methodik des Besuchs historischer Stätten, Museen und Archive, Stuttgart 1978.

Bernd Hey, Exkursionen, Lehrpfade, alternative Stadterkundungen, in: Klaus Bergmann/Klaus Fröhlich/Annette Kuhn/Jörn Rüsen/Gerhard Schneider (Hrsg.), Handbuch der Geschichtsdidaktik, Seelze-Velber 1997, S. 727-731.

Matthias Heyl, »Forensische Bildung« am historischen Tat- und Bildungsort. Ein Plädoyer gegen das Erspüren von Geschichte, in: Christian Geißler/Bernd Overwien (Hrsg.), Elemente einer zeitgemäßen politischen Bildung. Festschrift für Prof. Hanns-Fred Rathenow zum 65. Geburtstag, Berlin 2010, S. 189-202.

Matthias Heyl, Mit Überwältigendem überwältigen? Emotionen in KZ-Gedenkstätten, in: Juliane Brauer/Martin Lücke (Hrsg.), Emotionen, Geschichte und historisches Lernen. Geschichtsdidaktische und geschichtskulturelle Perspektiven, Göttingen 2013, S. 239-259.

Till Hilmar, »Storyboards« der Erinnerung. Eine empirische Fallstudie zu Geschichtsbildern und ästhetischer Wahrnehmung beim Besuch der Gedenkstätte Auschwitz-Birkenau, Wien 2014.

Peter Hoeres, Zeitung für Deutschland. Die Geschichte der FAZ, München 2019.

Detlef Hoffmann, Geschichtsunterricht und Museen, in: Klaus Bergmann/Annette Kuhn/Jörn Rüsen/Gerhard Schneider (Hrsg.), Handbuch der Geschichtsdidaktik, Düsseldorf 1979, S. 67-71.

Sabine Horn, Erinnerungsbilder. Auschwitz-Prozess und Majdanek-Prozess im westdeutschen Fernsehen, Essen 2009.

LITERATURVERZEICHNIS

Andrew Hoskins (Hrsg.), Digital Memory Studies. Media pasts in Translation, New York 2018.

Jonathan Huener, Antifascist Pilgrimage and Rehabilitation at Auschwitz: The Political Tourism of Aktion Sühnezeichen and Sozialistische Jugend, in: German Studies Review 24 (2001), S. 513-532.

Jonathan Huener, Auschwitz. Poland, and the Politics of Commemoration, 1945-1979, Athens 2003.

Internationales Bildungs- und Begegnungswerk Dortmund, Studienreisen zu Gedenkstätten in Polen. Orte der Vernichtung während der deutschen Besetzung 1939-1945, Dortmund 2015.

Emeryka Iwaszko, Pädagogische Arbeit mit Jugendlichen im staatlichen Museum Auschwitz, in: Wulff E. Brebeck/Angela Genger/Dietfrid Krause-Vilmar/Thomas Lutz/Gunnar Richter (Hrsg.), Zur Arbeit in Gedenkstätten für die Opfer des Nationalsozialismus. Ein internationaler Überblick, Berlin 1988, S. 73-84.

Karl-Ernst Jeismann, »Geschichtsbewusstsein«. Überlegungen zur zentralen Kategorie des neuen Ansatzes, in: Hans Süssmuth (Hrsg.), Geschichtsdidaktische Positionen. Bestandsaufnahme und Neuorientierung, Paderborn 1980, S. 179-222.

Bernadette Jonda, Deutsch-polnischer Schüler- und Studentenaustausch. Ein Programm der Robert-Bosch-Stiftung. Dokumentation über die Jahre 1979-1989, Gerlingen 1989.

Steffi de Jong, Witness Auschwitz? How VR is changing Testimony. https://publichistory-weekly.degruyter.com/8-2020-4/witness-auschwitz-vr/#comment-15968 (Stand: 10. Juli 2020).

Ulrike Jureit/Christian Schneider, Gefühlte Opfer. Illusionen der Vergangenheitsbewältigung, Stuttgart 2010.

Andrzej Kacorzyk, Wege nach Auschwitz: Eine statistische und soziologische Besucheranalyse, in: Boguslaw Dybas/Tomasz Kranz/Irmgard Nöbauer/Heidemarie Uhl (Hrsg.), Gedenkstätten für die Opfer des Nationalsozialismus in Polen und Österreich. Bestandsaufnahme und Entwicklungsperspektiven, Frankfurt am Main 2014, S. 277-293.

Wolf Kaiser/Thomas Lutz, Menschenrechtsbildung und Gedenkstättenpädagogik. Modethema oder Zukunft der historischen Bildung über die NS-Zeit?, in: Politisches Lernen 30 (2012), H. 3/4, S. 5-13.

Gabriele Kammerer, Aktion Sühnezeichen Friedensdienste. Aber man kann es einfach tun, Göttingen 2008.

Dietrich Karpa/Gwendolin Lübbecke/Bastian Adam, Außerschulische Lernorte. Theoretische Grundlagen und praktische Beispiele, in: Schulpädagogik heute 11 (2015), H. 6, S. 1-13.

Dietrich Karpa/Bernd Overwien/Oliver Plessow (Hrsg.), Außerschulische Lernorte in der politischen und historischen Bildung, Immenhausen 2015.

Wolfgang Keim/Klaus Matußek (Hrsg.), Polen – der unbekannte Nachbar. Dimensionen deutsch-polnischer Vergangenheit und Gegenwart. Eine Dokumentation zur Studien- und Gedenkstättenfahrt nach Nordpolen und Warschau vom 17. bis 27. Oktober 2003, Paderborn 2005.

Navid Kermani, Entlang den Gräben. Eine Reise durch das östliche Europa bis nach Isfahan, München 2018.

Basil Kerski, Die Rolle nichtstaatlicher Akteure in den deutsch-polnischen Beziehun-

gen vor 1990, in: Albrecht Riechers/Christian Schröter/Basil Kerski (Hrsg.), Dialog der Bürger. Die gesellschaftliche Ebene der deutsch-polnischen Nachbarschaft, Osnabrück 2005, S. 59-98.
Basil Kerski/Thomas Kycia/Robert Zurek (Hrsg.), »Wir vergeben und bitten um Vergebung«. Der Briefwechsel der polnischen und deutschen Bischöfe von 1965 und seine Wirkung, Osnabrück 2006.
Wieslawa Kicinska, Erlebte Geschichte. Ein Entdeckungsbericht über 20 Jahre deutsch-polnische Jugendbegegnungen, in: Geschichte Politik und ihre Didaktik 30 (2002), H. 3/4, S. 194-205.
Katharina Kindermann, Die Welt als Klassenzimmer. Subjektive Theorien von Lehrkräften über außerschulisches Lernen, Bielefeld 2017.
Hans-Peter Klein, »Wir sind in Oświęcim gewesen und haben Auschwitz gesehen«. Lernort Auschwitz, in: Dietrich Karpa/Bernd Overwien/Oliver Plessow (Hrsg.), Außerschulische Lernorte in der politischen und historischen Bildung, Immenhausen 2015, S. 142-150.
Nina Klein, Die polnische Erinnerung an Auschwitz. Am Beispiel des Staatlichen Museums Auschwitz-Birkenau, Konstanz 1999.
Ruth Klüger, weiter leben. Eine Jugend, München 2019.
Volkhard Knigge, Abschied der Erinnerung. Anmerkungen zum notwendigen Wandel der Gedenkkultur in Deutschland, in: Volkhard Knigge/Norbert Frei (Hrsg.), Verbrechen erinnern. Die Auseinandersetzung mit Holocaust und Völkermord, Bonn 2005, S. 443-460.
Volkhard Knigge, Zur Zukunft der Erinnerung, in: Aus Politik und Zeitgeschichte (2010), H. 25/26, S. 10-16.
Volkhard Knigge/Norbert Frei (Hrsg.), Verbrechen erinnern. Die Auseinandersetzung mit Holocaust und Völkermord, Bonn 2005.
Habbo Knoch, Gedenkstätten. https://docupedia.de/zg/Knoch_gedenkstaetten_v1_ de_2018 (Stand: 10. Juli 2020).
Habbo Knoch, Die Tat als Bild. Fotografien des Holocaust in der deutschen Erinnerungskultur, Hamburg 2001.
Habbo Knoch, Grenzen der Immersion. Die Erinnerung an den Holocaust und das Zeitalter der Digitalität, in: Jahrbuch für Politik und Geschichte 7 (2016/2019), S. 15-44.
Renata Kobylarz-Bula, Gedenkstätten als außerschulische Lernorte, in: Enrico Heitzer/Günter Morsch/Robert Traba/Katarzyna Woniak (Hrsg.), Von Mahnstätten über zeithistorische Museen zu Orten des Massentourismus? Gedenkstätten an Orten von NS-Verbrechen in Polen und Deutschland, Berlin 2016, S. 115-125.
Carlos Kölbl, »Auschwitz ist eine Stadt in Polen«. Zur Bedeutung der NS-Vergangenheit im Geschichtsbewusstsein junger Migrantinnen und Migranten, in: Michele Barricelli/Julia Hornig (Hrsg.), Aufklärung, Bildung, »Histotainment«? Zeitgeschichte in Unterricht und Gesellschaft heute, Frankfurt am Main 2008, S. 161-173.
Andreas Körber, Zeitgemäßes schulisches Geschichts-Lernen in Gedenkstätten, in: Oliver von Wrochem/Lars Jockheck (Hrsg.), Das KZ Neuengamme und seine Außenlager. Geschichte, Nachgeschichte, Erinnerung, Bildung, Berlin 2010, S. 392-413.
Reinhart Koselleck, Historia Magistra Vitae. Über die Auflösung des Topos im

LITERATURVERZEICHNIS

Horizont neuzeitlich bewegter Geschichte, in: Reinhart Koselleck (Hrsg.), Vergangene Zukunft. Zur Semantik geschichtlicher Zeiten, Frankfurt am Main 1979, S. 38-66.

Gottfried Kößler, Auschwitz als Ziel von Bildungsreisen? Zur Funktion des authentischen Ortes in pädagogischen Prozessen, in: Fritz Bauer Institut (Hrsg.), Auschwitz: Geschichte, Rezeption und Wirkung. Jahrbuch 1996 zur Geschichte und Wirkung des Holocaust, Frankfurt am Main 1996, S. 299-318.

Gottfried Kößler, Menschenrechtsbildung, moralische Erziehung und historisches Lernen, in: Wolfgang Meseth/Matthias Proske/Frank-Olaf Radtke (Hrsg.), Schule und Nationalsozialismus. Anspruch und Grenzen des Geschichtsunterrichts, Frankfurt am Main 2004, S. 237-251.

Christoph Kreutzmüller, Auschwitz als Symbol, in: Stéphanie Benzaquen/Tomasz Kobylański/Christoph Kreutzmüller (Hrsg.), Auschwitz heute – dzisiaj – today, Bonn 2015, S. 111-122.

Matthias Kriest, Der Einsatz von neuen Medien und Multimedia in KZ-Gedenkstätten, in: Katja Köhr/Hauke Petersen/Karl Heinrich Pohl (Hrsg.), Gedenkstätten und Erinnerungskulturen in Schleswig-Holstein. Geschichte, Gegenwart und Zukunft, Berlin 2011, S. 169-185.

Martin Krist, »… und man sieht kein Ende! Es scheint so endlos … und man selbst ist so klein, so unglaublich winzig!«. Erfahrungen mit Schulexkursionen in die ehemaligen KZ Auschwitz und Auschwitz-Birkenau, in: Till Hilmar (Hrsg.), Ort, Subjekt, Verbrechen. Koordinaten historisch-politischer Bildungsarbeit zum Nationalsozialismus, Wien 2010, S. 264-274.

Jens Kroh, Transnationale Erinnerung. Der Holocaust im Fokus geschichtspolitischer Initiativen, Frankfurt am Main 2008.

Jens Kroh, Das erweiterte Europa auf dem Weg zu einem gemeinsamen Gedächtnis? Die Stockholmer »Holocaust-Konferenz« und ihre Bedeutung für die europäische Erinnerung, in: Margrit Frölich/Ulrike Jureit/Christian Schneider (Hrsg.), Das Unbehagen an der Erinnerung. Wandlungsprozesse im Gedenken an den Holocaust, Frankfurt am Main 2012, S. 201-216.

Adam Krzeminski, Der Kniefall, in: Étienne François/Hagen Schulze (Hrsg.), Deutsche Erinnerungsorte, München 2001, S. 638-653.

Christian Kuchler, Historische Orte im Geschichtsunterricht, Schwalbach/Ts. 2012.

Christian Kuchler, Historische Orte von besonderer Bedeutung: Das UNESCO-Welterbe als Lernort, in: Josef Memminger (Hrsg.), Überall Geschichte! Der Lernort Welterbe – Facetten der Regensburger Geschichtskultur, Regensburg 2014, S. 34-50.

Marek Kucia, Visitors at the Auschwitz-Birkenau State Museum, in: Pro Memoria 20 (2004), S. 39-42.

Marek Kucia, Die Symbolhaftigkeit von Auschwitz in der polnischen Erinnerungskultur von 1945 bis heute, in: Kerstin Schoor/Stefanie Schüler-Springorum (Hrsg.), Gedächtnis und Gewalt. Nationale und transnationale Erinnerungsräume im östlichen Europa, Bonn 2016, S. 166-183.

Christoph Kühberger (Hrsg.), Geschichte denken. Zum Umgang mit Geschichte und Vergangenheit von Schüler/innen der Sekundarstufe I am Beispiel »Spielfilm«. Empirische Befunde, diagnostische Tools, methodische Hinweise, Innsbruck 2013.

LITERATURVERZEICHNIS

Otto Dov Kulka, Landscapes of the metropolis of death. Reflections on memory and imagination, London 2013.

Martin Langebach/Hanna Liever (Hrsg.), Im Schatten von Auschwitz. Spurensuche in Polen, Belarus und der Ukraine: begegnen, erinnern, lernen, Bonn 2017.

Martin Langebach/Michael Sturm (Hrsg.), Erinnerungsorte der extremen Rechten, Wiesbaden 2015.

Elke Langendorf (Hrsg.), Buchners Geschichte Oberstufe. Ausgabe Nordrhein-Westfalen/Qualifikationsphase. Unterrichtswerk für die Sekundarstufe II, Bamberg 2015.

Eva-Maria Lankes, Wir erkunden den Hauptbahnhof. Eine Unterrichtssequenz im Rahmen einer fächerübergreifenden Lernsequenz, in: Uwe Reyher (Hrsg.), Lernen außerhalb des Klassenzimmers. Außerschulische Lernorte mit Erfahrungsberichten und praktischen Tipps, München 1998, S. 53-68.

Peter Larndorfer, Gedenken, Lernen, Fragen? Praktische Überlegungen zu den Studienfahrten des Vereins Gedenkdienst, in: Till Hilmar (Hrsg.), Ort, Subjekt, Verbrechen. Koordinaten historisch-politischer Bildungsarbeit zum Nationalsozialismus, Wien 2010, S. 94-114.

Henry Leide, NS-Verbrecher und Staatssicherheit. Die geheime Vergangenheitspolitik der DDR, Göttingen 2011.

Albrecht Lempp, Gedenkstättenarbeit, in: Albrecht Lempp (Hrsg.), Initiativen kultureller Zusammenarbeit. Bundesrepublik Deutschland und Volksrepublik Polen 1982-1988, Darmstadt 1989, S. 320-321.

Albrecht Lempp, Schülerreisen und Schulkontakte, in: Albrecht Lempp (Hrsg.), Initiativen kultureller Zusammenarbeit. Bundesrepublik Deutschland und Volksrepublik Polen 1982-1988, Darmstadt 1989, S. 314-319.

Albrecht Lempp, Deutsches Polen-Institut 1980-1990. Ein Arbeitsbericht, Darmstadt 1991.

Hubert Leschnik, Erinnerungskultur und Geschichtspolitik in Polen von 1998 bis 2010, Gießen 2015.

Primo Levi, Die Untergegangenen und die Geretteten, München 2002.

Daniel Levy/Natan Sznaider, Memory unbound. The Holocaust and the Formation of Cosmopolitan Memory, in: European Journal of Social Theory 5 (2002), S. 87-106.

Daniel Levy/Natan Sznaider, The Holocaust and Memory in the Global Age, Philadelphia 2006.

Hanna Liever, Erinnerungskultur online, in: Daniel Bernsen/Ulf Kerber (Hrsg.), Praxishandbuch Historisches Lernen und Medienbildung im digitalen Zeitalter, Opladen 2017, S. 110-118.

Winfried Lipscher, Kulturelle Zusammenarbeit. Bundesrepublik Deutschland – Volksrepublik Polen, Darmstadt 1982.

Winfried Lipscher, Jugendaustausch zwischen der Bundesrepublik Deutschland und der Volksrepublik Polen. Ein Bericht, Darmstadt 1984.

Hanno Loewy, Museum Auschwitz. Der Ort in den Gedächtnissen, in: Walter Prigge (Hrsg.), Bauhaus, Brasilia, Auschwitz, Hiroshima. Weltkulturerbe des 20. Jahrhunderts: Modernität und Barbarei, Berlin 2003, 112-121.

Daniel Logemann, Das polnische Fenster. Deutsch-polnische Kontakte im staatssozialistischen Alltag Leipzigs 1972-1989, München 2012.

Sylvia Löhrmann, Erinnern für die Zukunft. Ein Beitrag der Schule für die Zukunft der Demokratie, in: Amtsblatt Schule NRW (2013), H. 10, S. 478-482.

Manfred Mack, Deutsch-polnische Jugendbegegnungen. Ein Erfahrungsbericht, in: Zeitschrift für Kulturaustausch 39 (1989), S. 433-438.

Marcin Majowski, Polska Ludowa zaprasza. Polityka turystyczna w czasch Eduarda Gierka (=Die Volksrepublik Polen lädt ein. Tourismuspolitik in der Ära Giereks), Warschau 2008.

Harold Marcuse, Legacies of Dachau. The Uses and Abuses of a Concentration Camp, 1933-2001, Cambridge 2001.

David Marquard, »Die Wende« in der Gedenkstättenpolitik. Die Entwicklung der Gedenkstättenkonzeption des Bundes und ihre Auswirkungen auf KZ-Gedenkstätten, in: Werner Nickolai/Wilhelm Schwendemann (Hrsg.), Gedenkstättenpädagogik und Soziale Arbeit, Münster 2013, S. 223-280.

Peter Märtesheimer/Ivo Frenzel (Hrsg.), Im Kreuzfeuer. Der Fernsehfilm »Holocaust«: Eine Nation ist betroffen, Frankfurt am Main 1979.

Alexandra Marx/Michael Sauer, Lerneffekte von Gedenkstättenbesuchen im Kontext des Geschichtsunterrichts. Eine quantitative Studie am Beispiel der KZ-Gedenkstätten Buchenwald und Moringen, in: Bert Pampel (Hrsg.), Erschrecken – Mitgefühl – Distanz. Empirische Befunde über Schülerinnen und Schüler in Gedenkstätten und zeitgeschichtlichen Ausstellungen, Leipzig 2011, S. 115-146.

Eva Matthes/Elisabeth Meilhammer (Hrsg.), Holocaust Education im 21. Jahrhundert. Holocaust Education in the 21st Century, Bad Heilbrunn 2015.

Ulrich Mayer, Historische Orte als Lernorte, in: Ulrich Mayer/Hans-Jürgen Pandel/Gerhard Schneider (Hrsg.), Handbuch Methoden im Geschichtsunterricht, Schwalbach/Ts. 2004, S. 389-407.

Ludwig Mehlhorn, Zwangsverordnete Freundschaft? Die Entwicklung der Beziehungen zwischen der DDR und Polen 1949-1990, in: Basil Kerski/Andrzej Kotula/Kazimierz Wóycicki (Hrsg.), Zwangsverordnete Freundschaft? Die Beziehungen zwischen der DDR und Polen 1949-1990, Osnabrück 2003, S. 35-40.

Christian Mehr, »Dingsda. Schornsteine, das sagt alles, was es ist«. Über die Bedeutung baulicher Überreste in Gedenkstätten als außerschulischen Erfahrungsorten, in: Geschichte in Wissenschaft und Unterricht 67 (2016), S. 323-336.

Wolfgang Meseth, Aus der Geschichte lernen. Über die Rolle der Erziehung in der bundesdeutschen Erinnerungskultur, Frankfurt am Main 2005.

Wolfgang Meseth, Die Pädagogisierung der Erinnerungskultur. Erziehungswissenschaftliche Beobachtungen eines bisher kaum beachteten Phänomens, in: Zeitschrift für Genozidforschung 8 (2007), H. 1, S. 96-117.

Wolfgang Meseth, Schulisches und außerschulisches Lernen im Vergleich. Eine empirische Untersuchung über die Vermittlung der Geschichte des Nationalsozialismus im Unterricht, in außerschulischen Bildungseinrichtungen und in Gedenkstätten, in: kursiv: Journal für politische Bildung (2008), H. 1, S. 74-83.

Wolfgang Meseth/Matthias Proske/Frank-Olaf Radtke (Hrsg.), Schule und Nationalsozialismus. Anspruch und Grenzen des Geschichtsunterrichts, Frankfurt am Main 2004.

Astrid Messerschmidt, Erinnern als Kritik. Politische Bildung in Gegenwartsbeziehungen zum Nationalsozialismus, in: Benedikt Widmaier/Gerd Steffens (Hrsg.),

LITERATURVERZEICHNIS

Politische Bildung nach Auschwitz. Erinnerungsarbeit und Erinnerungskultur heute, Schwalbach/Ts. 2015, S. 38-48.

Astrid Messerschmidt, Geschichtsbesetzungen in der pädagogischen Vermittlung der NS-Verbrechen, in: Kritische Pädagogik (2017), H. 4, S. 81-93.

Josef-Maria Metzke, »Damit kein Gras darüber wächst«. Mit einer Hauptschulklasse in Auschwitz, in: Hanns-Fred Rathenow/Norbert H. Weber (Hrsg.), Erziehung nach Auschwitz, Pfaffenweiler 1988, S. 155-160.

Alwin Meyer, Friedensdienste in Polen, in: Zeichen. Aktion Sühnezeichen Friedensdienste (1986), S. 17.

Ministerium für Schule und Bildung des Landes Nordrhein-Westfalen, Kernlehrplan für die Sekundarstufe I Gymnasium in Nordrhein-Westfalen. Geschichte, Düsseldorf 2014.

Krzysztof Miszczak, Deklarationen und Realitäten. Die Beziehungen zwischen der Bundesrepublik Deutschland und der (Volks-)Republik Polen von der Unterzeichnung des Warschauer Vertrages bis zum Abkommen über gute Nachbarschaft und freundschaftliche Zusammenarbeit (1970-91), München 1993.

Fabian Müller/Martina Ruppert-Kelly, Gelände erkunden. Virtuelle Medien bei der Vermittlung an Gedenkstätten, in: Elke Gryglewski/Verena Haug/Gottfried Kößler/Thomas Lutz/Christa Schikorra (Hrsg.), Gedenkstättenpädagogik. Kontext, Theorie und Praxis der Bildungsarbeit zu NS-Verbrechen, Berlin 2015, S. 251-262.

Daniel Münch, Geschichtskultur im Geschichtsunterricht. Deutungen reflektieren oder Inhalte vermitteln?, in: Zeitschrift für Geschichtsdidaktik 16 (2017), S. 167-182.

Daniel Münch, Gedenkstättenbesuche als emotionales Erlebnis. Welche Rolle weisen Geschichtslehrkräfte den Emotionen ihrer Schülerinnen und Schüler zu?, in: Anja Ballis/Markus Gloe (Hrsg.), Holocaust Education Revisited. Wahrnehmung und Vermittlung – Fiktion und Fakten – Medialität und Digitalität, Wiesbaden 2019, S. 87-108.

Joachim Münch, Lernorte und Lernort-Kombinationen im internationalen Vergleich. Innovationen, Modelle und Realisationen in der Europäischen Gemeinschaft, Berlin 1985.

Verena Lucia Nägel/Sanna Stegmaier, AR und VR in der historisch-politischen Bildung zum Nationalsozialismus und Holocaust – (Interaktives) Lernen oder emotionale Überwältigung? https://www.bpb.de/lernen/digitale-bildung/werkstatt/298168/ar-und-vr-in-der-historisch-politischen-bildung-zum-nationalsozialismus-und-holocaust-interaktives-lernen-oder-emotionale-ueberwaeltigung (Stand: 10. Juli 2020).

Uwe Neirich, Erinnern heißt wachsam bleiben. Pädagogische Arbeit in und mit NS-Gedenkstätten, Mülheim an der Ruhr 2000.

Jens Oboth, Pax Christi Deutschland im Kalten Krieg 1945-1957. Gründung, Selbstverständnis und »Vergangenheitsbewältigung«, Paderborn 2017.

Vadim Oswalt, Multimediale Programme im Geschichtsunterricht, Schwalbach/Ts. 2002.

Vadim Oswalt, Das Wo zum Was und Wann. Der »Spatial Turn« und seine Bedeutung für die Geschichtsdidaktik, in: Geschichte in Wissenschaft und Unterricht 61 (2010), S. 220-233.

Vadim Oswalt, Imagination im historischen Lernen, in: Michele Barricelli/Martin

Lücke (Hrsg.), Handbuch Praxis des Geschichtsunterrichts, Bd. 1, Schwalbach/Ts. 2012, S. 121-135.

Manfred Overesch, Buchenwald und die DDR oder die Suche nach Selbstlegitimation, Göttingen 1995.

Andrzej K. Paluch, Konzentrationslager Auschwitz: the View from Outside, in: Andrzej K. Paluch (Hrsg.), The Jews in Poland. Volume I, Krakau 1992, S. 327-339.

Bert Pampel, »Mit eigenen Augen sehen, wozu der Mensch fähig ist«. Zur Wirkung von Gedenkstätten auf ihre Besucher, Frankfurt am Main 2007.

Bert Pampel, Gedenkstätten als »außerschulische Lernorte«. Theoretische Aspekte – empirische Befunde – praktische Herausforderungen, in: Bert Pampel (Hrsg.), Erschrecken – Mitgefühl – Distanz. Empirische Befunde über Schülerinnen und Schüler in Gedenkstätten und zeitgeschichtlichen Ausstellungen, Leipzig 2011, S. 11-58.

Hans-Jürgen Pandel, Geschichtsunterricht nach PISA. Kompetenzen, Bildungsstandards und Kerncurricula, Schwalbach/Ts. 2005.

Hans-Jürgen Pandel, Geschichtsdidaktik. Eine Theorie für die Praxis, Schwalbach/Ts. 2013.

Thomas Pegelow Kaplan, The Universalisation of the Holocaust as a Moral Standard, in: Thomas Pegelow Kaplan/Jürgen Matthäus/Mark W. Hornburg (Hrsg.), Beyond »Ordinary Men«. Christopher R. Browning and Holocaust Historiography, Paderborn 2019, S. 159-175.

Robert Jan van Pelt/Debórah Dwork, Auschwitz. Von 1270 bis heute, Zürich 1998.

Florian Peters, Auschwitz oder Oświęcim? Nationale und transnationale Narrative über den Holocaust im spätsozialistischen Polen, in: ZeitRäume. Potsdamer Almanach des Zentrums für Zeithistorische Forschung 2010, S. 137-145.

Florian Peters, Revolution der Erinnerung. Der Zweite Weltkrieg in der Geschichtskultur des spätsozialistischen Polen, Berlin 2016.

Klaus Petzold, Das hat mich verändert. Gruppenfahrten in die Gedenkstätte Auschwitz-Birkenau und nach Kraków in den Jahren 1979-2010, Leipzig 2012.

Agata Pietrasik, Abstraction & Figuration in the Auschwitz Memorial. From Consensus to Dissensus, in: Alexandra Klei/Katrin Stoll/Annika Wienert (Hrsg.), Die Transformation der Lager. Annäherungen an die Orte nationalsozialistischer Verbrechen, Bielefeld 2011, S. 141-154.

Jerzy Piorkowski, Hoffnung, in: Monatsschrift Polen (1968), H. 161, 14-18.

Franciszek Piper, Die Zahl der Opfer von Auschwitz. Aufgrund der Quellen und der Erträge der Forschung 1945 bis 1990, Oświęcim 1993.

Berit Pleitner, Außerschulische historische Lernorte, in: Michele Barricelli/Martin Lücke (Hrsg.), Handbuch Praxis des Geschichtsunterrichts, Bd. 2, Schwalbach/Ts. 2012, S. 290-307.

Oliver Plessow, »Außerschulisch«. Zur Bedeutung eines Begriffs aus geschichtsdidaktischer Sicht, in: Dietrich Karpa/Bernd Overwien/Oliver Plessow (Hrsg.), Außerschulische Lernorte in der politischen und historischen Bildung, Immenhausen 2015, S. 17-32.

Christian Pletzing, Maximilian Kolbe. Was darf ein Heiliger?, in: Hans Henning Hahn/Robert Traba (Hrsg.), Deutsch-Polnische Erinnerungsorte, Bd. 2, Paderborn 2014, S. 339-349.

Susanne Popp, Gedenkstättenbesuch. Ein Beitrag zur historisch-politischen Bil-

dung (2002). https://sowi-online.de/praxis/methode/gedenkstaettenbesuch_ein_beitrag_zur_historisch_politischen_bildung.html (Stand: 10. Juli 2020).
Susanne Popp, Universitäre Ausbildung, Geschichtsdidaktik und die Gedenkstättenpädagogik, in: Gedenkstättenrundbrief (2018), H. 189, S. 37-40.
Ulrike Puvogel/Martin Stankowski, Gedenkstätten für die Opfer des Nationalsozialismus. Eine Dokumentation, Bonn 1995-1999.
Richard Pyritz/Matthias Schütt (Hrsg.), Auschwitz als Aufgabe. 25 Jahre Internationale Jugendbegegnungsstätte in Oświęcim (Auschwitz), Berlin 2013.
Rebecca Quick, Von der »flachen Erzählung« hin zu »erlebbarer Erzählung«, in: Geschichte lernen 33 (2020), H. 194, S. 53-57.
Hanns-Fred Rathenow/Birgit Wenzel/Norbert H. Weber (Hrsg.), Handbuch Nationalsozialismus und Holocaust. Historisch-politisches Lernen in Schule, außerschulischer Bildung und Lehrerbildung, Schwalbach/Ts. 2013.
Stefanie Rauch, Verankerung von Gedenkstättenbesuchen im Unterricht gemäß den Rahmenlehrplänen der Länder (Teil 1), in: Gedenkstättenrundbrief (2006), H. 134, S. 14-20.
Stefanie Rauch, Verankerung von Gedenkstättenbesuchen im Unterricht gemäß den Rahmenlehrplänen der Länder (Teil 2), in: Gedenkstättenrundbrief (2007), H. 135, S. 9-16.
Dietmar von Reeken, Historisches Lernen im Sachunterricht. Eine Einführung mit Tipps für den Unterricht, Baltmannsweiler 2009.
Peter Reichel, Politik mit der Erinnerung. Gedächtnisorte im Streit um die nationalsozialistische Vergangenheit, München 1995.
Peter Reichel, Auschwitz, in: Étienne François/Hagen Schulze (Hrsg.), Deutsche Erinnerungsorte, München 2001, S. 600-621.
Ines Rensinghoff, Auschwitz-Stammlager. Das Tor »Arbeit macht frei«, in: Detlef Hoffmann (Hrsg.), Das Gedächtnis der Dinge. KZ-Relikte und KZ-Denkmäler 1945-1995, Frankfurt am Main 1998, S. 238-265.
Wolf Ritscher, Bildungsarbeit an den Orten nationalsozialistischen Terrors. »Erziehung nach, in und über Auschwitz hinaus«, Weinheim 2013.
Carol Rittner/John K. Roth (Hrsg.), Memory offended. The Auschwitz convent controversy, New York 1991.
Joachim Rogall, Robert Bosch Stiftung, in: Albrecht Riechers/Christian Schröter/Basil Kerski (Hrsg.), Dialog der Bürger. Die gesellschaftliche Ebene der deutsch-polnischen Nachbarschaft, Osnabrück 2005, S. 433-439.
Fiona Roll, Wirksames Lernen am »belasteten« Ort? Pilotstudie zur Wirkung von Schulfahrten zur Gedenkstätte Auschwitz-Birkenau – Vergleich Gymnasien und Hauptschulen, Aachen 2016.
Fiona Roll, »Alles wirkt so unwirklich«. Konzeption und Rezeption von deutschen Studienfahrten, in: Frank Bajohr/Axel Drecoll/John Lennon (Hrsg.), Dark Tourism. Reisen zu Stätten von Krieg, Massengewalt und NS-Verfolgung, Berlin 2020, S. 47-65.
Julia Röttjer, Authentizität im UNESCO-Welterbe-Diskurs. Das Konzentrations- und Vernichtungslager Auschwitz-Birkenau, in: Axel Drecoll/Thomas Schaarschmidt/Irmgard Zündorf (Hrsg.), Authentizität als Kapital historischer Orte? Gedenkstätten, Dokumentationszentren und die Sehnsucht nach dem unmittelbaren Erleben von Geschichte, Göttingen 2019, S. 35-55.

LITERATURVERZEICHNIS

Reinhard Rürup, Der lange Schatten des Nationalsozialismus. Geschichte, Geschichtspolitik und Erinnerungskultur, Göttingen 2014.

Jörn Rüsen, Das ideale Schulbuch: Überlegungen zum Leitmedium des Geschichtsunterrichts, in: Internationale Schulbuchforschung 14 (1992), S. 237-250.

Jörn Rüsen, Auschwitz: Den Sinn des Sinnlosen begreifen, in: Gewerkschaftliche Monatshefte (1995), H. 11, S. 657-663.

Jörn Rüsen, Über den Umgang mit den Orten des Schreckens, in: Detlef Hoffmann (Hrsg.), Das Gedächtnis der Dinge. KZ-Relikte und KZ-Denkmäler 1945-1995, Frankfurt am Main 1998, S. 330-343.

Matin Sabrow, Die Krise der Erinnerungskultur, in: Merkur 72 (2018), H. 835, S. 92-99.

Samuel Salzborn, Kollektive Unschuld. Die Abwehr der Shoah im deutschen Erinnern, Leipzig 2020.

Christian Salzmann, Lehren und Lernen in außerschulischen Lernorten, in: Joachim Kahlert/Maria Fölling-Albers/Margarete Götz/Andreas Hartinger/Dietmar von Reeken/Steffen Wittkowske (Hrsg.), Handbuch Didaktik des Sachunterrichts, Bad Heilbrunn 2007, S. 433-438.

Christian Salzmann, Lernorte – Lernorttheorie, in: Dietlinde H. Heckt/Uwe Sandfuchs (Hrsg.), Grundschule von A bis Z, Braunschweig 2009, S. 161-163.

Petra Sauerborn/Thomas Brühne, Didaktik des außerschulischen Lernens, Baltmannsweiler 2012.

Achim Saupe, Historische Authentizität als problematische Kategorie von NS-Gedenkstätten, in: Alexander Kraus/Aleksandar Nedelkovski/Anita Placenti-Grau (Hrsg.), Ein Erinnerungs- und Lernort entsteht. Die Gedenkstätte KZ-Außenlager Laagberg in Wolfsburg, Frankfurt am Main 2018, S. 39-53.

Etienne Schinkel, Holocaust und Vernichtungskrieg. Die Darstellung der deutschen Gesellschaft und Wehrmacht in Geschichtsbüchern für die Sekundarstufe I und II, Göttingen 2017.

Karl Schlögel, Im Raume lesen wir die Zeit. Über Zivilisationsgeschichte und Geopolitik, München 2003.

Wolfgang Schmale, Digitale Geschichtswissenschaft, Wien 2010.

Harald Schmid, Beglaubigungsversuche. Frühe Ausstellungen zu den nationalsozialistischen Verbrechen, in: Regina Fritz/Eva Kocács/Béla Rásky (Hrsg.), Als der Holocaust noch keinen Namen hatte/Before the Holocaust had its Name. Zur frühen Aufarbeitung des NS-Massenmordes an Jüdinnen und Juden/Early Confrontations of the Nazi Mass Murder of the Jews, Wien 2015, S. 241-261.

Harald Schmid, »Erinnerung kann nicht überleben an einem toten Ort«. Vergegenwärtigung des Nationalsozialismus in Gedenkstätten, in: Jahrbuch für Politik und Geschichte 7 (2016/2019), S. 211-251.

Helmut Schmidt, Der Kurs heißt Frieden, Düsseldorf 1979.

Michael Schmidt, Die Falken in Berlin. Antifaschismus und Völkerverständigung: Jugendbegegnung durch Gedenkstättenfahrten 1954-1969, Berlin 1987.

Sophie Schmidt, »Vergessene Orte« als Gegenstand der schulischen historischen Bildung, in: Martin Langebach/Hanna Liever (Hrsg.), Im Schatten von Auschwitz. Spurensuche in Polen, Belarus und der Ukraine: begegnen, erinnern, lernen, Bonn 2017, S. 506-519.

Rolf Schneider/Arno Fischer, Polens Hauptstädte. Poznań, Kraków, Warszawa, Ost-Berlin 1975.

LITERATURVERZEICHNIS

Gudrun Schönknecht, Lehr-Lern-Orte erschließen – Methodenkompetenz fördern, in: Karlheinz Burk/Marcus Rauterberg/Gudrun Schönknecht (Hrsg.), Schule außerhalb der Schule. Lehren und Lernen an außerschulischen Orten, Frankfurt am Main 2008, S. 99-111.

Rolf Schörken, Begegnungen mit Geschichte. Vom außerwissenschaftlichen Umgang mit der Historie in Literatur und Medien, Stuttgart 1995.

Bernhard Schoßig, Gedenkstätten für die Opfer des Nationalsozialismus als Lernorte: Historisch-politische Bildung an außerschulischen Orten in Zusammenarbeit mit freien Bildungsträgern, in: Bernhard Schoßig (Hrsg.), Historisch-politische Bildung und Gedenkstättenarbeit als Aufgabe der Jugendarbeit in Bayern. Einrichtungen – Projekte – Konzepte, München 2011, S. 24-38.

Waltraud Schreiber, Raum – vernachlässigte Kategorie der Geschichtskultur, in: Zeitschrift für Geschichtsdidaktik 16 (2017), S. 48-66.

Angela Schubert, Der Besuch der KZ-Gedenkstätte Dachau mit Schülerinnen und Schülern einer Münchner Mittelschule. Ein Erfahrungsbericht, in: Einsichten und Perspektiven (2018), H. 3, S. 42-49.

Daniel Seitz/Ulf Kerber/Daniel Bernsen, Augmented Reality. Historisches Lernen wird »lebendig«?, in: Daniel Bernsen/Ulf Kerber (Hrsg.), Praxishandbuch Historisches Lernen und Medienbildung im digitalen Zeitalter, Opladen 2017, S. 127-138.

Cornelia Siebeck, »Im Raume lesen wir die Zeit«? Zum komplexen Verhältnis von Geschichte, Ort und Gedächtnis (nicht nur) in KZ-Gedenkstätten, in: Alexandra Klei/Katrin Stoll/Annika Wienert (Hrsg.), Die Transformation der Lager. Annäherungen an die Orte nationalsozialistischer Verbrechen, Bielefeld 2011, S. 69-97.

Cornelia Siebeck, »The universal is an empty place«. Nachdenken über die (Un-)Möglichkeit demokratischer KZ-Gedenkstätten, in: Imke Hansen/Enrico Heitzer/Katarzyna Nowak (Hrsg.), Ereignis & Gedächtnis. Neue Perspektiven auf die Geschichte der nationalsozialistischen Konzentrationslager, Berlin 2014, S. 217-253.

Cornelia Siebeck, 50 Jahre »arbeitende« NS-Gedenkstätten in der Bundesrepublik. Vom gegenkulturellen Projekt zur staatlichen Gedenkstättenkonzeption – und wie weiter?, in: Elke Gryglewski/Verena Haug/Gottfried Kößler/Thomas Lutz/Christa Schikorra (Hrsg.), Gedenkstättenpädagogik. Kontext, Theorie und Praxis der Bildungsarbeit zu NS-Verbrechen, Berlin 2015, S. 19-43.

Detlef Siegfried, Zwischen Aufarbeitung und Schlussstrich. Der Umgang mit NS-Vergangenheit in den beiden deutschen Staaten 1958 bis 1969, in: Axel Schildt/Detlef Siegfried/Karl Christian Lammers (Hrsg.), Dynamische Zeiten. Die 60er Jahre in den beiden deutschen Gesellschaften, Hamburg 2000, S. 77-113.

Robert Sigel, Schulische Bildung und ihre Bedeutung für die Gedenkstättenpädagogik, in: Elke Gryglewski/Verena Haug/Gottfried Kößler/Thomas Lutz/Christa Schikorra (Hrsg.), Gedenkstättenpädagogik. Kontext, Theorie und Praxis der Bildungsarbeit zu NS-Verbrechen, Berlin 2015, S. 44-55.

Jörg Skriebeleit, Von Auschwitz nach Austerlitz. Dark Tourism und ehemalige Konzentrationslager, in: Axel Drecoll/Thomas Schaarschmidt/Irmgard Zündorf (Hrsg.), Authentizität als Kapital historischer Orte? Gedenkstätten, Dokumentationszentren und die Sehnsucht nach dem unmittelbaren Erleben von Geschichte, Göttingen 2019, S. 105-122.

Kazimierz Smolen, Auschwitz 1940-1945, Oświęcim 1961.

LITERATURVERZEICHNIS

Anja Solterbeck, Weil in Neuengamme »nichts mehr so ist, wie es war«. Die Erwartungen von jugendlichen Gedenkstättenbesuchern an ein »echtes KZ«, in: Oliver von Wrochem/Lars Jockheck (Hrsg.), Das KZ Neuengamme und seine Außenlager. Geschichte, Nachgeschichte, Erinnerung, Bildung, Berlin 2010, S. 344-373.

Art Spiegelman, My father bleeds history, New York 1992.

Diethardt Stamm, Klassenfahrt nach Auschwitz, Krakau und Warschau von Schülern der Berufsschule Butzbach April 1986, in: Werner Licharz/Heidi Karg/Jens Harms (Hrsg.), Leben in Bewegung: Deutsche und Polen auf dem Weg zueinander, Frankfurt am Main 1990, S. 39-44.

Ständige Kultusministerkonferenz der Länder in der Bundesrepublik, Erinnern für die Zukunft. Empfehlungen zur Erinnerungskultur als Gegenstand historisch-politischer Bildung in der Schule, Berlin 2014.

State Museum Auschwitz-Birkenau (Hrsg.), Protecting for the Future. An International Preservation Conference in Oświęcim, June 23-25, 2003, Oświęcim 2004.

Sybille Steinbacher, »Musterstadt« Auschwitz. Germanisierungspolitik und Judenmord in Ostoberschlesien, München 2000.

Sybille Steinbacher, Auschwitz. Geschichte und Nachgeschichte, München 2017.

Michael C. Steinlauf, Bondage to the Dead. Poland and the Memory of the Holocaust, Syracuse 1997.

Arkadiusz Stempin, Das Maximilian-Kolbe-Werk. Wegbereiter der deutsch-polnischen Aussöhnung 1960-1989, Paderborn 2006.

Rüdiger Stephan, Ars politica, ars poetica. Über die Förderung der deutsch-polnischen Beziehungen durch die Robert-Bosch-Stiftung, in: Albrecht Lempp (Hrsg.), Initiativen kultureller Zusammenarbeit. Bundesrepublik Deutschland und Volksrepublik Polen 1982-1988, Darmstadt 1989, S. 275-286.

Christian Stolz/Benjamin Feiler, Exkursionsdidaktik. Ein fächerübergreifender Praxisratgeber für Schule, Hochschule und Erwachsenenbildung, Stuttgart 2018.

Peter Stolz, Gedenkstättenbesuche und -fahrten an Berliner Schulen: Erinnerungskulturelle Aspekte im Geschichtsunterricht, in: Geschichte für heute: Zeitschrift für historisch-politische Bildung 12 (2019), H. 2, S. 61-70.

Thomas Strobel, Transnationale Wissenschafts- und Verhandlungskultur. Die Gemeinsame Deutsch-Polnische Schulbuchkommission 1972-1990, Göttingen 2015.

Joachim Szodrzynski, Geschichtswerkstätten gestern – heute – morgen. Bewegung! Stillstand. Aufbruch?, München 2004.

Tadeusz Szymanski, Erfahrungen mit Jugendlichen in der Gedenkstätte Auschwitz, in: Internationale Schulbuchforschung 6 (1984), S. 159-163.

Tadeusz Szymanski, Jugendliche in Auschwitz. Reflexionen nach fünfundzwanzig Jahren Gedenkstättenarbeit, in: Hanns-Fred Rathenow/Norbert H. Weber (Hrsg.), Erziehung nach Auschwitz, Pfaffenweiler 1988, S. 137-144.

Pawel Szypulski, Greetings from Auschwitz, Zürich 2015.

Jan Taubitz, Holocaust Oral History und das lange Ende der Zeitzeugenschaft, Göttingen 2016.

August Tecklenburg, Bildender Geschichtsunterricht. Der Geschichtsunterricht in der Grundschule: Erster selbständiger Geschichtsunterricht auf heimatlicher Grundlage in Begründung und Beispiel, Hannover 1921.

Barbara Thimm/Gottfried Kößler/Susanne Ulrich (Hrsg.), Verunsichernde Orte.

LITERATURVERZEICHNIS

Selbstverständnis und Weiterbildung in der Gedenkstättenpädagogik, Frankfurt am Main 2010.

Holger Thünemann, Unannehmbare Geschichte begreifen. Überlegungen zur historischen Auseinandersetzung mit NS-Vergangenheit und Holocaust, in: Volkhard Knigge (Hrsg.), Verbrechen begreifen. Nationalsozialismus, institutionalisiertes Gedächtnis und historisches Lernen nach der Zeitgenossenschaft, Göttingen 2020, S. 42-51.

Robert Traba, Sichtbar und unsichtbar. Authentische Orte der Gewalt im öffentlichen Raum, in: Boguslaw Dybas/Irmgard Nöbauer/Ljiljana Radonic (Hrsg.), Auschwitz im Kontext. Die ehemaligen Konzentrationslager im gegenwärtigen europäischen Gedächtnis, Frankfurt am Main 2017, S. 19-30.

Andrea von Treuenfeld, Leben mit Auschwitz. Momente der Geschichte und Erfahrungen der Dritten Generation, Gütersloh 2020.

Christa Uhlig, »Auschwitz« als Element der Friedenserziehung in der DDR, in: Hanns-Fred Rathenow/Norbert H. Weber (Hrsg.), Erziehung nach Auschwitz, Pfaffenweiler 1988, S. 89-97.

Tobias Uhlmann, Ich weinte, in: Bettina Schaefer (Hrsg.), Lass uns über Auschwitz sprechen. Gedenkstätte, Museum, Friedhof: Begegnungen mit dem Weltkulturerbe Auschwitz, Frankfurt am Main 2009, S. 285-294.

Susanne Ulrich, Mission impossible? Demokratielernen an NS-Gedenkstätten, in: Barbara Thimm/Gottfried Kößler/Susanne Ulrich (Hrsg.), Verunsichernde Orte. Selbstverständnis und Weiterbildung in der Gedenkstättenpädagogik, Frankfurt am Main 2010, S. 53-58.

Sven Urban, »Schöne Landschaft mit schrecklicher Vergangenheit«. Eine empirische Untersuchung zur Wirkung des Ortes Auschwitz auf das Wissen und die Emotionen jugendlicher Schüler, in: Jörg Ganzenmüller/Raphael Utz (Hrsg.), Orte der Shoah in Polen. Gedenkstätten zwischen Mahnmal und Museum, Köln 2016, S. 243-276.

Urs Urecht, Vom Ort des Grauens ins Schulzimmer. Bericht über eine Bildungsreise nach Auschwitz, in: Peter Gautschi/Meik Zülsdorf-Kersting/Béatrice Ziegler (Hrsg.), Shoa und Schule. Lehren und Lernen im 21. Jahrhundert, Zürich 2013, S. 127-136.

Raphael Utz, Die Sprache der Shoah: Verschleierung – Pragmatismus – Euphemismus, in: Jörg Ganzenmüller/Raphael Utz (Hrsg.), Orte der Shoah in Polen. Gedenkstätten zwischen Mahnmal und Museum, Köln 2016, S. 25-48.

Susanne Vogl, Gruppendiskussion, in: Nina Baur/Jörg Blasius (Hrsg.), Handbuch Methoden der empirischen Sozialforschung, Wiesbaden 2019, S. 695-700.

Bärbel Völkel, Immer mehr desselben? Einladung zu einer kritischen Auseinandersetzung mit dem chronologischen Geschichtsunterricht, in: Geschichte in Wissenschaft und Unterricht 62 (2011), S. 353-362.

Norbert H. Weber, Auschwitz als Lernort. Ein generationenspezifischer Vergleich zweier Gedenkstättenfahrten (1985 und 2005) mit angehenden Pädagoginnen und Pädagogen, in: Christian Geißler/Bernd Overwien (Hrsg.), Elemente einer zeitgemäßen politischen Bildung. Festschrift für Prof. Hanns-Fred Rathenow zum 65. Geburtstag, Berlin 2010, S. 219-240.

Hans-Georg Wehling, Konsens à la Beutelsbach? Nachlese zu einem Expertengespräch, in: Siegfried Schiele/Herbert Schneider (Hrsg.), Das Konsensproblem in der politischen Bildung, Stuttgart 1977, S. 173-184.

LITERATURVERZEICHNIS

Konrad Weiß, Aktion Sühnezeichen in Polen. Erste Schritte zur Aussöhnung und Verständigung, in: Basil Kerski/Andrzej Kotula/Kazimierz Wóycicki (Hrsg.), Zwangsverordnete Freundschaft? Die Beziehungen zwischen der DDR und Polen 1949-1990, Osnabrück 2003, S. 243-249.
Richard von Weizsäcker, Von Deutschland aus. Reden des Bundespräsidenten, Berlin 1985.
Bünyamin Werker, Gedenkstättenpädagogik im Zeitalter der Globalisierung, Münster 2016.
Erwin Wilkens, Vertreibung und Versöhnung. Die »Ostdenkschrift« als Beitrag zur deutschen Ostpolitik, Hannover 1986.
Thomas Willms, Auschwitz als Steinbruch. Was von den NS-Verbrechen bleibt, Köln 2016.
Neil Wilson/Tom Parkinson/Richard Watkins, Polen. Lonely Planet. Deutsche Ausgabe, Melbourne/Ostfildern 2006.
Manfred Wittmeier, Erinnern und Gedenken in der außerschulischen Bildung. Am Beispiel der Internationalen Jugendbegegnungsstätte Auschwitz in Oświęcim, in: Doron Kiesel/Gottfried Kößler (Hrsg.), Pädagogik der Erinnerung. Didaktische Aspekte der Gedenkstättenarbeit, Frankfurt am Main 1997, S. 139-155, S. 93-100.
Manfred Wittmeier, Internationale Jugendbegegnungsstätte Auschwitz. Zur Pädagogik der Erinnerung in der politischen Bildung, Frankfurt am Main 1998.
Manfred Wittmeier, Revision der Gedenkstättenarbeit?, in: Benedikt Widmaier/ Gerd Steffens (Hrsg.), Politische Bildung nach Auschwitz. Erinnerungsarbeit und Erinnerungskultur heute, Schwalbach/Ts. 2015.
René Wolf, The Devided Sky. The Auschwitz Trial on East and West German Radio, in: Martin L. Davies/Claus-Christian W. Szejnmann (Hrsg.), How the Holocaust looks now. International Perspectives, London 2007, S. 75-84.
Anna Wolff-Poweska/Piotr Forecki (Hrsg.), Der Holocaust in der polnischen Erinnerungskultur, Frankfurt am Main 2012.
Zofia Wóycicka, Zur Internationalisierung der Gedenkkultur. Die Gedenkstätte Auschwitz-Birkenau im Spannungsfeld zwischen West und Ost 1954-1978, in: Archiv für Sozialgeschichte 45 (2005), S. 269-292.
Zofia Wóycicka, Arrested mourning. Memory of the Nazi camps in Poland, 1944-1950, Frankfurt am Main 2013.
Zofia Wóycicka, Auschwitz. Ein Verbrechen und viele Erinnerungen, in: Hans Henning Hahn/Robert Traba (Hrsg.), Deutsch-Polnische Erinnerungsorte, Bd. 2, Paderborn 2014, S. 615-640.
Oliver von Wrochem, Menschenrechtsbildung an Gedenkstätten, die an nationalsozialistische Verbrechen erinnern, in: Elke Gryglewski/Verena Haug/Gottfried Kößler/Thomas Lutz/Christa Schikorra (Hrsg.), Gedenkstättenpädagogik. Kontext, Theorie und Praxis der Bildungsarbeit zu NS-Verbrechen, Berlin 2015, S. 277-289.
Robert Wuthnow, Meaning and Moral Order. Explorations in Cultural Analysis, Los Angeles 1987.
James Edward Young, Formen des Erinnerns. Gedenkstätten des Holocaust, Wien 1997.
Marcin Zaborski, Erinnerungsorte des Nationalsozialismus in Polen. Entwicklung, Aufgaben und aktuelle Positionen, in: Paul Ciupke/Guido Hitze/Alfons Kenk-

mann/Astrid Wolters/Wieslaw Wysok (Hrsg.), Gedenkstättenarbeit und Erinnerungskultur. Ein deutsch-polnischer Austausch. Kultura pamięci i praca w muzeach-miejscach upamiętnienia, Essen 2014, S. 47-58.

Tamar Zemach/Jürgen Wilke/Birgit Schenk/Akiba A. Cohen, Holocaust und NS-Prozesse. Die Presseberichterstattung in Israel und Deutschland zwischen Aneignung und Abwehr, Köln 1995.

Walter Ziegler, Die historische Exkursion, in: Rudolf Hasch (Hrsg.), Landesgeschichte und Exkursion im Geschichtsunterricht, Donauwörth 1977, S. 109-126.

Geneviève Zubrzycki, »Oświęcim«/»Auschwitz«. Archaeology of a Mnemonic Battleground, in: Erica Lehrer/Michael Meng (Hrsg.), Jewish Space in Contemporary Poland, Bloomington 2015, S. 16-45.

Meik Zülsdorf-Kersting, Sechzig Jahre danach: Jugendliche und Holocaust. Eine Studie zur geschichtskulturellen Sozialisation, Berlin 2007.

Meik Zülsdorf-Kersting, Gedenkstättenarbeit, in: Hilke Günther-Arndt/Saskia Handro (Hrsg.), Geschichts-Methodik. Handbuch für die Sekundarstufe I und II, Berlin 2018, S. 139-144.

Helen Esther Zumpe, Menschenrechtsbildung in der Gedenkstätte. Eine empirische Studie zur Bildungsarbeit in NS-Gedenkstätten, Schwalbach/Ts. 2016.

Robert Zurek, 1964: Deutsche Katholiken in Auschwitz. Eine ungewöhnliche Wallfahrt, in: Ost – West. Europäische Perspektiven 5 (2004), S. 305-309.

Dank

Was junge Menschen lernen, wenn sie mit schulischen Exkursionen zu Gedenkstätten reisen, ist eine Frage, die mich seit meinen Tagen als Geschichtslehrer bewegt. Welchen Lernerfolg die von mir organsierten Exkursionen nach Dachau und Mauthausen bei meinen Schülerinnen und Schülern der 9. und 12. Jahrgangsstufe letztlich erzielten, vermochte ich nie abzuschätzen. Aus Gesprächen mit Kolleginnen und Kollegen, die ähnliche Angebote organisieren, weiß ich, dass ich mit meinen Zweifeln am Lernerfolg ebenso wie mit meinen Hoffnungen hinsichtlich langfristiger Wirkungen nicht alleine war und bin.

Bislang war es nie möglich, eine wissenschaftlich vertiefte Studie zum Thema vorzulegen, da die Eindrücke zu flüchtig bleiben und oft im Schulalltag untergehen. Mit dem Wechsel aus Bayern nach Nordrhein-Westfalen erschloss sich mir die Bedeutung des Lernortes Auschwitz für den dortigen Geschichtsunterricht. Aus der Kooperation des Landes mit der *Stiftung Erinnern ermöglichen* erwuchs ein Quellenbestand, der mir singulär erscheint. Hunderte von Schülerinnen und Schülern dokumentieren darin ihre Erfahrungen beim Besuch der Gedenkstätte in Oświęcim. Damit liegen historische Quellen aus dem letzten Jahrzehnt vor, die es ermöglichen, Antworten auf die Fragen zu finden, die mich und andere Geschichtslehrkräfte umtreiben. Ergänzt um ähnliche Bestände zu früheren schulischen Gedenkstättenexkursionen zum *Staatlichen Museum Auschwitz-Birkenau* und um Erhebungen zur langfristigen Wirkung der Fahrten entstand die Idee zum vorliegenden Buch.

Die Arbeit an der Studie wäre ohne die Unterstützung einer Vielzahl von Personen und Institutionen nicht möglich gewesen. Zunächst genannt werden müssen die Archive, die sich entschlossen, überhaupt Berichte von Schülerinnen und Schüler über deren schulische Studienreisen aufzubewahren. Derartige Quellen gehören gemeinhin nicht zu den Beständen historischer Archive. Umso wichtiger ist es für die Forschung, dass sie doch archiviert werden und damit für die Geschichtswissenschaft gesichert sind.

An erster Stelle gilt der Dank deshalb dem Ehepaar Roswitha und Erich Bethe, den Begründern der *Stiftung Erinnern ermöglichen*. Unbürokratisch öffneten sie ihr Stiftungsarchiv mit den aktuellsten Reisedokumentationen und machten damit die hier vorliegende Forschung erst möglich. Ebenfalls höchst entgegenkommend agierte Sandra Dölker vom Archiv der *Robert Bosch Stiftung* in Stuttgart. Stellvertretend für alle anderen Archivmitarbeiterinnen und Archivmitarbeiter, die ebenfalls höchst engagiert das Vorhaben unterstützten, sei ihr aufrichtiger Dank gesagt.

Verpflichtet ist der Autor zudem einer Reihe von Kolleginnen und Kollegen in universitärer Geschichtsdidaktik und schulischem Geschichtsunterricht. Sie stellten Kontakte zu Schülerinnen und Schülern her, die selbst bereits die Gedenkstätte besucht hatten oder sich auf das Wagnis eines Virtual-Reality-Experiments einließen. Zudem öffneten sie Schularchive, in welchen sich weitere Reiseberichte fanden oder waren als Gesprächspartner wichtig, um Routinen und Probleme rund um historische und aktuelle schulische Exkursionen nach Oświęcim zu erfahren.

Besonderen Dank habe ich der *Landeszentrale für politische Bildung Nordrhein-Westfalen* zu sagen, die dem Projekt mit großer Aufgeschlossenheit und Unterstützung begegnete und die Studie in ihr Publikationsangebot aufnahm. Für das Interesse an der vorliegenden Publikation sei auch der *Berliner Landeszentrale für politische Bildung* gedankt. Seitens des *Wallstein Verlags* betreute Hajo Gevers die Entstehung des Buches mit viel Engagement und Umsicht. Last but not least ist mein Team am Lehr- und Forschungsgebiet der Didaktik der Gesellschaftswissenschaften an der RWTH Aachen zu nennen, das in vielfältiger Art und Weise die Arbeiten begleitet und kritisch angeregt hat. Für die Unterstützung danke ich Lukas Greven, Andrea Hopf, Johannes Kuber, Kristopher Muckel, Heidemarie Mülstroh, Sebastian Schmitz, Fenja Tomala sowie meinem ehemaligen Mitarbeiter Dr. Benjamin Städter. Besondere Impulse erhielt die Arbeit von Fiona Roll, die mit ihrer ebenfalls auf dem Quellenbestand der *Stiftung Erinnern ermöglichen* basierenden Qualifikationsarbeit sicherlich die vorliegenden Ergebnisse ergänzen und weiter profilieren wird.

Gewidmet sei die Untersuchung allen Schülerinnen und Schülern sowie allen Studierenden, mit denen ich in den zurückliegenden Jahren Gedenkstätten in Europa und die israelische Gedenkstätte *Yad Vashem* besuchen konnte. Das vorliegende Buch konnte von den Gesprächen und Diskussionen im Umfeld der Fahrten in vielfältiger Form profitieren.